Simonetta Sanna — Gegen die Feindschaft

Simonetta Sanna

Gegen die Feindschaft. Ein Übungsbuch.

Hans Keilsons *Der Tod des Widersachers*

Königshausen & Neumann

Bibliografische Information der Deutschen Nationalbibliothek

Die Deutsche Nationalbibliothek verzeichnet diese Publikation in der Deutschen Nationalbibliografie; detaillierte bibliografische Daten sind im Internet über http://dnb.d-nb.de abrufbar.

Gedruckt auf säurefreiem, alterungsbeständigem Papier
Umschlag: skh-softics / coverart
Umschlagabbildung: Enkidu und Gilgameš, Aquarell von Franco Masia

ISBN 978-3-8260-7536-0

www.libri.de
www.buchhandel.de
www.buchkatalog.de

Für meine Schwester, Hand in Hand

Inhaltsverzeichnis

Vorbemerkung

Auf der Spur von Keilsons großem Roman *Der Tod des Widersachers* (1959) – dessen Handlung von 1920 bis 1945 spielt, in einer Zeit, in der sich Liebe und Hass geradezu fremd werden – setzt dieses Buch den Leser dem Erlebnis der Feindschaft aus. Es ermöglicht ihm, deren Faszination zu erkunden und sich dieser mit der Zeit zu entziehen, indem es die oft vernachlässigten mentalen und sozialen Gegensatzdynamiken, die Wahrnehmungen und Überzeugungen, die Voraussetzungen und die Folgen von Feindschaft und Hass einsichtig macht. Als vermittelndes Element bewährt sich dabei die Auseinandersetzung mit dem „fremden Element", mit dem Widersacher, in deren Verlauf sich die Beziehung des Protagonisten zu sich selbst, zu den Mitmenschen und zur Umwelt wandelt. Der Frieden mit den vielen Aspekten des Ich vermag die inneren Ängste zu bändigen und den äußeren Feind überflüssig zu machen: Eine Notwendigkeit, gerade in der heutigen pluralistischen Weltgemeinschaft, die uns auferlegt, ein offenes Wir-Gefühl auszubilden und nachhaltige Kompetenzen in Sachen Verständigung zu erwerben, jenseits aller nationalen Deutungskonflikte.

Diese Art von handlungssteuernder Selbstregulation, die der Einübung bedarf, befürworten die acht „Streifzüge" dieses Buches. Da es interaktiv angelegt ist, verlangt es in den Händen gehalten, prozesshaft erkundet und erlebnishaft angeeignet zu werden, wie die einleitenden Worte „Im Spiegel des Widersachers" und „Zu diesem Buch" darlegen. Auf die Tradition des Übungsbuches verweist eine Notiz am Ende dieses Bandes. Die weiterführenden „Literaturhinweise" und vornehmlich die Absätze „Zur Vertiefung" können dem Leser dazu verhelfen, das Lektüreerlebnis reflexiv zu erschließen und der Nachprüfung zu unterziehen – um sich ihm in den „Streifzügen" umso vorurteilsfreier und schutzloser überlassen zu können.

Simonetta Sanna
Berlin, Juli 2021

Einleitung

Im Spiegel des Widersachers

Das Buch, das Sie in Händen halten, ist als Übungsbuch gedacht, in dem das mehrdeutige Phänomen der Feindschaft nahegebracht werden soll. Die Streifzüge durch Hans Keilsons *Der Tod des Widersachers* – ein Roman, der der Feindschaft in ihren Wechselwirkungen nachspürt – möchten dem Leser die Erfahrung der Vielschichtigkeit von Feindschaft vermitteln und einen aufmerksamen reflexiven Umgang damit anregen, der sich von unserer alltäglichen Art, sie zu beobachten, unterscheidet. Die einzelnen Kapitel machen sowohl die zerstörerische Kraft der Feindschaft, die entschärft werden kann, als auch den positiven spaltungsüberwindenden Effekt der Durchdringung dieser Emotion sinnfällig, die der individuellen Wahrnehmungs- und Beziehungsfähigkeit und einem umsichtigen gesellschaftlichen Miteinander förderlich sein kann: Konflikte können, wie in Keilsons Roman, destruktiv oder produktiv aufgelöst werden. Insofern wird Literatur in diesem Buch gleichsam als ein schöpferisches ästhetisch-imaginatives Erfahrungsfeld aufgefasst, als Impuls, das zur Feinfühligkeit und zum Um- und Andersdenken anhalten kann, zumal die Differenziertheit unserer Selbstbeobachtung der unseres Weltverständnisses entspricht. Sie setzt hier nicht fein aufgelistete Begriffe, szientistische Methoden und Formeln voraus, sondern ist Literatur für das Leben, Darstellung der Voraussetzungen und Konsequenzen menschlicher Entscheidungen, die erfahrbar gemacht werden können.

Der jüdische Arzt und Psychoanalytiker Hans Keilson begann, den Roman 1941–1942, während seines holländischen Exils, zu schreiben. Er selbst trat dem Widerstand bei. Sein Vater und seine Mutter wurden in Auschwitz-Birkenau ermordet, ein Schicksal, das die Eltern des Protagonisten teilen. Dennoch weist der Held, ein junger Jude – ein Wort, das im Roman nicht vorkommt –, die in der Luft liegende Besessenheit „Hie Freund – hie Feind“ (Keilson 2005, 1.357) zurück, obwohl sein Widersacher, eine B. genannte Figur, keinen Geringeren als Adolf Hitler in Person darstellen soll. Nicht allein verfolgt er dessen Schicksal „mit der Schwere und Erhabenheit, die ein Gedanke an einen Feind haben kann, der einem wert ist“ (343) und dem er sein ganzes Interesse entgegenbringt. Er ist ferner überzeugt, dass der „Weg zu ihm und durch ihn hindurch zugleich der Weg“ (433) zu sich selbst sei. Verweigert sich B.

jedem Dialog mit dem Anderen, so hält der Protagonist an Rede und Gegenrede fest und versucht, Nähe und Brücken zu schaffen, statt der von B. absolut gesetzten Distanz und der Brüche. Die Auseinandersetzung mit B. wirft dem Leben zugewandte Sinnfragen auf.

Selbst- und Fremdbeobachtung werden dabei zu sich wechselseitig verstärkenden Prozessen: Der Keilson'sche Held wagt es, so lange in den Spiegel zu schauen, den B. darstellt, bis er sein eigenes tiefes und widersprüchliches Menschsein in ihm wiedererkennt. Auf diesem Wege werden der radikale Hass und die tödliche Feindschaft, die B. und seine Anhänger unterhalten, für ihr Gegenteil, nämlich für ein Wachstum an Leben zugänglich gemacht: Der junge Jude liebt es so sehr, dass er „es selbst noch in seinem Widersacher entdeckt" (465). Seiner leidenschaftlichen Liebe zum Leben, der Verteidigung des Daseins in seiner Wandelbarkeit und Vielfältigkeit, die die anderen einschließen, vermag sogar die Herausforderung durch den Widersacher kein Ende zu setzen. Zudem erlaubt diese Auseinandersetzung der Hauptfigur, sich dem Integrationssog und der Eskalation der Feindschaft zu verweigern, die in dem Gedankenexperiment des griechischen Philosophen Karneades von Kyrene von den ‚zwei Schiffbrüchigen auf einem Brett' zur Anschauung gekommen waren, einem Klassiker des Daseinskampfes, auf den sich Keilsons Roman beruft: „So ist es immer gewesen [...], man erschlägt seinen Gegner, weil für zwei, die einander befehden, angeblich kein Platz auf der Erde ist. Einer muß das Feld räumen" (463). Eben dieses Notrecht – Not hat Gebot – unterwirft *Der Tod des Widersachers* einer akkuraten Prüfung, und zwar unter den denkbar schlechtesten historischen Bedingungen.

Der junge Jude lehnt das Feindprinzip ab und versucht vielmehr, es zu durchdringen. Er weigert sich, die Schattenprojektionen des Eigenen zu denen des Fremden zu summieren und so den inneren und äußeren Zwiespalt zu vertiefen. Auch im eigenen Lager weist er den Einsatz nachteiliger Mittel zur Erreichung selbst des besten aller vorgestellten Zwecke zurück. Doch zugleich bleibt er flexibel und grundsätzlich offen, da die Kommunikation mit dem Anderen bzw. der Andersheit das Herzstück seiner Selbstthematisierung bildet. Er macht damit vor dem Widersacher in Person nicht Halt, den er in seiner individuellen Differenz und zugleich als Personifikation eines Systems zu begreifen versucht. Gerade weil B. die Menschen entmündigt bzw. gleichschaltet und sie ihrer individuellen Entscheidungsfreiheit beraubt, erprobt der Held die Alternative, die Phänomene von Fall zu Fall zu ‚vereinmaligen' und sie insofern verstehend zu ‚differenzieren', anstatt den Riss zu vertiefen, der durch den Menschen und die Gesellschaft geht: Die innere Freiheit steigert die äußere. Da der junge Jude diese Überzeugung in den schlimmen Zeiten und Orten, in denen die Handlung spielt, erfolgreich durchzuhalten vermag, zeigt der Roman die Möglichkeit an, sie auch in anderen Zeiten und Orten, etwa den heutigen, einzulösen.

Sollten also Deutsche vorsätzlich auf die Einzigartigkeit der Shoah bestehen und Juden auf deren Universalität aufmerksam machen, so ist Keilsons Hauptfigur entschlossen, gleich beides zu tun, da jemand wohl damit anfangen muss. Diese in der Literatur über die Hitlerära ungewöhnliche Widerstandshaltung des Helden – die sich in seinen Aufzeichnungen zur Kommunikation mit der Nachwelt verdichtet – will den Leser keinesfalls dazu anregen, die andere Wange hinzuhalten oder einem naiven Pazifismus zu huldigen: Vielmehr misst der Protagonist schöpferisch den weiten Raum zwischen B.s gewaltsamem Handeln und möglichen und unmöglichen Bewältigungsstrategien aus, wobei es ihm nicht an Lernbereitschaft fehlt. Er hält sich weiterhin an geltende Rechtsordnungen, obgleich B. sie grundsätzlich missachtet. Seine Handlungsrichtschnur bleibt die Fülle des Lebens und die Selbstentfaltung eines jeden, sowie Gerechtigkeit, Pluralismus, Solidarität und Nachhaltigkeit.

Im Bewusstsein der Anfälligkeit unserer Zivilisation, die umkehrbar ist, vertraut Keilsons Hauptfigur demnach auf die Aussicht eines kreativen Nichtmitmachens bzw. eines nichtkonformen reflexiven Handelns in den vielen kleinen Augenblicken, in denen es darauf ankommt. Der Roman bietet unzählige aufrüttelnde Beispiele, die erfahrbar machen, wie offen, weit, veränderlich, vielgestaltig und in Bewegung das Ich und die ihn umgebende Welt erfahren werden können. Anstatt zu voreiligen Schlüssen zu gelangen, könnte es einträglich sein, sich aufgeschlossen und aufmerksam der hier vorgeschlagenen vermittelnden Lektüre zuzuwenden. Ohne Rhetorik und ganz und gar unpädagogisch vertraut der Autor auf die Fähigkeit seines Leser zu einer imaginativen Wechselrede mit dem Protagonisten und seinem Widersacher, und damit den eigenen Handlungs-, Deutungs- und Entscheidungsraum auszumachen und mithin zu erweitern. Es ist wahrhaftig ein weites Feld...

Mit seiner doppelten Zeitperspektive erscheint *Der Tod des Widersachers* als das lebensbejahende Buch eines Menschenkenners, der einerseits erfahren hat, dass Feindschaft, Erstarrung und Hass sowohl im eigenen Inneren als auch im Miteinander bis zum Wahn anschwellen können, der andererseits aber auch weiß, dass der ‚Feind' von den selben Triebkräften und Beziehungsmustern geprägt ist und also allen Unterschieden zum Trotz unseresgleichen bleibt. Aufwühlend ist wie gesagt die Erfahrung, es sei unter allen, selbst den vertracktesten Umständen denkbar, von dieser Hypothese auszugehen. Auf diese Weise gelingt dem jüdischen Protagonisten ein entschiedener Gestus der aktiven Gemeinsamkeit, indem er aus dem eigenen Leidensweg eine neue, ebenso weitherzige ‚Goldene Regel' (s.u.) für eine nachsichtige Ich-Du-Beziehung herleitet, die er als Beitrag zur Überwindung der Feindschaft im eigenen Innern und im Miteinander über seine Zeit hinaus versteht.

Erinnerungskultur gestern und heute

Hans Keilsons *Der Tod des Widersachers* ist kein Roman über den Holocaust, wie der Protagonist, der auch als Verfasser des Manuskripts zeichnet, hervorhebt: „Ich werde nichts erzählen von dem Leid, das durch ihn über uns kam." (376) Dass er demgegenüber „alles erzählen und nichts verschweigen" will, „soweit es [s]einen Feind und [ihn] betrifft" (ebd.), unterscheidet ihn nicht nur von B. und seinen Anhängern, sondern wird sich als Versuch einer Repräsentation herausstellen, welche die passive Rezeption bzw. das Vergessen zu erschweren, wenn nicht gar zu verhindern beabsichtigt. In diesem Sinne ist der *Der Tod des Widersachers* eben doch ein Roman zur Shoah, aber ein sehr eigensinniger, zumal der Autor sich im Voraus dem uniformierten „Gedenkwesen" (Meier 2004) entzieht, unter anderem im Wissen darum, dass sich die „in den Leib gebrannte Erfahrung der absurden Sinnlosigkeit […], als Primärerfahrung nicht in das Gedächtnis anderer oder in die Erinnerung nicht Betroffener" (Koselleck 2002, 24) übertragen lässt. Ferner, obwohl Hans Keilson der Generation der Zeitzeugen angehört und die ersten Seiten schon 1942 schrieb, scheint das Werk seiner Zeit vorauszueilen, u.a. dadurch, dass sich die Verortung oder, besser gesagt, die Lebenshaltung des Helden im Verlauf einer bedingungslosen Auseinandersetzung mit konkurrierenden Deutungsentwürfen und existentiellen Entscheidungsmöglichkeiten durch stets neue Hinterfragungen abzeichnet.

Die Differenzierung seines eigentümlichen Selbstverständnisses als „Unikum" (zum Jedermann später) bzw. seine diesbezügliche Stellungnahme lässt sich besonders vor dem Hintergrund der deutschen Erinnerungspolitik und ihren Phasen seit der Nachkriegszeit beobachten. Der „memory boom" (Erll 2017, 4) der 1980er Jahre ist bekanntlich Maurice Halbwachs, dem „Gründungsvater der sozial- und kulturwissenschaftlichen Gedächtnisforschung" (Moller 2010, 2), verpflichtet. In seinem Buch *Das Gedächtnis und seine sozialen Bedingungen* (1925/1985) hat der französische Soziologe und Philosoph, der 1945 in Buchenwald starb, die Voraussetzungen für die Entstehung des kollektiven Gedächtnisses untersucht, die „nicht rein individuell", sondern prinzipiell einer „gleichen Gruppe gemeinsam" (1985, 181) sind, ohne deshalb als imaginierte Zugehörigkeitsangebote über Raum und Zeit gedeutet werden zu müssen.

Jan und Aleida Assmann (1988, 28) haben diesen Ansatz um den Begriff des kulturellen Gedächtnisses bereichert, das sie als ein „selbstbildbezogene[s] Wissensreservoir" verstanden, „durch dessen Pflege und Weitergabe" sich Gesellschaften „im Sinne kultureller Arterhaltung reproduzieren". Dieser Erinnerungsraum entsteht „in der Zeit und vergeht mit ihr, genauer: mit seinen Trägern", den „3–4 Generationen, die für eine Schuld einstehen müssen" (Assmann 1992, 50), sodass er vor allem bezüglich einer durch „kollektive [...] Gewalt" geprägten Geschichte bedeutsam wird (Welzer 2010, 7). Das Fazit ist: „Die Vergangenheit, mit anderen Worten, lässt sich nicht speichern, sondern muss immerfort angeeignet und vermittelt werden. Diese Vermittlung hängt ab von den Sinnbedürfnissen und Sinnrahmen eines gegebenen Individuums oder einer Gruppe innerhalb einer gegebenen Gegenwart" (Assmann 1998, 34).

Bezüglich dieser Vermittlungen lassen sich in der deutschen Nachkriegszeit drei Phasen der Vergangenheitsdeutung unterscheiden. In Kürze sind diese: Das Beschweigen der NS-Verbrechen und die damit verbundene Schamabwehr bei fehlendem Schuldbekenntnis in der Nachkriegsgesellschaft (oblivio et amnistia); die soziale und moralische Neuorientierung seitens der 68er, die mit dem genealogischen Bruch mit Großeltern und Eltern und der Gegenidentifikation mit den Opfern einherging; das Erinnerungsprojekt als nationale Aufgabe nach der Wende, von dem der Beschluss des Bundestages zur Errichtung des zentralen deutschen „Denkmals für die ermordeten Juden Europas" in der Hauptstadt 1999 Zeugnis ablegt. Schon 1993 hatte das Bundesverfassungsgericht die Leugnung des Holocausts strafrechtlich verboten, die auch vom Grundrecht auf Meinungsfreiheit nicht gedeckt wird. Seit 1996 ist ferner der 27. Januar, der Tag, an dem 1945 Auschwitz von den Soldaten der Roten Armee befreit worden ist, in der Bundesrepublik zum Tag des Gedenkens an die Opfer des Nationalsozialismus erklärt worden. Die historische Folgerichtigkeit dieser drei Phasen versteht sich.

Insofern geht heute, etwa 75 Jahre nach dem Ende des Zweiten Weltkrieges, die Erinnerungspraxis nicht mehr in einem Rechts-Links-Raster oder in einer Gegenöffentlichkeit auf, sondern gehört zu einer gesamtgesellschaftlichen Selbstthematisierung – eine Errungenschaft, die in der Folge mitunter Unbehagen gezeitigt hat. Eben weil die Deutschen die Täter des begangenen Unrechts gewesen sind und die Mehrzahl von ihnen erst mit der Verlagerung des Kriegsschauplatzes in das eigene Land schweres Leid erlitten hat, stößt die opferidentifizierte Erinnerungskultur mithin auf Kritik. Widerwillen ruft nicht nur das Bestreben hervor, „sich selbst auf die moralisch richtige Seite zu definieren" und im Namen der Opfer zu sprechen, zumal diese „geliehenen Identitäten" (Jureit 2010, 23f.) nicht zwangsläufig zu einem tief verankerten Demokratiebewusstsein führen müssen. Auch die pauschale Ausblendung der Täterperspektive – von der sich der Präsident des Deutschen Bundestags, Philipp Jenninger, in seiner Rede zum 50. Jahresgedenken abzusetzen versuchte, die damals seinen Rücktritt am darauffolgenden Tag auslöste – führt nicht obligatorisch zu Anerkennung von Schuld und zur Reue, die eher von der vielseitigen Gestimmtheit der Ich-Struktur abhängen anstatt von einem Abwehrschutz, der mitunter den Zugang zur Trauer verhindern bzw. einer ‚Flucht nach vorn' entsprechen kann.

„Oh, Felix Culpa!", setzte die jüdisch-deutsche politische Theoretikerin Hannah Arendt 1965 dem aufkommenden ‚Auschwitz-Mythos' der 68er-Bewegung entgegen. Bereits 1959 hatte sie während der Rede zur Verleihung des Lessingpreises darauf bestanden: „Das Höchste, was man erreichen kann, ist zu wissen und auszuhalten, daß es so und nicht anders gewesen ist, und dann zu sehen und abzuwarten, was sich daraus ergibt." (Arendt 1960, 33) In seinen „Beobachtungen zur Entwicklung der Menschheit am 40. Jahrestag eines Kriegsendes" – und also gleichzeitig zur Rede des Bundespräsidenten Richard von Weizsäcker, der den 8. Mai 1945 als Tag der Befreiung würdigte – meinte der jüdische deutsch-britische Soziologe Norbert Elias (1985, 151), dass man „die Vergangenheit nicht zu vergessen [braucht] und auch die Aufgabe ihrer Bewältigung nicht, wenn man die Augen mit aller Entschiedenheit auf die Zukunft richtet". Es geht ihm dabei nicht um ‚Normalisierung' oder vergessende Versöhnung, sondern um verantwortungsbewusste Zeugenschaft, die einem jungen Deutschen im Ausland erlaubt hätte, „mit einer gewissen Gelassenheit sagen [zu] können: ‚Hitler? Ja gewiß, das war einmal. Aber heute sind wir anders.'"

In der Folge kritisierte der französische Philosoph Jean-François Lyotard (1990, 116), der den Begriff der Postmoderne prägte und sich dem klassischen Humanismus (Lyotard 2019) verwehrte, die erinnerungspolitischen Codierungsprozesse des nunmehr europäischen Gedenkens: Eine Gesellschaft, welche der Verteilungsgerechtigkeit und dem Resultat huldigt und den Widerstreit (différend) mit dem ‚Anderen' – dessen Aussöhnung mit dem ‚Eigenen' wie in Keilsons Roman schmerzlich aussteht – auf symbolischem Wege begleicht, könne es nur noch als „Kitsch" integrieren, selbst das Jüdische, das sich weiterhin als nicht dazugehörig erweist, schon allein infolge seiner Sakralisierung. Die Sorge gegenüber dem Anderen, seinem Leben und Tod, welche die Schlüsselerfahrung des jüdischen französisch-litauischen Philosophen Emmanuel Lévinas (1996, 22, 116) darstellte, stände demnach gerade angesichts der Shoah noch aus: „Der Andere individualisiert mich durch die Verantwortung, die ich für ihn habe. Der Tod des Anderen, der stirbt, betrifft mich in meiner Identität selbst als verantwortliches Ich", wobei wir dem eigenen Tod erst „im Angesicht des Anderen" begegnen. Sollte dem so sein, müssten wir erwägen, *wer* oder *was* also nicht sterben will?

Fragwürdig bleibt ferner das Übergewicht der Rückschau gegenüber der Umsetzung der Bekenntnisse. In der Unterrichtung der Bundesregierung von 2008, die den Titel „Verantwortung wahrnehmen, Aufarbeitung verstärken, Gedenken vertiefen" trägt, kann man lesen: „Jeder Generation müssen die Lehren aus diesen Kapiteln unserer Geschichte immer wieder neu vermittelt werden." Das scheint umso erforderlicher, als etwa die Umfrage der Körber-Stiftung für 2017 ergeben hat, dass 47 Prozent der Schüler von 14 bis 16 Jahren den Namen Auschwitz nicht einzuordnen wissen. Schuld für die Verstrickungen der Vergangenheit tragen diese Jugendlichen nicht, doch der Wahrnehmung ihrer zivilgesellschaftlichen Verantwortung unter den Bedingungen der Gegenwart und der Zukunft wird sie keiner entheben können.

Eben weil das institutionell geförderte erinnerungskulturelle Projekt „als solches – auch auf Grund seines politischen Erfolgs – weitgehend zu Ende gegangen" ist, so Volkhard Knigge (2020, 12), aber auch aufgrund der historischen Distanz zu den Ereignissen von 1933 bis 1945, könnte *Der Tod des Widersachers* einen neuen zukunftsweisenden Modus für eine reflexive „handlungsorientierte Auseinandersetzung mit den negativen Horizonten eigener Geschichte" darstellen. Die allgemeinverbindlichen und offenen Perspektiven einer positiven, nicht einzig der Vergangenheitsvergegenwärtigung und dem „Kanon europäischer Erinnerungen" (Feindt u.a. 2014, 15) verpflichteten Friedenskultur, die der Held des Romans in Handlung umsetzt, machen darüber hinaus auf „Praktiken politischen, gesellschaftlichen und kulturellen Gegenhandelns" (Knigge 2020, 14) aufmerksam, die der gewaltfreien Konfrontation mit dem Anderen und Fremden in der heutigen transnationalen Migrationsepoche zugutekommen könnten. Der Andere hat u.a. andere Erinnerungen und leidet unter anderen Traumen, zum Beispiel denen, die jahrhundertelange Sklaverei und der Kolonialismus der Neuzeit verursachten bzw. die neokoloniale Wirtschaftspolitik noch heute herbeiführt. Dieser andere Erfahrungsraum wäre zu konstruieren, so Rousso (2004, 371), wobei der französische Historiker die Mithilfe psychoanalytischer Erkenntnisse beansprucht.

Gewaltreduktion mit friedlichen Mitteln

Wenn „Sinn [...] als Medium der Kommunikation, aber auch als Medium des Bewußtseins" dient (Luhmann 1997, 224), und zwar beide in Bezug auf eine Aktualität, so entfaltet Keilsons Roman einen maximalen Sinn. Namentlich unter den gegenwärtigen Bedingungen ist *Der Tod des Widersachers* ein Buch, das die Chancen einer sinnvollen intergenerationellen und -kulturellen Vergegenwärtigung von Geschichte in der sich herausbildenden Weltgesellschaft verficht: Gegen ein „zerstörerisches Vergessen", das Vergangenheit zur ewigen Gegenwart macht, setzt Keilson das „bewahrende Vergessen", welches die „Arbeit der Erinnerung" (Ricœur 2004, 676) ermöglicht.

Im Roman ist nämlich die Suche nach friedlichen Alternativen einem Protagonisten aufgegeben, der verstehen möchte und der in einer Zeit höchster Not den Mut dazu aufbringt. Selbst ein Opfer, ordnet er sich dieser zwanghaften Vorgabe nicht unter. Er zollt vielmehr (s)einem Erz-Widersacher die gebührende Aufmerksamkeit und hinterfragt das ‚Widersacher-Prinzip' an sich in seiner Relevanz für die Gegenwartsanalyse. Dies ermöglicht dem Helden einerseits, mit dem eigenen internen ‚Widersacher' in Verbindung zu treten: Selbstentlastung oder Selbstgewissheit kommen dabei nicht ins Spiel. Es gelingt ihm vielmehr, die durch die „Über-Ich-Positionen" bestimmten Antwortformen auf seine Gegenwart, die unsere Vergangenheit ist, zugunsten einer ganzheitlichen Ich-Leistung (Jureit, Schneider 2010) aufzugeben. Andererseits, eben weil der Protagonist von einer Verunsicherung ausgeht, erlaubt ihm dies, die Gegenwart „nicht um ihre Ambivalenzen" (Knigge 2008, 157) zu bringen und gegenüber ergänzender Sichtweisen empfänglich zu bleiben. Er verkündet demnach keine universalistischen Aufschlüsse, sondern kundschaftet experimentelle Wege der Selbstverortung aus, die den Leser dazu ermutigen wollen, ihre Haltbarkeit im eigenen gesellschaftlichen Kontext auf die Probe zu stellen. Wie gefährlich es ist, sich nur negativ über den Feind zu definieren, zeigt gleichsam B. an, der im äußersten Gegensatz zum Protagonisten eben nur weiß, was er *nicht* ist.

Der keilsonsche Held geht also die Deutung der Zeitgeschichte zugleich als Selbstdeutung an. Als Zeitzeuge beschreibt er, was ihm widerfahren ist, versucht jedoch im Vorhinein, den Abstand zwischen Gegenwart, Vergangenheit und Zukunft zu überbrücken. Zumal es ihm nicht um eine beliebige Gewaltherrschaft, sondern um die Vergegenwärtigung von genau dieser geht, vermag der Protagonist nicht nur unabgeschlossene Einsichten zu B., alias Adolf Hitler, und seinem Pakt mit dem Volke ans Licht zu fördern. Er lernt ferner, Formen eines verständigungsorientierten friedvollen Handelns zu entwickeln, die ihm erlauben, sein Gleichgewicht nicht auf Kosten der Abwertung der Anderen aufrechtzuerhalten zu müssen. Zudem berücksichtigt seine ‚Abrechnung' mit der Vergangenheit sowohl den Schuldzusammenhang als auch Betroffenheit und Trauer: Im „Herzen soll gedacht sein, [...] und das ist kein Wunsch ohne Ehrfurcht, doch es ist das Begehren des Lebens, dann erst wird das Vergessene von Beschwerung befreit sein, die ihm die Nachwelt aufdrückt [...], das Vergessene wird neu", so H.G. Adler (1988, 564), ein anderer großer und wenig gelesener jüdischer Schriftsteller, dessen Perspektive wir in Keilsons Roman wiedererkennen. Auf diesem Wege ist es möglich, Reue zu empfinden, anstatt sich Erlösungshoffnungen hinzugeben.

Der Tod des Widersachers ist demnach ein unbequemes, aber notwendiges Buch, das einer neuen Erinnerungsgemeinschaft dienlich sein könnte. Der *positive* Modus sinnstiftender Vergegenwärtigung, den der keilsonsche Protagonist anstelle der *negativen* Erinnerung setzt, könnte dazu beitragen, dem Grauen, die Vergangenheit könnte sich wiederholen, aktiv entgegenzuwirken. Diese positive Art von Überschreibung würde Selbstheilungsprozesse in Gang setzten, aber auch dem Dialog der widerstreitenden offiziellen und privat-familiären Erinnerungsperspektiven und der Abkehr von normativen generationsbedingten Praktiken zugunsten eines schöpferisch-reflexiven Zugangs förderlich sein. Zwänge, Gemeinplätze, subjektive und kollektive Identitätskonstrukte, d.h. die „fugendichte[...] Normalität dessen, was sich nun mal durchgesetzt hat" (Habermas 1987, 175), könnten gelockert werden, und zwar nunmehr als Gelegenheit individueller Selbstverständigung – neben der öffentlichen Politik des Erinnerns und jenseits der tradierten Fronten. Es wäre möglich, der Schuld und der Trauer einen Platz in den Empfindungen und im bewussten Erleben einzuräumen und somit zur Gewaltreduktion beizutragen. Die Befreiung von Beschwerden, die dieses Zukunftsgedächtnis zur Folge hätte, könnte mit friedlichen Mitteln in tätigem Handeln gegen die heutigen unterschiedlichsten Erscheinungsformen der geschlossenen Gesellschaft umgesetzt werden – als Zeugnis eines wahrhaftigen und wirksamen Beginnens, das der widerspruchsvollen Faktizität der Gegenwart Rechnung trägt. Ein Vierteljahrhundert nach Kriegsende wäre es tatsächlich an der Zeit.

Der Roman handelt von Ausgrenzung und Teilhabe bzw. von lebenszugewandten und todeszugewandten Handlungsweisen, die sich in unserem täglichen Verhältnis zu uns selbst und den anderen einschleichen, mithin ohne unser Wissen. Nicht von ungefähr ist bei Keilson weder von Nazis noch von Juden die Rede, obwohl der Autor aus der kollektiven Katastrophe, die siebzig Millionen Tote verursachte, weitreichende Rückschlüsse gezogen und literarisch umgesetzt hat. So gesehen ist die

Themenstellung des Romans der notwendige Widerstand gegen die „immer wieder neue[n] Widersacher", die „auferstehen und in die Arena treten" (423), die sich in der Innenwelt eines jeden Individuums entwickeln und auf die Außenwelt, die sie mitbestimmt hat, übergreifen. Gewohnte, zum Klischee abgeflachte Pathos-Bilder des Völkermords kommen in *Der Tod des Widersachers* nicht vor; an ihre Stelle sind drängende unabgeschlossene Sprachbilder getreten, die sich dem Leser auf je eigene Weise bzw. über die eigenen Fragen eröffnen.

Auch aus sozialer Perspektive ist das Buch aktuell, da es sich literarisch mit dem Paradigma der politischen, sozialen und kulturellen Ausgrenzung von Menschen im Hinblick auf ihre Ursachen und Folgen auseinandersetzt. Es regt zu gegenwartsorientierten Fragen wie den folgenden an: Was könnte in unserer pluralistischen, aufgeklärten Gesellschaft geschehen, wenn Umweltzerstörungen und existentielle Not überhandnähmen und zu millionenfacher Flucht in ein von Krisen geschwächtes Europa führten? Würden sich die Zugehörigkeiten und Bindungen der Zivilgesellschaft als wirksam erweisen? Oder könnte sich die Verunsicherung breiter Schichten erneut zu unreflektierten Feind-Stereotypen verdichten? Musste nicht etwa der Bundespräsident Frank-Walter Steinmeier während der Coronavirus-Pandemie, die tiefe Gräben in der deutschen Gesellschaft geschlagen hat, im Laufe des Jahres 2021 wiederholt zur Versöhnung aufrufen (zumal uns das ‚Unheimliche' im ‚Heimischen' überfiel, sodass wir nach äußeren Feinden Ausschau hielten). Die Dringlichkeit dieser Fragestellung erlaubt es Keilsons Roman, die Wirkungslosigkeit rückwärtsgewandter Betrachtungen zu überwinden und die Aufmerksamkeit auf die Entwicklung eines inneren Widerstands, auf das persönliche Engagement zugunsten eines friedfertigen sozialen Umgangs zu lenken.

Die besonderen historischen, ökonomischen, gesellschaftlichen, politischen und kulturellen Verklammerungen, die noch vor 1933 und bis 1945 zur radikalen Feindschaft zwischen Menschen geführt haben, entgehen dem Schriftsteller nicht. Er ist sich ferner bewusst, dass die Massaker, welche die menschliche Geschichte begleiten, zunehmend gefährliche Effekte zeitigen, wobei die Berufung auf moralische oder religiöse Normen und auf die regulativen Appelle an die Vernunft sie zu keiner Zeit haben verhindern können. Die Schlussfolgerung, zu der Keilson gelangt, ist, dass anstelle des antiken „gnothi seauton – erkenne dich selbst" (2.272) in der Gegenwart die Körper und Sinne erfassende reflexive Selbstbegegnung treten muss: „Erkenne dich im anderen, den du als Feind, als Widersacher vernichten willst." Erst dieses Ineinander von Selbst- und Weltbezug erklärt die „starken Bande" (452), die der Protagonist mit B. unterhält, ohne seiner Zustimmung zu bedürfen. Die dunklen, nicht vorherbestimmen Seiten im eigenen Innern und die Abgründe des Fremdenhasses, die er im Widersacher und seinen Anhängern erkundet, setzen auch den Leser dem sonst Unfasslichen, dem „eigene[n] Skandalon" aus, das ‚privates und öffentliches Ärgernis' (2.194) zugleich ist – und es über das Ende der Handlung hinaus bleibt. Dieser Stein des Anstoßes wird im Roman ästhetisch adäquat umgesetzt und für den Leser erfahrbar gemacht.

Als Psychoanalytiker und als Künstler glaubt Keilson die Wurzeln des Hasses in der Unfähigkeit zu erkennen, sich selbst und dem anderen Menschen in der inneren Widersprüchlichkeit zu begegnen. Diese kritische Besinnung, die nach praktischer Umgestaltung drängt, erklärt die provokatorische Gestaltung des Romans, welcher gedenkt, seinen Leser zu einem rettenden ‚Vorkrieg' zu rüsten, und zwar nicht appellativ, sondern durch eine Fülle aufrüttelnder künstlerischer sinnlich-emotiver Eindrücke. Hochrangige literarische Werke wie *Der Tod des Widersachers*, als autonomes Gefüge und als kommunikativer sozialer Handlungsraum betrachtet, vermögen disparate Wahrnehmungs- und Erkenntnisprozesse zu fördern; sie sind darin dem natürlichen Aneignungsprozess, der selbstreflexiven Aufarbeitung durch Körper und Sinne in der Kommunikation mit sich selbst vergleichbar. Der sich einstellende Dialog zwischen Autor, Romanfiguren und Leser ermutigt zu differenzierten Strategien des Erfahrens und des verantwortungsvollen Handelns als Einstimmung auf eine gemeinsame Zukunft.

Die Eignung für postnationale Integrationsdiskurse jenseits der erinnerungspolitischen Konflikte ist der Grundkonzeption von *Der Tod des Widersachers* eingeschrieben. Namentlich mittels der „starken Bande" (452), die der Protagonist mit B. unterhält, vermag der Roman die Ermöglichungsfaktoren kollektiver und individueller Gewalt, die in den Jahren der NS-Diktatur zur Shoah als extremes Ereignis führten, in ihrer Vorgeschichte, in den Alltags- und Sozialdynamiken und „Grauzonen" zu erfassen. Die Gestaltungsperspektive des Autors ist dabei nicht die der unterschiedslosen Opferschaft (Diner 2007, 9), sondern die der Shoah als eines gemeinschaftsstiftenden Bezugsrahmens, konkurrenzlos zu anderen Opferdiskursen und offen gegenüber jeglicher Differenz. Der Historiker A. Dirk Moses, langjähriger Herausgeber des *Journal of Genocide Research*, fasst diese Bedenken im Mai 2021 in seinem vieldiskutierten Artikel „Der Katechismus der Deutschen" zusammen, indem er gegen die „Glaubenswächter" des „Erlösungsnarrativs" argumentiert und zu der Schlussfolgerung gelangt: „Es ist Zeit für ein inklusives Denken". Auf seine Weise hat Keilson in seinem *Widersacher*-Roman diese Forderung im Voraus umgesetzt, indem er sich der ‚Aufarbeitung' des Fremden im Eigenen zugewandt hat.

Zu diesem Buch

Dieses Übungsbuch versucht, das, wozu es anregt, auch selbst in seinen unterscheidenden Beobachtungen zu praktizieren und diese in der Begegnung mit Keilson, beschreibender Beobachter ersten Grades, und seinem *Widersacher* zu vermitteln: Der Leser wäre somit ein dritter autonom wahrnehmend-reflexiver Beobachter, von Keilsons Roman und von diesem Buch. Jede Ebene ermöglicht eine andere dichte Kombination von Selbst- und Fremdbeobachtung. Insofern verstehen unsere Streifzüge Literatur – gerade im Fall eines paradoxen Werkes, welches dem Leser durch das Band zwischen dem Protagonisten und B. den Spiegel vorhält – als Impuls, auf eine achtsame Art und Weise mit sich selbst und den Mitmenschen umzugehen: Mörderisches Handeln setzt indes die Entmenschlichung des Anderen voraus. Über Kunst und Literatur als einzigartige Möglichkeit der Selbstanalyse, als Weg eines prozessualen angstfreien und schöpferischen Umgangs mit der „anders geartete[n] innere[n] Dunkelwelt" (Jung, GW 10, 332), haben Freud, Jung und deren Schüler konstruktiv theoretisiert. Hier geht es um Praxis. Demnach hofft dieses Übungsbuch zum eigenaktiven Lesen, zur kreativen, potenziell singulären Rezeption eines originellen literarischen Werkes anzuregen, durch die sich die ‚Pforten der Wahrnehmung', des Gewahrwerdens auftun. Die aufgeworfenen Fragen versuchen, den Erfahrungen des Lesers entgegenzukommen und integrierende Prozesse in Gang zu setzen. Das Ziel besteht gleichsam in der Reise durch die Streifzüge und vor allem durch den Roman selbst, während ein gelingendes Lesen sich außerhalb des Romans, in der Lebenswelt des Lesers, zu erweisen hätte, sodass es an seine emotionale und reflexive Selbstverortung gebunden bleibt.

Diese Entscheidung bewirkt die Form dieses Übungsbuches, namentlich die textnahe Lektüre und die Anordnung des Materials, welche die Selbsterfahrung zu begünstigen trachtet. Die vorgeschlagene Leseart von *Der Tod des Widersachers* versteht sich dabei als Ermunterung, zudem keine ‚Interpretation' die ‚Ganzheit' des Kunstwerks fassen kann und ‚Sinn' sich aus der Beobachtungsperspektive und der jeweiligen Selektion von Möglichkeiten ergibt (Luhmann 1997, 174). Folglich ist die Ausschließlichkeit der Perspektive auch theoretisch ausgeschlossen, ein Methodenpluralismus als Teil des operativen Beobachtens jedoch vorgesehen: Wie sonst könnte das komplexe Phänomen der Feindschaft – der Feind als Axiom – angegangen werden, mit dem unsere Spezies von der Urzeit bis heute nicht viel anderes anzufangen weiß, als es zu erleiden, auch ohne direkten Gegenschlag?

Die phänomenologische Textanalyse hat sich in der Auseinandersetzung mit dem Roman herausgebildet. Sie verpflichtet dazu, das eigene Verfahren zu hinterfragen, unter anderem betreffs des Problems, wie man Komplexität beschreibt und vermittelt, ohne dabei unverständlich zu werden, aber auch ohne zur Simplifizierung unseres Ich- und Weltbildes beizutragen – umso mehr, als in Keilson die Gegensätzlichkeit von historisch Gegebenem und Möglichem den Erfahrungs- und Erkenntniswert des ästhetisch-imaginativen Erlebnisses bedingt.

Insofern dient unsere Lektüre von *Der Tod des Widersachers* als Vorlage, die darauf wartet, den eigenen Sinneindrücken und den an den Roman herangetragenen Fragen entsprechend verändert, erweitert, umgestaltet und revidiert zu werden. Natürlich erhofft sich dieses Buch Leser, die dem Thema und der Herangehensweise hinlängliche Aufmerksamkeit und Neugierde entgegenbringen, zumal der ‚ideale Leser' von Keilsons Werk derjenige wäre, der sich auf die Strategien zur Überwindung von Feindschaft – d.h. auf den ursprünglichen Zusammenhang des Romans, so meine Hypothese – einzulassen gewillt ist. Sollte er sie im eigenen Umfeld einer Prüfung unterziehen, könnte er mitunter entdecken, dass sie sich in zahlreichen alltäglichen und weniger alltäglichen Lebenslagen anwenden lassen.

Dies gilt auch für dieses Übungsbuch, dessen dynamische Struktur als eine der möglichen Antworten auf die obige Problemfrage zur Komplexitätsbeschreibung verstanden ist. Da die Bedingtheit der Perspektive dabei mitbedacht ist, sucht es das Interesse des Lesers zu wecken, entsprechend der eigenen Wahrnehmungen Differenzen zu erfahren und persönliche Entscheidungen zu treffen, u.a. bezüglich der kombinatorischen Möglichkeiten und dem Zeithorizont der Lektüre. Es ist als interaktives Buch konzipiert, dessen Lektüre sich nicht an eine vorherbestimmte lineare Chronologie zu halten hat. Es trägt der Vielfältigkeit der Erwartungen und Ausrichtungen und damit der Eigenständigkeit der Leser Rechnung. Die Leser können nicht nur die Reihenfolge der weithin unabhängigen Kapitel festlegen, sondern ihre Aufmerksamkeit einzig den Streifzügen widmen, welche zum Teil notwendige Hintergrundbezüge einflechten. Sowohl ein episodischer Zugriff auf einzelne Textstellen als auch umgekehrt deren wiederholte Lektüre, etwa parallel zu Keilsons Roman, könnten sich wider Erwarten als Einsichtsgewinn erweisen.

Die Interaktivität der Anlage erklärt auch die unterschiedlichen Anforderungen der Vertiefungen im Vergleich zu den Streifzügen. Wo steht denn geschrieben, dass ein Buch sich durchgehend an einen bestimmten Grad an Komplexität bzw. an ein einziges Anforderungsniveau halten muss, anstatt sich auf verschiedenen Ebenen zu bewegen und dabei den Lektürevorgang zu individualisieren und zu dynamisieren? Dürfen sich Voraussetzungen nicht auch wandeln und vielgestaltige Aufgaben oder Teilaufgaben, die somit offen bleiben, zur Auswahl gestellt werden, zumal eigene Fragestellungen etabliert und angebotene verändert werden können? So könnten etwa die vertiefenden Beiträge und die Literaturhinweise zunächst übersprungen und je nach Lust und Interesse im Nachhinein gelesen werden. Sie dienen der weiterführenden Reflexion und ermöglichen durch ihre Perspektivenvielfalt, die Themen, Fragen und Hypothesen zu testen und schöpferisch weiterzuentwickeln. Die Abfolge bleibt unbestimmt, eigenständige Beobachtungsoperationen sollten nicht ausbleiben. Dementsprechend bedeutet Interaktivität, dass auch das Leserbild nicht im Voraus festgelegt worden ist. Das Lesen kommt allenfalls der selbstorganisierten Erfahrung des Eigenen, einem *work in progress*, entgegen, in dessen Verlauf sich die Möglichkeit des Lesers, den *regress* bzw. das Fremde zur Kenntnis zu nehmen, verfeinert.

Das Herzstück dieses Übungsbuches bilden die Streifzüge. Das „Korn“ (558) oder der Keim unseres Feindbildes ist so tief mit uns und mit der Kette der vorangegangenen Generationen verflochten, dass das Wissen darum sich mit uns selbst wandeln muss: Kein Geringeres ist das verbindliche und doch antidogmatische Übungsziel von Keilsons Roman und also von diesem Buch. Die inhaltliche Verknüpfung und die Verinnerlichung des offenen Sinnzusammenhangs von *Der Tod des Widersachers*, im Dialog mit sich selbst wie mit Gesellschaft und Umwelt, sind ganz dem Leser auferlegt. Möge die Lektüre ihn auf nachhaltige Weise verstören.

Zur Vertiefung

Notizen zu Der Tod des Widersachers und dessen Rezeption

Hans Keilson begann die Arbeit an dem Roman, der anfänglich als Novelle konzipiert war, im Jahr 1942, während einer Zeit, in der er Verfolgung und Exil aus eigener Erfahrung erlebte. 1940 besetzten die deutschen Truppen die Niederlande; Keilson tauchte unter und trat dem Widerstand bei. Erst 1959 fand der Autor einen Verlag, der den Roman zu publizieren gewillt war. Indessen war 1959 das ‚wunderbare Jahr' der deutschen Nachkriegsliteratur, in dem eine Fülle von Prosawerken, darunter Günter Grass' *Blechtrommel*, Heinrich Bölls *Billard um halb zehn* und Uwe Johnsons *Mutmaßungen über Jakob* erschienen. Zudem sah die Abrechnung mit der Vergangenheit, der Antifaschismus, dem sich vor allem die DDR-Literatur programmatisch zuwandte, die separaten Rollen des Opfers oder des Täters vor, wie in Bruno Apitz' exemplarischem Roman *Nackt unter Wölfen* von 1958, der bald in 26 Sprachen übersetzt sein wird. Keilsons gegenläufiger Roman erhielt wenig Aufmerksamkeit und erfuhr mitunter entschiedene Ablehnung, zumal in Israel. Erst die Veröffentlichung in den USA im Jahr 1962 und vor allem der Nachdruck von 2010 führten zu einer breiteren Wahrnehmung durch die Kritik. Obwohl er inzwischen in zahlreichen Ländern erschienen ist – u.a. in Australien, Brasilien, Israel, Italien, Korea, Russland, Portugal und Spanien –, stellt *Der Tod des Widersachers* bis heute eine Nischenlektüre dar. Außerdem haben die wenigen eigens dem Roman gewidmeten Würdigungen dem keilsonschen Protagonisten Abwehr, Ich-Spaltung, Zerrüttung des Ichs als Folge von Ausgrenzung, sequenzielle Traumatisierung, psychotische Züge, neurotische Wirklichkeitswahrnehmung, narzisstische Zuflucht und das Stockholm-Syndrom zugeschrieben, d.h. alles das, was der Protagonist zu überwinden gedenkt und was wohl im Falle des Romans eines Psychoanalytikers wie Keilson einem Kurzschluss gleichkommen könnte. Nach Hans Magnus Enzensbergers Beschreibung (1968, 190) war 1959 das Jahr, in dem die deutsche Literatur wieder „das Klassenziel der Weltkultur" (vgl. Schnell, 2003, 215ff.) erreichte: Der Beitrag, den *Der Tod des Widersachers* hierfür leistete, wäre dazuzurechnen.

Diese einleitende Vertiefung ist viel zu lang und noch dazu kompliziert. Doch will es mir scheinen, ich sei sie dem Roman schuldig. Denn ganz gleich, von welchem Gesichtspunkt man ihn betrachtet, *Der Tod des Widersachers* hält dem stand und bestätigt seine ästhetische Dichte. Und muss tatsächlich alles kurz und bündig, ‚leicht bekömmlich' und kognitiv bescheiden sein? Ist denn unsere gelebte Wirklichkeit so, dass Unbemitteltheit eine leidlich angemessene Repräsentation derselben wäre? Der Leser entscheide. Außerdem ist es vielleicht auch eine Sache der Handhabung. Soweit ich die richtige Distanz zu dem Übungsbuch habe, fallen mir zunächst zwei oder drei Möglichkeiten ein. Ein theoretisch geschulter Leser wird wahrscheinlich ohne großen Widerstand mit dieser etwas ausufernden Vertiefung zurechtkommen und sein Scherflein dazu beitragen, auch an Dissens. Ein weniger bewanderter kann sie aufschieben oder zwischendurch lesen, wobei der Nachhall einiger mitschwingender Themen vergleichend abgehört werden kann. Eine tiefere Kenntnis des Romans wird vor allem im Nachhinein ermöglichen, in Themen und Fragestellungen profunder einzudringen. Jedenfalls sind die Vertiefungen nicht darauf bedacht, die autonome „Bewegung eines beseelten Körpers" mittels Konzepten (356) zu bändigen, sondern auch in der Folge Materialen zu liefern, die dem Leser ermöglichen sollen, sich der Lektüreerfahrung mit Vertrauen zu stellen.

Fangen wir mit Niklas Luhmanns klassischer Systemtheorie (1991) an, auf die sich die folgenden Zitate beziehen, und die dazu beitragen soll, die soziale Bedingtheit von Keilsons Roman freizusetzen. Die Theorie unterscheidet zunächst zwischen Bewusstseins- und Gesellschaftssystemen sowie der Umwelt. Im Vergleich zu der selbstreferentiellen Geschlossenheit der Systeme weist die Umwelt, mit der die Systeme in Wechselbeziehung stehen, „höhere Komplexität und geringeres Geordnetsein auf". In ihrem koevolutiven Verhalten schöpfen beide Systeme aus der Umwelt neue Möglichkeiten, wobei alle „Strukturänderung, sei sie nun Anpassung an die Umwelt oder nicht, [...] Selbständerung [ist]" (478). Die Unterscheidung der zwei Ordnungen ermöglicht es dem deutschen Soziologen, „den Menschen als Teil der gesellschaftlichen Umwelt zugleich komplexer und ungebundener zu begreifen" (289–290), bedingt aber auch die „schärfere Trennung von psychischen und sozialen Systemen" (457). Dass Soziologie keine Psychologie ist, versteht sich von selbst. Und doch würdigt Luhmann die Rolle des Menschen, der dank seiner *Interpénétration* mit dem sozialen System, „vorkonstituierte Eigenkomplexität einbring[t]", während die „Bestimmung des Handelns [...] verschiedene Quellen, psychische und soziale", aufweist.

Auf den Bereich der Bewusstseinsprozesse werden wir in der Vertiefung „Licht und Schatten" zurückkommen. Hier lässt sich vorerst festhalten, dass Luhmann (612) klärt, „was mit ‚Unbewußtem' (im Unterschied zu: nicht Bewußtem) gemeint sein könnte". Das Unbewusste, das über keine ausdifferenzierte Reflexivität verfügt, operiert mit Bewusstsein, „aber es ist sich dessen nicht bewußt und etabliert insofern intern auch keine Bezugspunkte für kritische Steuerung und Selbstkontrolle". Ferner verweist der Soziologe auf George A. Kellys Theorie der persönlichen Konstrukte, nach der „alle Verdrängung, alles ‚Unbewußte', alle Totalisierung [...] nur ein Untertauchen des immer mitgemeinten Anderen [ist]. Psychotherapeutik muß dann Aufklärung über das mitgemeinte Andere sein", so Luhmann (282). Auf jeden Fall ist das „Verstehen, das sich an der Differenz bewußt/unbewußt orientiert, [...] ein besonders seltener, besonders anspruchsvoller, besonders auf Theorie angewiesener Fall" (360), was sich u.a. in *Der Tod des Widersachers* anhand des Schicksals des Protagonisten und an Keilsons ‚Konstrukt' des ‚idealen Lesers' bewahrheitet (und vielleicht diese Vertiefung rechtfertigt), dem die „Einstellung des geduldigen, zugleich aber kognitiv aktiven Zuwartens" zukommt, sodass eigentlich seine Kreativität „mit der Entdeckung der Langsamkeit" (Groeben 2013, 99) beginnt.

Weiterhin sollte geklärt werden, dass Luhmann hinsichtlich der Wissenschaftstheorie schlussfolgert, sie müsse „genaue Anweisungen für eine Selbstkontrolle" (652) enthalten: „Wer Theorien über ‚das' Selbst entwickelt, entwickelt auch Theorien über ‚sein' Selbst" (651), sodass etwa „Sigmund Freuds Theorie der Sublimierung nur einer von vielen Versuchen der Sublimierung [ist]. Die Theorie sieht, wie in einem Spiegel, sich selbst und anderes und mag dann Anlaß haben, ihre Selbsteinschätzung zu revidieren" (653). Ein Vordenker der Systemtheorie, der französische Philosoph und Soziologe Edgar Morin (2010, 439) kommt 1977 zu ähnlichen Schlussfolgerungen: „Von nun an sind Objekte nicht länger nur Objekte, Dinge nicht länger nur Dinge; jedes Objekt einer Beobachtung oder einer Studie muß künftig als Funktion seiner Organisation, seiner Umwelt, seines Beobachters begriffen werden."

In Keilsons Werk wird diese Perspektive ästhetisch vorweggenommen, obgleich sich Gestaltung und Handeln von Autor und Protagonist „auf lebende Systeme" beziehen: „Alle Beobachtung benutzt (das definiert den Begriff) ein Differenzschema. Dabei wird die Einheit der Differenz durch den Beobachter, nicht durch seinen Gegenstand definiert. Auch der Beobachter ist – wie käme er sonst zu dieser Einheit? – ein autopoietisches System. Er kann Differenzen verwenden, die dem Gegenstand selbst unzugänglich sind, wie etwa bewußt/unbewußt in Bezug auf psychische Systeme oder manifest/latent in Bezug auf soziale Systeme. Er kann in diesem Sinne aufklären, wobei die Aufklärung aber nur wirkt, wenn sie ein Differenzschema verwendet, das der Aufzuklärende übernehmen kann" (654). Nach Luhmann ergibt sich aus diesem Differenzdenken ein berechtigter „Universalitätsanspruch" (658), den Keilson als Menschenkenner und Schriftsteller in seiner Anspruchslosigkeit durchaus beansprucht.

Die andere Perspektive, die sich geradezu aufdrängt, ist bei Hans Keilson die der Psychologie, die zu seinem Instrumentarium gehört und die sich in unserem Übungsbuch hier und da mit anderen Diskursen mischt. Nach der ‚kognitiven Wende' der siebziger Jahre haben die Neurowissenschaften angefangen, genauere, mit den Methoden der objektiven Erkenntnisgewinnung erworbene Befunde in Sachen Mensch und Gehirn vorzulegen. Selbst dabei muss berücksichtigt werden, dass „der sogenannte wissenschaftliche Fortschritt typisch mehr ungelöste als gelöste Probleme erzeugt, also das Nichtwissen im Vergleich zum Wissen überproportional vermehrt" (Luhmann 1991, 440). In Erwartung weitreichenderer Befunde vonseiten einer auf Operationalität abzielenden Wissenschaft, knüpfen wir an die Begrifflichkeiten und Hypothesen der Psychoanalyse an, die in ihrem Theoriepluralismus inzwischen auf mehr als ein Jahrhundert empirisch fundierter Forschungen sowie analytischer Erfahrungen zurückblicken kann, gerade bezüglich der vielfältigen Inhalte und Funktionen des Unbewussten, die unser Verständnis vom Menschen bereichert haben. Zudem geht für Keilson, wie etwa für Neumann (1990) und Zoja (2007), der ethische Anspruch der Psychoanalyse als *moral science* mit der gesellschaftlichen Verantwortung einher, Vorspiegelungen und Unaufrichtigkeiten zu bekämpfen, angefangen bei denen, die wir uns selbst erzählen. Demnach konnte Freud (1968, 118) zu Recht 1935 an Arnold Zweig schreiben: „Die Analyse kann unter dem Faschismus nicht besser gedeihen als unter dem Bolschewismus und dem Nationalsozialismus".

Hans Keilson, Psychiater und Psychoanalytiker freudscher Schule und lebenslanger Kriseninterventionsexperte, hat in seinem Roman die Vehemenz unbewusster Projektionsprozesse untersucht, die bedingt, dass die „Feindseligkeit, von der man nichts weiß und auch weiter nichts wissen will, [...] aus der inneren Wahrnehmung in die Außenwelt geworfen, dabei von der eigenen Person gelöst und der anderen zugeschoben [wird]" (Freud, GW 9, 353); ferner hat er die Möglichkeiten gestaltet, sich in ‚bösen Zeiten' der psychischen und sozialen Konditionierung zu entziehen: Die erste Rolle übernimmt die Gestalt des Widersachers, die zweite der junge Protagonist des Romans. In seinem Essay *Psychoanalyse und Nationalsozialismus* ist zu lesen: „Die Psychoanalyse definiert Identität als Ich-Leistung“ (L 73). Das bedeutet für Keilson u.a., dass Psychologie nicht nur ins Behandlungs- oder Studierzimmer gehört, zumal die individuelle Befähigung, sich des unvermeidlichen Geflechts der Polaritäten von Freundschaft und Feindschaft, Leben und Tod, Gut und Böse innerhalb der eigenen Kulturwelt bewusst zu werden, ohne die Welt in geschlossene binäre Ordnungsschemata zu zwingen, dazu beitragen kann, neue und zukunftsträchtige gesellschaftliche Interaktionsmodelle zu erschließen. Ausschlaggebend ist dabei die Koevolution der Systeme, da „die psychischen Systeme die sozialen Systeme mit hinreichender Unordnung versorgen, und ebenso umgekehrt“, während „soziale Systeme [...] auf Grund der Geräusche, die psychische Systeme erzeugen bei ihren Versuchen zu kommunizieren, [entstehen]“ (Luhmann 1991, 291–292).

Nun hat der Schriftsteller insbesondere erfahren, welche Rolle „Geräusche“ in sozialen und politischen Systemen spielen, wie während des Nationalsozialismus etwa starre Selektionen, unbewusste Motivationen und Abwehrmechanismen. Vor allem Projektionen bedingen, dass man nicht den Balken im eigenen, sondern den Splitter im fremden Auge gewahrt (Mt 7.3–5 und Luk 6.41). Sein Held in *Der Tod des Widersachers* versucht insofern, durch individuelle Initiative Unordnung, Zirkularität und Komplexität in das gesellschaftliche System einzubringen, dessen Grenzen er zu unterlaufen und zu öffnen beansprucht. Auch die Erfahrung des Todes findet auf diesem Wege Eingang in die Welt des Romans: Während das „Bewußtsein [...] sich selbst also nicht wirklich als beendbar wissen [kann] und [...] sich daher, weithin mit Erlaubnis der Gesellschaft, ewiges Leben zu[spricht]“ (Luhmann 1991, 375), scheint die Psyche nur allzu gut zu wissen, dass „Nicht-leben-Wollen [...] gleichbedeutend mit Nicht-sterben-Wollen“ ist, so Jung in *Seele und Tod* (GW 8, 447). Zudem engagiert sich Keilsons Hauptfigur für „soziale Systeme, die auf komplexere psychische Systeme zurückgreifen können“ und demzufolge „einen geringeren Strukturbedarf“ (Luhmann 1991, 294–295) haben, die also weniger zwanghaft vorgehen und sich erlauben können, gegenüber individuellen Beiträgen aufgeschlossener zu sein. Durch die Erfahrung, die der Roman seinen Lesern vermittelt, kommen all seine Hypothesen beiden Systemen, Mensch und Gesellschaft, zugute.

Um auf die Erklärungsmuster der Tiefenpsychologie zurückzukommen, gibt Carl Gustav Jung betreffs unseres gesellschafts- und umweltrelevanten Eigenbeitrags zu bedenken, dass sich psychologische Korrekturen nur im Bewusstsein anbringen lassen, da sich das andere Teilsystem, das Unterbewusstsein, der Veränderung entzieht. Ohne dialogische Beziehung zum Unbewussten schwellen indessen die sogenannten ‚spontanen' Projektionen der eigenen Emotionen, Affekte, Wünsche auf den äußeren Feind an. Mögliche Folgen sind u.a. Wahnvorstellungen sowie Angst- und Zwangsneurosen. Umgekehrt trägt die konstruktive Auflösung der Verdrängung (Freud) oder die ‚Ganzwerdung' des Individuums (Jung), die als relative und relationale Begriffe innerhalb eines nicht endenden umweltbedingten Prozesses aufzufassen sind, zur Anschlussfähigkeit unsrer Systeme von Mensch und Gesellschaft bei. Auch darauf werden wir in der Vertiefung „Licht und Schatten" zurückkommen.

Ein letzter kurzer Ausblick auf die Philosophie. Schon Adorno (GW 8, 117) bestritt, dass Erkenntnis von nichts anderem abhinge „als der funktionellen Beschaffenheit der Gesellschaft", insofern er im Menschen auch die „Grenze der Verdinglichung" wirken sah: „Objektiv produziert ist vielmehr die subjektive Beschaffenheit, welche die objektiv mögliche Einsicht unmöglich macht." Abspaltung wie Anschluss entwickeln sich koevolutiv zu sozialen Systemen und Umwelt. Dieser elementare Mechanismus ist umso folgenträchtiger als im Fall einer nicht gelungenen Zurücknahme der Projektion beispielsweise die Lichtseiten, das Gute, Schöne und Rechte, oder umgekehrt die Schattenseiten des Bösen, Hässlichen und Unrechten auf Personen oder Objekte der Außenwelt übertragen werden – und zwar zu allen Zeiten auf die je eigene Weise.

Trotz der mitunter sehr ungleichen Folgen gilt dies auch heute, etwa im Fall des linken Der-Mensch-ist-gut-Glaubens bzw. der Illusion der ‚reinen Hände' wie der rechtsradikalen Gewalt, d.h. der Schande der ‚schmutzigen Hände' derjenigen, die Vermittlung und Zweifel verachten und die Fronten verhärten: „Und eine Bewährungsprobe für linke Moral ist, wie und ob es Einzelnen gelingt [...] diese Wiedersprüche auszuhalten und in sich zu schlichten: ohne Kapitulation vor dem historisch Bösen, aber auch ohne Verzicht auf differenzierendes Bewusstsein und Einfühlung. Ja: Ob wir uns ein Stück ‚aufmerksamer Rücksichtnahme' auf andere erhalten, mag auch im historischen Konfliktfall mit zur Bewährungsprobe unserer Moral gehören", so Peter Brückner (2008, 130f.). Durch die jeweilige Anklägerrolle werden Selbstwertkonflikte umgangen, wobei Verteufelung und Idealisierung Hand in Hand gehen: Die einen geben sich dem Guten hin, die anderen dem Bösen, wer nimmt sich der inneren und äußeren Widersprüche an? In der sozialen Interaktion vertieft die ideologisch oder weltanschaulich begründete Einäugigkeit den Riss durch die Gesellschaft, weil jede Seite die andere als den Gegner betrachtet und folglich den Dialog ablehnt, anstatt die Gegenargumente reflexiv abzuwägen und miteinander in Beziehung zu setzen. Wie Kant schon 1784, also vor seinem Entwurf *Zum ewigen Frieden* (1795), anführte, bewohnen wir Menschen vorerst alternativlos einen runden Planeten und tragen folglich eine gemeinsame Verantwortung, die uns in wechselseitiger Abhängigkeit einander näherbringt.

In seiner ästhetischen Vermittlung setzt Keilson den Akzent auf die Auseinandersetzung mit dem Fremden im Nächsten, auf die Erfahrung der Fremdheit im eigenen Innern. Der Autor vertraut dabei auf den individualpsychologischen Wirkungszusammenhang, den Literatur als eigenaktive Lebenswissenschaft und als Teil der Lebenswelt absteckt. Was zählt ist die Aufrechterhaltung des Grenzverkehrs zwischen Eigenem und Fremdem, *Ego* und *Alter*; das/der Fremde wird somit als das ‚Andere des Eigenen' erfahren, welches das geschlossene selbstreferentielle Ego in die Schranken zu weisen vermag. Diese Herausforderung, welche die Kommunikation zwischen gegenpoligen Aspekten lebendig erhält, setzt den Leser der Stoßkraft der Feindschaft und ihrer Ambivalenzen als positive Entwicklungsimpulse aus. Zwar liegt der Akzent von *Der Tod des Widersachers* auf der Entscheidung des Einzelnen, doch ohne Verkürzung komplexer *Interpénétrationen*, zumal die gewaltgeladenen spezifischen Rahmenbedingungen durch B. repräsentiert sind, und zwar sowohl als Person als auch systemisch.

Selbstverwirklichung verläuft nicht linear und folgt keinen vorbestimmten Etappen, besitzt jedoch generell eine doppelte Kontingenz (Luhmann 1991, 148ff.), die Ich und Du, psychische und soziale Systeme miteinander in Beziehung setzt. Nach Jung ist die Subjektwerdung bzw. die Individuation – eines seiner Basiskonzepte – „einerseits ein interner, subjektiver Integrationsvorgang, andererseits aber ein ebenso unerläßlicher objektiver Beziehungsvorgang", insofern „eine genügende Berücksichtigung der Eigenart des Individuums eine bessere soziale Leistung erhoffen läßt" (GW 16, 234 u. 7, 183). Im Bewusstsein, dass Menschen soziale Wesen sind, deren Ansichten und Handlungen von den soziohistorischen Verhältnissen mobilisiert werden, gelangt auch die politische Theoretikerin und Philosophin Hannah Arendt in ihrem letzten Werk, *Vom Leben des Geistes* (1998, 191f.), zu der Auffassung, dass durch das „reinigende Element im Denken" der vielen Ichs, durch ihre „Fähigkeit, Richtiges vom Falschen, Schönes vom Hässlichen zu unterscheiden", „in der Tat Katastrophen verhindert werden […] – in jenen seltenen Augenblicken, in denen alles auf dem Spiel steht" – „zumindest für [s]ich selbst", angefangen bei sich selbst und dem eigenen Selbst- und Weltverständnis.

Die besondere Gefahr, die während der NS-Zeit etwa die verinnerlichten Modelle des Obrigkeitsstaates und das Verlangen nach idealer Einheit und Einigkeit repräsentierten, „die tief in den psychischen Haushalt" (Elias 1992, 413f., 550) gesunken waren, wird in Keilsons Roman durch die Verlegung des „hauptsächliche[n] Schauplatz[es] des Kampfes […] auf das innermenschliche Feld“ (ebd., 489) veranschaulicht. Der Protagonist zeichnet dabei die umgekehrte Möglichkeit auf, zumal „Verpflichtungen zum Anstand im persönlichen Verkehr der Menschen untereinander […] eine soziale Verpflichtung“ (ebd., 533) unter anderen ist. Das ist der Punkt, an dem individuelle psychologische Dispositionen wie Selbstdenken und Eigenverantwortung sozial relevant, d.h. zu einem aktiven Faktor der gesellschaftlichen Entwicklung werden, denn Systeme und Ordnungen enthalten Mehrdeutigkeit, Unordnung und Chancen umweltlicher Grenzüberschreitungen. Nun ist gerade die Aktivierung einer personalen reflexiven Widerspruchsfreiheit und Widerstandfähigkeit gegenüber sozialen Systemen, die Ausgrenzung, Feindschaft und Gewalt einfordern, eine der möglichen ästhetischen Wirkungsabsichten von Keilsons Roman, zumal sich Literatur an die einzelne Leserin, den einzelnen Leser wendet und nur durch sie in die Gesellschaft hineinwirkt, sodass Lern- und Erfahrungsprozesse sozialisiert und Abspaltungsprozesse rückgängig gemacht werden können. „In Wahrheit steht der Übergang von der Natur in die Kultur“, vom Ich zum Du „und umgekehrt seit jeher weit offen. Er führt über eine leicht zu betretende Brücke – das übende Leben“, zumal gilt: „Wie in der Psyche also auch in der Polis“ (Sloterdijk 2009, 25, 261). Für den Leser hieße das, den integrativen, zugleich relativen und weiten Raum der psychagogischen Praxis, den der Roman bietet, um der Selbstverwirklichung und der Entwicklung unserer Beziehung zu den Mitmenschen willen nach eigener Verantwortung zu nutzen.

Literaturhinweise

Zitate und Siglen

Der Tod des Widersachers wird zitiert nach der Ausgabe Hans Keilson, *Werke in zwei Bänden*, hrsg. v. Heinrich Detering u. Gerhard Kurz, Bd. 1. Frankfurt a.M.: Fischer 2005, S. 337–563, auf die fortan im laufenden Text mit der Seitenzahl verwiesen wird. Bei Zitaten aus dem zweiten Band geht der Seitennummer eine 2 voran; bei nacheinander folgenden Belegstellen aus der gleichen Seite wird die Angabe nicht wiederholt.

Auf den von Heinrich Detering herausgegebenen Sammelband *Kein Plädoyer für eine Luftschaukel*. Frankfurt a.M.: Fischer 2011, wird mit der Sigle L verwiesen. Hans Keilsons *Da steht mein Haus: Erinnerungen*. Frankfurt a.M.: Fischer 2011, wird mit der Sigle H zitiert. Das von Marita Keilson-Lauritz publizierte *Tagebuch 1944*. Frankfurt a.M.: Fischer 2014, wird mit der Sigle T angeführt.

Die Zitate aus dem Werk von Sigmund Freud beziehen sich auf die *Studienausgabe* in 10 Bänden, hrsg. v. Alexander Mitscherlich, James Strachey u. Angela Richards. Frankfurt a.M.: Fischer 1979, auf die fortan mit dem Kürzel GW, Band und Seitenzahl verwiesen wird.

Die Zitate aus dem Werk von Carl Gustav Jung beziehen sich auf die *Gesammelten Werke*, Bd. 1–20. Düsseldorf: Patmos 1998, die mit der Sigle GW, Band und Seitenzahl angeführt wird.

Weiterführende Lektüren zu den angeführten Themen

Zu Keilson vgl. Schröder, Weymann u. Widmann (2013) und zu *Der Tod des Widersachers* insb. den Aufsatz von Weymann (ebd., 71–89). Einen wichtigen Beitrag zum Verständnis seines Opus haben Heinrich Detering und Gerhard Kurz u.a. mit der Werkausgabe und den Nachwörtern geleistet.

Zur Auffassung, dass Deutsche auf die Einzigartigkeit der Shoah, Juden auf ihre Universalität bestehen sollten, vgl. Maier (1988) und Todorov (1993). Vgl. Neiman (2020), auch betreffs des Ansatzes des Winter Instituts in Jackson, Mississippi, dessen Mitarbeiter versuchen, zu den Mechanismen der Angst vorzudringen, die den Rassismus bedingen, indem sie die Neuroplastizität des menschlichen Gehirns für die Wiederherstellung von Gerechtigkeit und Versöhnung nutzbar machen. Nolte (1963) negierte bekanntlich den Ausnahmestatus des Nationalsozialismus, indem er ihn als Antimarxismus in die Front des europäischen Faschismus einreihte. Welzer (2017) gibt zu bedenken, dass das Ergebnis des Nationalsozialismus, die Shoah, unvergleichbar ist, doch nicht die Gesellschaftsgeschichte, die von 1933 bis 1945 einen Rechts- und Kulturstaat in eine verbrecherische Ausgrenzungsgesellschaft verwandelte und aus der man rechtzeitig lernen muss, denn: „Es ist einfacher, für die Demokratie zu kämpfen, solange es sie noch gibt. Danach wird es erheblich schwieriger." Auch Grieger (2008,

113) ist der Meinung, dass die „Singularitätsthese im Zusammenspiel mit dem Diktum der ‚Unvergleichlichkeit des Holocaust'" der „ansonsten selbstverständlichen Suche jeder Generation nach ihrem Geschichtsbild […] Fesseln anlegt". Vgl. ferner Jurek (2008).

Zur Umschreibung der Geschichte vonseiten der neuen Revisionisten vgl. etwa Grünbein (2021) und dazu Maletta (2020).

In Sache ‚Universalisierung' bzw. politischer Systemkritik anstelle von Schuldzusammenhang sei an Hannah Arendts Kontroverse mit Hans Magnus Enzensberger von 1965 erinnert: „Wieder geht das Einzelne im Durcheinander des Allgemeinen verloren. Es ist bei weitem noch problematischer, wenn es von einem Deutschen vorgebracht wird. Dann heißt es: Nicht unsere Eltern, sondern die Menschheit hat diese Katastrophe verursacht. Das ist einfach nicht wahr." In einem unveröffentlichten Brief an den Herausgeber des *Merkurs* fügte die Philosophin hinzu, sie hätte Enzensberger sagen müssen: „Ich habe Ihnen ja nicht vorgeworfen, daß Sie leugnen, daß die Deutschen an Auschwitz schuld sind, sondern daß Sie sich dafür noch eine Feder an den Hut stecken. […] Oh, Felix Culpa!" (zit. in Gross 2006, 217–218).

Zum kollektiven Gedächtnis vgl. auch die Studie *Über den Begriff der Geschichte* von Walter Benjamin (1992, 698ff.), in der das historische Geschehen „Gegenstand einer Konstruktion, deren Ort nicht die homogene und leere Zeit sondern die von Jetztzeit erfüllte" ist; dabei geht es nicht darum, konformistisch-dogmatisch „mit dem Strom [zu schwimmen]" – auch nicht dem des institutionalisierten Gedenkwesens –, sondern den „Stillstand" der Geschichte „im Kampfe für die unterdrückte Vergangenheit" zu überwinden.

Auch Lyotard (1989, 175–176), für den das ‚Jüdische' für das Andersartige bzw. das Grenzgängertum stand, gab zu bedenken, dass Auschwitz das gleichzeitige Vorliegen „zweier unvereinbarer Sätze" festhält: „Es gibt keinen Übergang vom Universum des Satzes des Deportierten zu dem des Satzes der SS." Zu Lyotards Konstruktion des ‚Jüdischen' als kontradiktorische Selbstdarstellung des postmodernen Intellektuellen vgl. Pfestroff (2004, insb. 266ff.). Keilsons Held scheint indes diesem Grenzgängertypus zu entsprechen, während B. die „Hegemonien von Diskursarten" festlegt, wobei er jede Vermittlung zwischen den Polen, zwischen Allem und Nichts, Nein und Ja usw., und jede „universale schlichtende Autorität" dementiert. Den Ausgeschlossenen wird „notwendigerweise ein Unrecht zu[gefügt]" (ebd., 11). In Widerstreit mit B. und also in der Perspektive einer unentschiedenen Zukunft stellt der Protagonist nach unautorisierten Verkettungsregeln einen ‚Band', eine (selbst-)reflexive bzw. diskursive zeit- und ortgebundene, und in diesem Sinn vergleichbare Auseinandersetzung wieder her.

In einem Aufsatz von 1934 behauptet Emmanuel Lévinas (2007), dass die ‚Philosophie des Hitlerismus' eine affektiv erlebte Wahrheit auf einen greifbaren Ursprung zurückführe, an den der Mensch sozusagen *gekettet* sei: Erde, Familie, Volk und Sprache, elementare, als absolut betrachtete Kräfte, gegenüber denen die „modernen, auf der Übereinkunft freier Willen basierende[n] Gesellschaftsformen […] nicht nur als brüchig und haltlos, sondern auch als heuchlerisch und verlogen" erscheinen konnten. Snyder (2015) hat sowohl auf Hitlers ‚logischen Zirkel' hingewiesen, der Gesellschaft und Natur gleichsetzte, sodass die Vernichtung der Juden das ‚ökologische Gleichgewicht' der Erde wiederherzustellen hatte, als auch vor der Annahme gewarnt, der Holocaust sei ein singulärer Vorgang. Zum Holocaust als Gründungsereignis der westlichen Kulturen und als säkulare Religion vgl. Hammer (2004) und Assmann (2013, 156f.).

Der Erziehungswissenschaftler Micha Brumlik (1995, 119) konstatiert, dass es beim Gedenken nicht „um eine Art Selbstreinigung jener geht, die in irgendeiner Weise dem Kollektiv der Täter angehören", da dies „ein groteskes Mißverständnis" wäre. Zur „Verstaatlichung des Diskurses", der „Verchristlichung des Gedenkens" und dem „Gedächtnistheater" in Funktion der nationalen Identität vgl. Bodemann (1996, 67, 79); Geisel (2015) illustriert die „Wiedergutwerdung der Deutschen", die sich in den 1980er und 1990er Jahren als „Banalität der Guten" (1992) gestaltete. Mit Bezug auf Georg Simmels (1908) Phänomenologie des Fremden, insbesondere der ‚undressierten' Ostjuden, schreibt Geisel in seinem Buch *Im Scheunenviertel* (1981, 22): „Nicht verwachsen, verwurzelt, verankert, nicht in der Erde festgemauert und auf keiner Grundordnung stehend, demonstriert die Anwesenheit des Fremden in seiner je besonderen Gestalt die eingebüßten Chancen auf Freiheit", sodass es „die Möglichkeit oder de[n] Nachglanz des besseren Lebens auf[blitzen]" lässt.

Levy u. Sznaider (2001, 11) lenken die Aufmerksamkeit auf den Holocaust als „einer europäischen Erinnerung, die Europa dazu verhelfen kann, ein eigenes (wenn auch negatives) Wertesystem zu entwickeln", aber auch darauf, dass dieses moralische System Gefahr läuft, einer „Globalisierung des Bösen" (ebd., 223) zu entsprechen, die ihren Anspruch aus der strikten Gegenüberstellung von Gut und Böse, Schuld und Unschuld herleitet.

Zur sozialen Kompensation der Ungleichheit, die in arbeitsteiligen Gesellschaften zwangsläufig entsteht, vgl. John Rawls' (1979) antiutilitaristische Theorie der Gerechtigkeit, die zudem Voraussetzung des umfassenden Problems des Friedens ist.

Zu den biophilen und nekrophilen Tendenzen vgl. Fromm (2015), wobei letztere dazu anregen, Probleme und Konflikte gewalttätig zu lösen. Zum Todesnarzissmus vgl. Green (1983).

Zu den Zugehörigkeiten und Bindungen der Zivilgesellschaft vgl. Dahrendorf (1994); zu einer entfremdeten gesellschaftlichen Praxis, die mitunter die menschliche „Erfahrungswelt" zu lädieren vermag, vgl. Horkheimer und Adorno (1988, 53).

Zur Antifaschismus-Literatur in der DDR vgl. Franz Fühmanns *Kameraden* (1955) und *Das Judenauto* (1962), sowie Stephan Hermlins *Die Kommandeuse* (1954) und dazu Sanna (2017, 121ff.).

Hillel der Ältere oder der Alte (ca. 60 v. Chr. – 9 n. Chr.), der in seiner Jugend aus Babylonien nach Jerusalem kam, war Vorsteher des Synedriums und Gründer der nach ihm benannten Schule Bet Hillel zur Deutung der Schrift. Er ist – mit dem unduldsameren Shammai, der dem Gericht vorstand – einer der großen jüdischen Weisen. Rabbi Hillel galt als verständnisvoller, großherziger Lehrer, der zur Nächstenliebe und Gewaltlosigkeit anleitete und sie praktizierte. Von einem Ungläubigen gebeten, die Lehren der Tora so zusammenzufassen, dass er sie auf einem Fuße stehend lernen konnte, reduzierte sie Hillel auf die Goldene Regel der Beziehung zwischen *Ego* und *Alter*: Was du nicht willst, das man dir tu', das füg' auch keinem andern zu. In § 7 von Kants (1983, 6, 54) *Kritik der praktischen Vernunft* entspricht sie dem kategorischen Imperativ, der praktischen Regel moralischen Handelns: „Handle so, daß die Maxime deines Willens jederzeit zugleich als Prinzip einer allgemeinen Gesetzgebung gelten könne." Romane wie Keilsons *Der Tod des Widersachers* hinterfragen die Voraussetzungen dieser Regeln, indem sie – angesichts der Katastrophe – das Unbewusste und seine Schattenprojektionen mitbedenken.

Das Konformitätsexperiment von Asch (1951, 1956) hat die Wirkung des Gruppenzwangs untersucht, der den Einzelnen dazu verleitete, sich der in der Gruppe vorherrschenden (falschen) Meinungen anzuschließen, während die Fehlerquote bei einem Einzelexperiment gegen Null tendierte.

Vom Selbstdenken ausgehend, zeigt Welzer (2014) die Möglichkeiten auf, zum verantwortlichen individuellen und gesellschaftlichen Handeln zurückzufinden.

Zwei Umfragen, die Anfang 2022 präsentiert wurden, als dieses Buch gerade in Druck war, machen Hoffnung: Sie bekunden bei der neuen Generation (16 bis 25 Jahre) ein höheres Geschichtsbewusstsein und ein wachsendes Interesse an der NS-Vergangenheit auch hinsichtlich von Rassismus, Ausgrenzung und Falschmeldungen in Gegenwart und Zukunft.

Erster Streifzug: Im Schatten des Widersachers

„Durch mich geht man hinein zur Stadt der Trauer, / Durch mich geht man hinein zum ewigen Schmerze, / Durch mich geht man zu dem verlornen Volke.“ (Dante Alighieri, *Göttliche Komödie*)

Infragestellungen durch Aleph

Mit diesem Vorwort sind wir schon mittendrin im Thema des ersten Streifzugs, dem gegenseitigen Verhältnis der Feindschaft. Die Weigerung des Protagonisten, „den Kriegsruf an[zu]nehmen und die Gegnerschaft [zu] verewigen“ (466), ist durch seine Anfechtung der „bösen Zeit“ (Am 5.13; Ps 37.19) – und zwar nicht nur die, in der er lebt – bedingt. Anstatt ihm zu erliegen, hinterfragt er das die Zeiten überdauernde Feindschaftsprinzip: Welche sind die Triebfedern des Konfliktes? Welcher ist der Feind, der uns stets fremd zu bleiben droht? Um diese obstinaten Fragen kreist jede Seite, jeder Satz, jedes Wort von *Der Tod des Widersachers*, und doch sind sie nur insofern verbindlich, als dass sie weiter gedacht werden und fluchtartige Antworten vonseiten des Lesers womöglich zu Fall bringen sollen.

Als Vorgabe gilt dabei vor allem der Anfang der Geschichte, welcher die Zeit und die Gestalten als zugleich individuell und exemplarisch darstellt. Sie stehen für die Opfer-Täter-Konstellation *par excellence*, der sich der Protagonist aber dennoch entzieht. Er beansprucht, sich diesem Sachverhalt auf seine Weise zu stellen, wobei er zunächst darauf bedacht ist, dass Mittel und Zweck, ethische und politische Voraussetzungen und Folgen seiner Handlungen einander nicht widersprechen. Den Widersacher hat er sich nicht aussuchen können, doch die Entscheidung über eine mögliche Antwort auf B.s tödlichen Anspruch behält er sich gleichwohl vor. Im Roman ist diese höchstpersönliche Antwort auf die bestehenden Zustände als ein möglicher allgemeiner Anknüpfungspunkt für den Umgang mit radikaler Differenz, mit dem radikal Fremden, intendiert, zumal das Mögliche, als „objektiv-real Mögliches“ verstanden, nicht folgenlos ist, sondern „im Wirklichen selber eine zukunfttragende Bestimmtheit“ (Bloch, GW 5, 271) entwickelt.

In Umkehrung von Mt 7.3–5 und Luk 6.41, entspricht die B.-Gestalt für den jungen Protagonisten dem blinden Fleck, der den Weg zur langwierigen Erkundung des Fremden im Eigenen absteckt. Das Interesse, das er dieser ganzheitlichen Recherche entgegenbringt, wirkt als selbstmotivierender Faktor, der ihm erlaubt, sich wachsenden Anforderungen zu stellen. Dem Fakt, dass „Bewußtseinssysteme füreinander wechselseitig unzugänglich sind, weil sie operativ geschlossen operieren“ (Luhmann 1997, 25) trägt er insofern Rechnung, dass der Widersacher für ihn das „fremde Element“ (376) ist und bleibt. Die Auseinandersetzung lässt folglich sowohl die Annäherung als auch die Zurückweisung zu. Indes geht B. unversöhnlich vor. Seine selektive Denk- und Wahrnehmungsweise erstickt im Keim jedes Zwiegespräch: Wer nicht für ihn ist, ist gegen ihn, wie es für Tyrannen kennzeichnend ist. Dem Gegenüber kommt entweder die Rolle des Gefolgsmanns, der assimiliert wird, oder des Erzfeindes, dem er mithin das Lebensrecht abspricht, zu. Für die ‚Art-Eigenen‘ tritt Gläubigkeit anstelle der selbständigen Sinneswahrnehmungen, des Denkens, Urteilens und Entscheidens. Da Krieg sein eigentliches Element ist, wird seine Volksgemeinschaft alsbald gegen den Feind als Kriegsgemeinschaft mobilisiert werden.

Das bisher Gesagte kann mehr oder weniger jeder Leser nachvollziehen, gleich, ob er B. verneint oder ihn noch heute bejaht. Was ihm gegebenenfalls entgeht, ist das, was der junge Jude mit seinem Sinn für sperrige Widersprüche darüber hinaus noch vom Widersacher auszukundschaften weiß. Hatte Keilson in seinem Erstling *Das Leben geht weiter* das Schlussbild der „geballten Fäuste“ konzipiert, das er später als einen „versteckte[n] Ausdruck der Ohnmacht, eines hilflosen Protestes gegen die noch unreflektiert gebliebene doppelte Perspektive“ (2.463) deutete, so hat er in *Der Tod des Widersachers* diesen Zwiespalt zum Grundwiderspruch seiner Gestaltung erhoben. Doch davon mehr in den nächsten Streifzügen.

Der verfemte ‚art-fremde‘ Protagonist lässt sich indessen die Negation vonseiten B.s nicht aufzwingen: Je größer die Distanz von Eigenem und Fremden ist, „desto weniger fällt der Einspruch des Gewissens ins Gewicht, wenn das Haßobjekt ohne Rücksicht auf den Respekt behandelt wird“, der nur „der eigenen Gruppe zu zollen ist“ (Mitscherlich 1967, 151). Die „starken Bande“ (452), die er aus sich heraus herstellt, und die „doppelte Perspektive“ (2.463) – gleich Luhmanns doppelter Kontingenz –, welche die Bande bewirken, machen ihn empfänglich für die befremdende Andersheit des Anderen und die lebendige Vielgestaltigkeit der Erscheinungen, angefangen von den Widersprüchen im eigenen Innern. Sie zwingen ihn, eigenständig zu hören und – in sich selbst, also im anderen, in den anderen, also in sich selbst – auch Zwischentöne, Missklänge, Neues und Unbekanntes wahrzunehmen: Sogar „jegliches Schweigen ist vielstimmig“ (2.281) für ihn. Desgleichen übt die Hauptfigur den schrägen Blick, der das mechanische normative Sehen aufbricht, die Risse gewahrt und zum Innehalten und wiederholten Nachschauen drängt. Diese kultivierte psychisch-reflexive Wahrnehmungsfähigkeit erschließt ihm unvorhergesehene Möglichkeiten des Erfahrens und Handelns, zumal „Wahrnehmung [...] eine Spezialkompetenz des Bewußtseins, ja sogar seine eigentliche Fähigkeit" ist (Luhmann 1997, 14).

Die Annahme der Herausforderung durch B., alias Hitler, vonseiten des keilsonschen Protagonisten ist beispielhaft, insofern sie die Möglichkeit erschließt, die Konfrontation zwischen Eigenem und Fremdem, zwischen Freundschaft und Feindschaft an der Wurzel zu packen, sodass sie Anschlussdiskurse ermöglicht, anstatt jedwede Andersheit zu negieren. „Die beste Art, sich an jemand[em] zu rächen, ist die, nicht Böses mit Bösem zu vergelten", schrieb in der römischen Antike der Philosophenkaiser Marc Aurel (1986, 80 u. 88), der sich in seinen *Selbstbetrachtungen* u.a. dazu anhielt: „Hüte dich, daß du nicht ein tyrannischer Kaiser wirst!", d.h. nicht ‚verkaiserst'. In der Moderne wird Freud von ‚durcharbeiten' sprechen und damit „den dynamischen Anteil einer kognitiven Leistung" bezeichnen, „die nur gegen Widerstände zum Wiedererkennen führt" (Habermas 1992, 283), vom Eigenen und Anderen. Da mit B. diese Widerstände nicht größer sein könnten, muss sein Gegner:

> [...] den Mut erwerben, seine Aufmerksamkeit mit den Erscheinungen seiner Krankheit zu beschäftigen. Die Krankheit selbst darf ihm nichts Verächtliches mehr sein, vielmehr ein würdiger Gegner werden, ein Stück seines Wesens, das sich auf gute Motive stützt, aus dem es Wertvolles für sein späteres Leben zu holen gilt. Die Versöhnung mit dem Verdrängten, welches sich in den Symptomen äußert, wird so von Anfang an vorbereitet, aber es wird auch eine gewisse Toleranz fürs Kranksein eingeräumt. (Freud, GW, Ergbd., 206ff.)

Worauf der Protagonist durch das Gegenteil der „Vogel-Strauß-Politik" (ebd., 212) stößt, ist zuvorderst nicht das eigene Gutsein, sondern die eigene Widersprüchlichkeit. In *Der Tod des Widersachers* wird sie zum ‚lebenden System' erhoben, zum Prinzip des Gegensatzes oder zum Alteritätsprinzip, welches alle Erwartungen desavouiert. Das erklärt u.a., warum keine der beiden Hauptfiguren über einen Eigennamen verfügt und dem Widersacher unter allen möglichen Buchstaben ausgerechnet das B. (zuzüglich des Punktes) zugedacht worden ist: Das B, das jedes A bedrängt, bzw. die kontrapunktistische Zahl 2, welche die Absolutheit der 1 oder des Eigenen verneint, zumal das hebräische Alphabet wie schon das altgriechische Schriftzeichen als Zahlzeichen benutzt. Auch ‚kleine' und ‚große Geschichte' fallen paradigmatisch in eins.

Der Kontext der Kabbala, die mystische Tradition des Judentums, in der das Aleph „die geistige Wurzel aller anderen Buchstaben" (Scholem 1973, 47) darstellt und auf die etwa Jorge Luis Borges' Erzählung *El Aleph* von 1945 verweist, scheint für Keilsons Aleph-Beth-Band weniger entscheidend. Indes wird die zum Prinzip erhobene Exemplarität der Gestalten offensichtlich, wenn man sie etwa Jesus' Aufforderung im Pseudo-Matthäus-Evangelium (31.2) zur Seite stellt, die als Epigraph des Romans fungieren könnte: „Sagt zuerst, was das Aleph ist, und ich werde euch glauben, wenn ihr vom Beth sprecht." Sie kann dem Jesus zugeschriebenen Logion vom Splitter und vom Balken an die Seite gesetzt werden: „Du Heuchler! Zieh zuerst den Balken aus deinem Auge, dann kannst du versuchen, den Splitter aus dem Auge deines Bruders herauszuziehen." (Mt 7.3–5)

Zudem will es scheinen, als arbeite Keilson mit dieser Perspektive das dialogische Prinzip Martin Bubers (1995, 3), der das „Wortpaar Ich-Du" als „Grundwort" versteht, en détail aus, so als wäre das von A hergestellte verbindende Band zu B ein Band der Mitmenschlichkeit und der radikalen Grenzüberschreitung. Knüpfte 1923 Buber in *Ich und Du* etwa an die Tradition der jüdischen und christlichen Mystik oder an Kierkegaard an, so Keilson an das Wissen um Geschichte, Gesellschaft und Psyche. Beth erscheint dabei als das notwendige Moment der Unterscheidung, das Aleph erlaubt, sich selbst zu beobachten. Ohne die andere und eigene fremde Seite bleibt es sich selbst ungesehen. Erst auf dem Wege der Selbstbeobachtung wird der Protagonist zu einem Unikum, wobei seine Einmaligkeit keine metaphysische Letzteinheit voraussetzt, sondern an das Aleph-Beth-System, an eine Zwei-Seiten-Form gebunden bleibt (Luhmann 1997, 169). Gerade der Fakt, dass sich Beth selbst nicht beobachtet, sondern sich unterschiedslos in einem eindeutigen grandiosen Außenbild auffindet, macht, dass er sich selbst entfremdet, während Aleph sich daran hält, ‚doppelt' zu sehen, das Eigene im Fremden, das Fremde im Eigenen. Die „Beziehung zum Selbst" ist nämlich „zugleich die Beziehung zum Mitmenschen, und keiner hat einen Zusammenhang mit diesem, er habe ihn denn zuvor mit sich selbst" (Jung, GW 16, 234). Erst auf diesem Wege kommt es zu einem wahrhaftigen und lebendigen „*menschlichen* Zusammenhang", der nicht auf dem Umweg von „Konfession, Partei, Nation oder Staat" (ebd.) hergestellt wird: Das Aleph-Beth-Band könnte demnach nicht eindringlicher bzw. emblematischer sein.

In *Der Tod des Widersachers* spielt sich die Auseinandersetzung mit Beth zunächst als innerer Dialog von Aleph, in „[s]einem Auge", in Körper, Sinnen und Bewusstsein ab. Auf diesem Wege ermöglicht sie dem Protagonisten, Gedanken, Emotionen und Verhalten wahrzunehmen, sich selbst zu erkunden und zu verstehen. Der Dialog mit der Außenwelt und ihren situativen Bedingungen erlaubt ihm ferner, Wahrnehmungs- und Lernprozesse, und also Kompetenzen, Fähigkeiten und Ressourcen in Gang zu setzten, auf Reize und Entwicklungen zu reagieren und Entscheidungs- und Handlungsmöglichkeiten auszukundschaften, die als alternativ zur Feindschaft mit ‚seinen Brüdern' (Mt 7.3–5), keinen ausgeschlossen, gedacht sind. Vielleicht ist das der Grund, warum B. im Roman ein sich gleichbleibendes Kürzel als Namen führt, während das Aleph, zumal sich der junge Jude wandelt und differenziert, sich nur indirekt erschließen lässt bzw. sich jedem eindeutigen Zugriff entzieht.

Dazu kommt, dass der Protagonist bis zur Endphase ein Mann der Reflexion bleibt, der über sein Erleben und Handeln nachgrübelt und seine Gedanken in den kommunikativen Prozess der Aufzeichnungen eingehen lässt, als versuche er zunächst, sich selbst Rechenschaft zu geben und erst dann dem Leser. Diese Ebenen beziehen „nicht nur Wirkliches (bzw. präsumtiv Wirkliches)", sondern „Mögliches (konditional Wirkliches)" und Negatives (Luhmann 1991, 93) mit ein; letzteres wird im Roman durch B.s gewaltsame Ordnung vertreten, die sich anmaßt, für tausend Jahre eine feste Grenze zwischen ‚Lebenswerten' und ‚Unwerten' zu ziehen (vgl. etwa Bock 2010). Aus dieser Perspektive stehen Aleph und Beth generell für die Grundprägung von *jung*, und also beweglich, offen, wandelbar, lebendig, für einen, der aus seinen Erfahrungen lernt, im Gegensatz zu *alt*, zu einem, der nichts dazuzulernen vermag, da er versteift, abgeschottet, unveränderlich, eingefroren, nekrophil ist. Aleph kennzeichnet „dynamische Stabilität", die durch flexible „Differenzierung" (Luhmann 1995, 57) erreicht wird, Beth unveränderliche „Replikation" und daher höchst unstabile Stasis. Anders Aleph, dem es durch die „immer wieder neue" (423) Frage nach dem „rechten Leben" (s.u.) – durch die er sozusagen den Gleichschaltungsdruck von innen her aushöhlt – gelingt, zwischen sich und Beth zu vermitteln, zwischen der Spontaneität des zeitlosen eigenwilligen Knaben, dem *puer aeternus*, und der Verantwortlichkeit des dienlichen Alten, dem *senex*, für die Aleph auch steht. Die ‚rechte' Entscheidung betrifft beide Pole: „[S]eid kindlich in der Bosheit; in der Einsicht aber seid Erwachsene" (1.Kor 14.20).

In der aktiven Auseinandersetzung mit dem feindlichen B. lässt Keilson demnach ein flexibles Subjekt A. entstehen. Den asymmetrischen „starken Banden" (452) – an denen sich der Protagonist orientiert, da er meint, Verständigung könnte Verständigung zeitigen – ist kein Erfolg beschieden. Und doch ermöglichen sie einerseits, die differenzierte Selbsterschaffung eines friedfertigen Menschentyps unter den denkbar schlechtesten Bedingungen ästhetisch umzusetzen, als handele es sich etwa um die unumgänglichste der Verhaltensweisen in der Welt von heute und von morgen. Der Held, dem Indolenz hinsichtlich der Sinnzwänge des Bestehenden fremd ist, lässt die unmögliche Alternative, den Konflikt abzuwenden, als bezugsfähig erscheinen, wenn nicht hinsichtlich seiner Zeit, dem Vorher, so doch dem Nachher, der Gegenwart künftiger Adressaten.

Andererseits gestatten sie, das Phänomen der Feindschaft von zwei Seiten her in seiner Entwicklung zu beleuchten und angemessen durchzuspielen, selbst über die zumutbaren Thematisierungsschwellen hinaus. Nur, dass – ausgehend von der Fragestellung – in der dargestellten sozialen Notsituation anstelle der wechselseitigen Abhängigkeit der vielen nur eine Zweierbeziehung in Betracht gezogen werden kann. Der Leser wäre somit für die offene Rolle des dritten Adressaten der Aufzeichnungen engagiert, wobei nicht nur der islamische Mystiker Ibn Arabi das Dritte als Grundform jeglicher Entwicklung betrachtet: „Nichts entsteht aus einem allein. Die erste wirkliche Zahl ist deshalb die zwei. Und nichts entsteht aus zweien, wenn es nicht etwas Drittes gibt, das sie vereinigt und aufeinander bezieht." (Kermani 2021, 36) Dank der offenen dynamischen Anschlussfähigkeit der Hauptfigur ermöglicht *Der Tod des Widersachers* seinem Leser, „Bewährtes festzuhalten" (Luhmann 1991, 112) und es eventuell im eigenen Leben zu erproben. Der literarische Wert von Keilsons gelungenem Roman besteht auch in der Zumutung der gegenseitigen Ausdifferenzierung von Roman und Leser.

Das Repertoire von Möglichkeiten bezüglich der „starken Bande" (452) wird der Realitätsprüfung nicht standhalten. Der Protagonist war von der Annahme ausgegangen, dass das, was B. schadet, ihm und seinesgleichen nicht unbedingt zum Nutzen gereichen muss: „Daß ich mich um mich sorgte, galt zugleich ihm. Daß ich mich um ihn sorgte, galt zugleich mir." (452) B.s konsequente Feindlichkeit belehrt ihn eines Besseren. Die unüberbrückbare Differenz und die Notwendigkeit der Abwehr werden offenkundig: „[E]r dort und ich hier." (552) Somit wird Aleph am Ende der dritten Begegnung der Bande mit Beth ein – wenn auch scheinbares – Ende setzen. Gleichwohl steht am Anfang des wechselseitigen Beziehungsgeschehens ein entscheidendes Ereignis der Konfrontation zwischen Ich, Du und Welt: Die Episode des Abstiegs in die Dunkelkammer, währenddessen der kleine Protagonist die Gegensatzstruktur – hier die von Licht und Schatten – als „die unausrottbare und unerlässliche Bedingung" seines und also „unseres seelischen Lebens überhaupt" (Jung, GW 14.1, 200) erfährt. Zudem bildet der Abstieg den ersten Keim der reflexiven Orientierung des Helden, die das Gegebene auf Alternativen hin befragt, die hier zunächst der Kindheit entsprechen.

Der Abstieg in die Dunkelkammer: Im Schatten des Widersachers

In den Jahren, in denen Keilson den Roman entwarf, notierte er in seinem Tagebuch: „Das Ja des Menschen ist eine Farce und hat den Anschein, etwas zu schaffen, was an sich schon da ist", und „nur wenn der Mensch ‚Nein' sagt – kann er, wenn es ‚ist', durch sein Sein Ja sagen" (T 189). Die Beziehung zwischen Ja- und Nein-Sagen wird der Protagonist im Laufe der Handlung klären. Halten wir vorläufig fest: Nur wer *auch* Nein zu sagen imstande ist, bringt es fertig, ein Ja zu unterscheiden, das seinen tiefen Bedürfnissen und Ansprüchen entspräche. Das Ja allein ist nicht an sich ein Akt der Selbstbehauptung, denn es willigt in das ein, „was an sich schon da ist". Die produktiven, lebensbejahenden Entwicklungen kommen demnach der Negation des Vertrauten als dem dynamischen Pol zu, welcher Einwilligung und Verweigerung, Verpflichtung und Verantwortlichkeit zum Zweck der Thematisierung und Differenzierung von sich und Umwelt miteinander zu nuancieren ermöglicht. Den Anstoß zu dieser Erkenntnis legt im Roman der Besuch der rätselhaften Dunkelkammer vonseiten des zehnjährigen Protagonisten, der sich somit auf den Weg macht.

In der dunklen Kammer beginnt das Kind, sich zu differenzieren. Die primäre Unterscheidung setzt damit ein, dass der Junge sich auf die eigenen Wahrnehmungen besinnt, anstatt sie als Fremdes abzustoßen – als erste Ich-Leistung gegenüber dem Über-Ich. Es tritt mit seinem Selbst in Verbindung und schickt sich an, sich dem Erleben, den Vorstellungen und Erwartungen von Vater und Mutter, den Bezugspersonen seiner alltäglichen Welt, zu entziehen, denn es ist „etwas zur Selbstständigkeit Erwachsendes. Es kann nicht werden ohne Loslösung vom Ursprung" (Jung, GW 9.1, 182). Das Symbol der „Antizipation einer erst werdenden Bewußtseinslage" (ebd.) ist in Keilsons Roman die Dunkelkammer, der Keim des Unikums bzw. einer flexiblen vielschichtigen Identitätskonstruktion, die sich inneren und äußeren Identifizierungszwängen zu entziehen und die Vielstimmigkeiten des menschlichen Wesens zu bewahren weiß.

Was in der Kammer geschieht, ist nicht dazu bestimmt, das Kind seiner Umwelt zu entfremden, sondern erlaubt ihm positiv, mit seinen widersprüchlichen Regungen umgehen zu lernen, die sich in der Spannung zwischen Gelebtem und Erkanntem, Wirklichkeit und Möglichkeit, den Weg bahnen. Indem es sie Schritt für Schritt erkundet, erlebt es die Angst, sich in ihnen zu verlieren, und die Chance, die Grenzen seines Ich- und Weltverständnisses zu erweitern: Angst ist das Signal, das nicht täuscht (Lacan 2010). Körper, Gefühle und begleitende Reflexion erfahren einander und werden durch die Handlung erprobt, eben weil der kleine Protagonist sich weder dem inneren und äußeren Druck fügen noch wegblicken kann. Auch Täuschung und Enttäuschung lernt er zu unterscheiden. Der Vater, der Fotograf ist, begleitet den Sohn. Aber es ist das Kind, das aus freien Stücken die Dunkelkammer aufgesucht hat und dabei seine Fähigkeit entdeckt, sich dem unheimlichen Erlebnis auszusetzen und ihm standzuhalten:

> Aber jetzt kannst du jeden Augenblick zurückkehren aus dem Schwarzen in das andere, das Helle, wenn du willst. Aber nein, du hast es freiwillig auf dich genommen und bleibst. Draußen ist Tag. Du bist eingetreten, und deine Augen sind geblendet von so viel Dunkelheit. [...] (352)

Der Abstieg in die Dunkelkammer gilt als Gleichnis, das die Genese eines individuellen Ethos in bildhafte Rede fasst. Demnach leitet sich die Erfahrung der Selbstwerdung nicht aus Gewohnheit oder Konvention, aus moralischer Kategorisierung und Wertfixierung her, sondern aus der eigenständigen Vermittlung zwischen den Gegensätzen, hier von Licht und Finsternis, die jedoch auf alle anderen Gegenpole anspielen, etwa auf Nein und Ja, Gut und Böse, Leben und Tod, Fremdes und Eigenes. Die Begebenheit ist umso wegweisender als „Verstehen bedeutet, etwas auf etwas anderes zu beziehen, das wir kennen", und ferner das menschliche „Gehirn Bedeutungen speichert, und keine Daten" (Precht 2007, 115ff.). Demnach können wir auf Erfahrungen zurückgreifen, nur insofern wir sie aus der Distanz zu uns selbst erfassen und also reflexiv, von lateinisch ‚re-' ‚zurück', und ‚flectere', ‚beugen, biegen, wenden, lenken', d.h. ‚auf sich selbst zurückwirkend, zurückzielend' oder ‚rückbezüglich auf das Subjekt der Handlung'. Was der junge Protagonist also erahnt, sind „die Geheimnisse der Dunkelkammer" (451), denn noch bevor sich die Polaritäten in der äußeren Welt äußern, prägen sie seine innere Welt: die Netzhaut, den Körper, die Augen, die Hände, zumal sie nicht separat sind, sondern derselben Quelle entspringen.

Gleichwohl kann das Gotteswort jeden Augenblick an jedem Ort erklingen und zur Verantwortung rufen: „Da schied Gott das Licht der Finsternis und nannte das Licht Tag und die Finsternis Nacht" (Gen 1.1). Doch um sie zu scheiden oder zu mischen, ist der Schöpfer bei Keilson auf sein Geschöpf angewiesen (s.u. den Streifzug Nr. 4). Im Roman bezieht dieser Scheidungs- und Selbstschöpfungsprozess seinen Antrieb zunächst daraus, dass sich der junge Protagonist in der Kammer der verstörenden Erfahrung ihrer Dunkelheit stellt, in welcher die Schatten Konturen gewinnen. Auch die Stille, die das ‚vielstimmige Schweigen' (2.281) aufzufangen vermag, wird zum unmarkierten Raum der Bewusstseinserweiterung. Zum ersten Mal setzt sich Aleph der Erfahrung seiner dunklen, leidvollen und ambivalenten Aspekte aus:

> Beides ist in dir, das Dunkle und das Helle, tief in der Netzhaut sind sie dir zu eigen, und du kannst sie wählen aus demselben Brunnen, je nachdem wo du dich befindest, im Hellen oder im Dunkeln. [...] Es ist kein Licht, das leuchtet, es macht die Dunkelheit nur tiefer, sichtbarer, und du greifst sie mit dem Dunkel in deinen Augen und trägst sie herum in deinem Körper und deinen Händen, wie sie dich mit sich trägt und dich mahnt, daß das Schöpferwort jeden Augenblick ausgesprochen werden kann. Stille und Dunkelheit und der Schlag des Herzens. [...] Denn in der Dunkelheit wird die Tat gezeugt eines jeglichen, man kann sie ins Helle und wieder ins Dunkle tragen, im Dunkel wird sie gezeugt. (352–353)

Dunkles und Helles, Ober- und Unterwelten und jeder andere Gegensatz werden nicht zurückgelassen: „Beides ist in dir", das Eigene und das Fremde, hier als produktive Unbestimmtheit und als Keim der Selbstzentrierung, aber auch als Erfahrung der ungezwungenen Wandlungsfähigkeit des eigenverantwortlichen *puer aeternus*, der seine ewige Beweglichkeit der wechselhaften Spannung zwischen den Polen, die er in sich wahrnimmt, verdankt: „Dann wohnt der Wolf beim Lamm, / der Panther liegt beim Böcklein. Kalb und Löwe weiden zusammen, / ein kleiner Knabe kann sie hüten" (Jes 11.6). Auch als Erwachsener wird der Protagonist davon überzeugt sein, dass es „Feinde genug auf dieser Welt unter jedem Himmelsstrich" gibt und dass sie sich „aus den einstigen Freunden [rekrutieren]" (357), wobei er darauf beharren wird, exemplarisch die „Verwandtschaft" und die „starken Bande" mit B. auszuloten. Seine Differenzierung wird weiterhin die Unterschiedenheit unter den Einen, die „Ausbildung interner Mehrstöckigkeit" (Sloterdijk 2009, 208) und demnach die Bezugsfähigkeit gegenüber dem Fremden in der Außenwelt beinhalten.

Das Dunkelkammererlebnis – das zwischen den Zeiten angesiedelt ist, zumal „im Sosein jener längstvergangenen Minute das Künftige noch heut so beredt nistet, daß wir, rückblickend, es entdecken können" (Benjamin 1991, II.1, 371) – ist, wie gesagt, grundlegend. Es bildet zudem die Folie, um im Kontrast dazu auch B.s Werdegang zu verstehen. Denn er kennt „die Geheimnisse der Dunkelkammer", die eigene Verletzlichkeit, Hilflosigkeit, die Verluste, Versäumnisse, Ambivalenzen und also „die halben und die ganzen Ähnlichkeiten" (451) mit dem ‚Feind' nicht. So wird B. gerade deshalb zu B., weil er vor dem Hell-Dunkel bzw. vor der dunklen ‚Mietperson' im eigenen Innern zunehmend die Augen verschlossen hat, anstatt sie als Teil seiner selbst wahrzunehmen. Im Gegensatz zu A., dem jungen Juden, fällt B. der Verleugnung dieser Geheimnisse zum Opfer; er bringt damit immenses Leid über die Welt, zumal die Zentrierung auf den äußeren Feind jegliche Selbstsuche ersetzt. Freud (GW 9, 199) schrieb:

> Die Pathologie lehrt uns eine große Anzahl von Zuständen kennen, in denen die Abgrenzung des Ichs gegen die Außenwelt unsicher wird, oder die Grenzen wirklich unrichtig gezogen werden; Fälle, in denen uns Teile des eigenen Körpers, ja Stücke des eigenen Seelenlebens, Wahrnehmungen, Gedanken, Gefühle wie fremd und dem Ich nicht zugehörig erscheinen, andere, in denen man der Außenwelt zuschiebt, was offenbar im Ich entstanden ist und von ihm anerkannt werden sollte. Also ist auch das Ichgefühl Störungen unterworfen und die Ichgrenzen sind nicht beständig.

Wie manche andere ist auch die Erkenntnis, dass die „Außenwelt eine eigene Konstruktion des Gehirns ist und nur durch das Bewußtsein so behandelt wird, als ob sie eine Realität ‚draußen' wäre" (Luhmann 1997, 15), an dem Widersacher spurlos vorbeigegangen. Die Figur ignoriert gänzlich, dass Objekte ausgehend von unseren jeweiligen Vorstellungen rezipiert werden. Anstatt mit seinen Ängsten und Widersprüchen einen halbwegs verträglichen inneren Frieden auszuhandeln, hat B. sie so weit von sich abgelöst, dass sie ihm nicht mehr zugänglich sind. Da jedoch „alle Verdinglichung [...] ein Vergessen" nach sich zieht, werden die „Objekte [...] dinghaft im Augenblick, wo sie festgehalten sind, ohne in allen ihren Stücken aktuell gegenwärtig zu sein" (Adorno 1994, 417). Demnach wird B. die Geheimnisse, mit denen er sich „nie abfindet" (451), auf den äußeren Feind projizieren und mit ihm einen tödlichen Kampf eingehen. Er wird die Auseinandersetzung, der er sich im eigenen Innern entzieht, und seinen abgrundtiefen, kalten Hass, der einen überragenden Einfluss auf ihn ausübt, als Racheakt nach außen verlegen. Seine Schuld, die sich mit jedem seiner Opfer vervielfachen wird, hat hier ihren Ursprung.

Wie gesagt, wird dem jungen Juden das kindliche Erlebnis der Dunkelkammer zur bleibenden Erfahrung, die seine Aufmerksamkeit und Unvoreingenommenheit bezüglich der künftigen Ereignisse prägen wird. Sie bildet den Anstoß, der ihn befähigt, mit dem Fremden, dem inneren und äußeren Widersacher, Fühlung aufzunehmen. Dieses Erlebnis – dessen Amplifikation sein paradoxes Gottesbild sein wird (s.u.) – wird ihn begleiten, denn „nur was nicht aufhört, weh zu thun, bleibt im Gedächtniss", so Nietzsche (5, 295), zumal es den Protagonisten vom „immer wiederholten Wiederkäuen" (1, 250) abhält, „bei dem das Lebendige zu Schaden kommt und zuletzt zu Grunde geht, sei es nun ein Mensch oder ein Volk oder eine Cultur" (ebd., 250). B. und die „lärmende Schar seiner benebelten Mitläufer" (452), die Millionen, die seinen lebensfeindlichen Wahn teilten und ihm mit einer mehr oder minder ausgeprägten Willfährigkeit nachkamen, liefern das Gegenbild.

Der Vater

Die Erfahrung des Kindes in der Dunkelkammer ist einem hohen bildlich-metaphorischen Register anvertraut: Als Grunderfahrung bleibt sie zwangsläufig rätselhaft. Sie läuft demnach Gefahr, nur den Leser anzusprechen, der sie aus eigenem Erleben bereits kennt. Also gestaltet Keilson eine Entsprechung, welche die Bewandtnis auf Augenhöhe des unerfahrenen Lesers – er will keinen einzigen zurücklassen – noch einmal aufrollt. Protagonist ist der Vater im gleichen Kapitel, der als Fotograf in der Dunkelkammer zu Hause ist. Er erzählt also Frau und Kind, dass eine Kundin mit Bützi und Hützi, einem Hund und einer Katze, in sein Atelier gekommen ist, um sie auf einem Erinnerungsfoto festzuhalten, das „sie friedlich nebeneinanderliegen" (348) sieht. Der Lichtbildner versucht, dem Wunsch seiner Kundin beizukommen, derweilen die Tiere ein ganzes Register feindlicher Haltungen durchspielen: Einzig nebeneinanderliegen wollen sie nicht!

Der erfahrene Vater hat jedoch eine Lösung parat. Er knipst zwei getrennte Fotos, klebt sie in seiner Dunkelkammer aneinander und schafft nachweisbar Frieden zwischen Hund und Katz. Oder anders gesagt, scheidet er auf seine Art und Weise Licht und Finsternis, ohne Zeugnis davon abzulegen, wie er frei heraus seiner Familie mitteilt: „Es ist kein Schatten mehr, es ist wieder eine Gestalt geworden." (353) Da er es liebt, „sich in solchen allgemeinen Betrachtungen zu gefallen", erwartet er überdies ihren Beifall. Sein verwirrter Sohn rebelliert, ausgehend von seinem Gefühl für das Helldunkel: „Aber es ist nicht wahr […], eigentlich ist es gemogelt!", wiewohl er nicht umhinkommt, „zugleich" die Tricks zu bewundern, über die Erwachsene nun einmal verfügen. (Im Nachhinein wird im XIII. Kapitel der Plan seines Leidensgenossen Wolf, mithilfe gestellter Gruppenaufnahmen die Aufmerksamkeit auf B.s wachsenden Terror zu lenken, bei dem nunmehr erwachsenen Helden auf ähnlichen Widerstand stoßen, auch weil er den Unterschied zwischen der prononcierten Abbild-Funktion von Wolfs Montagen und seinen eigenen unabgeschlossenen, paradoxen Sprachbildern mit berücksichtigt.)

Die Liebe zu den Eltern begleitet den keilsonschen Protagonisten über ihren Tod hinaus, doch den Mogeleien des Vaters oder der resignierenden Haltung der Mutter wird er nicht nachgeben. Für beide ist ihre Biografie nicht „Gegenstand der Analyse, als sie das von innen Bekannte und Unbekannte zugleich ist, so daß hinter das manifest Erinnerte zurückgegangen werden muss" (Habermas 1992, 264). Ebenso weicht die Mutter, an ein „Sich-Zuneigen" gewohnt „zu allem, was kleiner und schwächer ist" (346), den Widersprüchen ihrer Erfahrung in der Zeit aus. So, als der Sohn sie nach den Gründen für die häufigen Berufswechsel des Vaters fragt. Die Mutter hat die zurechtgelegte Geschichte, die ihr Mann „zum soundsovielten Male" vorgebracht hat, soundso viele Male wieder angehört, „ohne ihn zu unterbrechen, obwohl sie weiß, daß er auch jetzt noch etwas vor ihr verschweigt, ja, vor sich selbst" (361). Sie weicht der Ungewissheit durch die Wiederholung gewohnter Begründungen aus, durch „immer wiederholte[s] Wiederkäuen" (Nietzsche 1, 250). Der Vater indes, eben weil ihn der innere Widersacher „treibt und hetzt zu einer Jagd, wo er Jäger und Wild zugleich ist", findet keine andere Lösung, als „mit einem leichten Hauch den Spiegel [zu] verhängen, bevor er in ihn zu blicken wagt". Der Trick ermöglicht ihm, über den Riss des Bildes hinwegzutäuschen und die heilsamen „Schatten" (353) zu vertreiben.

Der Roman

In der maßgebenden Anfangsepisode verkörpern der Junge, sein Vater und seine Mutter unterschiedliche Identifikationsfiguren, die den Leser der Entscheidung gegenüberstellen. Auch er ist am Anfang einer Reise durch den Roman, dessen Grenzstein bzw. dessen Schwelle durch den Abstieg in die Dunkelkammer markiert ist. Er kann die Wahl treffen, in die Tiefen zu steigen, in denen die Gegensätze einander begegnen, oder dem Vater und der Mutter zu folgen, die sie auseinanderzuhalten versuchen, selbst um den Preis, zu mogeln. Gleichwohl verdichtet sich in der Momentaufnahme der Dunkelkammer, in der Finsternis und Stille herrschen, das Bild des Romans als zündender Ort einer ichspezifischen und zugleich ‚universalen' Erfahrung: Beide stellen, ob gewollt oder ungewollt, die Verbindung zu den eigenen internen Objekten her, die mit den äußeren korrelieren, darunter die Fantasien von Feindschaft und Hass. Erst der Abstieg in die Dunkelkammer des Romans ermöglicht, sie nicht nach außen hin zu entladen, sondern sie als erlittene Erfahrung wahrzunehmen.

Wie die Kammer ist das Werk ein Empfindungs- und Erfahrungsraum, ein form- und stilmarkierter schützender *Behälter*, der die lineare, vorwärtsdrängende Zeit aufhält, dank des Brückenschlags zur Innenwelt, zur dunklen Kammer, die Unter-, Vor- und Unbewusstes bzw. Chaos, Not, Angst, Enttäuschung miteinander vernetzt und demnach auch zu einer ungezwungeneren gesellschaftlichen Kommunikation beitragen kann. Als spezifischer Vermittlungsraum zwischen dem System der Psyche und dem der Gesellschaft führt der Roman in die Gegenwart des Leseakts das verborgene Angesicht unseres Selbst und das der äußeren Erscheinungen in ihren vielfältigen Beziehungen wieder ein; er gestaltet das die böse/n Zeit/en überdauernde implizierte Gegenbild eines allseitig freieren Menschen, das jeder für sich wahrnehmen und mit Sinn betreffs des psychischen und sozialen Systems füllen kann. Jung schreibt jedenfalls in *Gut und Böse in der analytischen Psychologie* (GW 10, 504): „Einem Menschen seinen Schatten gegenüberstellen, heißt, ihm auch sein Licht zu zeigen." Insofern nimmt der Abstieg in die Dunkelkammer auf beiden Fronten die unabgeschlossene Entdeckungsreise des Romans vorweg. Dem Leser, der die Provokation anzunehmen vermag, bietet er einen Einstieg in die dunkle Geschichte vom Tod des Widersachers – auf ihre Weise eine *Göttliche Komödie* im Kleinen.

Wie in einem Fluss, der die stereotypen emotionalen und geistig-kognitiven Gewissheiten auflöst und den Prozess der Selbstwerdung fördert, zeigt das Erzählwerk die Möglichkeit auf, die Spaltung der Gegensätze abzuwehren, und zwar in der lebendigen Erfahrung des Hier und Jetzt: „Beides ist in dir, das Dunkle und das Helle, [...] und du kannst sie wählen aus demselben Brunnen" (352). Der Leser kann sich seinen Widersprüchen stellen und die Vermittlung bzw. den dritten, sich stets wandelnden Pol, der eigens ihm entspricht, aufzufinden versuchen. Vielleicht geben sich die unbewussten Vorstellungen zu erkennen; vielleicht kann den Instanzen, die befehlen, die eigenen Gegensätze als etwas Fremdes zu verwerfen, den inneren Feind zum Schweigen zu bringen und irgendwann den äußeren zu bekämpfen, der Gehorsam verweigert werden. Sollte der Leser den mutigen Abstieg nicht wagen, so wird sich die für ihn aufgeschlossene Dunkelkammer wieder schließen – wie Kafkas Türhüter dem Mann vom Lande, der sein Leben lang den Schritt ins Ungewisse nicht zu tun wagte, in *Der Prozess* (2002, 295) mitteilt: „Hier konnte niemand sonst Einlass erhalten, denn dieser Eingang war nur für dich bestimmt." Der Misserfolg ist im Roman mitbedacht, zumal seine Mittel die friedlichen der Literatur sind, denen jeder Zwang fremd ist. Die Teilnahme ist freiwillig, eben weil es sich um das Tribunal der Literatur handelt und folglich um eine ‚Rechtsordnung' von Körper, Wahrnehmungen und Bewusstsein, in der, wie in Kafkas großem Theater von Oklahoma, jeder willkommen ist. In *Der Tod des Widersachers* ist ihre Befugnis großherzig, offen und provokativ wie die der Gerechtigkeit in Kafkas *Prozeß* (2002, 304): „Das Gericht will nichts von dir. Es nimmt dich auf, wenn du kommst, und es entläßt dich, wenn du gehst."

Zur Vertiefung

Die Handlung von Der Tod des Widersachers

Die Geschichte, in welcher der Protagonist auch als Erzähler auftritt, umfasst sechzehn Kapitel. Die Handlungszeit geht von etwa 1920, als der Held zehn Jahre alt ist, bis 1945. Jedes Kapitel mischt Erlebnisse und Überlegungen, da der Protagonist handelnd und nachdenkend sein Leben verändert, sodass „Subjektivität als der Selbstbezug des erkennenden und handelnden Subjekts [...] sich in der zweistelligen Relation der Selbstreflexion dar[stellt]" (Habermas 1985, 359). Das Sprachkontinuum wird durch klangliche, rhythmische, symbolische und sinnhafte Dichte, die chronologische Sukzession der Handlung proleptisch oder retrospektiv durch Montagetechnik, Vorausdeutungen und Rückblenden aufgelöst. Auch die Erzählzeit wird durch Raffung und Dehnung moduliert, es geht um Zeitorganisation der Handlung. Form und Stil (Casadei 2018) verhindern, dass der Akt der Lektüre automatisch, d.h. auf einer verknappten niedrigeren Organisationsstufe (Jaspers 1965, 130ff.) abläuft. Das Lesen erzeugt sein eigenes Tempo, das den Mäandern der inneren Bewegung und der Selbstreflexion folgt, sodass „das an der Kommunikation teilnehmende Bewußtsein Zeit hat für eigene Wahrnehmungen, eigene Imaginationen, eigene Gedankenarbeit" (Luhmann 1997, 20).

Die erzählte Geschichte, in deren Mittelpunkt der Protagonist und seine Beziehung zu B. steht, beginnt in den ersten drei Kapiteln, die den Leidensweg des Kindes in dem von B. geprägten Umfeld darstellen (I–III). Es folgen: der Verlust seines ersten großen Freundes, der B.-Anhänger geworden ist (IV); der Besuch eines großen Warenhauses als Erwachsener und die Freundschaft mit Wolf, einem Leidensgenossen (V); sein Faible für eine Verkäuferin (VI) und die erste Begegnung mit B., genauer, mit seiner Stimme (VII und VIII); die Auseinandersetzung mit einem Bekannten (IX); die Erzählung der Zerstörung eines Friedhofes (X); die Verhaftung seiner Eltern (XI); das Rucksackpacken des Vaters vor der Deportation (XII); Wolfs Plan, mithilfe fingierter Bilder die Aufmerksamkeit auf den wachsenden Terror zu lenken (XIII); die dritte Begegnung mit B., der nunmehr triumphiert hat (XIV); der imaginäre Besuch seines toten Vaters (XV); die Nachricht von B.s Tod (XVI).

Die Binnen- bzw. Haupterzählung ist in eine Rahmenerzählung eingebettet, die den Leser an der Wechselbeziehung zwischen Wahrnehmung, Handlung und Selbstthematisierung teilnehmen lässt. Zudem ist zwischen dem Nachdenken zu unterscheiden, das die Handlung bzw. das Schreiben der Aufzeichnungen begleitet; letzteres entspricht einer differenzierenden Reflexion zweiten Grades, in die der Leser als Dritter einbezogen ist. Zunächst klärt die Rahmenhandlung die das Manuskript betreffenden Umstände auf. Ein Mann Anfang dreißig überreichte es etwa zwei Jahre nach Kriegsbeginn einem Anwalt, der es bis in die Nachkriegszeit aufbewahrt hat. Ein Protagonist erzählt darin sein Leben (Kap. I–XVI), vermeidet aber aus Gründen der Vorsicht „Namen und direkte Anspielungen" (357). Der Rechtsanwalt übergab die Aufzeichnungen einem Bekannten, der als zweiter Leser, aber auch als Erzähler in der zweiten Klammer am Ende des Romans fungiert. Erst hier berichtet der Anwalt, warum das Manuskript nicht abgeholt worden ist und es also der Verfasser nicht bis zur Veröffentlichung hat begleiten können: Der Protagonist ist getötet worden. Er ist in den Widerstand gegangen, in dem er eine Fälscherzentrale geleitet hat, hatte eine Liebesaffäre, wurde verraten und von einem Mann der „gegnerischen Sicherheitsstelle" (562) niedergeschossen: „Als er fiel, hatte er schon seinen Revolver gezogen und schoss im Fallen. Der andere starb kurz nach ihm." Zwar wurde aus dem Mann der Reflexion ein Mann der Tat, doch greift der Protagonist erst zur Waffe, nachdem er zu Tode getroffen worden ist.

Des Weiteren sind viele Unbestimmtheiten oder Unwahrscheinlichkeiten im Spiel, die ein eindeutiges Reiz-Reaktions-Schema ausschließen: Einer „Sicherheitsstelle" (562), die alles fest im Griff hat, gehört der Protagonist gewiss nicht an! Im Gegenteil, im Roman mischt der „grimmige[...] Zufall" (543) oft die Karten, vielleicht auch, um die Aufmerksamkeit auf das Hier und Jetzt, auf den Augenblick zu lenken, der, wie wir sehen werden, immer der entscheidende bzw. der der Entscheidung ist. So setzt etwa der Zufall ihn einer zweimaligen direkten Begegnung mit B. aus. Ferner sind die Begleitumstände des Todes des Helden ziemlich unklar, um nicht zu sagen abenteuerlich. Außer von einer ganzen Fälscherzentrale ist viel von Fälschung die Rede, obgleich umgekehrt das feuchte Papier des Manuskripts dem Hinweis Keilsons entspricht, sein eigenes sei im holländischen Versteck vom Grundwasser beschädigt worden (2.466). Alles in allem scheint auch der Ich-Erzähler mutmaßlich ein göttlicher Schelm, der sich die Freiheit nimmt, die Ordnung des literarischen Universums und letzten Endes den Leser zu verwirren.

Insofern könnte die Löschung von Namen und direkten Anspielungen einer anderen Absicht als der Vermeidung einer unmittelbaren Gefahr entgegenkommen. Sie könnte zum Beispiel zu Teilnahme, Reflexion und zum selbstbestimmten Handeln animieren, indem ihre literarische Funktion darin besteht, die Aufmerksamkeit auf die „immer wieder neue[n] Widersacher“, die „auferstehen und in die Arena treten“ (423), zu lenken. Die Illusion der geschlossenen Geschichte kommt jedenfalls nicht zu Stande. Schrift ist hier kein *fait accompli*, sondern erwächst einer Entscheidung, welche die geschlossene Form des Romans in den Dienst eines offenen Kommunikationssystems stellt, das mit jeder Lektüre von vorn anfängt. Dabei geben die vielschichtige Gleichzeitigkeit des Themengeflechts und die Fülle der Eindrücke der Zeit ihre eigentümliche Dichte, die den Leser dazu anhält, „das rasch gemachte Gold seines Glücks unaufhörlich zu verwandeln in das klumpige Blei der Geduld“, wie in Rilkes (1982, 199) *Malte* zu lesen ist.

P.S. Auch Keilson wurde im niederländischen Widerstand als Arzt, als Stafette und als Vermittler in Stresssituationen eingesetzt, denn: „Ich war kein Held und habe keine großen Taten vollbracht, mit Waffen kann ich nicht umgehen.“ (2.218–219) Noch im November 2008 hält er sich vom Hass fern, so in einem Interview: „Meine Trauer ist tiefer als der Hass. Außerdem habe ich erlebt, wohin der Hass führen kann. Wenn Sie die Reden von leitenden Nationalsozialisten lesen, dann sehen Sie, wie sie sich selbst kaputt gemacht haben mit ihrem Hass. Der Hass hat sie ja nicht zum Siege geführt. Er ist ein Mittel, sich selbst umzubringen.“

Licht und Schatten

Das Wissen um die die psychischen Systeme betreffende Polarität von Bewusstem und Unbewusstem durchdringt seit der Antike unsere Kultur: „Wenn du hervorbringst, was in dir ist, wird das, was in dir ist, dich retten. Wenn du nicht hervorbringst, was in dir ist, wird das, was in dir ist, dich zerstören“, lehrt etwa das apokryphe Thomas-Evangelium (70). Für den deutschen Arzt und Naturphilosophen Carl Gustav Carus (1789–1869) gilt es von Anbeginn der Moderne, die „Nacht des Unbewußtseins“ zu entschlüsseln, wie er im ersten Satz seines Buches *Psyche. Zur Entwicklungsgeschichte der Seele* (1846, 1) schreibt: „Der Schlüssel zur Erkenntnis vom Wesen des bewußten Seelenlebens liegt in der Region des Unbewußtseins.“

Am Anfang des neuen Jahrhunderts definiert Sigmund Freud (GW 2, 580) in der *Traumdeutung* (1900) das Unbewusste als „das eigentlich reale Psychische“ und hält zunächst an dem Drei-Instanzen-Modell Bewusstes/Vorbewusstes/Unbewusstes, später an dem von Ich/Es/Über-Ich fest. Doch erweitert vor allem Carl Gustav Jung die Bedeutung des Unbewussten. Er unterscheidet die Schicht des individuellen und des kollektiven Unbewussten und arbeitet insbesondere mit der Leitvorstellung des Schattens, dessen Aufarbeitung „das Ganze der Ichpersönlichkeit herausfordert“ (GW 9.2, 17) und gewöhnlich auf regen Widerstand stößt. Der Schatten begegnet uns in unseren destruktiven Impulsen und in den Projektionen unserer Abspaltungen auf Eigenschaften und Personen, die uns aufwühlen, weil sie alles das sind, was wir nicht sein wollen bzw. was wir zu sein wünschen und nicht sind: „Man kann sich auf die Dauer seines Schattens nicht begeben, es sei denn, man lebt in ewiger Finsternis“ (GW 10, 195–196). Andererseits besitzt „der, welcher zum Licht auch den Schatten fügen kann, den größeren Reichtum“ (GW 14.1, 131–132). Aus diesem doppelten Grund bedeutet seine „Erkenntnis eine über das gewöhnliche Maß herausgehende moralische Leistung“ (ebd., 18), eine Integrationsleistung, die koevolutiv unseren sozialen Systemen zustattenkommt.

In der Gestalt des Widersachers, wie Keilson sie darstellt, zeigt die verfehlte Begegnung mit dem Schatten seine ganze zerstörerische Wirkung. Sein Inhalt hat sich in B. so verfestigt, dass er zur *Persona*, zur äußeren Maske geworden ist, in der sein ganzes Selbst aufgeht: „Wer ich bin, weiß ich nicht.“ (451) Sein Ich-Bild beruht auf der starren Demarkation gegenüber einem ‚schwarzen Peter‘, dem er Mögliches und Unmögliches in die Schuhe schiebt: „So schuf er sich in mir ein Gegenbild und wußte von nun an: Wer ich nicht bin, dies weiß ich wohl“ (451), lautet die Bilanz des jungen Juden in Keilsons Roman, die nicht nur individualpsychologisch zu deuten ist.

Außerhalb jeglicher okzidentalen Subjekt-Metaphysik bzw. jeder Subjekt-Philosophie gelangt man zu diesem Fazit auch in der Perspektive von Luhmanns Beitrag zur „Autopoiesis des Bewußtseins“ (1995). Betreffs der Verneinung des Selbst ist (ebd., 74) zu lesen, dass „der Fall der Selbstreferenz ohne Fremdreferenz“, von Ich- ohne Du-Reflexion, dem „Fall der differenzlosen Selbstreferenz, die nur von ihrer Selbstnegation lebt“, gleichkommt, zumal das Bewusstsein eigens in der „Differenz zu sich selbst“ (ebd., 60) findet. Insofern existiert das Bewusstseinssystem aus der Selbsttransformation heraus, sodass seine „Strukturen flexibel und änderbar gehalten sein“ bzw. eine „dynamische Stabilität“ haben müssen, die eben nicht „per Replikation“ des Immergleichen, sondern erst durch „Differenzierung hergestellt“ (ebd., 57ff.) werden kann. Zu diesem Zweck stehen „gegenüber anderem Bewußtsein [...] einem Bewußtseinssystem nur zwei Arten von Operationen zur Verfügung: Beobachtung und Teilnahme an Kommunikation“. Dank dieses wechselseitigen Kontakts „prozediert das Bewußtsein voran, indem es zurückblickt“, wobei es „auf sich selbst aufmerksam [wird]“. Durch „Selbstreferenz und Fremdreferenz“, durch Eigenes und Fremdes, gewinnt es „eine Art

Kontrolle über sich selbst, weil es im Erfassen der Vorstellung den eigenen Anteil am Zustandekommen der Vorstellung isolieren und sich ihm besonders zuwenden kann": „Die Unterscheidung wird zweipolig benutzt, der beobachtende Gedanke selbst ist ausgeschlossenes Drittes."

Zentral ist also wiederum die Vermittlung, denn erst die „Selbsterfahrung transformiert inkalkulables Determiniertsein in Freiheit", insofern „offene Attentionalität" oder Aufmerksamkeit mit der Öffnung der Lebenswelt einhergeht. Wie in der Vertiefung zu Mensch und Gesellschaft vorgebracht, stellt B. ein außerordentlich negatives und rigides Gegenmodell dar, ganz gleich aus welcher Perspektive man ihn betrachtet. Er übertreibt es grundsätzlich mit der Entzweiung zwischen sich und dem Anderen, die er wortwörtlich und als an sich gegeben begreift. Ohne kommunikative Beziehung zum Fremden, ohne reflexive Erkundung von Ich, Du und Drittem, ist er zur Selbstnegation verurteilt, ohne sein Wissen, aber dennoch systematisch und also zurechnungs- und schuldfähig. Zudem entfaltet Keilson das Thema des Schattens in B.s destruktiver Variante und in der konstruktiven des Protagonisten, welcher weiß, dass der „Weg zu ihm und durch ihn hindurch zugleich der Weg" (433) zu sich selbst sei, sodass es einem gelungenen literarischen *Rahmen*- oder *Container*-Werk (Bion 1992), wie *Der Tod des Widersachers* eines ist, gelingt, seinen Leser gleichsam ‚zweipolig' in die Arbeit am Schatten zu verwickeln.

Günther Anders und der ‚Analphabetismus der Angst'

In „Über den Begriff der Geschichte" erinnert Benjamin (1991, I.2, 703) daran, dass die „Geschichte der zivilisierten Menschheit" im Verhältnis zu einem Tag mit vierundzwanzig Stunden „ein Fünftel der letzten Sekunde der letzten Stunde füllen" würde. Anders (1961, 264) schreibt über die Antiquiertheit des Menschen besonders bezüglich seiner Unfähigkeit, Angst zu empfinden: „Ich finde keine. Noch nicht einmal eine Angst mittlerer Größe kann ich finden. Noch nicht einmal eine, wie sie etwa bei der Gefahr einer Grippe-Epidemie aufträte. Sondern eben überhaupt keine. [...] Denn Angst ist heute zur Ware geworden; und über Angst spricht heute jedermann. Aber aus Angst sprechen nur sehr wenige." In *Die atomare Drohung* (1981, 98) vermerkt der Schriftsteller, dass wir in der gegenwärtigen naturwissenschaftlich-technischen und atomaren Zivilisation „im Zeitalter der Verharmlosung und der Unfähigkeit zur Angst" leben; ferner entwickelt er einige Gedanken zum Thema, welche die spezifische Form der Angst definieren könnten, die Keilsons

Aleph in seiner Beziehung zu Beth erfährt: „Das Gebot, unsere Vorstellung zu erweitern, bedeutet also in concreto: Wir haben unsere Angst zu erweitern. Postulat: Habe keine Angst vor der Angst, habe Mut zur Angst. Auch den Mut, Angst zu machen. Ängstige Deinen Nachbarn wie Dich selbst. – Freilich muß diese unsere Angst eine von ganz besonderer Art sein: 1. Eine furchtlose Angst, da sie jede Angst vor denen, die uns als Angsthasen verhöhnen könnten, ausschließt. 2. Eine belebende Angst, da sie uns statt in die Stubenecken hinein in die Straßen hinaus treiben soll. 3. Eine liebende Angst, die sich um die Welt ängstigen soll, nicht nur vor dem, was uns zustoßen könnte."

Literaturhinweise

Zur Auseinandersetzung mit der Erfahrung des Fremden vgl. die grundlegenden Studien von Waldenfels (1997–2019); zum Begriff der Responsivität bei Waldenfels vgl. auch Busch, Därmann, Kapust (2007). Bei Bernhard Waldenfels trägt die anthropologisch verankerte Responsivität zur Konstituierung der Subjektivität in einem unauflösbaren Zusammenhang mit dem Fremden und Anderen bei. Was könnte responsiver als das Band von Keilsons jungen Juden zu B. sein, da es zugleich die Grenzen des Möglichen aufzeigt?

Zur Vielfältigkeit der Identität als *plurale tantum* vgl. Assmann (1992); vgl. auch Adorno (GW 10.2, 589) zur nationalen Identität: „Gesundes Nationalgefühl vom pathischen Nationalismus zu scheiden, ist so ideologisch wie der Glaube an die normale Meinung gegenüber der pathogenen; unaufhaltsam ist die Dynamik des angeblich gesunden Nationalgefühls zum überwertigen, weil die Unwahrheit in der Identifikation der Person mit dem irrationalen Zusammenhang von Natur und Gesellschaft wurzelt, in dem die Person zufällig sich findet."

Zur Kreativität vgl. Fromm (1999, 405ff.), welcher als deren Voraussetzungen u.a. „die Fähigkeit, die sich aus Polaritäten ergebenden Konflikte und Spannungen zu akzeptieren, anstatt ihnen aus dem Wege zu gehen", und die „Bereitschaft, täglich neu geboren zu werden", anführt, wobei „Erziehung zur Kreativität [...] gleichbedeutend mit der Erziehung zum Leben" ist.

Zur Frage des rechten Lebens vgl. Nussbaum (1998, 2000).

Zum Verständnis der Beziehung Aleph – Beth könnten auch die phänomenologischen Reflexionen von Alfred Schütz (1971, 21) zur Lösung des Intersubjektivitätsproblems beitragen. Dem Soziologen zufolge blenden Typisierungen die Wahrnehmung der Eigenart und der spezifischen Vielfältigkeit einer anderen Person oder eines anderen Gegenstandes aus: „Konstruiere ich den Anderen als nur partielles Selbst, als Darsteller typischer Rollen oder Funktionen, so findet dies eine Entsprechung im Prozeß der Selbsttypisierung, der einsetzt, sobald ich mit dem Anderen in soziale Wirkensbeziehungen eintrete. Ich nehme an einer solchen Beziehung auch nicht als ganze Persönlichkeit, sondern nur mit bestimmten Persönlichkeitsschichten teil. Indem ich die Rolle des Anderen definiere, nehme ich selbst eine Rolle an." Die eigene Eindeutigkeit bewirkt die des Anderen, Eingrenzung schafft Ausgrenzung – und umgekehrt. Zum Schatten des Anderen vgl. J. Benjamin (2002).

In der Terminologie von Jaques Lacan könnte Aleph dem Objekt klein *a* entsprechen, das sich im Spiegelstadium als separat erfährt und als Subjekt Träger eines unaufhebbaren Mangels ist. In Keilson fungiert das Begehren, sich zu vervollständigen, als Handlungsimpuls, wobei jedoch der Mangel bewusst und das Objekt unerreichbar bleibt, wie das „Korn" (558). B., der indes Besitz durch Einverleibung oder Auslöschung erstrebt und in anhaftender Abneigung gegen A. lebt, wird nie Subjekt. Vgl. auch Žižek (1991).

Zum Artfremden vgl. Schmitt (1933, 45), der anstatt Menschen als Angehörige der gleichen Gattung aufzufassen – eben der „Menschenrasse", zu der sich etwa Albert Einstein in wegweisender Haltung bei seiner Ankunft in den Vereinigten Staaten als zugehörig erklärte –, sie in Ingroup und Outgroup zerfallen lässt: „Ein Artfremder mag sich noch so kritisch gebärden und noch so scharfsinnig bemühen, mag Bücher lesen und Bücher schreiben, er denkt und versteht anders, weil er anders geartet ist, und bleibt in jedem entscheidenden Gedankengang in den existentiellen Bedingungen seiner Art. Das ist die objektive Wirklichkeit der Objektivität": ‚Objektiver' geht es wohl nicht.

Zu Hörigkeit und Gläubigkeit während der NS-Zeit vgl. Vondung (1997).

Zum Beziehungsmodell *Container-Contained*, Behälter-Inhalt, das im geglückten *Containment* unerträgliche seelische Inhalte in erträgliche zu verwandeln vermag, vgl. Bion (1992).

Zweiter Streifzug: Feindschaft in den Entwicklungsjahren

Der Leidensweg des Kindes

In der Dunkelkammer, in die wir im ersten Streifzug hinabgestiegen sind, hat das Kind das Phänomen der Feindschaft in seinen inneren Ambivalenzen erlitten. In seiner Kindheit und Jugend ist es der Feindschaft sozusagen phänomenologisch ausgesetzt, d.h., es erfährt sie als unmittelbar gegebene Erscheinung, zu Hause und vor allem in der inzwischen angepassten Umgebung auf dem Spielplatz, in der Schule und mit dem jähen Ende einer Jugendfreundschaft. Sein „Leidensweg“ bildet mithin die „erste traumatische Sequenz“ seines Lebens, in der es dementsprechend versucht, „sich so einigermaßen zu vergewissern, wer man ist und wie es dazu gekommen ist, und, wenn nötig, Korrekturen anzubringen“ (2.457). Doch im Heranwachsen entdeckt der Junge nunmehr eine eigene Strategie, um auf die Feindseligkeit der sozialen Welt nicht mit innerlicher Unversöhnlichkeit antworten zu müssen. Insbesondere Freuds Lehre – gleich dem Autor gewinnt nämlich auch er einen Buchpreis und kauft sich einige seiner Werke – kommt ihm dabei zugute: „Da war zu lesen, dass man mit seinen eigenen Problemen, mit dem, was man nicht akzeptieren kann, ins Reine kommen muss und sie nicht auf andere projizieren darf.“ (L 151)

Der Einbruch des Fremden: B. in der elterlichen Küche

Die Erzählung des Abstiegs in die Dunkelkammer, die dem Einbruch des Fremden in die heimische Küche um 1921 vorangeht, stellt den Hintergrund dieser ersten Episode da und muss wohl parallel dazu gedacht werden. In der Küche nimmt das Dunkle und Fremde nunmehr in der Außenwelt Gestalt an. Anwesend sind das Kind und die Eltern, von denen es erstmals den Namen des Mannes hört, mit dem er sich fortan auseinandersetzen wird. Die Sorge von Vater und Mutter ist nicht zu übersehen und zu überhören, zumal Keilson aus der Perspektive des Kinderpsychologen auf ihre „subkutane Übermittlung“ (Stern 2020, 95) aufmerksam macht:

> Sie sprachen, um etwas zu verbergen. Aber Kinder lernen, hellhörig durch sie, die Geheimnisse und Ängste der Älteren und wachsen an ihnen empor. Mein Vater sagte: / „Wenn B. je an die Macht kommt, dann gnade uns Gott! Dann werden wir noch was erleben." / Meine Mutter erwiderte ruhiger: „Wer weiß, vielleicht kommt es auch anders. Ein so großer Herr ist er doch noch nicht." / Ich trage das Bild noch in den Augen, wie sie damals zusammensaßen und miteinander sprachen. (345)

Zeit und Raum, der Alltag der Familie und die Küche sind von da an nicht mehr dieselben, das Gewohnte und Heimische ist zerstört:

> Das Kind, neugierig, wird davon in die Küche hineingezogen. / Die Küche ist für ein Kind ein Platz des Genusses und der süßen Geheimnisse, angenehmer Überraschungen, in die es am liebsten seine Finger hineinstreckt [...], aber nicht der Platz für ernste Gespräche. / Vom Anfang ihres Gespräches weiß ich nichts, es sind nicht die Worte allein, an die ich mich erinnere, da in ihnen, für mein Bewußtsein zum erstenmal, der Name ausgesprochen wurde, den ich nicht mehr vergessen werde. (347)

Die „süßen Geheimnisse" weichen. Das fremde, *unheimliche* Außerordentliche, dessen Herausforderung immer bedrohlichere und radikalere Ausmaße annehmen wird, hat in der gewohnten Umgebung der Küche Einzug gehalten. Die Welt des Kindes verliert ihr bewährtes Zentrum, die Eltern, und mithin ihren festen Grund, die Wohnung und die dort gepflegten Sitten und Regeln. Bereits das Aufmerken des Kindes ist eine erste Antwort auf das Fremde: „Alles das war der Eindruck weniger Sekunden" (348), die jedoch sein Schicksal entscheiden werden. Von nun an werden Raum und Zeit von einer „unaufhaltsamen Bedrängnis" (347) heimgesucht, die „in dem ganzen Bild, wie es sich geschlossen darbietet, aber auch in jedem Ausschnitt" liegt:

> Die unaufhaltsame Bedrängnis liegt in allem, und wessen man sich auch einzeln erinnert, dieses oder jenes, eines zieht das andere mit herauf und verdichtet sich zu dem Ganzen, das tief innen geblieben ist in der Erinnerung und immer noch bleibt. Es ist nicht die Angst, es ist etwas viel Stärkeres und Gefaßteres, als Angst ist, wenn sie in dir aufbricht. Du kannst nämlich fühlen, wie es langsam sich dir naht und auf die Schultern drückt. Du kannst dagegenstoßen, in es hineinbeißen und dich dagegenstemmen. (347–348)

Bereits in der Gegenwart des Geschehens erwägt das Kind (und vielleicht nach eigenem Ermessen auch der Leser), Spielräume zu alternativem Handeln zu entfalten. Vorerst weiß es nicht, wer B. ist und was dieser beabsichtigt, doch wendet es sich den Wahrnehmungen und Empfindungen, die er in ihm wachgerufen hat, aufmerksam zu. Mit anderen Worten, der Junge hinterfragt die Angst, die von seiner Beunruhigung und von der der Eltern ausgegangen ist. Diese Angst und was dahinter steckt wird seinen weiteren Selbstaufklärungs- und Differenzierungsprozess mitbestimmen:

> Ich empfand nur das Fremde, das, ohne daß ich es mit Worten genauer hätte umschreiben können, auf einmal in mein Leben getreten war. Meine kindliche Unbefangenheit war angetastet. Ein leichter Riß, der mit den Jahren zu einer Wunde klaffte, die tief ins Fleisch drang, ohne sich zu schließen. (355)

Das Fremde, Nicht-Identische, welches sich „dem beharrlichen Auge [...] offenbart" (Adorno, GW 7, 7), tritt „auf einmal" auf, als Erscheinungsform des Plötzlichen, verbunden mit dem Riss bzw. der Sprengung des alltäglichen Zeitmaßes im Augenblick des Erschreckens (Bohrer 1978). Die Wunde wird weiterhin schmerzen, als wäre sie schon jetzt das „Korn" von B.s „bestürzender Saat" (558), auf das der Protagonist noch in den letzten Zeilen seiner Aufzeichnungen hinweisen wird. Da die Betrachtungsweise der Hauptfigur eine raum-zeitliche ist, werden die „wenige[n] Sekunden" (348) der schmerzlichen Konfrontation sowohl im Ganzen der Erfahrung als auch in jedem relativen „Ausschnitt" (347) in die Gegenwart seiner bewusstwerdenden Wahrnehmung eingehen: Hier kann sie nur verkürzt wiedergegeben werden, doch wartet sie im Roman auf den Leser.

Was der Leser – als „du" aufgerufen – insbesondere miterlebt, ist der Einbruch des Fremden als Vorgang, der sich zunächst in den Körper einschreibt und ihn erbeben lässt, ehe er die Reflexion und das Handeln durchdringt. In *Der Tod des Widersachers* wird dieser Sinnbezug im ästhetischen Bild „leibhaft" und zugleich als soziale Erfahrung vermittelt, zumal dies „eben dort [geschieht], wo die subjektive Reaktion am intensivsten ist" (Adorno, GW 7, 363). Keilsons Lesern steht es frei, die Herausforderung als mögliche Ausweiterung des Selbst und als gesellschaftlich kompetente Antwort auf die „immer neue[n] Widersacher" (423) zu erfahren. Zudem der Schriftsteller kein Agitprop-Stück schreibt, das sozusagen die Gebrauchsanweisung gleich mitliefert, sondern aufrüttelnde, entgrenzende Literatur, die zur Selbstwahrnehmung, zum Selbst-Fühlen, -Denken und -Handeln anregen will. Mechanische, buchstäbliche Zielvorstellungen und vorbestimmte Ja-Nein-Gabelungen stehen Werk und Autor fern.

Der erste Entwurf einer anderen Strategie

B.s Einbruch in die Vertrautheit der Familie setzt der unbefangenen Kindheit des keilsonschen Protagonisten ein Ende. Die „Kränkungen und Gefahren", von denen „das Leben der Kinder von allen Seiten umgeben ist" (381), fördern anfangs noch „manche Erkenntnis über die Beziehungen der Menschen". Das Interessante ist indes die Antwort, die sich aus der Erfahrung des Jungen herausschält: Er lernt „jede Erschütterung geduldig für sich nach innen aus[zutragen]" (nicht nach außen wie sein Gegenmodell B.), sodass sie „bis an den Rand des Möglichen [s]einen Spürsinn schärft". Schöpferische Möglichkeiten und flexibler Spürsinn nehmen die Stelle von Entwicklungsstillstand, Gleichmachung und Anpassungsdruck ein.

Einstweilen versucht die Mutter, welcher der Junge seine Not klagt, zwischen dem Sohn und den anderen Kindern zu vermitteln: „Er ist ein Kind wie ihr. Ihr seid alle Kinder, spielt miteinander!" (383) „Schmähungen und Gehässigkeiten" (381) hören jedoch nicht auf:

> Doch im Laufe der Zeit wurde es ärger. / Es begann damit, daß Kinder meines Alters oder ältere, denen ich nie etwas zuleide getan, anfingen, mich zu peinigen und zu verfolgen. Bald stand ich allein. Daß es sich nicht mehr um die alten kindlichen Plagereien und Fehden handelte, merkte ich bald. Ihrem Verhalten lag ein bestimmter Gedanke zugrunde, ihr Handeln verriet Überlegung.

Die verbleibenden Zweifel verflüchtigen sich auf dem Spielplatz, wo sich die Kinder bald „etwas Neues" (383) einfallen lassen. Während sich die anderen als dazugehörig erfahren, bleibt dem Jungen das Erlebnis der Ächtung. Obwohl er (wie Keilson selbst, L 146) „ballsicher" (384) ist, wird er zunächst vom Fußballspiel ausgeschlossen: „Man kann kein Kind härter treffen." Doch dann teilt ihm der Anführer eine Rolle zu, die ihn zur Zielscheibe des unfairen Verhaltens der anderen macht: „Ich zog mir beim Laufen eine Unzahl kleiner Verletzungen, Prellungen, Verrenkungen zu, mein Körper war voller blauer Flecken, an meinen Beinen blutete es aus kleinen Wunden." (385) Dennoch wird er aufgefordert, zu attackieren, bis er „von hinten angegriffen" wird, „ein heimtückischer Stoß, der soundsovielte in diesem Kampfspiel, ohne daß der Schiedsrichter je gepfiffen hatte" (387). Die Älteren, die auf die Regeln achten sollten, sind die ersten, die sie übertreten, wobei das Spiel zur Balgerei ausartet.

Augenblicklich erfolgt ein Umschwung. Durch den Abstieg in die Dunkelkammer vorbereitet ist der Wechsel unvorhersehbar und vorsehbar zugleich. Einstweilen verliert der Junge die Selbstbeherrschung: „Es ging alles so schnell, […] meine Geduld riß." Er fällt, doch im Fallen versetzt er dem Spielkameraden einen Tritt, „so daß auch er hinfiel und sich vor Schmerzen auf dem Boden krümmend den Leib hielt" (387). Die Schlussfolgerung, zu der der Kleine gelangt, ist jedoch eine andere: „Ich sah ihn liegen und war befriedigt, und sogleich war ich selbst der Getroffene, der sich dort wand, und war entsetzt über die Gewalt, mit der ich ihm den Tritt versetzt hatte." Die Rechnung, vor allem die mit sich selbst, geht nicht auf. Die widerspruchsvolle Erfahrung bestätigt folglich ihren produktiven Sinn; sie vermag, sein Wissen und Handeln zu formen, indem die „realitätsprüfende Instanz des Ich […] diese Konflikte vorhersehbar" macht und seine „Triebregungen mittelbar selbst als Gefahren" (Habermas 1992, 293) erkennt.

Was fortdauert, ist die Wunde, „die tief ins Fleisch [dringt], ohne sich zu schließen" (355), eben weil sich der Junge bis ins Innere von dem Erlebnis hat erschüttern lassen. Was bleibt, ist die Konfrontation mit den eigenen gegensätzlichen Gefühlen und Regungen und die Erfahrung der Widersprüchlichkeit des Geschehens, die nicht abgewehrt werden und folglich die grundsätzliche Offenheit seiner Konfliktlösungsstrategie ermöglichen: „Dieses kleine Erlebnis hat seine Spuren in mir hinterlassen. Es bestimmte mich schon frühzeitig, eine andere Haltung zu wählen und mich nicht auf die gleiche Manier zu verteidigen, wie ich angegriffen wurde." (388) Die Wahrnehmung der eigenen gemischten Gefühle hat Brücken zwischen sich und dem anderen geschlagen, dank welcher der Junge versuchen kann, der Außensteuerung und -kontrolle seines Verhaltens von nun an zu entgehen, und zwar nicht durch Aggression, sondern durch Konfrontation, Wahrnehmungs- und Reflexionsprozesse und durch zivilisierte Selbstregulation. Der Grundsatz *si vis pacem para bellum*, wenn du Frieden willst, bereite den Krieg vor, wird fortan für ihn nicht mehr gelten. Umgekehrte Pubertätsrebellion.

Dieser andersgeartete Handlungsspielraum, den der Held zu erweitern gewillt ist, entzieht ihn aber auch der Hilflosigkeit, denn er wird bestimmen können, wie weit er gehen will. Vor allem aber wird er fortan seine Aufmerksamkeit auf die *Wie*-Fragen bzw. auf die Fragen nach den Mitteln, anstatt auf die nach dem *Was* bzw. dem Zweck (vgl. Luhmann 1997, 147) lenken. Demnach wird es in Zukunft selbst B.s zwingendem Freund-Feind-Gegensatz nicht gelingen, dem jungen Juden ein symmetrisches, der klassischen Außenlenkung gemäßes Auge-um-Auge-Verhalten aufzunötigen. Der Protagonist wird zwar versuchen, sich nicht „dumm machen zu lassen", „weder von der Macht der anderen, noch von der eigenen Ohnmacht" (Adorno 1951, 94), aber zugleich wird er bemüht sein, die Feindschaft nicht eskalieren zu lassen.

In der Schule, die zu B.s Zeiten die Kinder zum Hass erzieht, wird er bald die Ursache für die feindliche Haltung seiner einstigen Freunde ausfindig machen. Ein loses Blatt fällt zu Boden, der Protagonist will es aufheben, ein Junge zieht es ihm barsch aus der Hand. Die Mitschüler beobachten den Vorgang und tragen „auf einmal den gleichen Ausdruck von Vertraulichkeit auf ihren Gesichtern" (388). Das „auf einmal" ist jetzt nicht eine Erscheinung des Plötzlichen, nicht ungebundene Antwort, sondern Verhalten nach Vorgabe, eingetrichterte Rückäußerung vonseiten einer Gruppe bzw. schon jetzt entdifferenzierter junger Menschen. Das gilt nicht für den kleinen Protagonisten, den das Einverständnis der Klasse an die „andere Vertraulichkeit der Eltern erinnert", sodass er Berührungspunkte ausfindig macht und zugleich sein Differenzierungsvermögen ertüchtigt. Ein „Schlüssel" (388) wird jedoch nunmehr augenfällig, und zwar der, dass B. die Welt in zwei Lager geteilt hat:

> So wurde er mir vertraut aus den Schmähungen und Bitterkeiten jener, die sich seine Freunde nannten und hinter denen er stand, ein Unsichtbarer, Unbekannter. Er veränderte allmählich alles, die Haltung der Kinder, ihre Sprache, ihren Blick, ihre Gebärden, ebenso wie er die Eltern verändert hatte. Er lehrte mich die Einsamkeit, das Qualvolle, Trostlose in ihr, erst später die Stärke. [...] Schon dämmerten seine Umrisse stärker. Aber das Geheimnis einer Feindschaft, die ein Leben erfüllt, blieb dem Kinde vorerst noch verborgen.

Das Kind beobachtet sich mit den Augen der anderen und macht die ihm eindeutig zugewiesene Rolle aus: die des Feindes. Das Systemische daran wird ihm Anfang der Zwanzigerjahre noch entgehen. Doch setzt sich auf diese Weise eine Fragestellung in Gang, die den Jungen fesselt, gerade weil der sich als eindeutig präsentierende „Schlüssel" alles andere als eindeutig ist. Der Weg, die Ambivalenzen des Fremden zu hinterfragen, ist der der wahrnehmenden reflexiven Wechselbeziehung. In Zukunft wird die Vernetzung von Eigenem und Fremdem innerhalb und außerhalb seiner selbst dem Protagonisten zum Stachel im Fleisch:

> Ich den anderen Feind! Wie sollte ich das ertragen? Gewaltig brach diese Entdeckung in mich ein. Es war beinahe eine Verpflichtung, ich hatte etwas gutzumachen. Aber was? [...] Sein Bild jedoch, [...] hatte sich mit Krallen und Haken in mein Fleisch eingelassen. Je mehr ich daran rüttelte, um so stärker fühlte ich nur die Schmerzen seiner Verankerung. (398)

Der notwendige Feind

Bald setzt die von oben bis unten in zwei Teile zerfallene Welt den jungen Juden einer neuen leidvollen Erfahrung aus. Im Alter von etwa sechzehn Jahren ist er gezwungen, von einer „frühen Leidenschaft […]“ (392), einem Freund besonderer Art, Abschied zu nehmen. Drei Jahre älter als er, hat dieser einen sanften Charakter, der – wie sich zeigen wird – „nicht zum Widerspruch neigte“, und „einen kleinen Sprachfehler durch eine Hasenscharte“ (391), unter der vielleicht sein Selbstgefühl leidet (vgl. Sloterdijk 2009, 69ff.). Jedenfalls wird er noch Jahre später, obwohl er inzwischen ein Exponent von B.s Regime geworden ist, den einstigen Freund und jetzigen Feind grüßen lassen.

Während ihres letzten Zusammentreffens aber „verlief es anders“: „Nein, nein, so merkwürdig kann ein Mensch sein, daß er zu Beginn eines Gesprächs noch Freund, an dessen Ende jedoch fremd und wie verhaßt erscheint.“ (392) Ob sie es wollen oder nicht, ist B. schon jetzt mit einem doppelten Nein zwischen sie getreten. Anfangs sträubt sich der Protagonist, dem Freund seine Not aufzudecken, doch dann eröffnet er ihm die Befürchtungen seines Vaters:

> Pause. „Kennst du ihn?“ fragte ich schließlich. / Er nickte. „Ich kenne ihn gut“, sagt er langsam und vorsichtig. / Ich erschrak. – „Ja? Was hast du mit ihm zu schaffen?“ / „Sehr viel in letzter Zeit, sehr viel.“ Die Antwort überraschte mich. „Ist er denn auch dein Feind?“ / Er verzog den Mund zu einem leichten Lachen […]. „Nein, nein, im Gegenteil!“ / „Dein Freund also?“ / Er schwieg. (393–394)

Der junge Jude, der zum zweiten Mal seine Selbstbeherrschung verliert, teilt dem Freund entschlossen seine Meinung zu B. – ein „unverfrorener Patron“, ein „Spuk“ – mit: „Wir wollen aufhören, über ihn zu sprechen. Er ist nicht interessant genug dazu.“ (394) Der Jugendfreund aber, der ein Anhänger von B. geworden ist, zeigt sich von ihm ganz „bezaubert“: „Mein Leben gebe ich ihm.“ (396) Dank seines Umgangs belehrt er den Protagonisten eines Besseren: „Ich sage dir, daß du dich schrecklich irrst.“ Im Anschluss setzt er „in seinem leicht schulmeisterlichen Ton“ an, ihm eine doppelte Lektion zu erteilen. Vorweg deckt er die Faszination von B.s missionarischem Eifer auf, dem er seit der ersten Stunde erlegen ist:

> Dies will ich dir noch sagen […], was dir ein Freund oft nicht sagt, was du dir oft selbst nicht wagst zu sagen, weil du es nicht wissen willst oder es

> auch in der Tat nicht weißt, dies erfährst du oft nur durch deinen Feind. [...] Irgendwo muß er tief von dir getroffen sein, tiefer als mancher andere, der dir vielleicht nähersteht. [...] Dort, wo er getroffen ist, mußt du ihn aufsuchen. Du könntest entdecken, daß ihr vielleicht verwandt seid. (395)

Da dem Freund auf seine Weise die „doppelte Perspektive" (2.463) nicht fremd ist, ist die die Episode kennzeichnende Codierung zunächst folgende: „Irgendwie hatten seine Worte einen Nachhall. Nein, er predigte nicht tauben Ohren." (395) Demnach wird sich die Lehre von B.s Adepten als mit seinem Standpunkt vereinbar und zugleich unvereinbar erweisen, zumal der Freund B. eine Distanz zuschreibt, die (auch in Zukunft) nur die seinige ist.

Der Protagonist, der aufgehorcht hat, hat diesen wunden Punkt genau herausgehört: „Er wollte sagen, daß ein Feind ein Positivum ist. Ein Positivum!" B. kennt keine Distanz zu sich selbst und meint es folglich mit dem Gegner sehr ernst. Die Verwandlung des Feindes in ein Positivum – d.h. in ein ‚seinshaftes' Objekt, in eine Fremdreferenz ohne Selbstreferenz und also ohne Wissen um die eigenen Vorstellungen und Projektionen – ermöglicht es B., an der äußeren Erscheinung sowohl das Feind- als auch das Freundbild dingfest zu machen. B. braucht den Feind nicht nur, um dergestalt „seine Gedanken und Absichten deutlich" (396) zu machen, wie der Ältere dem Jüngeren auseinandersetzt, oder, wie der Theoretiker der Feindschaft Carl Schmitt (1963, 88) verallgemeinernd festhielt, durch ihn „das eigene Maß, die eigene Grenze, die eigene Gestalt zu gewinnen": Er ergreift vielmehr vom Feind Besitz mit dem dunklen Vorsatz, seines inneren Wahns Herr zu werden. Umgekehrt ist, wer nicht sein Feind ist, sein Freund, sodass ihm tatsächlich das „eigene Maß" fehlt.

Da B. mittels der Feindschaft, die er zum Endziel erhebt und somit ‚objektiviert', seine Hoffnungen und Ängste, sein Licht und seine Schatten fest zu konturieren vermag, wird er nicht nur dessen Gefangener, sondern er spaltet auch die Welt in zwei Lager: In dem einen herrscht Zusammenhalt, Ordnung und Eintracht, in dem anderen Ausschluss, Auflösung und Feindschaft. Äußere Hindernisse werden gewaltsam aus dem Wege geräumt, indes Widersprüche in der fehlenden kognitiven Distanz untergehen, sodass sie sich verfestigen und ihre Schatten in der Außenwelt abwerfen. B. kennt keine der „zwei Arten von Operationen", die „einem Bewußtseinssystem zur Verfügung stehen: Beobachtung und Teilnahme", sondern ist der „differenzlosen Selbstreferenz" ausgesetzt, die „nur von ihrer Selbstnegation lebt", vom ‚Wissen', was man nicht ist bzw. nicht sein will: „Deshalb führt die Frage ‚Wer bin ich?' zwangsläufig ins Dunkel, aus dem man nur auf unehrliche Weise, durch Entparadoxierung der Paradoxie wieder herausfindet." (Luhmann 1995, 60, 73) Der junge Jude, der diese Zusammenhänge in Küche, Dunkelkammer, Schule und Sportplatz erfahren hat, gibt ihnen vorerst durch seine empörte emotionelle ‚Begriffsbestimmung' zum „Positivum" (plus Wiederholung und Ausrufezeichen) Ausdruck, in der es ihm an Luft zu fehlen scheint.

Seiner ersten Erklärung lässt der junge B.-Anhänger die Erzählung einer Geschichte folgen, die er dem Protagonisten zum Abschied als Lehre mit auf den Weg gibt: Ein Zar schenkte einst seinem Vetter, dem Kaiser, ein Rudel Elche. Das Naturschutzgebiet, in dem es nach der Ankunft angesiedelt wurde, sollte den Tieren die bestmöglichen Lebensbedingungen bieten. Doch fingen die Elche zu sterben an. Der Kaiser erwog mithilfe seiner Förster alle möglichen Ursachen, Futter, Klima, Behausung. Vergebens, denn erst der vom Zaren zugesandte Förster konnte den Grund ihres Absterbens freilegen: „Es fehlt ihnen an nichts [...] und niemand hat einen Fehler gemacht, außer einen": Das Rudel sei auf die Wölfe angewiesen, seine natürlichen Feinde. Der junge Jude ahnt den Zusammenhang zwischen der Geschichte und seiner Gegenwart. Erst die Zukunft wird zeigen, wie sehr dieser Umstand gerade B. betrifft.

Der Freund weiß von alledem noch wenig. Der junge Jude hat ihm seine Besorgnis mitgeteilt: „Und wenn er [B.] seine gewaltigen Ideen ausführt und dabei auch die mit uns verwirklicht, was dann?" „Ehrenwort", das wird nicht geschehen, ist die Antwort von B.s Jünger. Am Ende der Erzählung begehrt der Protagonist auf: Tiergeschichten lägen ihm nicht, da Mensch und Tier sich voneinander unterscheiden. Das wird ihn nicht daran hindern, sich zum Schluss der Begegnung vorzunehmen, „über diese höchst eigenartige Geschichte" (402) gründlich nachzudenken.

Dank seiner Bedenken erfasst die Hauptfigur das Kommende gewissenhafter als sein durch sein „Ehrenwort" gebundener Jugendfreund. Ihre Unterscheidung von Tier und Mensch scheint indes auf ein Zeitereignis zu verweisen. 1920 ist der Held etwa zehn, 1926 also etwa sechzehn Jahre alt. Nun ist 1925–1926 *Mein Kampf* erschienen, in dem Hitler seine ‚natürlichen' Feinde mit Krankheitserregern, Ratten und Ungeziefer gleichgesetzt und in ihnen die Träger eines ‚schädlichen Erbgutes' zur Zersetzung seiner Volksgemeinschaft gesehen hatte. 1940 wird Fritz Hipplers Film *Der ewige Jude* erschienen, zu dem Goebbels (1998–2005, 157ff.), der ihn als sein propagandistisches Meisterwerk betrachtete, in sein Tagebuch schrieb: „Man schaudert zurück vor soviel Rohheit. [...] Das sind keine Menschen mehr, das sind Tiere. Das ist deshalb auch keine humanitäre, sondern eine chirurgische Aufgabe. Man muß hier Schnitte tun, und zwar ganz radikale. Sonst geht Europa an der jüdischen Krankheit zugrunde." 1942, als Keilson im Exil seinen Roman zu schreiben beginnt, wird die Gesellschaft für Schädlingsbekämpfung mit der Herstellung des Giftes für die ‚Endlösung' beauftragt werden.

Als ein Anhänger der ersten Stunde ist der Jugendfreund der Meinung, B. brauche den Feind einzig, um an ihm Hoffnungen und Ängste festzumachen. Seine Wahrnehmungs-, Denk-, Kommunikations- und Handlungsmuster werden jedoch nicht nur in der realen Historie immer kompromisslosere Konturen annehmen. In Ergänzung dazu konfrontiert *Der Tod des Widersachers* den Leser in jeder Handlungsphase auch mit den abweichenden Entscheidungen des Protagonisten. So hier, als er mit sechzehn Jahren dem Jugendfreund aufmerksam zugehört hat, unsicher und zutiefst bestürzt ist. Doch gerade jetzt erwägt er, für die Fremderfahrung empfänglich zu bleiben, sodass sich schließlich ein wesentlicher Gedanke herauskristallisieren wird: Der „Weg zu ihm", zu B., „und durch ihn hindurch" (433) sei zugleich der Weg zu sich selbst. Schien ihm zunächst B. „nicht interessant genug" (394), so wird er das Widersacher-Prinzip zum Drehpunkt seines Interesses – von lateinisch *inter*, ‚zwischen', und *esse*, ‚sein' – erheben.

Heideggers (1960, 184ff.) Anmerkungen in *Sein und Zeit* können vielleicht trotz ihres metaphorischen Charakters dazu beitragen, die Unterschiede in den Antworten von B.s Adepten und dem Protagonisten auf die empfundene Angst zu ermessen. In § 40 erörtert Heidegger die Frage, inwiefern „die Angst eine ausgezeichnete Befindlichkeit" sei, um das Dasein durch das eigene Sein vor sich selbst zu bringen bzw., in Keilsons pulsierenden Begriffen, um zur Selbständerung und zur Veränderung des sozialen Systems beizutragen. Das „Aufgehen im *man*" ist dabei eine erste, gemeinschaftliche und dinghafte Antwort, mit der Angst fertig zu werden, die der Mannigfaltigkeit der ständig wechselnden Erscheinungen ein Sich-identisch-Bleiben entgegensetzt. B. und seine Adepten greifen auf ein festes *Was*, auf einen eindeutigen Feind zurück, der jedem *Wovor*, das heißt der Suche nach den tieferen Gründen von Angst und Zweifel, ausweicht. In der ‚positiven' *Was*-Antwort sieht Heidegger demnach „so etwas wie eine Flucht" vor dem Dasein und dem Selbst.

Im Gegensatz zu dieser doppelten Flucht vermag die Frage nach dem *Wovor* von Not und Angst tiefer in die Erscheinungen einzudringen: „Im Wovor der Flucht kommt das Dasein gerade ‚hinter' ihm her." Stellt das *Was* eine Abkehr, so stellt das *Wovor* eine Hinkehr zu sich und der Welt dar. Diese andere Art von Angst erschließt „das Dasein als Möglichsein", so „dass man sich nicht mehr bei den Selbstverständlichkeiten des gewöhnlichen Dahinlebens beruhigt, sondern sich auf eigene Möglichkeiten besinnt". Falls es stimmt, dass „Heidegger […] bestenfalls der Finger [ist], der auf den Finger zeigt, der auf den Mond zeigt"

(Witzel 2019, 47), so wandelt Keilson die theoretische *Wovor*-Frage in sinnlich-körperliche Erfahrung von Enttäuschung und Angst und in eine taktile Anregung zur Suche nach alternativen *Response*-Haltungen um.

Die Entscheidung, die der Protagonist aus der letzten Begegnung mit seinem Jugendfreund zieht, ist diese andere Art von Antwort. Seine Erfahrung verweist auf die Überlegungen des Autors, der sich in seinem Essay „Die Faszination des Hasses“ fragte:

> Vielleicht sollte man jedoch lieber nach dem blinden Flecken seiner Selbstwahrnehmung fragen, nach dem, was man nicht sehen wollte oder, wenn man es wahrnahm, mit anderen Akzenten belegte. Welche Spannung ertrug man nicht, oder vielleicht umgekehrt: welche Spannung ertrug man zu gut? (2.333)

Der keilsonsche Held wird jedenfalls versuchen, seinen Konflikten – die nicht externalisiert, sondern reflexiv wahrgenommen werden, indem er sich ihrer Spannung aussetzt – nachzugehen, sodass auch „das Dasein gerade ‚hinter‘ [dem Wovor] her[kommt]“. Doch darüber mehr im Streifzug zur Begegnung mit B.

Zur Vertiefung

Kinder und Zukunft

„Die Kopplung von Kindern und Zukunft" (2.297) durchzieht Keilsons Roman. Zunächst nimmt der Protagonist selbst mit „Liebe und Andacht" im „Stimmchen" der Kinder „das köstliche Erwachen der kleinen Seele" (435) wahr. Das Gegenbild zeichnet B. am Tag seines Triumphes: Dem Anschein nach zeigt er sich „so einfach und voller Besorgnis" gegenüber den Kindern, die sich vor sein Auto stellen: „Er bog sich ein wenig nach vorn und rief [...] ‚Vorsicht, die Kinder, die Kinder. Vorsicht!'" (549) Der Vorspiegelung oder der Pose nach scheint er wie die Mutter des Protagonisten ‚sich-zuzuneigen' „zu allem, was kleiner und schwächer ist" (346). Tatsächlich wird er bald eben diese Kinder „unbarmherzig im Streit opfern" (550). Außerdem gehört die Szene in die Zeit, in der B. schon die Bedingungen des ‚gesetzlichen Unrechts' eingeführt hatte, die den deutschen Rechtswissenschaftler Gustav Radbruch nach dem Krieg zur Ausarbeitung der sogenannten *Radbruch'schen Formel* bewegen werden, nach der das positiv gesetzte Recht, zum Beispiel das zeitlich und örtlich während des kriminellen nationalstaatlichen NS-Regimes geltende, dem übergesetzlichen Recht, der überstaatlichen und überzeitlichen Rechtsordnung der Menschenrechte, weichen muss. Im Roman machen das B.-Bild und die dunkle Gegenwart den Geltungskonflikt zwischen staatlicher und völkerrechtlicher Normebene bzw. den unüberbrückbaren Gegensatz zwischen Gesetz und Gerechtigkeit zur einprägsamen Erfahrung.

Dazu trägt als weiterer Gegenentwurf auch das Bild der Mütter bei, das im IX. Kapitel die Auseinandersetzung mit dem jüdischen Bekannten unterbricht. Anders als B. spiegeln sie, zugleich nah und fern, die Spannungen ihrer Kinder wider: Diese „balgen sich, und die Mütter schauen vergnügt zu, und nur, wenn es zu arg hergeht und ein Kleines zu weinen beginnt, greifen sie ein, trösten, weisen zurecht, bringen das Spiel wieder in Gang und kehren dann zurück zu ihren Plätzen. Sie falten die Hände im Schoß, es ist warm, ihre Gesichter glühen von der Wärme und vom Spiel ihrer Kinder." (462) Die Mütter entfalten im Roman eine aufmerksame, menschenfreundliche und ‚warme' Art und Weise, zu fühlen und selbstbestimmend zu beobachten, zu kommunizieren und zu handeln, die sich der gemeinsamen Lebenswelt annimmt.

Sie sind darin der „ausreichend guten Mutter“, der „good-enough mother“, des englischen Kinderarztes und Psychoanalytikers Donald Winnicotts ähnlich, die ihren Kindern ermöglicht, sich mit den verschiedenen Aspekten ihrer selbst und der anderen auseinanderzusetzen, wodurch sie von beidem Abstand zu nehmen und sich wieder anzunähern lernen. Was bei Winnicott die „primäre Mütterlichkeit“ ist, entspricht bei Bion der „Reverie“, dem verträumten ahnungsvollen Vermögen, dank dem die Mütter den Zustand des Kleinkindes aufnehmen, um ihn ihm modifiziert wieder zuzuführen. Bemerkenswert ist dabei auch, dass Bion die in primitiver Form vom Baby geäußerten Elemente die „Beta-Elemente“ nennt; die von der Mutter in ihrer „Containments“-Funktion transformierten und mit Worten benannten Gefühle nennt er indes die „Alpha-Elemente“ (Bion 1963). Mehr oder weniger zufällig führt uns Alpha-Beta wieder zu unserem Roman zurück.

Albert Camus, Briefe an einen deutschen Freund

Als Keilson die ersten Seiten von *Der Tod des Widersachers* notierte, veröffentlichte Albert Camus (1995, 95ff.) seinen berühmten Roman *L'Étranger*, in dem der Fremde der Protagonist selbst ist und nicht der Araber, den er aus der scheinbaren Verkettung unglücklicher Umstände tötet. Zwischen Juli 1943 und Juli 1944 schrieb Camus seine vier *Briefe an einen deutschen Freund*, an einen imaginären Freund, dem er „sagen [will], wie es möglich ist, daß [sie] so ähnlich waren und heute Feinde sind“. Die Entscheidung ist mit der von Keilsons Protagonisten vergleichbar und dabei nicht die gleiche: „Ja, wir waren gezwungen, euch zu folgen. Aber unsere schwer zu vollbringende Heldentat bestand darin, euch in den Krieg zu folgen, ohne das Glück zu vergessen ... Wir mußten auf eure Philosophie eingehen, einwilligen, euch ein wenig ähnlich zu werden. Ihr hattet das ziellose Heldentum gewählt, denn es ist der einzige Wert, der einer ihres Sinnes verlustigen Welt verbleibt. Und indem ihr es für euch wähltet, wähltet ihr es für alle und auch für uns. Wir waren gezwungen, euch nachzuahmen, um nicht zu sterben ... Jetzt, da das Ende naht, können wir euch sagen, was wir gelernt haben: daß nämlich Heldentum etwas Geringes ist und Glück ein größeres Bemühen erfordert. [...] Und euch zum Trotz werde ich euch den Namen Mensch nicht absprechen ...“

Literaturhinweise

Zum Leidensweg des Kindes in Keilsons autobiographischer Perspektive vgl. 2.217, 310, 413 und L 151.

Zur umfassenden Erfahrung, die im ästhetischen Bild leibhaft wird, vgl. Adorno (GW 7, 17).

Zum Augenblick des Schreckens vgl. Bohrer (1978). Vgl. auch Thomsen u. Holländer (1984).

Zur zunehmenden Betonung der rein destruktiven Elemente der nationalsozialistischen Weltanschauung, je weniger es der NS-Bewegung gelang, ihre Ziele zu verwirklichen, vgl. Broszat (1989, 434f.).

Zu Schmitt (1963) behauptet Derrida (2000), dass seine politische Konzeption affektiver Natur ist.

Zum Film *Der ewige Jude* vgl. Ahren, Hornshøj-Møller u. Melchers (1990).

Zu den weder ‚zu guten' noch ‚zu argen' Müttern vgl. Winnicott (1969, 2006); sowie in Ders. (2002, 182–199) die Überlegungen zum Konzept des wahren und falschen Selbst.

Zur Kompensation und den Formen der Hemmungsüberwindungen in Hitler, Goebbels, Göring und Wilhelm II. vgl. Sloterdijk (2009, 84f.), der u.a. auf die Willensphilosophie von Würtz, *Zerbrecht die Krücken. Krüppel-Probleme der Menschheit. Schicksalsstiefkinder aller Zeiten in Wort und Bild* (1932) und auf das Selbstbestimmungsmodell bei Perl, *Krüppeltum und Gesellschaft im Wandel der Zeit* (1926) verweist.

Dritter Streifzug: Die Auseinandersetzung mit dem Widersacher

Die anders geartete Dunkelwelt

Es scheint, dass man angesichts Hitlers keine Zweifel hegen kann. Die Aufständischen in Treblinka, die Widerständler des Warschauer Ghettos, die Partisanen in den besetzten Ländern, die Soldaten aller Nationen, die an dem verhängnisvollen Weltkrieg teilnahmen und siegten, haben nicht gezögert: Sie griffen zu den Waffen und kämpften. Ihr Recht, sich zu wehren, kann nicht in Frage gestellt werden, zumal der Verzicht auf aktiven Widerstand ein größeres Unrecht herbeiführen konnte. Und dennoch ersetzt Keilsons Protagonist diese Alternative durch eine unterschiedliche Strategie, die in der Perspektive der Zukunft daran teilhaben will, die denkbar ungünstigsten Voraussetzungen für die immer „neue[n] Widersacher" zu schaffen, die „auferstehen und in die Arena treten" (423) werden. Der Roman setzt also den Kampf gegen B., der auch für die vergangenen und zukünftigen Widersacher steht, mittels einer andersgearteten Verweigerung fort. Sein Autor beabsichtigt, zu einer dauerhaften Niederlage der B.s und ihresgleichen im Herzen einer jeden Leserin und eines jeden Lesers beizutragen, die einen tatkräftigen Frieden mit sich zu schließen gewillt sind und insofern nicht mehr eines äußeren Feindes bedürfen: „Was heute inakzeptabel aussieht, könnte auf lange Sicht funktionieren." (Galtung 1998, 34)

Diese Entscheidung entspricht keinem Akt unmittelbarer politischer Teilnahme, sondern einer zivilisatorischen Widerstandshaltung bzw. einer tiefen existentiellen Gestimmtheit etwa in Sinne Albert Einsteins. Der Physiker verließ Deutschland und rief zum Kampf gegen Hitler auf, blieb jedoch ein überzeugter Kriegsgegner, wie er 1929 dem Chefredakteur der Zeitschrift *Christian Century* erklärte: „Mein Pazifismus ist instinktiver Natur – ein Gefühl, von dem ich besessen bin. Der Gedanke des Mordes an einem menschlichen Wesen erfüllt mich mit Abscheu. Meine Haltung ist nicht von intellektueller Theorie, sondern von einem tiefen Widerwillen gegenüber jeglicher Art von Grausamkeit und Haß motiviert." (Nathan, Norden 2004, 116) Ebenso trat der Nobelpreisträger nach 1945 für die Liga der Kriegsdienstverweigerer und für die Bildung übernationaler gesellschaftlicher Einrichtungen ein.

Die Auseinandersetzung mit dem Widersacher wird auch im Roman auf jenes andere Kampfterrain verschoben, auf dem der Schriftsteller zu Hause, der Widersacher indes regelrecht unbeholfen und fremd ist: dass der friedfertigen Ich- und Weltbeziehung in ihrer Vermittlung durch die Sprache. Keilson hält es sich dabei zugute, dass er auf beiden „ungesattelten Pferden", dem der Literatur und dem der Psychologie, zu reiten versteht, zumal ihm sein Roman vorschreibt, „in der Manege des öfteren von einem Pferd auf das andere [zu] springen" (2.461). Die Fronten zwischen A. und B. könnten dabei nicht gegensätzlicher sein. Dadurch aber, dass der Schriftsteller den Widersacher auf dem eigenen Terrain und dem des jungen Juden bekämpft, schließt beider Sieg selbst die künftigen B.s ein. Der Autor und die Hauptfigur teilen nämlich die Überzeugung Viktor Emil Frankls (1982, 137), der als Psychologe das Konzentrationslager erlebt hat: „Endlich einmal soll die Kette des Bösen abgerissen werden" – im Kleinen und also im Großen, im Großen und also im Kleinen.

Eine kurze Abschweifung zum Zusammenhang von Identität und Differenz: Vor etwa zweitausendfünfhundert Jahren meinte schon Heraklit, dass alles fließt, *panta rhei*, darunter die eigene Identität. An der Zeitenschwelle zur Moderne hat Montaigne (1998, II.1, 321) in seinen *Essais*, an denen er von 1572 bis zu seinem Tod 1592 gearbeitet hat, den wunden Punkt „de nous á nous mesmes" unmissverständlich zur Sprache gebracht:

> Wir sind alle aus lauter Flicken und Fetzen und so kunterbunt unförmlich zusammengestückt, daß jeder Lappen jeden Augenblick sein eigenes Spiel treibt. Und es findet sich ebensoviel Verschiedenheit zwischen uns selber wie zwischen uns und andern.

In der Zeit der Aufklärung hatte der skeptische schottische Philosoph David Hume in seinem *Traktat über die menschliche Natur* (1739) das Ich als eine Vorstellung unter anderen bezeichnet und es aus dem Mosaik der Wahrnehmungen abgeleitet, die bekanntlich unstabil sind. In der Moderne war etwa Ernst Mach (2008, 13) der Auffassung, dass es durch „Gemeingefühle" geformt werde, jedoch „im Laufe der Jahre in *einem* Menschen" weitaus größere Verschiedenheiten als „im Ich verschiedener Menschen" eintreten können – was heute die Hirnforschung nicht nur erkenntnistheoretisch bestätigt.

B. und seine völkische Gemeinschaft geben sich dagegen der Illusion einer festen Identität hin. Sie erinnern an das Diktum, mit dem Nietzsches *Zur Genealogie der Moral* (5, 247) beginnt: „Wir sind uns unbekannt

[…]: das hat seinen guten Grund. Wir haben nie nach uns gesucht – wie sollte es geschehen, dass wir uns eines Tages f ä n d e n?“ Das Bild seines Feindes lässt B. nicht los: „Er trug mich mit sich herum, geradeso wie er seine Hand, sein Ohr oder seine Zunge stets mit sich herumführte. Er muß von mir besessen gewesen sein“ (450), wie der jüdische Protagonist erkennt. Der Weg, den B. geht, ist jedoch der der gänzlichen Verdrängung seiner Sinneswahrnehmungen. Die „nahezu totale Unfähigkeit“, sich von außen zu betrachten bzw. „jemals eine Sache vom Gesichtspunkt des Anderen her zu sehen“ (Arendt 1986, 124), kennzeichnet sein Verhältnis sowohl zum Eigenen als auch zum Fremden. „Wer Abstand nehmen kann, braucht schließlich keinen Sündenbock, um den Zusammenhang der eigenen Gruppe künstlich zu gewährleisten“, so Keilson (2.159).

Hier bedingt die innere Entzweiung die äußere, zumal die ‚positive‘ Wendung der Losung: „Wir alle sind eins. Und ist keiner mehr Ich“ (Vondung 1997, 24) der negativen der Vertreibung des Anderen aus der eigenen ‚Glaubens- und Kampfgemeinschaft‘ entspricht: „kein Paktieren, […] nur das harte Entweder-Oder“, so Hitler in *Mein Kampf* (2016, 225). Innerer Zwang verpflichtet zum äußeren, wobei Disziplin „auch aus der Furcht, der Angst, der Unwissenheit geboren werden“ (2.111) kann, wie Keilson meint. Die doppelte Leere ersetzt die „doppelte Perspektive“ (2.463). Doch die als naturgegeben und als absolut gesetzte Distanz zwischen Eigenem und Fremden kommt am Ende zum Kippen. „Wer ich nicht bin, dies weiß ich wohl“ (451). Nicht von ungefähr konnte Carl Gustav Jung von B.s Vorbild als von einer im *horror vacui* befangenen ‚leeren Schachtel‘ sprechen; Ernst Weiß’ (2000, 151) Augenzeuge meinte, dass er „im ganzen ein Stück gigantischer Lüge war“; Hannah Arendt (1996, 40) hat ihn einen „Clown“ genannt, wobei sie bemerkte: „Das etwas gleichsam aus der Gosse geboren werden kann, ohne allen Tiefgang, und doch Macht über nahezu alle Menschen gewinnt, ist doch gerade das Furchtbare an dem Phänomen.“ Die Illusion der eigenen eindeutigen Identität wurde offensiv umfunktioniert zum Unheil des Anderen.

Nun ist Hans Keilson ein deutscher Jude, holländischer Widerständler, Psychoanalytiker, Spezialist für Kindertherapie und Traumaforschung, der es sich hat einfallen lassen, schriftstellerisch der Feindschaft entgegenzuwirken. Der Protagonist, den er konzipiert, ist als zeitgenössische Version von einem, der auszog, das Fürchten zu lernen, angelegt. B. entgegengesetzt geht er einen heilsamen Weg. Das ‚absurde‘ (450) Mittel bzw. der paradoxe „Schlüssel“, den er erschließt, indem er „in [s]ich hineinhörte“ (450), ist der „sonderbare Gedanke“ (451) einer „Verwandtschaft“ (452) mit B. Er sucht nach sich selbst im Spiegel des Widersachers und übt, Gefälle wahrzunehmen und Spannungen im „innere[n] Ausland“ (Freud, GW 1, 496) auszutragen: Hass, das „Geheimnis einer Feindschaft, die ein Leben erfüllt“, „Schmähungen und Bitterkeiten“, „die Einsamkeit, das Qualvolle, Trostlose“ (388), „Entsetzen und Grauen“ (452), Unsicherheit und Schwankungen, die „Angst, sich selbst ein Unbekannter zu sein“ (451), aber auch Wut, Entfremdung, Scham, Beklemmung, Schmerz, Not, Demütigung, Groll, Rebellion, Zorn, Enttäuschung, Hilflosigkeit und Verwundbarkeit, alle negativen Emotionen passiert er Revue, die Schuld ausgenommen, da B. sie nicht kennt. Auf diesem Wege (Wie) lernt er, mit diesen potentiell destruktiven Empfindungen umzugehen und einen inneren Frieden mit ihnen auszuhandeln. Im ‚äußeren Ausland‘ braucht er keine Feinde. Er kann in sich selbst und den anderen ein friedlicher Mitmensch sein.

Selbstwerdung durch unmittelbare und nachträgliche Beobachtung, Selbstreferenz durch Fremdreferenz sind Aspekte des Protagonisten, mit denen der Autor in einigen seiner Gedichte im Voraus experimentiert hat. So in *Bildnis eines Feindes* (1937–39), Keimzelle von *Der Tod des Widersachers*, und zwar mit Zeilen, die im Roman wiederkehren (452):

> In deinem Angesicht bin ich die Falte / eingekerbt um deinen Mund, / wenn er spricht: du Judenhund. […] In deiner Stimme, wenn sie brüllt, bin ich das Zittern […] Im Schnitt der Augen, wie deine Haare fallen, / erkenn ich mich, seh ich die Krallen / des Unheils wieder, das ich überwand. / Du Tor, du hast dich nicht erkannt. (2.20)

Die *Ballade vom irdischen Juden* (1937–1938) entwirft das Bild des Unikums, welches das eigene Maß in der Kunstfertigkeit des Umgangs mit der Differenz, in der Erfahrung des veränderlichen Anderseins innerhalb und außerhalb seiner selbst findet und somit der „Pathologie des Gehorsams“ (Brückner 2008, 65ff.) entgeht:

> Ein jeder Menschen darf gut und fromm und frech sein, / nur, – wenn er Jude ist, dann darf er's nicht. […] Ich mache mir nichts draus und laß den Nachbarn schrei'n, / ich bin, so wie ich bin: mal gut, mal schlecht. […] So richtig hassen kann ich meine Feinde nicht. […] Ihr dürft euch mit den Freunden nicht zu gut vertragen. / Der sei mein Freund, der ohne sich zu schämen / als Unikum lebt lustig auf der Welt. (2.22–23)

Je vielgestaltiger und ausdifferenzierter der Einzelne ist, desto vielgestaltiger und ausdifferenzierter ist die Gemeinschaft: Beiden ist das Reinheitsideal abträglich. Die binäre, zweiwertige Logik des Ja/Nein, des konformen/nichtkonformen Verhaltens, wird durchbrochen zugunsten der risikofreudigen Recherche von Vermittlungen, im intensiven Erlebnis von sich und den anderen. Auch Empathie stellt sich ein, und zwar nicht als emotionaler „Eintopf“ oder Selbstmitleid, sondern als Möglichkeit, dem anderen in seinem Anderssein zu begegnen, wobei in den Freund nicht ‚investiert‘ wird, weil in den Feind ‚desinvestiert‘ wird. Aufschlussreich ist die spiegelbildliche Parallele: Gustave M. Gilbert (1962), der während des Nürnberger Prozesses die NS-Verbrecher begutachtete, meinte, dass das Böse im Mangel an persönlicher Einfühlungsgabe bestehe. Die gemeinsamen gesellschaftlichen Ursachen sind dadurch mitbenannt.

Einige Jahre nach der Abfassung seiner Gedichte *Bildnis eines Feindes* und *Ballade vom irdischen Juden* schrieb Hans Keilson die ersten vierzig Seiten seines der „Lehre von der Ambivalenz“ verpflichteten Romanwerks: „[D]ie natürliche Frontstellung gelangt auf einer höheren Ebene zu einem gegenseitigen Verschmelzen, Durchdringen – beiden Polen wird genüge getan im Finden der Mitte, aus dem Kompromiß erwächst das Maß, die Harmonie, der Rhythmus, die Ordnung“ – eine Bewegung in unbegrenzte Horizonte, die einem „aus tiefsten Spannungen entstehenden Inhalt kongruent ist“ (2.111). *Der Tod des Widersachers* registriert demnach nicht nur die Kurzzeitoszillationen, sondern ist als ein Perpetuum mobile konzipiert, das keine Ruheposition kennt und sich der Dingfestmachung entzieht: der Freund rechts, der Feind links und in der Mitte der Leser, dem der Autor eine Dunkelkammer ganz für sich vorbehält. In „Gegenwart und Zukunft“ nennt sie Carl Gustav Jung (GW 10, 332) eben die „anders geartete innere Dunkelwelt“, die unwägbar ist, dem Ich gleich.

Die Phasen der Auseinandersetzung mit B.

Den Anfang der Beziehung zwischen Aleph und Beth bildet das Eindringen des Widersachers in die gewohnte familiäre Welt; ihr Ende markiert B.s Tod, der schon im Titel des Romans angekündigt ist. Das ganze veränderliche Beziehungsgeschehen zwischen Aleph und Beth verweist darüber hinaus auf eine vom Ich-Erzähler nachgetragene Prämisse, die auf der ersten Seite der Aufzeichnung zu lesen ist: „Es ist der Tod, der mir die Feder führt […]. Der Gedanke an den Tod meines Feindes“ (341, 343). Nur allmählich wird der Leser erfahren, dass der Todesgedanke, von dem die Rede ist, in Wahrheit dem Leben, das heißt der sich stets erneuernden Spannung zwischen den Gegensätzen, zugewandt bleibt, während der Handlung und des nachfolgenden Notats.

Vorneweg gibt der keilsonsche Held zu, sich „weislich hüten" zu müssen, diesen Gedanken „öffentlich zu bekennen", denn seine „eigenen Leute" würden ihm vorwerfen, „ein Überläufer, eine Art Spitzel zu sein" (357). Gleichwohl kehrt gerade die Leugnung die Absicht in ihr Gegenteil um, d.h. in eine gewandte Hervorhebung des unerhörten Gedankens, der zum öffentlichen Bekenntnis pointiert wird (die Stilfigur der Litotes ist nicht von ungefähr der Hyperbel und der Ironie verwandt). Aus der Perspektive seiner Leidensgenossen betrachtet, mag diese Vorstellung ein „Wahn" oder eine „Verwirrung" scheinen, denn reflexive Grenzgängerei ist zu B.s strengen, gewaltsamen Zeiten ausgeschlossen. Und doch hat der neue Gedanke als Modus der Auseinandersetzung mit dem Anderen und Fremden in Aleph tiefere Wurzeln geschlagen als jede andersgeartete Front:

> Mag [er sich] auch immun erweisen gegen die Bombardements der Logik, gleichviel, ich wage den Versuch, die Verstrickungen, die mich fesseln, zu enträtseln, selbst auf die Gefahr hin, daß ich dabei den Fehler begehe, andere ernster und wichtiger zu nehmen, als der Verachtung geziemt, mit der sie mir begegnen. Irgend etwas ist los, ich fühle es, ein Fieber, dessen Erreger noch unbekannt sind." (358)

Vom Rätsel der Feindschaft gefesselt, weist der Protagonist die Freund-Feind-Dichotomie mitsamt den binären Zwängen der instrumentellen Ratio, der assertorischen Moral oder der parteipolitischen ‚Glaubensgemeinschaft' zurück, für deren Auflösung 1940 Simone Weil, die exilierte französische Philosophin aus großbürgerlicher jüdisch-assimilierter Familie, in einem Pamphlet mit dem Titel *Anmerkung zur generellen Abschaffung der politischen Parteien* (2009) plädierte. Zumal sich die Grenze zwischen Glauben und Wahn unter Umständen als fließend entpuppt, galt ihr Interesse der Schaffung einer künftigen freiheitlichen und offenen Zivilgesellschaft.

Dem Protagonisten des Romans fehlt es wie gesagt nicht an Mut. Auf symmetrisches Verhalten verzichtet er zunächst (einer muss ja damit anfangen...), da es ihm um inner-äußere, zeitlich-örtliche Verstrickungen und Konsonanzen geht. Mittels vergangener, „für sich nach innen" ausgetragener Erschütterungen (381) – die Dunkelkammer und das erste Leid – hat er erfahren, sich „Aufklärung über das mitgemeinte Andere" (Luhmann 1991, 282) anzueignen, sodass sie niemandem zum Schaden gereichen kann. Gerade im Falle von B., „ein besonders seltener, besonders anspruchsvoller, besonders auf Theorie angewiesener Fall" (ebd., 360), zumal mit dieser Gestalt sowohl Negatives und Wirkliches als „auch Mögliches (konditional Wirkliches)" (Luhmann 1991, 93) unmöglich gemacht werden soll: „Unverwandt sah ich so lange in den Spiegel, bis ich mich selbst in ihm zu erkennen glaubte.“ (389) Erst die Rückbesinnung auf Eigenes erlaubt dem Helden, die Fremdheit des ‚Fieber-Erregers‘ zu erfassen: In dem Spiegel gewahrt er B., und also die Züge des verachtenswertesten Verfechters der Feindschaft bzw. ihres Funktionsträgers, doch hinter der Maske auch ein ungestaltetes ‚Du‘, dessen Hohlheit und Nichtigkeit nicht einmal zu einem Eigennamen langt. Erst dieser ganze Spiegelungskomplex befähigt ihn dazu, die Möglichkeit, der Feindschaft Feind zu sein, wahrzunehmen.

Die Erkenntnis des Ausmaßes der Katastrophe, für die B. steht, bahnt sich erst im Laufe der Handlung an. Autor und Protagonist haben miterlebt, wie Millionen und Abermillionen von Deutschen an Hitlers Versprechungen jenseits von Gut und Böse glaubten, ohne wissen zu wollen und also zu können, dass das finstere Ende im scheinbar leuchtenden Anfang bereits eingeschrieben war. Im Nachhinein ist es heute der großen Mehrzahl einsichtig. Doch sind wir, Keilsons Leser, uns unserer Fähigkeit sicher, eine ‚böse Zeit‘ in ihrem Keim zu erkennen? Wehret den Anfängen? Gewiss, dieses Ansinnen erklärt u.a. die Zentralität, die Keilson der Erfahrung beimisst, zumal er mit Walter Benjamin (1991, VI, 88) behaupten kann: „Die meisten Menschen wollen keine Erfahrung machen.“

Dem indirekten Kontakt mit B. in der elterlichen Wohnung, auf dem Spielplatz, in der Schule, während des Treffens mit dem Jugendfreund und einem zufälligen gemeinsamen Opernbesuch folgen zwei direkte Begegnungen. Die erste wird eigens durch den Gehörsinn, die andere durch den Sehsinn als Rundum- und Vorausblick verstanden, vermittelt. Erst nach dem dritten Zusammentreffen erkennt der Protagonist die Systemhaftigkeit von B.s Delirium der Feindschaft und des Hasses. Seine Antwort ist zunächst das Exil und anschließend der Eintritt in den Widerstand. Und doch: „Ich wollte diesen Verlust verhindern“ (558), so seine letzten Worte, „und ein Korn seines Todes hat seine bestürzende Saat in mich ausgestreut.“ Demnach ist der Kampf um individuelle und gesellschaftliche Gegenentwürfe erst am Anfang.

Hermeneutik der Stimme

Der Zeitpunkt, die „Bande“ mit dem Widersacher zu hinterfragen, reift während der ersten Begegnung mit B., genauer gesagt: mit seiner Stimme, heran, deren Brüllen und Zittern Keilson wie erwähnt bereits in

Bildnis eines Feindes eingefangen hatte. Klaus Mann (1989, 64) hat in seinem Tagebuch festgehalten: „die Faszination, die er übt, größte Blamage der Historie". Die Zeitgenossen ließen es sich indes nicht nehmen, über Hitlers hervorstechendstes Kennzeichen zu streiten: Augen, Hände, Rednergabe, Stimme? Gerade der Stimme versucht der keilsonsche Held mit beachtlicher Aufgeschlossenheit, „das Geheimnis seiner Wirkung" (435) abzulauschen. Die Begegnung selbst, die einer langen Fußwanderung und einem intensiven Körperkontakt folgt, schuldet er indes der „Ironie des kleinen Wandergottes" (435), der ihn zufällig im Gasthaus absteigen lässt, in dem B. zu einer Ansprache erwartet ist.

Der Protagonist will seine Rede nicht in einem vollen Saal mitverfolgen: „Wer hier saß [...] war verloren." (437) Er wünscht vielmehr als deren Ohrenzeuge aus der Distanz gegenwärtig zu sein, wobei er trotz seines Unbehagens entschlossen ist, ihm gemäß seiner „mühsam im Kampf mit [seinen] Leiderfahrungen errungenen" (440) Haltung vorurteilslos zuzuhören. Denn selbst das Rote Kreuz, das „alle Welt so stolz als schönsten Gewinn der Humanität betrachtet", handelt *ex post*, indem es „logischerweise voraus[setzt], daß man seinen Gegner erst einmal halb totgeschlagen haben muß, bevor man ihn auch als Menschgenossen betrachten und behandeln darf" (440). Als Alternative dazu läuft der Anspruch des Protagonisten und seines Autors darauf hinaus, dem Massaker womöglich *ex ante* mittels Vorbeugungsstrategien zuvorzukommen: logisch genug! Anders auch als die kommunistischen Arbeiter, die das Gasthaus angreifen, um B.s Rede zu sabotieren (447–449), hält es der zukunftsorientierte keilsonsche Held mit den eifrigen Propagandisten des inneren ‚Vorkrieges' und also der Völkerversöhnung und des Weltfriedens, die Hitler zornig befehdete.

Den Rat von B.s Gefolgsmann im Sinn – „Er war mein Freund, noch immer" (443) –, beschließt der junge Jude, „auf [s]einer Hut" zu sein (443):

> Ob B. ein Schwindler war, ein Falschspieler, oder wirklich jemand, der die Gnade Gottes auf uns herabrief – nicht eher würde ich Ruhe geben, bis ich hinter sein Geheimnis gekommen war, vorausgesetzt, daß überhaupt ein solches dabei im Spiel war. (443)

Das Ethos der Distanz, der aufmerksamen und möglichst ganzheitlichen Wahrnehmungen, die mit einer Intensivierung der Verstehensleistung einhergehen, fängt an, seine Früchte zu zeitigen. Es setzt den Protagonisten auf die Spur von B.s Geheimnis, „vorausgesetzt", wie er sagt, dass ein solches „dabei im Spiel" sei. Dann beginnt er, B.s Rede feinnervig zu lauschen:

> Zögernd, vorsichtig. Sie [seine Worte] zerrissen die Stille nicht, nein, so völlig waren sie ihr angepaßt, daß man glauben konnte, sie kämen aus ihr selbst hervor. Nur selten habe ich in ein solches gespanntes Schweigen hinein eine menschliche Stimme sprechen hören. Es klang wie aus einem Grabe, dunkel-tief, etwas unheimlich. Eiskalt lief es den Rücken hinunter. [...] Die Monotonie des Beginnens währte eine gute Weile. Sie diente dazu, etwas anderes niederzuhalten, zu verbergen und doch zugleich vorzubereiten. (442)

Sein „Schweigen“ wird sich nicht in Worte, die der Spannungen Rechnung tragen, auflösen, sondern verfestigte Projektionen züchten. Zunächst jedoch empfindet das wachsame Ohr des jungen Zuhörers – der wie sein Autor ein Selbst- und also ein Menschenkenner und noch dazu ein Schriftsteller und Musiker ist – B.s eiskalte Stimme, als stiege sie aus der Stille und der Finsternis eines Grabes herauf:

> Allmählich befreite sich die Stimme mehr und mehr von jenem Zwang, ihre Tonhöhe stieg an, sie zeigte im ganzen viel mehr Abwechslung und Schattierung. [...] Er schien nun seiner Sache sicherer zu sein. Deshalb ging er zum Angriff über. Mit fester Überzeugung verkündete er einige Wahrheiten, Wahrheiten so allgemeiner Art, daß jedermann, ob er wollte oder nicht, zustimmen mußte: Der Mann hat recht! [...] Die ersten zustimmenden Rufe erschollen. Der Beginn seines Erfolgs! Sein Mut wuchs, und er gab noch mehrere, immer mutigere Wahrheiten zum besten. Die sind Wahrheiten, die man sich erst einmal überlegen muß, so widersinnig erscheinen sie auf den ersten Blick. Aber ein Körnchen Wahrheit steckt wohl doch in ihnen. (443)

Der Protagonist nimmt die Hemmnisse und den Zwang wahr, von denen B.s Stimme sich befreien muss. Doch dann – als käme sie aus einem Mechanismus, der von außen angekurbelt werden muss – bricht sie hervor, als hätte sie sich verselbstständigt. Die Anwesenden hören gebannt zu, denn B. verkündet vorab „einige Wahrheiten“ von so allgemeiner Natur, dass sie unweigerlich ein „Körnchen Wahrheit“ enthalten. So vergegenwärtigt er ihnen ihre Enttäuschungen und Hoffnungslosigkeit und schüttet widerstandslos Salz in die offenen Wunden. Selbst der Protagonist wagt nicht, Wahres und Falsches, Gutes und Böses fein säuberlich voneinander abzusondern. Das Kontinuum der anschaulichen Welt lässt dies gewöhnlich nicht zu, da ein Geschehnis bisweilen, unter verschiedenen Gesichtspunkten betrachtet, als gut und böse zugleich erscheinen kann. Sogar ein heller Kopf wie Gotthold Ephraim Lessing, der nicht nur das Lehrgedicht vom weisen Juden Nathan geschrieben hat, ließ in seinem Faust-Fragment sieben Höllengeister darum streiten, wer wohl der schnellste unter ihnen sei, wobei Faust dem siebten den Sieg gab: „Ha! Du bist mein Teufel. So schnell als der Übergang vom Guten zum Bösen! – Ja, der ist schnell; schneller ist nichts als der!" (1954, 2, 559)

Und doch leitete Aby Warburg (2010, 629) seinen Bilderatlas *Mnemosyne* mit folgenden Worten ein: „Bewusstes Distanzschaffen zwischen sich und der Außenwelt darf man wohl als Grundakt menschlicher Zivilisation bezeichnen", wobei durch Kunst als Reflexionsmedium, das die Zeit verdichtet, „dieses Distanzbewusstsein zu einer sozialen Dauerfunktion werden kann". Da es auch Keilson auf „eine generalisierte Beobachtungskompetenz, die im Umgang mit Kunst aktiviert werden kann" (Luhmann 1997, 134) angelegt hat, kommt sein Roman dem mit B. als einem negativen Gegenbild nach, das keine Distanz kennt, angefangen von der zu sich selbst. Erst dies ermöglicht, dass sich im Laufe der Rede seine Wahrheiten, die immer einseitiger und fadenscheiniger werden, wie Messer bis zur Raserei schärfen. Sein Redefluss bietet lediglich ein Übermaß an eifernder leerlaufender Anschaulichkeit, die auf sich selbst zurückweist; Überlegungen und Nachfragen, Vorgriff und Rückgriff, Differenz von Ich- und Du-Betrachtung sind ausgeblendet oder zur Inkonsistenz verurteilt: keine Distanz, keine Zeit für das Prozessieren von Bedenken, uneingeschränkte Reduktion von komplexen historisch-sozialen und kulturellen Verflechtungen auf eine eindeutige Ursache-Wirkung-Beziehung. Gerade die „hirnrissige Hingabe" (Bruhns 2005, 22) seiner Zuhörer macht dagegen sozialpsychologische Dynamiken begreiflich, zumal Führer, „wenn sie in einer Krisensituation Anhänger zu gewinnen und Begeisterung hervorzurufen vermögen, einige der Attribute, die für das Gewissen und die Ideale der jeweils Geführten kennzeichnend sind" (Elias 1992, 444) besitzen müssen: so hier. Ihres Selbst verlustig, ohne Verständnis für die Ursachen vergangener Demütigungen, schenken die Anwesenden B. ihren Glauben und die Repräsentanz ihrer selbst, auch betreffs der erwarteten Sühne ihrer Nöte (Waldenfels 2007, 40), der ungeheuren Ermächtigung, die B. dem Ohnmachtsgefühl folgen lässt.

Die Entschädigung, die der Redner schließlich ankündigt, entspricht schon jetzt einem Fluch, einem „doppelte[n] Betrug" (551), der die Wunden narkotisiert und die Spannungen verleugnet, anstatt sie auszutragen und auszubalancieren. Mit einem wahren Meistertrick, der die Sinne und die Seele der Beteiligten in ihren Bann zieht, beginnt der Redner die Aufmerksamkeit von sich abzulenken und ganz nach außen zu wenden. Erst jetzt verfestigt die Stimme Selbst- und Feindbildnis, indem die Beschwörung des eigenen Heils, die Errettung aus der Not, mit der Verfemung eines Gegners Hand und Hand geht, der als einzig Schuldiger dargestellt wird. Wie der sagenhafte Pfeifenspieler von Hameln hält B.s „tolle Erfindung" den Zuhörern den ‚verhangenen Spiegel' (361) sowohl ihrer triebhaften Sehnsüchte als auch ihrer Ängste vor:

> Wenn auch niemand da war, der eine andere Wahrheit ausgesprochen hatte oder die eben verkündete in Zweifel zog, so tat er doch, als bestünde dieser Niemand und wäre selbst hier im Saal irgendwo versteckt. [...] Wiederum gab er sich den Anschein, als setzte er sich mit diesem Niemand auseinander. Er erhob ihn zu seinem Widersacher und begann mit ihm vor den Augen des Saales einen Strauß. Eine tolle Erfindung! [...] ‚Seht, da sitzt er, hört ihr, was er sagt!' Und dann erfand er alles, was jener sagte, den er selbst erfunden hatte. [...] Aber er legte ihm alle Fragen in den Mund, die aus seinem eigenen Gehirn kamen, und da er selbst die ganze Zeit das Wort führte, auch wenn er seinen Widersacher angeblich zu Wort kommen ließ, gelang es ihm, seine Zuhörer in den Bann zu ziehen. / Er begann eindringlicher zu sprechen, und als er merkte, daß er an Einfluß gewann, begann er auf einmal unvermittelt [...] zu schreien. [...] Ein Rasender! / Er griff an, er beschuldigte, machte lächerlich, riß nieder, schlug rechts und links, blindlings, widerlegte Behauptungen, die niemand behauptet hatte, und regte sich dabei furchtbar auf. Der andere hatte niemanden mehr, der für ihn sprach. Er, der nie bestand, wurde durch die Stimme totgemacht, und da er schwieg, vermeinte ein jeder, daß er tot sei. / [...] Ich war der Niemand da in dem Saale. Ich hörte meine eigene Vernichtung. (444)

B. geht „seine Zuhörer nicht von außen her an", sondern „rührt das auf und drückt das in Worten aus, was in ihnen schlummert" (Löwenthal 2021, 19). So gewinnt er an Einfluss, zieht aus ihnen die ätzende Kraft und gibt sie ihnen multipliziert wieder zurück: Affekterregung statt integrierter Wahrnehmungen, Bewegtheit und Aufruhr anstelle von psychisch-kognitiver Tiefgründigkeit. Zusammen bündeln sie die Schwäche zur Kraft, Räderwerke greifen ineinander und fördern ein kollektives Interaktionsgefüge zutage, dass auf paranoide Wahnideen (vgl. Zoja, 2011, 194–243) gründet und zunehmend mörderische Folgen zeitigen wird.

Die Anwesenden teilen B.s Geheimnis. Gespalten wie sie sind zwischen sentimentalen symbiotischen Verschmelzungswünschen und Fremdenhass, spalten sie auch die Gesellschaft in eine sieghafte Wir- und eine verfolgte Sie-Schicht. Sie glauben tatsächlich ihren Nutzen auf Kosten des Feindes, seiner Entrechtung und Verbannung, erwirken zu können und dabei den Interdependenzen, den Nebenkosten und -wirkungen zu entgehen – wie etwa ein Süchtiger den Langzeiteffekten seines Handelns. Die bruchstückhafte, bedenkenlose Zurechnungsfähigkeit der Akteure vergrößert die gemeinsame Verantwortung und die Schuld gegenüber den Millionen von Toten: „Vorstufe der Moral“ (2.169), nannte es Keilson mit Anna Freud.

Ernst Weiß’ *Augenzeuge* (2000, 192) hielt fest, dass Hitlers Redekunst „kaum einen kalt“ zu lassen vermochte, „denn er berauschte sich selbst“. Goebbels (1998–2005, 96), der andere Tambour, protokollierte berauscht: „Als Redner ein wundervoller Dreiklang zwischen Geste, Mimik und Wort. Der geborene Aufpeitscher! Mit dem Mann kann man die Welt erobern.“ Und in der Zeitung *Der Angriff* vom 24. August 1933 (Winkler 2014, 629) wandte er sich hinsichtlich des Feinds an die Kameraden: „Sagt es Euch hundertmal am Tage vor, daß es Euch bis in Eure tiefsten Träume verfolgt: Die Juden sind schuld!“ Größenwahn und Hass peitschten sich gegenseitig auf.

Während der ersten Begegnung des Protagonisten mit dem Widersacher lässt Hans Keilson diesen Doppel-Spuk vor den Augen seiner Leser entstehen. Wie ein garstiger Zwerg strotzt B. schließlich von böser Energie, aus der er das Feindbild als Ersatzbildung, als Hyperkorrektur seiner Schwäche durch Omnipotenzphantasien, Macht und Glanz – die unbewusste Übertragungsdynamik tut das ihre – konstruiert hat. Aus „Flicken und Fetzen“ (Montaigne), aus buntscheckigen Empfindungen und Stimmungen setzt er das apokalyptische Bild eines Feindes zusammen, dass so „nie bestand“. Dabei ist B. ‚grundehrlich‘, da er über alle Maße persönlich betroffen ganz in seiner Frustration aufgeht.

Für den Protagonisten enthüllt B.s „tolle Erfindung“ den Kern seines Geheimnisses: das der Feindschaft. „Geste, Mimik und Wort“, die er dem Gegner zuschreibt, sind die seinen. Sein sind die Fragen und sein die Antworten, der Fremde redet aus seinem Bauch, aus seinem unversöhnlichen Racheimpuls heraus: Er ist Fleisch von seinem Fleisch. Leo Löwenthal (1984, 61), Mitbegründer der Frankfurter kritischen Theorie, hat nicht zufällig von einer „umgekehrten Psychoanalyse“ gesprochen, die das Eigene zum Fundament der Ordnung erhebt und das Fremde, das jeder Ordnung innewohnt, zum Nichts verdammt, das gleiche, auf dem dann die Ordnung selber steht, die tote Ordnung, die sich der Interpénétration und der lebensfördernden Ambivalenzen entledigt hat. Der Wahn der eigenen Macht nährt sich aus der Kraft von Hass und Feindschaft. Eine Tautologie, und zwar mit bösem Ende. Wie im Gasthaus wiegelte B. anfänglich „die Menschen […] insgeheim“, doch bald „immer unverhüllter auf […], indem er ihnen einen – seinen – Widersacher gab als Gegenbild ihrer selbst, daß sie sich selbst besser erkannten und nachstrebten“ (519). So misst er seinem Anhänger beides zu, „den Führer, den er liebt, und den Juden, den er haßt“, wie Ernst Simmel (1993, 73), der von 1925 bis 1930 Präsident der deutschen Psychoanalytischen

Vereinigung war, früh erkannte. Das doppelte Geheimnis, welches der Protagonist als Ohrenzeuge von B.s Rede entschlüsselt, ist diese innige Verbindung von Feind- und Selbstbild, von Gunst und Ausgrenzung.

Der Held nimmt die Gefahr wahr, die B.s Feinde, das stereotype Negativ seiner selbst, erwartet: „Ich war der Niemand da in dem Saale. Ich hörte meine eigene Vernichtung." Von den Worten zur Tat, von der „Herabsetzung, Verachtung und Ächtung" des Feindes bis zu „Haß, Verfolgung und Vernichtung" (2.169), ist der Weg unter Umständen kurz. Doch schon jetzt haben die Stimme und ihre berauschten Zuhörer den ‚gegengeschlechtlichen' Fremden, die Liebe zum Leben, „totgemacht": Die kollektive ‚eigengeschlechtliche' Parthenogenese, der der Liebe zum Tod verpflichtete Fortpflanzungsritus, den sie gemeinsam zelebrieren, markiert den Sündenbock, dem „die Schuld für alle ungelösten Probleme" aufgebürdet wird. Was sie alle nicht wissen ist, dass das, was ihnen als Erlösung erscheint, schon jetzt Verdammung, Selbstentfremdung, Verdinglichung ist, programmatisch:

> Woher nahm sie nur das Flackernde? Wie ein fremdes Metall lag es in ihr, von Zeit zu Zeit unsichtbare Strahlen aussendend. Sie brachen durch die Stimme, seltsam brennend und faszinierend – etwas Fremdes. Es ging nicht von dem Menschen selbst aus. Seine Erregung war nicht die eines Menschen, der erregt ist. [...] Wenn er brüllte, dann wußte er, daß er es tat. Es gehörte zu seinem Programm, er hatte alles im voraus berechnet. Schon im nächsten Moment war er wieder gefaßt und zeigte sich vollkommen gelassen. (445)

Die Extreme von ‚Feuer und Eis', von blinder Wut und kalter Berechnung, die sich gegenseitig zerstören, sind vorhanden, die integrativen Gefühle und Gedanken und die bewusste Distanz stehen jedoch aus. Demnach hat in B. und seinen Anhängern die blinde Verleugnung des Fremden ihre Selbstverleugnung zur Folge: Sie selbst sind der Niemand, ein Opfer ihrer selbst, ‚ob sie wollen oder nicht' (443).

Gleichwohl kommt der Protagonist erst im Nachhinein, nachdem die Stimme des Widersachers „in die Ferne gerückt" war (446), in eine „eigenartige Stimmung", während der das Bewusstsein verfährt, als wäre es „von einem schärferen inneren Licht durchstrahlt". Gegenläufig zu der Entzweiung oder Derealisation von B. und seinem Gefolge entwickelt der junge Jude eine alternative Vorstellung von ‚Ganzwerdung', die der Erde, dem Körper und der langen Dauer verpflichtet ist, welche, akategorial wie sie ist, Spaltungserscheinungen abzuwehren ermöglicht:

> Die Anziehungskraft der Erde wirkt schwerer, die Gliedmaßen hängen bleischwer am Körper, sich entspannend, fühlt man ihr warmes Gewicht. Die Dinge scheinen bis auf den Grund sichtbar. Die verwirrende Ordnung der Zeit, drängend nach den Kategorien des Zeitlichen, ist ausgelöscht. Vergangenes, Gegenwärtiges, Zukünftiges zeigt sich als ein Unteilbares, aus dem die Ganzheit sichtbar wird. (446)

Im Gegensatz zu B. führt sein Weg „für sich nach innen" (381), wobei er ‚inneres und äußeres Ausland' miteinander verknüpft: Erst daraus erwächst Zivilisation. Die modernen Neurowissenschaften haben nachweisen können, dass die Systeme unseres Gehirns durch Interaktion eine hohe Leistungsfähigkeit entwickeln, während der Abwehrmechanismus der Spaltung sich unheilvoll auswirkt. Erst der Perspektivwechsel ermöglicht es dem Protagonisten, der soeben sein Todesurteil vernommen hat, mit einem Akt unmittelbaren teilhabenden Verstehens das Geheimnis von B. nunmehr bewusst zu durchdringen. Dieses zu erfassen, heißt indes unausweichlich, das Unfassbare am Phänomen zu erfahren. Der Gedanke an B. als der/das Fremde und Unfassbare, der im Mittelpunkt des Streifzugs zur Hierophanie steht, beginnt sich hier abzuzeichnen:

> Von Zeit zu Zeit, wenn das Fremde, Größere in ihm durchbrach und volle Macht über ihn gewann, wurde er ratlos und stand vor einem Unfaßbaren. Es ergriff ihn, aber er ergriff es nicht. […] Er wurde sich fremd in diesen Augenblicken, und das, was über ihn kam, war das Fremde. (447)

Die Begegnung mit B.s Stimme löst demnach den ‚sonderbaren Gedanken' aus, um den die Handlung und die Aufzeichnungen des Protagonisten kreisen. Beide, die persönliche und die überpersönliche Vorstellung von B. – diesem „kleine[n], unansehnliche[n] Mann, ergriffen von etwas, das stärker war als er selbst" – durchdringen den Gedanken über die „starken Bande einer Feindschaft auf Leben und Tod" (452). Verdrängt der Widersacher die Selbstreflexion und die Auseinandersetzung mit dem anderen, so fasst der Protagonist die umgekehrte Entscheidung. Als sein entschlossener Gegner will er auf ihn zugehen: „Eine Verwandtschaft war zwischen uns aufgerichtet" (452). So wie er sich B.s tödlicher Definitionsgewalt und ihren Folgen widersetzt, so weigert er sich auch, den Widersacher auf ein spiegelbildliches Niemand zu reduzieren. Der Protagonist nimmt ihn als diese Person wahr, welche die Dispositionen des Menschen einer die überlieferten Maßstäbe sprengenden Feindschaft dienstbar gemacht hat.

Außerdem, als würde der junge Jude hinter die Kulissen des eben wahrgenommenen „Spektakels" (471) dringen, entfalten sich seine

Kompetenzen im Umgang mit dem Fremden, indes die Ausschöpfung der individuell gegebenen Möglichkeiten und Begabungen den anderen einbezieht: In „den Verhüllungen und Maskeraden unserer Feindschaft" hat der Protagonist einen irreduziblen Rest aufgespürt, der Gemeinsamkeiten herzustellen und den „Urgrund unseres Bestandes" (451) zu enthüllen ermöglicht. Auf jeden Fall kommt die Kategorie ‚unwertes' Leben in seinem Empfinden und Denken und in seinem Vokabular nicht vor, da er es darauf angelegt hat, den Entwicklungen der Feindschaft vorzubeugen bzw. die Verkettungen zwischen den Antipoden von Liebe und Hass nicht abbrechen zu lassen:

> Wie ich meinem Feind erscheine, wie er mir begegnet, in den Verhüllungen und Maskeraden unserer Feindschaft enthüllt sich der Urgrund unseres Bestandes. / Welches der sonderbare Gedanke war, der mich befiel? Daß er genauso unsicher, so schwankend war wie ich selbst und, ergriffen von der Angst, sich selbst ein Unbekannter zu sein, seinen Widersacher, mich, herausgefordert und an die Wand gemalt hatte [...]. Auch er kannte die Geheimnisse der Dunkelkammer und ihre Versuchungen, die Retuschen und Tricks, die man in ihnen zuwege bringt, die halben und die ganzen Ähnlichkeiten, mit denen man sich nie abfindet. Dann hatte er auf seinem Wege mich gefunden. [...] So schuf er sich in mir ein Gegenbild und wußte von nun an: Wer ich nicht bin, dies weiß ich wohl. Alles, was er in sich verschwieg und womit er selbst nicht zu Rande kam, erblickte er in mir. Bezaubert, hingerissen und zugleich voll Entsetzen und Grauen. Er glaubte, daß ich es sei, so wie er mich beschrieb. Aber er irrte sich vorerst. Ich war es nicht. Sein Entsetzen verhüllte ihm meine wahre Gestalt. [...] Eine Verwandtschaft war zwischen uns aufgerichtet, gebunden mit den starken Banden einer Feindschaft auf Leben und Tod. Sie begann mit dem Leben, sie zielte schließlich auf den Tod. Aber im Anfang war sie beides, Leben und Tod. An uns beiden lag es, zu wählen. [...] Gleichviel, er hatte zu wählen, und es hing von ihm ab, wie er wählte, und zugleich auch von mir. Dessen war ich gewisser, je tiefer er sich in mir verstrickte. (451–452)

Anstatt den Weg in sich hineinzugehen und das Wagnis auf sich zu nehmen, seinen Widersprüchen und Ängsten zu begegnen, geht B. den Weg nach außen, der Projektion, die einer Flucht oder einem Engpass gleichkommt, wie Keilson in seinem Essay „Die Faszination des Hasses" (2.223) darlegt:

> Er sieht in seinem Widersacher all das, was er in sich selbst nicht sehen und wahrhaben will. Er erträgt ‚seine' Wahrheit nicht, und er erträgt auch

die Spiegelung in den ‚anderen' nicht, in ihm, dem ‚anderen' muß er sich selbst vernichten, um den Wahn seiner eigenen Grandiosität zu retten.

Die Flucht vor sich selbst hat B. ‚entleert', wobei er nichts anderes als diese Leere hatte, die sich – hätte man nur Augen und Ohren, um differenziert wahrzunehmen – verbirgt und gleichzeitig kundtut. Selbst allein konnte B., alias Hitler, bekanntlich nicht bleiben, denn er wusste nichts mit sich anzufangen. Mit wem oder was sollte er sich auch beschäftigen, da er ‚sich selbst unbekannt' war? Zudem, da er keinerlei Schuld, sondern nur ein uferloses peinliches Schamgefühl empfand, fürchtete er nichts mehr, als dass man über ihn lache. Oder doch: Er fürchtete sich vor dem anderen seiner selbst, das er in sich unterdrückte, vor dem in seinem Fall gespaltenen Gewissen, sodass er es den Juden hat zuweisen müssen.

Tatsächlich verlangt Keilson nicht wenig von seinem Leser, schon allein dadurch, dass er einen platten literarischen Charakter (Forster 1974) bzw. ein tabuisiertes historisches Klischee aus einem radikalen Widerstand gegen B. heraus wieder öffnet und es in seiner paradoxen Verdichtung von Fülle und Leere zur Beobachtung stellt: Das Bild der literarischen Gestalt (und implizit der geschichtlichen) kann den Leser ermutigen, es auf dessen Wahrnehmungshalluzinationen, aber auch auf die eigenen eingefahrenen Vorurteile und Denkmuster hin zu untersuchen. Der Autor macht sich dabei die Fähigkeit von Kunst und Sprache zu eigen, die menschliche Innenwelt mit den Spannungen des ‚inneren und äußeren Auslandes' zu vernetzen. Wegweisend dazu Susan Sontag (2003, 9):

> Die Literatur bietet nicht nur Mythen, sondern auch Gegenmythen, so wie das Leben Gegenerfahrungen bietet – Erfahrungen, die uns in dem, was wir zu glauben, zu fühlen, zu denken glaubten, verstören. Ein Schriftsteller, so scheint mir, ist jemand, der der Welt seine Aufmerksamkeit widmet. Jemand, der zu verstehen versucht, zu welcher Bosheit Menschen fähig sind, und der darauf einzugehen versucht, ohne sich durch solches Verstehen korrumpieren zu lassen, ohne darüber zynisch oder oberflächlich zu werden. Literatur kann uns sagen, wie die Welt beschaffen ist. Literatur kann uns Maßstäbe geben, kann uns ein tiefes Wissen vermitteln, das in der Sprache und im Erzählen Gestalt annimmt. Literatur kann unsere Fähigkeit stärken, um Menschen zu weinen, die nicht wir selbst sind und nicht zu uns gehören. Wer wären wir, wenn wir kein Mitgefühl für jene aufbringen könnten, die nicht wir selbst sind und die nicht zu uns gehören? Wer wären wir, wenn wir uns selbst nicht – wenigstens zeitweise – vergessen könnten? Wer wären wir, wenn wir nicht lernen könnten?

Da Hans Keilson die Beziehung zwischen den Antagonisten aus diesem Blickwinkel betrachtet, fordert er nicht nur unser Einfühlungsvermögen und unsere zwangsläufig beschränkten moralischen Auffassungen, sondern selbst unsere Ratio heraus, die nur „kurze Zeit und nur mit Anstrengung [...] etwas Bestimmtes fixieren [kann], und wenn man die Augen schließt, um konzentriert zu denken, sieht man schwarz", wobei „ein irritierendes Farbspiel [...] trotzdem statt[findet]" (Luhmann 1997, 27). Gerade weil er nicht auf eine Verstetigung der Feindschaft aus ist, erkennt Keilson weder gesellschaftliche noch moralische Tabugrenzen an. Sein Roman will vielmehr in das „Wesen der NS-Zeit" eindringen, und also nicht „lediglich Illusionen und Selbsttäuschungen oder trockene, klinische Rekonstruktionen zeitigen, ohne auf dem Weg über Selbstverständnis und Versöhnung wirklich Sinnvolles zu leisten" (Bartov 2000, 103).

Im Falle von B. gilt es also zunächst zu verstehen, „zu welcher Bosheit Menschen fähig sind", und zwar mit möglichst vielen Details, um dieser Art von Gefahr schon im Vorfeld entgegenwirken zu können (ein Problem, auf das unlängst etwa der polnische Film *The Hater* von Jan Komasa aufmerksam gemacht hat). Ohne auf Eigenverantwortung zu verzichten, fährt der Protagonist gleichwohl fort, die Mechanismen der Feindschaft zu hinterfragen, die jedem Individuum eigen sind, sei es auch nur als innerer irreduzibler Rest im „Urgrund unseres Bestandes" (451). Zuweilen wähnt er, „daß das Verhängnis noch von uns beiden abzuwenden sei" (453), später deutet er seine Hoffnung als „Wahn" (453), obwohl es in der Geschichte nicht an Wendepunkten und an Gelegenheiten für entschiedenen Widerspruch gefehlt hat – angefangen beim Putsch von 1923 bis zur Progromnacht von 1938 und darüber hinaus –, und zwar innerhalb und außerhalb von Deutschland, vonseiten jedes Einzelnen und ganzer Staaten. Indem der keilsonsche Held die Bedingungen oder Voraussetzungen von Feindschaft und Freundschaft der Möglichkeitsprüfung unterzieht – vor allem hinsichtlich künftiger Widersacher, für die B. als Spiegel und Interpretationsfolie steht –, folgt er der „erweiterten Denkungsart" (Arendt 1994, 342), die erlaubt, sich an die „Stelle jedes andern [zu] denken" und mithin die Welt als veränderbar zu erfahren. Die Frage, was damals unterlassen wurde und was hätte anders verlaufen müssen, mündet in die ein, was heute nicht unterlassen werden kann und anders verlaufen muss.

Verallgemeinernd geht es dabei um die Möglichkeit der Entscheidung oder um die Übung der Wissenschaft der Entscheidung, auf die B. und seine Anhänger verzichten, indes der keilsonsche Protagonist seine Sinnerwartungen daran anknüpft bzw. sie mit all seinen Sinnen präsent hat. Auf diese Wissenschaft hatte schon Platon in *Der Staat* (X, 618 c) seine Aufmerksamkeit gelenkt:

> Und deshalb muß man besonders dafür sorgen, daß jeder von uns mit Hintansetzung aller anderen Wissenschaften nach jener besonders trachte und forsche, wodurch er zu erfahren und zu finden imstande ist, wer ihm die Geschicklichkeit und die Wissenschaft beibringen könnte, eine gute und schlechte Lebensweise zu unterscheiden und aus den jedesmal wählbaren überall die bessere herauszuwählen, dabei auch wohl in Anschlag zu bringen alle [...] Lehren, gegenseitige Vergleichungen und Bestimmungen in Bezug auf die vorzügliche Lebensweise [...].

In den Fokus von *Der Tod des Widersachers* rückt somit die Führung eines ‚rechten Lebens', die Infragestellung seiner selbst und der eigenen Wertbezogenheit, wie es einem Übungsbuch zusteht. Diese Wissenschaft bestimmte bekanntlich schon die Mäeutik oder „Hebammenkunst" mit der Sokrates, dessen bedeutendster Schüler Platon war, sein Gegenüber dazu anhält, sich selbst zu gebären. Nicht von ungefähr beansprucht ihre Ausübung in hohem Maße die Kunstfertigkeit der Unterscheidung; funktionale Zweck- und Zielvorstellungen sind ihr fremd, zumal sie an die Selektion einer angemessenen Entscheidung aus dem Kontinuum von Zeit und Raum im jeweiligen individuellen, sozialen und institutionellen Kontext gebunden bleibt.

Keilsons hat diese Art von Selbstregelungsprozess bzw. von Lebenswissenschaft auf eine Formel gebracht, die sozusagen seiner ‚Goldenen Regel' entspricht: „Erkenne dich im anderen, den du als Feind, als Widersacher vernichten willst" (2.272). Im Fall des Widersachers und dem ‚flackernden' und ‚unfassbaren' B.-Bild in seinem Roman bedeutet das zunächst, die Behauptung zu dementieren: „Was man von den führenden Nationalsozialisten zu halten hat, weiß man ja zur Genüge, weil man weiß, was sie angerichtet haben." (Reichel 2020, 94) Gerade die verheerenden Folgen erfordern, sich ‚Kopfzerbrechen' (514) zu bereiten mit differenzierten Unterscheidungen hinsichtlich der *Wie*-Fragen. Der keilsonsche Protagonist wagt nämlich zu behaupten: „Es wäre alles viel einfacher gewesen, [...] wenn sie nur grausam sein konnten und weiter nichts als grausam, man wäre schneller mit ihnen fertiggeworden". Darüber hinaus geht es „nicht nur darum, was sie taten und sagten, sondern auch um das, was sie verschweigen mußten" (514), zumal das *Wie* es vor sich gehen konnte unser eigenes „erkenne dich" impliziert.

Ganz klar hat das Bild von B. in *Der Tod des Widersachers* weder mit einer Redämonisierung Hitlers noch mit dem entgegengesetzten Versuch einer Relativierung seiner Verbrechen nach dem Motto des *tout comprendre c'est tout pardonner*, alles verstehen, heißt alles verzeihen, zu tun. Auch die Darstellung, die ihn „als einen ‚komplett verunglückten Menschen' (Olli Dittrich) hervortreten" lässt, die oft mit einer „nicht unbedenkliche[n] erzählerische[n] Verkürzung" einhergeht (Reichel 2020, 94), ist dem Roman fremd: „Big Brother lässt grüßen" (ebd., 93), zuweilen, doch nicht in Keilson. Selbst eine „gewisse angewiderte Bewunderung", die Thomas Mann (1960, XII, 847) in seinem Essay *Bruder Hitler* (1938) aus der Verschränkung von Faschismusanalyse und Kunstdiskussion herleitete, kann ruhigen Gewissens ausgeschlossen werden. Bewunderung verdient B. bei Keilson gewiss nicht. Er bleibt ‚klein und unansehnlich' und das ‚Große', das über ihn kommt, ist gleichsam das Pathologische, ein Wahn, der zu einem „Stück Biografie der Epoche" (Reichel 2020, 95) geworden ist und ein historisches Desaster verursacht hat, das seinesgleichen sucht. Folgende Auffassung Manns (1960, XII, 848) ist indes zu bedenken: „Der Bursche ist eine Katastrophe; das ist kein Grund, ihn als Charakter und Schicksal nicht interessant zu finden." Keilson interpretiert sie nämlich auf seine Weise, denn mehr als nur ‚interessant' an Beth ist das „Korn" (558) oder der Keim der Feindschaft, die er seinen Aleph – stellvertretend für den Leser – eruieren und erfahren lässt, zumal Feindschaft differenzierte Unterscheidungen und Entscheidungen voraussetzt: Feindschaft aus präventiver Positionierung und Zugehörigkeit herzuleiten, hieße, zu ihrer Verfestigung beizutragen.

Auf diese Zusammenhänge, die über die politischen und kulturellen Ordnungen ‚hinauslappen', hat unlängst Frank Witzel in seinem Roman *Die Erfindung der Roten Armee Fraktion durch einen manisch-depressiven Teenager im Sommer 1969* hingewiesen und sie unter vielem anderen durch die „Aussage Hitlers aus seiner Parteitagsrede des Jahres 1936", die man „allen Liebenden ins Poesiealbum schreiben" sollte, bekundet: „Das ist das Wunder unserer Zeit, dass ihr mich gefunden habt unter so vielen Millionen! Und dass ich euch gefunden habe, das ist Deutschlands Glück." (Witzel 2016, 537) Das Zitat ist eine „Art Zirkelschluss" (ebd., 426), denn auch bei Witzel ermöglicht erst das face-to-face zum „Kontext [der] Wunde" (ebd., 666) – das mit der Am-Text-Bleiben-Beziehung einhergeht –, diese der Abspaltung und Einkapselung zu entziehen, um sich so dem katastrophalen ‚falschen Verstehen' (ebd., 663) und der „Wiederholung des Immer-Gleichen" (ebd., 764) zu erwehren. Es versteht sich, dass dieser Habitus der Übung bedarf.

Realitätsprüfung und Trauerarbeit

Zur Zeit der dritten Begegnung Alephs mit dem Widersacher sind die Entwicklungen fortgeschritten. B. hat seine Macht und Gewalt im ‚anti-paradoxalen', scheinbar eindeutigen Sinn ausgebaut. Mit eisernem, blindem Willen, ohne Beschränkung mehr, ist er dabei, die restlichen Widersprüche zu tilgen: „So sieht ein Sieger aus!" (518) Für den Protagonisten naht der Moment der Erkenntnis, den er paradoxerweise erneut „einem grimmige[n] Zufall" (543) verdankt. Er begegnet B. Unter den Linden vor dem Institut der Friedrich-Wilhelms-Universität, der heutigen Humboldt-Universität, wo er kurz vor dem Exil eines seiner letzten Examen abgelegt hat, während jener sich im Triumphzug zu „den S.-Werken" (542) begibt: Der zum ‚Fremden' deklarierte junge Jude wird weichen und ins Exil gehen müssen, denn B. nimmt nunmehr den gesamten Raum ein. (Ein Foto in der Beilage der *Berliner Morgenpost* vom 11. November 1933 zeigt Hitler während seiner Rede zu den Industriearbeitern des Berliner Dynamo-Werks der Siemens-Werke am Tag zuvor; im Hintergrund stehen SS-Angehörige zu seinem Personenschutz Spalier. Die Ansprache wurde durch Lautsprecher in der ganzen Stadt übertragen, während der Tonfilm „Adolf Hitler spricht zu den Arbeitern in Siemensstadt" an 14 Orten in Berlin zur Vorführung gelangte, so die Pressechronik.)

Der Protagonist hat unlängst den Widersacher von Weitem während einer *Tristan*-Aufführung in der Oper gesehen, ein zweites Mal hat er im Gasthaus seiner Stimme gelauscht, doch ist es das dritte Zusammentreffen, dem er „alles" verdankt (540). Die Wiederbegegnung ist jetzt einem weit-nahen, einem offenen Sehsinn anvertraut, der sich als fähig erweist, eine Flut von Informationen zur Innen- und Außenwelt aufzunehmen und zu verarbeiten. Die Augen stellen Zusammenhänge zwischen dem Vordergrund und der verräterischen Handlung am Rande des Gesichtsfeldes her, verknüpfen Bewegung und Tiefenschärfe des Bildes der Gegenwart mit vergangenen Erfahrungen und verleihen den Geschehnissen ihre dichten Bezüge. Dem Protagonisten „verbleibt nur, zu erzählen, wie es war, vor vielen Jahren, als ich ihn eines Tages von Angesicht sah" (539). Von ‚Angesicht' betrachtet, wird B. für ihn ein Gutteil seines Geheimnisses verwirken.

Die Begegnung beginnt mit einer Bild- oder Rahmenerweiterung, d.h. mit der achtsamen Beobachtung der für ihn fremden Menschen, die gekommen waren, um B. zu feiern. Zunächst fokussiert der Held allerdings die Aufmerksamkeit auf sich selbst, zumal er sich „vor eine Entscheidung gestellt" sieht, die er „in den Jahren zuvor gemieden hatte" (545):

> Aber warum ging ich denn nicht? / Auf einmal wußte ich es. Ich stand hier, um mich zu überzeugen, daß er wirklich lebte. [...] Auch für mich hatte er nur dank der Phantasie sein Leben gefristet. Der Person, die meine Vorstellung geschaffen hatte, galten meine Gefühle von Furcht, Zuneigung, Haß. Wollte ich eine Korrektur anbringen? Sie hätte das Spiel zerstört und nichts anderes zurückgelassen als die grausame Wirklichkeit. / Die grausame Wirklichkeit, die man nicht zu ertragen gelernt hat, wir sind nicht vorbereitet, sie aufzunehmen, gleichviel, ob sie ein Freundliches oder ein Feindliches bringt. Wir kleiden sie in Gewänder, die wir nach unseren Maßen verfertigen, behängen und verunzieren sie mit unseren Farben. (544)

Aus dem zugleich erweiterten und punktuell verkürzten Blick erwächst ein plötzlicher Bewusstseinsschub. Der erste Gedanke, „weitergehen, diese Begegnung meiden!" (545), wird davon überholt. Der junge Jude nimmt sich indes von der Angst vor dem „Démasqué" der geheimen Wünsche und Ängste nicht aus, sondern beginnt, in den „Zügen" der vielen Menschen, die gekommen sind, „um ihm zuzujubeln und ihm zu seinem Triumph zu verhelfen" (545), zu lesen. Er hält inne, beobachtet die Menge und sich und erweitert die Chancen selbstständiger Entscheidung.

Währenddessen erliegt die Menge der Faszination, schwärmt „von der Magie seiner Augen" und ist „erregt vor Erwartung, ihn leibhaftig zu sehen" (543):

> Für sie bestand er wirklich, sie hegten nicht den mindesten Zweifel an seiner Existenz, man konnte es aus ihren Zügen lesen. Ich betrachtete sie, und als ich länger hinsah, entdeckte ich, daß auch dies ein Betrug war. [...] All das, was auf ihren Gesichtern zu lesen stand, die stolze Gehobenheit, die Selbstüberhebung und die Hingabe an ein Kommendes hatte nichts mit dem Ereignis zu schaffen, dessentwegen sie gekommen waren und nun hier standen und warteten. Es lief ihm voraus und schuf es und kleidete es an, wie sie es von ihm erwarteten. Sie waren die Urheber, ihre Lüsternheit, ihr verworrenes Begehren färbte ihre Wangen und Lippen im Genuß der Erfüllung, die dem Eigenen entstammt. [...] Es war das gleiche Spiel der Phantasie wie bei mir, das sie hierhergeführt hatte, ihre eigenen Gefühle und Vorstellungen, und sie gaben sich keine Rechenschaft. [...] Sie hatten noch viel weniger gelernt, die grausame Wirklichkeit zu ertragen. Sie waren noch viel weniger vorbereitet, sie aufzunehmen. [...] Dies ist die Situation des Verführens und Verführtwerdens, die sich kein Verführer entgehen läßt. (545)

1935 hatte Jung (GW 18.1, 180) in seinen Londoner Vorträgen auf die bedrohliche Suggestivkraft irrationaler Vorstellungsbilder verwiesen: „Es geht einem unter die Gürtellinie und nicht in den Kopf". Hier geht es um eben diese knebelnde Fantasie, um einen „doppelte[n] Betrug" (551), nicht um einen emanzipativen und befreienden „Wirbel" (470). Autonomiegewinn durch Vorausschau hält die Illusion nicht bereit, sondern unbewusste Wiederkehr des Verdrängten und Freiheitsverlust, sodass sich der Protagonist von ihrer Suggestion nicht zufällig durch das Realitätsprinzip, nicht durch seine imaginäre Aufhebung befreien muss. Die ‚Parthenogenese' erinnert an die des Niemand im Gasthaus, doch ihre verhängnisvolle Wirkung wird nunmehr im Laufe einer Massenszene im Zentrum Berlins veranschaulicht. Jeder Zuschauer ist gekommen, B. zu sehen, sieht aber dabei weder ihn noch sich: Alles, was der Einzelne vor seinen Augen zu sehen glaubt, ‚läuft B. voraus' und hat in den eigenen unbewussten Erwartungen seinen Ursprung. Indem sich die Zuschauer einem Spiel oder Betrug hingeben, gehorchen sie dem Drang nach unmittelbarer Befriedigung des eigenen „verworrene[n] Begehren[s]". Die Differenz zwischen sich und den Ereignissen, die Wahrnehmung und das Ertragen der Widersprüche, der Angst und Verunsicherungen, der Aufschub der „Lüsternheit" – kurz: das Realitätsprinzip – sind missachtet. Nach Freud (GW 9, 75) tritt „in der Seelentätigkeit der Masse die Realitätsprüfung zurück gegen die Stärke der affektiv besetzten Wunschregungen". Ernst Simmel (1993, 73), Mitbegründer des Berliner Psychoanalytischen Instituts, hat diese Dynamik als einer der Ersten präzise herausgearbeitet: „Das unreife Individuum, das unter dem Druck von Umweltverhältnissen den Kontakt mit der Realität zu verlieren droht, kann den Rückweg finden, wenn sein Ich, getragen vom Gruppengeist, Gelegenheit findet, seine aufgestauten Triebenergien in die Objektwelt zu entladen."

Was Keilson darstellt, ist diese ‚hysterische' Entladung. Die damals in Deutschland verbreitete „hysterische Disposition", die mitunter bis zur „sogenannten systematischen Dissoziation" ging, besteht darin, dass „die jeder Psyche inhärenten Gegensätze, insbesondere die charakterologische Spannung, etwas weiter voneinander getrennt sind als bei den sogenannten Normalen" (Jung, GW 10, 219–244). Nach Jung lief während des NS-Zeit die „große innere Unsicherheit", die diese Aufspaltung bewirkt, zum einen auf „die Prestigepsychologie der Hysterischen, das ‚Eindruckmachen', das Vorführen und Einhämmern der Verdienste, die nie gestillte Sehnsucht nach Anerkennung, Bewunderung, Bestätigung, Geliebtwerden" hinaus; zum anderen entsprang daraus das inflationierte Selbstbild des Herrenmenschen, aus dem sich unausweichlich die schemenhafte Projektion des „inneren Gegenspielers", des Untermenschen entwickelte, dem man seine niederen Eigenschaften, den zugehörigen Groll, die Ohnmacht und die eigenen ungelösten Konflikte in die Schuhe schob: „Von dieser Fratze ist der Mensch gequält, und darum quält er andere. Er ist in sich selber gespalten, ein Gemengsel unerklärlicher Widersprüche." So die Schlussfolgerungen von Carl Gustav Jung, der von 1933 bis 1940 die Präsidentschaft der Überstaatlichen allgemeinen ärztlichen Gesellschaft für Psychotherapie innehatte und den nicht nur Matthias Göring, Vetter des Feldmarschalls und Vorsitzender der deutschen Gesellschaft, gern zum Begründer einer vom Beitrag der Juden gereinigten ‚Neuen Deutschen Seelenheilkunde' erkoren hätte.

Diese komplexe individuelle und gesellschaftliche Desorientierung wird für Keilsons Leser zur unmittelbaren Erfahrung. Die Verführung vonseiten B.s bemächtigt sich der Anwesenden, eben weil sie verführbar sind: Die illusionslose Betrachtung des Protagonisten nimmt eine große Anzahl unmündiger Individuen wahr, die vor lauter Bäumen den Wald nicht sehen, den inneren und äußeren, und in dem sie sich bald werden verschanzen müssen. Die Kommunikation, die der junge Jude nicht abbrechen lässt, ermöglicht, auch differenziertere Zusammenhänge aufzunehmen, gerade weil der ‚heimlich-heimische' Zuschauer weniger denn je seinen Projektionen unterworfen ist. Während B., alias Hitler, „keine Liebe zu Deutschland, wie es wirklich war", empfand, denn „was er liebte, war die Fata Morgana von Deutschland und seiner Größe", so Elias (1992, 466), trauert der keilsonsche Gegenspieler spontan und einfühlend im Voraus „um die Straße, um die Häuser in dieser Straße und die Menschen, die in dieser Straße standen und warteten" (547, vgl. auch 2.129). Zunächst ist diese Trauer, die eine die Seele affizierende durchdringende Erfahrung des Übels ist, dem Abwehrmechanismus des Ungeschehenmachens entgegengesetzt. Zudem weist der bedrückte mitfühlende Protagonist nicht den Unterschied zwischen Opfern und Tätern, sondern die Ewigkeit des Hasses zurück, die seine Empfindung auszulösen bzw. durchzuarbeiten hilft, als „Form psychischer Arbeit, die es dem Subjekt erlaubt, bestimmte verdrängte Elemente zu akzeptieren und sich von der Bemächtigung der Wiederholungsmechanismen zu befreien" (Laplanche, Pontalis 1972, 123), verstanden. Erst in der Trauer kann der Mensch „*seine* Zeit zum Tode – zur Zeit *des Anderen* machen" (Lévinas, 2003, 73).

Die Verinnerlichung der Trauer erlaubt dem jungen Juden – in Differenz zu sich selbst und von Ich und Welt –, seine Fantasien und Wünsche der Realitätsprüfung zu unterziehen. Hatte er sich gefragt, ob es an der Zeit wäre, „eine Korrektur an[zu]bringen" (544), so reift jetzt diese Entscheidung heran und zwingt ihn zum Handeln. Jedoch geht er zunächst der Wahrnehmung der Dissonanz zwischen Erwartungen und Wirklichkeit auf den Grund. Ihre Durchdringung setzt auch jetzt auf die doppelte Negation, die ein differenziertes Wissen von Aleph und Beth, des Bewusstseins- und des Gesellschaftssystems vermittelt. In seinen Studien zum Trauma wird Keilson diese Erfahrung als „dritte traumatische Sequenz" bezeichnen, „die die Fähigkeit besitzt, die Kette der Traumatisierung zu brechen, zu mildern, aber auch zu verstärken" (2.315): Interne und externe Faktoren bestärken die gestörten Wahrnehmungen der Menge, Schuld und Trauer dringen nicht in das Bewusstsein; anders der Protagonist, der den noch verbleibenden Reizschutz abstreift, sodass die Projektion zugleich als „Gift und Gegengift" (2.337) wirkt. Ihre heilende Kraft zu entwickeln, ermöglicht jedoch erst die ‚nachträgliche' Verbindung zwischen Vergangenheit und Gegenwart, die dem vorausgegangenen Affektgeschehen neuen Sinn zu verleihen vermag. Allein die rückläufige Zeitbewegung holt die Verblendung ein, ohne „bleibende[...] Nachwirkungen" (Kühner 2008, 35) zu hinterlassen:

> Mein Wahn zerbrach. [...] Die ersten besorgt-drohenden Worte meines Vaters, die Gehässigkeiten der Kinder, der Spaziergang mit meinem Freund und später die Jahre, die ich im geheimen mit ihm stritt, die Begegnung mit seiner Stimme, mein Wankelmut, alles, alles erschien mir in der Trauer aufs neue, und es war mir, als ob ich es zugleich verlöre. Die Angst, die er mir bereitet, und die Verzweiflung, in die er mich gestürzt hatte, alles dies gehörte mir, schon damals, als ich an der Hand meiner Mutter den Marktplatz überquerte und sie mich zu den Kindern zurückbrachte, die mich ausgeschlossen hatten. Und dann später all das Verworrene, die Irrwege, auf denen er mir wie ein Dämon erschien und ich mein Leben an das seine schrecklich band, auch dies gehörte zu mir, und ich war gefangen in allen diesen Verwirrungen und Irrwegen. Und schließlich später, als ich, dem Wahn völlig verfallen, mich an diese Begegnungen gewöhnt hatte und sie lieben lernte und selbst jenen, der mir drohend erschien, verwandelte, als wäre er einer, der das Heil brächte. Und jetzt das Wissen und die Trauer, daß nichts mehr half, dort würde er aus seinem Haus kommen und die Straße entlangfahren, und ich hier an die Mauer gelehnt und alles, alles zunichte und unabänderlich. Und dann das leise Bedauern, daß es so weit gekommen war. (547)

Das lange Zitat aufmerksam zu lesen, könnte sich als besonders lohnend erweisen. Wie kommt es, dass der Protagonist, Begebenheit nach Begebenheit, sowohl auf zurückliegende Episoden als auch auf Verwirrungen, Irrwegen und auf eine Liebe verweist, die ihm als solche nicht ohne Weiteres nachgesagt werden können? Gerade in dieser Episode bezeugt die Hauptgestalt eine zwanglose Fähigkeit, Trauer zu erleiden, die sie als solche auch zu benennen weiß, ohne sie im Voraus über die Pflicht zu Trauern zu moralisieren oder sie als sozial-historische Kümmernis anzugehen. Als innere Disposition verräumlicht die plötzlich hereinbrechende Erscheinung der Trauer die Zeit, vergegenwärtigt Erinnerung und Wahrnehmungen, Vergangenheit und Zukunft, Ferne und Nähe, und schlägt Brücken zwischen sich und den Mitmenschen. Die somit aufgehobene „Unterbrechung der Lebenslinie" verändert „die Beziehung zu sich selbst, zu anderen und zur Welt" (Kizilhan 2001, 2).

Erst die internalisierte Gemütsbewegung, die durchdringende ‚Trauerarbeit', ermöglicht, den Wahn zu brechen. Die geschieht nicht, indem sich der junge Jude im eigenen Gutsein bespiegelt, sondern durch die Auseinandersetzung mit dem Bösen im Spiegel des Widersachers. Allein über das affizierende, erinnerte und durchdrungene Böse, über die Möglichkeit, die eigene Widersprüchlichkeit wahrzunehmen und sie in sich selbst auszubalancieren, findet er zum Gutsein zurück. Aufschlußreich ist außerdem, dass sich Reflexion erst dann einstellt, als der Affekt nach und nach abzuflammen begonnen hat. Das Gefühl der Trauer („Ich [...] fühlte") bringt die Auflösung, welche die Realitätsprüfung zu verinnerlichen erlaubt: „Ich brauchte ihn nicht mehr zu sehen, um überzeugt zu sein, daß er in Wirklichkeit lebte. Ich hätte ruhig gehen können." (548) Eigens die Ruhe und der innere Friede, den er empfindet, befähigen ihn dazu, sich selbst neu zu verorten.

Koevolutiv wird sich der Protagonist der sich überkreuzenden Differenzen in der Außenwelt inne. Der Bezug zwischen B. und der Masse der aktiven Anhänger und der passiven Mitläufer, und also die tödliche Krankheit, die Deutschland befallen hat, wird jetzt mit offenen Sinnen in ihrer Wechselseitigkeit reflexiv wahrgenommen: „Ich [...] fühlte die ungeformte Begehrlichkeit meiner Umgebung, der er sich bediente und die ihn zu Taten verführte, in einem unheilvollen Wechselspiel." (548) So wie die ausufernde stürmische Masse, die „ihm zu seinem Triumph [verhalf]" (545), Teil der fehlgelaufenen Interaktionskette ist, die zum Genozid führen wird, so ist B. in seiner scheinbaren ‚Leutseligkeit' (549) von schwerbewaffneten Soldaten umgeben:

> Wie gewohnt, saß er neben dem Fahrer. Er trug einen hellen Regenmantel und war barhäuptig. Er sah gesund aus, mit roten Bäckchen, als käme er aus dem Bad, ein Bild von Milch und Blut. Er erhob sich und stand nun neben dem Fahrer, hinter ihm saßen fünf schwerbewaffnete Männer, die mit argwöhnischem Lächeln in die Menge spähten. [...] Er war freundlich gestimmt und sah lächelnd über die Menge hinweg, deren Anwesenheit

> er nur fühlte und vielleicht als ein unteilbares Rauschen hörte. Sein Gruß und Blick galten etwas, das zwischen Himmel und Erde schwebte, nicht den Menschen. Seine Augen sahen groß und glänzend, wie bei Schauspielern, die sich eine Essenz einträufeln, um auch in die Ferne wirken zu können. Es war ein freundlicher Herr, der da stand und von allen gesehen werden konnte, während er niemanden sah und nur leutselig hinter der Schutzscheibe des Autos stand und fühlte, daß alle gekommen waren, um ihn zu sehen. (548–549)

B. sieht und hört niemanden. Noch weniger differenziert er, weder das, was er selbst fühlt, noch das, was „zwischen Himmel und Erde schwebte". Er unterscheidet weder Gesichter noch Geräusche: Die verheißungsvolle Masse ist seinetwegen da, sie gehört ihm, unteilbar, ist sein Volk, sein Selbstobjekt. Die „Unterscheidung von Mitteilung (Selbstreferenz) und Information (Fremdreferenz)" (Luhmann 1997, 23) ist ihm unbekannt, und also: Wer ist er selbst, im Augenblick höchster Entscheidung? Ein Mensch, der sich selbst fremd ist, ein Spiegel, ein Konstrukt, ein Schauspieler. Er ist „zugleich Produkt und Produzent von Illusionen, Fehlwahrnehmung, Übervereinfachung und (Selbst) Täuschung", die unter Mitwirkung der großen Mehrheit „mit äußerster Professionalität und Konsequenz aufgebaut und politisch instrumentalisiert" worden sind, wie Peter Reichel (1991, 155) in seinem Buch *Der schöne Schein des Dritten Reiches* von Hitler schreibt. ‚Sein Volk' hatte „in Jahrhunderten autokratischer Herrschaft" ein „obrigkeitsstaatliche[s] Gepräge" erworben; es war durch die Niederlage von 1918, die „schwere Wirtschaftskrise um 1930 und die dadurch zugespitzten Klassenkämpfe" (Elias 1992, 437 u. 412) gegangen. So vermochte es zu B.s Zeiten nicht die Differenz von infantilem Größenselbst und Minderwertigkeitsgefühl, Anspruch und Realität, Schein und Wirklichkeit, Wort und Tat zu durchschauen: „Die Politik hatte scheinbar ihre Undurchschaubarkeit verloren, schien sich rückverwandelt zu haben in ein Medium religiöser Offenbarung mit einer ebenso unvermittelten wie unwiderstehlichen Naturhaftigkeit", so Reichel (1991, 155).

Für die Menge sieht B. aus, als wäre er gerade aus der Wanne gestiegen, mit roten Bäckchen, ja, „ein Mensch wie du und ich" (549): wenn da nicht der Rest wäre, die zu roten Backen, das Blut, welches die unschuldige rot-weiße Schneewittchen-Maske nicht zu verdecken vermag, zumindest in den Augen des Protagonisten. Der Blick der Anwesenden, die sowohl die Details als auch die Zusammenhänge selektiv ausblenden, bleibt auf der „Szenerie einer Triumphfahrt mit den Farben einer gutmütigen, leutseligen Ehrenhaftigkeit" (550) haften. Sie nennen B. „bei seinem Vornamen", als wäre er ihr „Bruder" oder als wären sie mit ihm „verheiratet" (546). Sie glauben an seinen „Triumph ohne Blutvergießen" (Kershaw 1987, 155ff.), als wäre er ein Heros und zugleich ihresgleichen, ein Mann aus dem Volk, der ihre „Ehrenhaftigkeit" verbürgt, an der nichts rütteln kann, einerlei, was er ihnen demnächst befehlen sollte. Nichts dementiert ihre gegenseitige Selbstbezogenheit. (Noch in den 1980er Jahren werden viele Deutsche die Phase bis 1942 als eine „gute Zeit" empfinden, so Niethammer 1987.)

Selbst über die Soldaten, die alles andere als ein geringfügiger ‚Rest' sind, gibt sich die Menge „keine Rechenschaft" (545):

> Da entdeckte ich, obwohl ich auch sie die ganze Zeit gesehen hatte, hinten in seinem Wagen die schwerbewaffneten Soldaten. Sie machten mit ihren finstern Gesichtern einen weniger leutseligen Eindruck. Sie saßen da, ein wenig nach rechts und links gelehnt, zum Sprung bereit, und spähten in die Menge. Sie sahen jeden. Sie gehörten so völlig zu dem Bild, daß man sie fast vergaß über der Hauptperson vorn hinter der Schutzscheibe. Der ausgelassene Jubel der Straße schien sie nicht zu berühren. Sie saßen da mit gespannten Leibern, und als die Menschen zu dicht das Auto umschlossen, erhoben sie sich ein wenig von den Sitzen, stemmten ihre Füße fester auf den Boden und spähten noch finsterer umher. / Man schenkte ihnen noch immer nicht viel Beachtung. Sie waren die Beifiguren, und man nahm sie mit in Kauf, so gewöhnt war man, daß sie zu dem Bild gehörten. / Anscheinend war auch ich zu Beginn von seinem Anblick so sehr überrascht, daß der Gedanke in mir aufkam, die Figuren des Autos als eine Einheit zu betrachten, in der es keine Haupt- und Nebenpersonen gab. (550–551)

Einerseits braucht B. nicht zu sehen und zu hören, sein Blick kann „zwischen Himmel und Erde schweb[en]" (548), denn die Soldaten sind seine Augen und Ohren, darauf spezialisiert, Freund und Feind eindeutig voneinander zu scheiden. Andererseits, obgleich sie bedrohlich dreinschauen, brauchen sie sich nicht zu verstecken, denn die jubelnde realitätsblinde Menge übersieht das nachteilige Element und ordnet es widerstandslos dem sie schützenden Führerkult, der sie über ihr Elend erhebt, bei.

Was Keilsons Roman erfahren lässt, ist die Macht der Symbole, wobei Identitätskonstruktionen am Wirken sind (vgl. Diehl, Steilen 2016), die auch in der heutigen Zeit wiederkehren (Lefort 1990). 1944 hatte Cassirer (2002) den Menschen als *animal symbolicum* definiert, der in ein Symbolnetz integriert ist, welches die Erscheinungen im Akt der Wahrnehmung codiert. Castoriadis (1984) hatte insbesondere auf die Verbindung des Symbolischen mit den Emotionen hingewiesen. Bei Keilson ist die Repräsentation von B. zugleich Stellvertretung, Darstellung, Abbild und Bild (Diehl 2016, 9), die mitsamt den individuellen und kollektiven

Vorstellungen, den unbewussten Projektionen und den Schattengebilden vergegenwärtig werden. Inszenierungen, Rituale, Gestik, Worte vermitteln über B. Selbstverständnisse, Überzeugungen, Ansichten, Wünsche, Träume, Ängste und Ressentiments, die „die Kraft von Handlungen" erlangen und auf die „Wirklichkeit konstituierend wirken" (ebd., 11, 13), so im Roman B.s Äußerung: „Vorsicht, die Kinder, die Kinder. Vorsicht!'" (549, vgl. die Vertiefung über Kinder und Zukunft) und in dieser Episode seine „roten Bäckchen" (547). Die Menge löscht diesen Tatbestand aus und garantiert so den Zusammenhalt von Volksgemeinschaft und Staat, ohne besseres Wissen, und doch mit voller Verantwortung. Der andere, fremde, ausgesonderte und zufällig anwesende, der bald ins Exil gehen wird, hat triftige Gründe, sich zu fürchten. Gerade er aber zieht die Fäden zusammen. Er entzieht sich der Macht schlechter (eindeutiger und gerade deshalb mehrdeutiger) Bilder und versteht, dass die dunklen martialischen Statisten eins mit dem blendenden leutseligen Divus sind.

Der dritten Begegnung – die nicht dem zwischen Aleph und Beth, 1 und 2 vermittelnden, sondern dem ausgeschlossenen Dritten, der einen unversöhnlichen Riss offenbart, gilt – ‚verdankt' der Protagonist ‚alles' (540): „Plötzlich war alles verändert. Mein Wahn zerbrach" (551). Die Wahrnehmungen der Innen- und der Außenwelt und das bewusste Erfassen der Erscheinungen fügen sich zu dem Bild von B.s Realität zusammen, eine vorsätzliche Satzung divergierender Widersprüche: „Spektakel" und Zwang, Idylle und Terror, Eigenes und Fremdes, Freund und Feind. Die Aufmerksamkeit des Helden ist nunmehr fähig, jenseits von Ängsten, Wünschen und Erwartungen zu fokussieren. Ihre Schärfe und Weite erfasst das raum-zeitliche Umfeld, das zum System gerinnt. Die Blindheit für das Unerwartete ist überwunden durch das plötzliche Auftauchen von unbewussten Hintergrundzusammenhängen, die in das Bewusstsein Eingang finden, ‚plötzlich', wie es der Bewusstseinserweiterung entspricht. Vorerst distanziert sich der junge Jude von dem doppelten Betrug, von dem sich die Masse tragen lässt:

> Sie [die Soldaten] waren immer um ihn. Sie waren ein Teil seines Selbst. Und wenn ich ihn mir zum Freund hielt und ihn veranlaßte, sie nicht zu sehen, dann brauchte auch ich nicht zu sehen, wen er hinten in seinem Wagen mit herantransportierte. Es war ein doppelter Betrug. (551)

Anschließend wandelt er die neuen Gedanken zu einer Entscheidung, einer ersten Tat, welche prinzipiell die „Art Einverständnis" (438) mit B. zurücknimmt:

> Noch bevor er sich umdrehen und den Befehl geben konnte, habe ich ihn erschossen. Es war nur ein Moment. Aber er fiel, ich habe es deutlich gesehen, daß er fiel. Er fiel nach hinten in die Arme der Bewaffneten, und ich konnte es nicht glauben, und als ich genauer hinsah, stand er aufrecht mit glänzenden Augen und blickte nach etwas, das zwischen Himmel und Erde schwebte. Ich schaute beklommen zu. Ich dachte nicht: Jetzt schieße ich, und ich hasse ihn, ich schieße ihn tot. In mir habe ich ihn erschossen. Nur dieser Gedanke beherrschte mich [...]. Ich stellte es mir genau vor, wie sich alles zugetragen hatte, er dort und ich hier. (551–552)

Der „Vergleichbarkeit des Verschiedenen" folgt die „Klarheit der Außenabgrenzung" (Luhmann 1997, 8): Er dort, ich hier. Aus der Auseinandersetzung mit B. geht ein neues Verständnis des Eigenen und Fremden hervor. Die Rückschau, die sich anbahnt, setzt das Maß künftiger Entscheidungen. Die Erkenntnis des Missverhältnisses löst vorerst die „starken Bande" (452) zwischen Aleph und Beth. Die einstigen Verhältnisse sind nicht mehr geltend, das Unrecht ist zu groß, der Antagonismus verlangt eine andere Art von Korrektur. Gewalt und Tod, die den Anderswahrnehmenden und -denkenden im Land und später auch außerhalb seiner Grenzen erwarten, haben systemische Funktion angenommen und sind zudem rechtens erklärt worden. Die physische und psychische Panzerung ist im Regime, dem B. vorsteht, als verhängnisvolles Zwangsinstrument institutionalisiert worden.

Die Fremdheit, die nicht aufgehoben werden kann, drängt den Protagonisten zur Besinnung auf das Eigene. Die Hemmschwelle ist überschritten worden, sodass nur die offene Gegnerschaft bleibt. Die Verweigerung und die Anfechtung weichen der aktiven Abwehr. Doch da der junge Jude auch bzw. gerade in dem Augenblick, in dem er B. den offenen Kampf erklärt, er selbst ist, ist seine Haltung die der friedlichen Feindlichkeit: „In mir habe ich ihn erschossen." Sein feindlichkeitsloser Widerstand ist ein Gestus der Vorwegnahme einer anderen Zukunft, die den Entschluss, den Teufelskreis der Feindschaft zu brechen, weiterentwickelt.

Gute Widersacher

Bis zum Ende bleibt Alephs Verhältnis zu Beth eine Quelle von Überraschungen. Nachdem der Protagonist „schon als Kind erfahren hatte, was in Dunkelkammern geschehen kann", hat er nunmehr gelernt, „sein Leid zu tragen, wie man einen Rucksack trägt“ (554). Erst vor diesem Hintergrund kommt es zur Trennung, vom Widersacher und von seinem Tod – „langsam soll man sich an ihn gewöhnen, um sich seiner wert und würdig zu erweisen“ (343), indem man die Lektion verinnerlicht, so der junge Jude am Anfang seines unmöglichen Bandes zu B. und so Freud, der in seinem Essay „Erinnern, Wiederholen und Durcharbeiten“ (1914) vom „würdige[n] Gegner“ spricht. Im letzten Kapitel der Binnenhandlung, der die Beziehung aufkündigt, stehen folgende Schlussworte:

> Ich habe die Nachricht erhalten, die lang ersehnte. […] Ich schließe diese Aufzeichnungen, er selber hat sie geschlossen. […] Ich wußte von Anfang an, daß ich ihn verlieren würde, ja, es bestand nicht der geringste Zweifel in mir, daß nicht er mich, sondern daß ich ihn verlieren würde. Er hätte es schwerlich ertragen können, zuletzt allein ohne mich weiterzuleben. Meine Gegenwart beunruhigte ihn. Seine Unrast verbürgte ihm lange Zeit sein Bestehen. Solange er mich bestreiten konnte, hatte er festen Grund unter seinen Füßen. Als ihm alles gelang und er Sieger ward, hatte er ihn schon wieder verloren. Der Tor, er hat in mir bekämpft, was er in sich selbst nie Auge in Auge zu schauen wagte. Zum Schluß gebrauchte er mich, um sich dahinter rasend vor sich selbst zu verbergen. Er hat sich nie gekannt. Ich habe in ihm geliebt, was ich in mir selbst nicht vernichten konnte. Ich wollte diesen Verlust verhindern, ich dachte, daß es in meiner Macht läge, ihn zu verhindern und zu etwas Bleibendem umzugestalten. […] Ich wußte, daß er es war, der unsere Feindschaft verraten und verlassen würde. Wenn ihr wollt, bin ich ein wenig froh, daß er nun tot ist. Und zugleich schmerzt mich sein Verlust. Warum? / Ein Stück meines Lebens hat er mit in seinen Tod hineingenommen, unwiederbringlich. Und ein Korn seines Todes hat seine bestürzende Saat in mich ausgestreut. (557–558)

Wie hätte B., der Wolf, seine Feinde, die Elche, überleben können, wo er sie brauchte, um zu wissen, wer er *nicht* war? Die ‚leere Schachtel‘, die sich in ihrer „Unrast“ fortwährend selbst übertrumpfen musste, wäre implodiert. Nur sein auf den Feind übertragener Hass – in Funktion eines psychotischen Aufwieglers – hat ihn am Leben gehalten: „Solange er mich bestreiten konnte, hatte er festen Grund unter seinen Füßen“. „Zukunft oder Untergang“ lautete das Thema von B.s, alias Hitler (2016, 558ff.), erstem großen Redeauftritt am 3. Februar 1921 im Zirkus Krone (vgl. die Vertiefung Hitler als Redner). Seitdem hat die Prämiere, einem pathologischen Wiederholungszwang folgend, immer wieder Repliken erlebt, zuerst mit siegreichem, dann mit tragischem Ende. Keilsons Protagonist nimmt also Abschied von einem Widersacher, der sich und seinen Feind „nie gekannt“ hat. Auch seiner widerspruchsvollen und unvollkommenen Menschlichkeit hat er sich nie „wert und würdig“ (343) erwiesen. Als fataler Schnitter, dem Tod zugewandter *senex*, als der Andere von sich, welcher nie zu sich selbst gefunden hat, stirbt er wie ein Wolf, der das Ableben der Elche nicht überleben konnte.

Sein junger Widersacher, Keilsons Protagonist, hat umgekehrt gerade das an B. geliebt, was er in sich „selbst nicht vernichten konnte“, und zwar das „fremde Element“ (376), das er nach B.s Tod weiterhin in dem Erlebnis des eigenen, unstimmigen Selbst aufzuspüren gedenkt: in seinen vielen Gesichtern, in der Diskrepanz zwischen Wollen, Können, Müssen und Sollen, in der Erfahrung der eigenen Widersprüche und der „übergeordnete[n] Größe“ des Selbst (Jung, GW 7, 187). Schon Büchners Danton fragte: „Was ist das, was in uns hurt, lügt, stiehlt und mordet?“, und kam dabei zu dem Schluss: „Puppen sind wir, von unbekannten Gewalten am Draht gezogen“ (1999, 1, 49). Anders als Büchners Held der Revolution wird Keilsons antiheldische Hauptgestalt *sein* inneres Widersacher-Prinzip „zu etwas Bleibendem umgestalten“ wollen, gerade damit es eine Grenzerfahrung ohne bösartigen Bumerangeffekt bleibe. Folglich wird er sich auch künftig dem stets wandelnden Leben verschreiben, dessen Bewegung dem Negationspol aufgegeben ist. Im Angedenken der „immer wieder neue[n] Widersacher“, die zerstörerisch „auferstehen und in die Arena treten“ (423) werden, wird er fernerhin gegen das Notrecht der Feindschaft opponieren. Bis zum Ende der Handlung behauptet sich der Protagonist als Nein-Sager, bewahrt eine flexible Haltung wachsamen Widerstands. Auch seine Verweigerung der erwarteten Antwort – des Ja zu Feindschaft und Krieg – ist eine aktive Zeugenaussage, ein positives, durch zukunftsgewandte Unvoreingenommenheit geprägtes friedfertiges Selbstübungsprogramm. In diesem Sinne ist seine Zeugenschaft auf einen Leser angewiesen, der sie in seinem Leben umzusetzen und zu erneuern gewillt ist.

Soweit die Haupthandlung, als dessen Erzähler die Hauptgestalt zeichnet. In der Rahmenhandlung wird der Advokat ihn nach seinem (zum Teil auch überraschenden und zufälligen) Tod als „einen unserer Helden“ (561) wertschätzen, an dessen Opfer eine Plakette mit Namen und Datum erinnert (563). Differenziertes, veränderliches und wahrnehmungsnahes Unikum und eindeutiges soziales Heldentum bzw. unberechenbare Selbsterfahrung und kollektiv normiertes Verhalten laufen nicht immer auf eines hinaus. Demnach stellen das „Korn“ von B.s Tod, welches der Protagonist „zu etwas Bleibendem umzugestalten“ trachtet, und sein Nachruhm als unbestrittener Held nur eine der vielen Paradoxien dar, die den Leser zum Verweilen animieren wollen.

Zur Vertiefung

Hitler als Redner

„Er fing so schüchtern und zaghaft an", berichtet Brüning, letzter verfassungsmäßiger Kanzler der Weimarer Republik, in seinen *Memoiren* (1970, 192ff.), dass er und seine Freunde „glaubten, ihn durch kurze Zwischenbemerkungen ermuntern zu müssen. Nach einer Viertelstunde merkten wir, daß das eine sehr falsche Methode war. Sein Reden wurde immer heftiger und lauter." Ähnliches legt Ernst Hanfstaengl (1970, 84), finanzieller Unterstützer und Freund Hitlers in den zwanziger Jahren und späterer Mitarbeiter von Franklin D. Roosevelt, aus direkter Erfahrung dar. In *Bruder Hitler* wird Thomas Mann (1960, XII, 846) seine Rednergabe wie folgt beschreiben: „[E]ine unsäglich inferiore, aber massenwirksame Beredsamkeit, dies platt hysterisch und komödiantisch geartete Werkzeug, womit er in der Wunde des Volkes wühlt, es durch die Verkündigung seiner beleidigten Größe rührt, es mit Verheißungen betäubt und aus dem nationalen Gemütsleiden das Vehikel seiner Größe, seines Aufstiegs zu traumhaften Höhen, zu unumschränkter Macht, zu ungeheuren Genugtuungen und Über-Genugtuungen macht [...]".

In *Der Augenzeuge* (2000) von Ernst Weiß schildert der Ich-Erzähler die Gestalt von „A.H.", oberösterreichischer Gefreiter aus Braunau und Judenhasser, mit folgenden Bildern: Er „redete sich [...] in einen Rausch, ein Delir hinein [...]. Er schlug, schmetterte den Gegner zu Boden, ließ kein Gegenargument, keine Logik, keine historische Tatsache gelten. Er wurde unersättlich, schrankenlos, [...] durch die Energie des tausendmal eingehämmerten Gedankens, durch die Verengung des geistigen Gesichtsfeldes. Keine Fülle des Geistes. Kein Zweifel. Kein Umlernen. Kein Zulernen. Ein Gedanke, zwei, höchstens drei, diese aber immer wiederholt, mit immer gewaltigerer Glut, im Schweiße des Angesichts, blind, mit religiösem Fanatismus [...], außer sich, fast außer der Welt" (182): „Soviel Worte, soviel Lügen. Soviel Angeben, soviel Phantasien" (216).

B.s Vorbild notierte zu seinen Reden gewöhnlich nur einen Leitfaden, aus Stichworten und Parolen bestehend. Auch kam Hitler meistens verspätet an, um so die Erwartungen seines Publikums anwachsen zu lassen. Der Historiker Volker Ullrich (2013, 114) schreibt: „Der Ablauf der Reden folgte einem strikt auf Wirkung berechneten Muster. In der Regel begann Hitler sehr ruhig, fast zögernd. [...] Sobald er sich der Zustimmung sicher war, lockerte sich seine Haltung. […] Zugleich wurden Tonart und Wortwahl aggressiver. Je deutlicher die Zuhörer durch Beifall und Zurufe signalisierten, dass der Funke übergesprungen war, desto mehr steigerte er Lautstärke und Tempo seines Vortrags. Seine Erregung übertrug sich zunehmend auf das Publikum, bis am Ende, nach einem furiosen Crescendo, der ganze Saal sich in einen Zustand rauschhafter Begeisterung versetzt sah und der Redner selbst, in Schweiß gebadet, die Glückwünsche seiner Entourage entgegennahm."

Am 24. Februar 1920 hatte Hitler (2016, 390) während der ersten öffentlichen Massenkundgebung im Münchener Hofbräuhauskeller gesprochen und dabei eine große Entdeckung gemacht: „Ich sprach dreißig Minuten, und was ich früher, ohne es irgendwie zu wissen, einfach innerlich gefühlt hatte, wurde nun durch die Wirklichkeit bewiesen: ich konnte reden!" Doch erst die Massenkundgebung am 3. Februar 1921 im Zirkus Krone brachte dank seines oratorischen Talents seine Partei „zum ersten Male aus dem Rahmen einer gewöhnlichen Tagespartei weit hinaus" (ebd., 558ff.). Hören wir uns die Beschreibung dieses Erfolgs in *Mein Kampf* an: „Als ich die mächtige Halle betrat, erfaßte mich die gleiche Freude wie ein Jahr vordem in der ersten Versammlung im Münchener Hofbräuhausfestsaal. Aber erst nachdem ich mich durch die Menschenmauern hindurchgedrückt und das hochgelegene Podium erreicht hatte, sah ich den Erfolg in seiner ganzen Größe. Wie eine Riesenmuschel lag dieser Saal vor mir, angefüllt mit Tausenden und Tausenden von Menschen. Selbst die Manege war schwarz besetzt. […] ‚Zukunft oder Untergang' lautete das Thema, und mir jubelte das Herz auf angesichts der Überzeugung, daß die Zukunft da unten vor mir lag. / Ich begann zu sprechen und redete gegen zweieinhalb Stunden, und das Gefühl sagte mir schon nach der ersten halben Stunde, daß die Versammlung ein großer Erfolg werden würde. Die Verbindung zu all diesen tausend einzelnen war hergestellt. Schon nach der ersten Stunde begann der Beifall in immer größeren spontanen Ausbrüchen mich zu unterbrechen, um nach zwei Stunden wieder abzuebben und in jene weihevolle Stille überzugehen, die ich später in diesem Raume so oft und oft erlebt habe und die jedem einzelnen wohl unvergeßlich bleiben wird. Man hörte dann kaum mehr als den Atemzug dieser Riesenmenge, und erst als ich das letzte Wort gesprochen, brandete es plötzlich auf, um in dem in höchster Inbrunst gesungenen ‚Deutschland'-Lied seinen erlösenden Abschluß zu finden. […] Ich ging nun dazu über, nicht nur jede Woche eine, sondern manche Wochen zwei Massenversammlungen abzuhalten, ja, im Hochsommer und im Spätherbst wurden es manchmal drei. Wir versammelten uns nun immer im Zirkus und konnten zu unserer Genugtuung feststellen, daß alle unsere Abende den gleichen Erfolg brachten."

Im Zusammenspiel mit den sozial-historischen und mentalitätsgeschichtlichen (vgl. Schwaabe 2005; Winkler 1993 u. 2014) Rahmenbedingungen wird hier ein Monstrum geschaffen, dem offenbar „durch die Wirklichkeit bewiesen“ (Hitler 2016, 390) wurde, es hätte recht. Von dem Tag an hält Hitler nunmehr der Erfolg seiner Reden „in seiner ganzen Größe“ bzw. seinem Größenwahn aufrecht. „Ich brauche Massen, wenn ich spreche“ (Kershaw 1998–2000, 177) – lautet inzwischen sein Mindestanspruch. Die Propagandareden ersetzen den militärischen Stock aus den Jahren des Ersten Weltkriegs, der Massenrausch löst das Regiment ab, sein erstes ‚symptomlinderndes Umfeld‘ (Matussek, Matussek, Marbach 2000, 161), das ihn erblinden ließ, als er fürchtete, es verlieren zu müssen (Pasewalk-Episode, und dazu Weiß, 2000). Jetzt sind es die Massen, welche den Spiegel, den Hitler ihnen vorhält, mit ihm selbst verwechseln. Aber auch er braucht sie, obwohl er sie verachtet, sie für ‚weibisch‘ und manipulierbar hält, wie er in *Mein Kampf* wiederholt erklärt, seinem Bestseller: Von 1925 bis 1945 wurden ca. 12.450.000 Exemplare auf verschiedene Weise unters Volk gebracht, wie in der Vorbemerkung der kritischen Edition von *Mein Kampf* (9) zu lesen ist, unter anderem durch die Standesämter, die es den frisch Vermählten ausgehändigt haben. Auf jeden Fall wehrt der identifikatorische Erfolg die beiderseitige Scham von Massen und Führer ab. Hitler berauscht sie und ist von sich wortwörtlich berauscht. Die Selbstrepräsentation in den Monologen mit seinem Jugendfreund August Kubizek (2002) verblasste, denn bald redete er „als eine Art immerwährende Parade vor riesigem Publikum“ (Fest 1973, 709), seinem Volk.

Die unbedarfte Sprache seiner Selbststilisierung in *Mein Kampf* registriert noch die Nachwirkung seines ersten großen Redeerfolges. Das Gefühl der Auserwähltheit, das ihm einst seine bedürftige, ihn nur bedingt liebende Mutter (vgl. die Vertiefung zu Gruens Hitler-Porträt) vermittelte und zu dem er sonst keine Ursache in sich verspürte, wird ihm jetzt von der Masse entgegengebracht. Ein Wahn nimmt Gestalt an: Das Durchbrechen der „Menschenmauern“, das Auf- und Abebben der „tausend einzelnen“, der angehaltene Atem, die weihevolle Stille und die Riesenmuschel des Saals nehmen auf das Symbol der ‚großen Mutter‘ Bezug, die, endlich wohlgesinnt, ihm Fruchtbarkeit und Heil zu versprechen scheint. Aus einer analogen Perspektive wird der Protagonist von Ernst Weiß’ gleichnamigem Roman als Augenzeuge das, was aus A.H. „gurgelnd“ ausbrach, als „etwas Unerklärliches, Urhaftes, Nacktes, Blutiges“ beschreiben, als „die UNTERSEELE, die immer verhüllte“: [D]er schwarze heiße Ort der Mütter war nach oben gedrungen, und niemand konnte widerstehen: ‚Deutschland! Deutschland! Deutschland!‘“, so der ferne „Regenbogen nach dem Gewitter“, „der sentimentale Abgesang nach dem brutalen Haßgesang“ (2000, 196).

Auch in Hitlers Rede steht die Muschelschale, der geschlossene Saal, symbolisch mithin für das Grab, für die tödliche Mutter, weshalb die Inszenierung von 1920 und ihre Ausformung in *Mein Kampf* die Generalprobe seiner ganz persönlichen Tragödie von „Zukunft oder Untergang“ darstellt: Da kein Erfolg das völlige Fehlen eines inneren Selbst füllen kann, bleibt ihm nur „die rekursive Dynamik der Selbstüberbietung“ (Matussek, Matussek, Marbach 2000, 80), die er bis zum letzten Atem wiederholen wird. Die wahnhafte starre Wesenheit einer nekrophilen Charakterorientierung im Sinne Erich Fromms (2015) korreliert mit der Todessymbolik der nationalsozialistischen Indoktrination, die den Tod als ideale Einbindung in ‚Blut und Boden‘ verstand, etwa in dem Hitlerjugend-Feierlied von Hans Baumann *Nun laßt die Fahnen fliegen* (1934): „Deutschland, sieh uns, wir weihen dir den Tod als kleinste Tat, grüßt er einst unsre Reihen, werden wir die große Saat.“ Im Leben wie im Tod wird das Ich dem Wir geopfert.

1923 verkündete Hitler im Voraus: „Unsere Aufgabe ist, dem Diktator, wenn er kommt, ein Volk zu geben, das reif ist für ihn!“ (Jäckel, Kuhn 1980, 924) In den Märzwahlen von 1933 hatte nicht einmal jeder zweite Bürger seine Partei gewählt. Doch in den ersten Jahren der Macht baut er seinen Staat nach dem zentripetalen Führerprinzip aus, sodass dank der ‚umgekehrten Erziehung‘ sein Volk endlich „reif“ für ihn ist. Darunter Intellektuelle vom Kaliber eines Carl Schmitt, der in der *Deutschen Juristen-Zeitung* (30.6.1934) die „Führer-Ordnung“ rechtlich legitimierte: Er schrieb Hitler die Befugnis zu, „kraft seines Führertums als oberster Gerichtsherr unmittelbar Recht zu schaffen“, denn der „Führer schützt das Recht“ und „[d]er Wille des Führers ist Gesetz“. Der Gesellschaftsvertrag, der nur Konsens vorsieht, und Montesquieus Forderung der Gewaltenteilung von 1748 im Buch XI von *Vom Geist der Gesetze* (1950, 129), wonach Macht verderblich und absolute Macht absolut verderblich ist, sind *ad acta* gelegt. Gewalt wird „öffentliche Macht, der man nicht ausweichen kann, die allgegenwärtig ist und verpflichtend auftritt […] – kurz, die aus den administrativen und parlamentarischen Gehegen ausgebrochen ist und sich der Gesamtgesellschaft bemächtigt hat“ (Maier 2007, 214).

Parteien, Institutionen und Organisationen werden gleichgeschaltet mit etwas mehr als einem Dutzend von Gesetzen, von denen die meisten aus einem oder wenigen Paragraphen bestehen, wie den folgenden: Zerschlagung der Gewerkschaften (2.5.1933); Verbot der Sozialdemokratischen Partei (22.6.1933); Gesetz gegen die Neubildung von Parteien (14.7.1933); Gesetz über Volksabstimmung („§ 1. Die Reichsregierung kann das Volk befragen, ob es einer von der Reichsregierung beabsichtigten Maßnahme zustimmt oder nicht“) (14.7.1933); Gesetz zur Verhütung erbkranken Nachwuchses im Dienst der sogenannten Rassenhygiene (14.7.1933); Reichskulturkammergesetz, zur Gleichschaltung der Kultur (22.9.1933); Gesetz zur Sicherung der Einheit von Partei und Staat (1.12.1933); Gesetz über den Neubau des Reichs (30.1.1934); Gesetz über die Aufhebung des Reichsrats (14.2.1934); Gesetz über Maßnahmen der Staatsnotwehr (3.7.1934); Gesetz über das Staatsoberhaupt des Deutschen Reichs, das Hitlers unumschränkte Diktatur verankert (1.8.1934); Vereidigung der Wehrmacht auf Adolf Hitler („Ich schwöre bei Gott diesen heiligen Eid, daß ich dem Führer des Deutschen Reiches und Volkes Adolf Hitler, dem Oberbefehlshaber der Wehrmacht, unbedingten Gehorsam leisten und als tapferer Soldat bereit sein will, jederzeit für diesen Eid mein Leben einzusetzen“) (2.8.1934); Verordnung Adolf Hitlers über die Deutsche Arbeitsfront (24.10.1934); Gesetz über die Hitlerjugend (1.12.1936); Gesetz über Einziehung von Erzeugnissen entarteter Kunst (31.5.1938).

Wie in Ernst Forsthoff, *Der totale Staat* (1933, 42), nachzulesen ist, stellt dieser Staat „die totale Inpflichtnahme jedes einzelnen für die Nation dar“: „Diese Inpflichtnahme hebt den privaten Charakter der Einzelexistenz auf. In allem und jedem, in seinem öffentlichen Handeln und Auftreten ebenso wie innerhalb der Familie und häuslichen Gemeinschaft verantwortet jeder einzelne das Schicksal der Nation. Nicht daß der Staat bis in die kleinsten Zellen des Volkslebens hinein Gesetze und Befehle ergehen läßt, ist wesentlich, sondern, daß er auch hier eine Verantwortung geltend machen kann, daß er den einzelnen zur Rechenschaft ziehen kann, der sein persönliches Geschick nicht dem der Nation völlig unterordnet. Dieser Anspruch des Staates, der ein totaler ist und an jeden Volksgenossen gestellt ist, macht das neue Wesen des Staates aus.“ Der soziale und individuelle Alltag mag weniger kompakt gewesen sein, doch die Pluralität und Komplexität der Gesellschaft sind mitsamt der Demokratie und den verhassten Parteien abgeschafft worden (vgl. Hofer 1982).

Das Volk gewinnt Hitler mit seinen Reden und mit dem „Gebrauch der Straßen als ‚Massenmedium‘“ (Maier 2007, 215). Sogar als Führer wird er, immer einsamer und von den Seinen unwidersprochen, im Grunde nur reden. Nicht nur Speer (1969, 146) fragte sich: „Wann […] arbeitet er eigentlich?“ Von 1935 bis 1938 hält er nur eine Kabinettssitzung. Er steht spät auf, liest die Pressemeldungen, isst Mittag, trinkt Kaffee, verzehrt riesige fettige Tortenstücke und verbummelt die Zeit bis zum Abend (ebd.). Nur seinen Reden widmet sich Hitler eingehend. Die sind zentral für den ‚Trommler‘ des Volkes und später für den Verkünder der

Zukunft im Auftrag der Vorsehung. Auch mithilfe einer durchstudierten Liturgie appelliert er an den neuheidnischen Glauben, wie im Berliner Sportpalast am 11.2.1933 in seiner vom Rundfunk übertragenen Rede. Sein ‚Vaterunser' lässt das „bitter erworbene neue deutsche Reich der Größe und der Ehre und der Kraft und der Herrlichkeit und der Gerechtigkeit. Amen" (Domarus 1988, 208) vor den Augen und Ohren seiner schwärmenden Landsleute entstehen. Lessings (1954, 2, 330) Definition von Schwärmerei in der Anfangsszene seines dramatischen Gedichts in fünf Aufzügen von 1779, von der der weise Jude seine Adoptivtochter heilen wird, ist vielleicht nicht unangebracht: „Da müssen Kopf und Herz sich zanken [...]; und die Phantasie, / Die in den Streit sich mengt, macht Schwärmer, / Bei welchen bald der Kopf das Herz, und bald / Das Herz den Kopf muß spielen. – Schlimmer Tausch!"

Auf die „luftdichte Abschließung aller geistigen Werte im Kasten der Innerlichkeit und die korrelative Überlassung alles realen und öffentlichen Lebens an un- und antigeistige Mächte" hatte schon Max Scheler (1963, 210) nach dem Ersten Weltkrieg hingewiesen. Doch Hitler erhebt diese Spaltung zum System. Es geht der neuen politischen *religio*, mit ihrem positiven Schlagwort der Volksgemeinschaft und dem negativen vom jüdischen Erzfeind, „nicht um ideologische Geschlossenheit, sondern um gläubige Hingabe und politischen Fanatismus, um eine auf die Spitze getriebene Führerverehrung, der gegenüber die politischen Inhalte völlig an die Seite traten" (Mommsen 1997, 175). „Und somit proklamiere ich jetzt für mich und meine Nachfolger in der Führung der NSDAP den Anspruch auf politische Unfehlbarkeit. Ich hoffe, daß sich die Welt daran so schnell und widerspruchslos gewöhnt, wie sie sich an den Anspruch des Heiligen Vaters (in Anspielung auf die katholische Kirche) gewöhnt hat", so hat er nach Albert Krebs (1959, 139) im Juni 1930 verkündigt. Die Projektionsfläche der Erwartungen und des Ressentiments ist ausgesprochen groß. Sein Volk hat allerdings zugelassen, dass er zwölf Jahre lang den ‚Triumph seines Willens' feierte.

Als es auf diesem Weg nicht weiterging, gipfelte der Schwund des Realitätsprinzips in dem Vorsatz zur Vernichtung der nunmehr ‚zersetzten' Wirklichkeit, nicht etwa der Ich-Konstruktion. Jeder seiner Fehleinschätzungen folgte eine neue starrsinnige Bestätigung, ein auswegloser Teufelskreis. Der Andere, ob positiv oder negativ besetzt, dient dem Ausbau seines Selbstbildes bzw. seinem Selbsterleben. 1923 hatte er dem zünftigen Diktator ein Volk gewünscht, das sich in seinem Größenwahn wiedererkenne und ihm in seinem Triumph folge; nun, da seine absolut gesetzten Erwartungen enttäuscht werden, ist er davon überzeugt, dass es mit dem Diktator untergehen müsse, indem es ihm in den Tod folgt. Als wollte er die Schöpfung rückgängig machen, sollte kein Mann, keine

Frau, kein Kind seine Niederlage überleben: „Wenn mich das deutsche Volk in diesem Krieg im Stich läßt, hat es seinen Untergang verdient!“ (zit. Matussek, Matussek, Marbach 2000, 87) Trotz der vielen Selbstmorde, so in Demmin im Mai 1945 (Huber 2016), die von der Denkart der Kriegsgesellschaft zeugten, hat „Deutschland, bleiche Mutter“, so Bertolt Brecht in seinem Gedicht *Deutschland* von 1933, ihm nicht in den Tod folgen wollen, die letzte dem Land zugedachte Rolle. Zwischen sich und den Objekten außerhalb von sich zu unterscheiden und mit Enttäuschungen umzugehen, hatte er schließlich nie gelernt: Mit der rechten Distanz ging ihm auch jedes Vertrauen ab. Außer dem Vertrauen in den alles überlebenden Hass. Noch in seinem Testament erklärt Hitler die Ausrottung des jüdischen Volkes zur eschatologischen Aufgabe der Zukunft: An seinem Hass, die für ihn zeitresistenteste Identifikationsquelle, wollte er auch in Zukunft zu erkennen sein. Deutschland nahm einen neuen Weg.

Aus den Erinnerungen von August Kubizek

„Das auffallendste Kennzeichen im Charakter meines Jugendfreundes war nach meiner persönlichen Erfahrung die unerhörte Konsequenz in allem, was er sprach und was er tat. Etwas Festes, Rigides, Unbewegliches, hartnäckig Fixiertes, das sich nach außenhin in unheimlichem Ernst offenbarte, lag in seinem Wesen und bildete förmlich die Basis, auf der sich alle anderen Charaktereigenschaften entwickelten“ (2002, 48), erinnert sich Hitlers Jugendfreund. Kubizek beschreibt auch die Episode, die sich im November 1905 nach der Aufführung von Wagners *Rienzi* im Linzer Stadttheater zugetragen hatte. Anders als gewohnt schweigt Hitler lange, während sie gegen Mitternacht zum Freinberg aufstiegen: „Und nun ergriff er [H.] meine beiden Hände und hielt sie fest. Es war dies eine Geste, die ich bisher noch nie an ihm erlebt hatte. [...] Seine Augen fieberten vor Erregung. Die Worte kamen nicht wie sonst gewandt aus seinem Munde, sondern brachen rauh und heiser aus ihm hervor. [...] Es war, als würde ein anderes Ich aus ihm sprechen, von dem er selbst mit gleicher Ergriffenheit berührt wurde wie ich. [...] Ich hatte eher den Eindruck, als würde er mit Staunen, ja mit Ergriffenheit selbst miterleben, was da mit elementarer Kraft aus ihm hervorbrach. [...] Wie eine angestaute Flut durch die berstenden Dämme bricht, brachen die Worte aus ihm hervor. In großartigen, mitreißenden Bildern entwickelte er mir seine Zukunft und die seines Volkes. [...] Nun aber sprach er von einem Auftrage, den er einst vom Volk empfangen würde, um es aus der Knechtschaft emporzuführen zu den Höhen der Freiheit." (ebd., 130f.)

Noch 1942 wird Hitler vor „seiner alten Anhängerschaft" behaupten können, dass er „in diesen zwanzig Jahren an seinem Programm keinerlei Änderungen vorzunehmen brauchte" (Domarus 1988, 1933). Ein Programm, das durch eine ‚hartnäckig fixierte' Wahnidee abgestützt wird, hat keine Möglichkeit, sich zu ändern. Sein anderes Ich, das einzige, das ihn stützt, identifiziert sich schon damals mit Rienzi, dem mittelalterlichen Volkstribun, der Rom von der Tyrannei der Adligen befreite und am Ende von seinem Volk im Stich gelassen unter den Trümmern des brennenden Kapitols sterben wird. Wie im Fall der Münchener „Riesenmuschel" wäre auch hier wiederum die für Hitler charakteristische Verknüpfung von Lebens- und Todessymbolik, von personalem und gesellschaftlichem Wahnsystem festzuhalten. Da „seine Stärke nur ‚überkompensierte', in der Maßlosigkeit der Gewalt Halt suchende Schwäche ist", so Krebs (1959, 136f.), hat ihm die Mehrheit seines Volkes das Land als Bühne freigestellt, um darauf sein immer gleiches Stück mit sich selbst in der Hauptrolle aufzuführen.

Die Schuldfrage

Schuld beansprucht die individuelle Zurechnung auf Personen und Taten, die sich zum Nachteil anderer ausgewirkt haben, und drängt demnach nach Eingeständnis, Widerruf und Handlungen der Einkehr; Scham bedingt einen Anlass, welcher vor den Augen der Anderen zu einem Gesichtsverlust führte. Der Unterschied ist wichtig. Nach der Katastrophe scheint sich Scham einzustellen, ein eingestandenes verbindliches Schuldgefühl bleibt indes aus oder es bleibt implizit. So konnte etwa Ralph Giordano (1987) den geleugneten Schulddruck der Bevölkerungsmehrheit als den Humus der „zweiten Schuld" nach 1945, die dem Muster der ersten folgte, betrachten. Der Verleugnung schloss sich eine sekundäre Verdrängung an. Die Traumasymptome wurden unterschwellig generationsübergreifend weitergegeben: Die Mitscherlichs sprechen allgemein von einer „Radfahrer-Reaktion", die sich aus den „repressiven Prozessen der Kultur" herleiten lasse (1967, 153).

Zeitgenossen wie Hannah Arendt (1976), Eugen Kogon (1946), Werner Krauss (1980), Victor Klemperer (1947) und Theodor W. Adorno (GW 10.2), u.a. in seinem paradigmatischen Aufsatz „Was bedeutet: Aufarbeitung der Vergangenheit" (1959), haben indessen Schuld, Mitschuld und Mitverantwortung ins Zentrum ihres Denkens gestellt. Adorno verband das Aufarbeitungspostulat mit der Kritik des Kapitalismus; aus der Einsicht heraus, dass „das Bewusste […] niemals so viel Verhängnis mit sich führen [könne] wie das Unbewusste, das Halb- und Vorbewusste", sprach er indes in seinem Aufsatz von der Notwendigkeit einer „Wendung aufs Subjekt" und der „Verstärkung von dessen Selbstbewusstsein und damit auch von dessen Selbst" (GW 10.2, 569 u. 571). Vgl. auch Adornos Aufsatz von 1967 zu Rechtsradikalismus, Nationalismus und anderen „Narben" der Demokratie (2019).

Hier sei insbesondere an die Überlegungen von Karl Jaspers in *Die Schuldfrage* (1946) erinnert, der vier Arten von Schuld unterschieden hat: die kriminelle, die das Gesetz normiert; die politische, die Deutschland als Staat betraf; die moralische, die das Gewissen anging; die metaphysische, über die Gott urteile. In einem Brief an Jaspers vom 17.8.1946 wies Hannah Arendt mit dem sie kennzeichnenden „Denken ohne Geländer" (1996, 109) auf innere Zusammenhänge und Interferenzen zwischen den vier Arten hin: „Mir ist Ihre Definierung der Nazi-Politik als Verbrechen (‚kriminelle Schuld') fraglich. Diese Verbrechen lassen sich, scheint mir, juristisch nicht mehr fassen, und das macht gerade ihre Ungeheuerlichkeit aus. Für diese Verbrechen gibt es keine angemessene Strafe mehr […]. Das heißt, diese Schuld, im Gegensatz zu aller kriminellen Schuld, übersteigt und zerbricht alle Rechtsnormen. […] Ebenso unmenschlich wie diese Schuld ist die Unschuld der Opfer. So unschuldig wie alle miteinander vor dem Gasofen waren (der widerwärtigste Wucherer nämlich so unschuldig wie das neugeborene Kind, weil kein Verbrechen eine solche Strafe verdienen kann), so unschuldig sind Menschen überhaupt nicht. Mit einer Schuld, die jenseits des Verbrechens steht, und einer Unschuld, die jenseits der Güte oder der Tugend liegt, kann man menschlich-politisch überhaupt nichts anfangen. Dies ist der Abgrund, der sich vor uns schon 1933 öffnete […] und in den wir nun schließlich hineingeraten sind." (Arendt 2001, 90–91) Wie auch Keilson, lässt die politische Philosophin, mit anderen Worten, die Kette zwischen Menschen nicht abbrechen, und das trotz bleibender Schuld.

In der sinnlich wahrnehmbaren Deutung der Vergangenheit in seinem Roman erwägt Keilson die bleibende Schuld, die bleibende Unschuld und zugleich den Handlungszusammenhang zwischen individuell zu verantwortender und gesellschaftlicher Schuld. Die kriminellen, politischen und moralischen Verstöße wurden in einem spezifischen sozialgeschichtlichen Kontext begangen, ohne dass dabei die persönliche Entscheidung, anders zu handeln, ausgeschlossen werden konnte. In systemischer Perspektive meint Luhmann (1991, 400): „Entscheidungslagen ergeben sich erst, wenn die Erwartung auf die Handlung oder ihr Unterbleiben zurückgerichtet wird, wenn sie selbst erwartet wird. Dann schafft die Erwartung die Alternative von Konformität oder Abweichung, und dann hat man zu entscheiden", sodass „die Differenz von erwartungskonform oder abweichend als konstitutiv für die Notwendigkeit zu entscheiden" ist.

Die individual-psychologischen Faktoren betreffs Hitler (und der B.-Gestalt) verringern die Schuld nicht, die er, Mittäter und Mitläufer auf sich nahmen. Matussek, Matussek, Marbach (2000, 263ff.) schreiben ihm zwar ausgesprochen psychotische Züge zu, stellen jedoch seine Zurechnungsfähigkeit heraus, die auf kontinuierlicher Gewaltanwendung, Einsichtsfähigkeit und Steuerungsfähigkeit beruht. Dazu kommt die Bestätigung durch die Massen, die folgendes Resultat zeitigte: „Die Gesellschaft integrierte nicht den Psychotiker, sondern dieser integrierte sie." Demnach tragen auch seine Anhänger „die volle, ja, durch Ankurbelung jener fatalen Wechselwirkung potenzierte Schuld an den von ihm angestifteten Verbrechen. Dabei sind ‚Helfer' nicht nur die vom Hitlerwahn berauschten aktiven Mittäter, sondern gerade auch die nüchtern Gebliebenen, die die mörderischen Absichten des NS-Regimes sehr wohl durchschauten und dennoch wegschauten, bis es zu spät war" (ebd., 270).

Die bleibende Schuld der Täter steht auch für die unschuldige Schuld der Opfer mit ein, wie ein Passus aus Primo Levis *Ist das ein Mensch?* (1988, 164) versinnbildlicht: „Mensch ist, wer tötet, Mensch ist, wer Unrecht zufügt oder erleidet; kein Mensch ist, wer jede Zurückhaltung verloren hat und sein Bett mit einem Leichnam teilt. Und wer darauf gewartet hat, bis sein Nachbar mit Sterben zu Ende ist, damit er ihm ein Viertel Brot abnehmen kann, der ist, wenngleich ohne Schuld, vom Vorbild des denkenden Menschen weiter entfernt als der roheste Pygmäe und der grausamste Sadist."

Ein Augenzeuge: Ernst Weiß

Auf die Analogien zu Ernst Weiß' (1882–1940) nachgelassenem Roman *Der Augenzeuge* – der von Kriegsende bis 1963 auf seine Veröffentlichung warten musste – weisen unsere Streifzüge mehrmals hin, zumal der Protagonist, der seine Lebensgeschichte bis 1936 erzählt, einige Merkmale mit Keilsons Helden teilt. Beispielsweise treibt ihn „irgend etwas [...] schon als jungen Menschen, allen gerecht werden zu wollen und, wie [s]eine verstorbene Mutter sich ausdrücke, auf beiden Achseln zu tragen" (2000, 188). Auch hat er bei Reden von A.H. „oft in der ersten Reihe gesessen" und hat „seinen Blick fesseln wollen. Es war unmöglich. Er sah nichts. Der blinde Haß gegen den Juden kehrte immer wieder" (201), als „der geheimnisvolle Kern seiner Seele" und zugleich als „eine Quelle ungeheurer Kraft" (202). Ferner gehört er zu den „Menschen der Mitte, des Maßes" (212), die sich vereinigen müssen, um nicht „die Schwachen" zu sein. Trotzdem vergisst er nicht, dass A.H. „Triebe" wachruft, die „vielleicht in jedem Menschen [bestanden]", da sogar er, „ein Arzt, ein Forscher, ein kaltblütiger Mensch", „der UNTERSEELE im Krieg unterlegen" war. Vor allem aber hat der Protagonist A.H. 1918 im Reservelazarett von Pasewalk von seiner „hysterische[n] Blindheit" (150) kuriert und darüber berichtet, in der Meinung, seine Aufzeichnungen könnten „der Welt von Nutzen sein" (197). (Der Psychiater Edmund Forster, später Professor an der Universität Greifswald und Direktor der Nervenklinik, der tatsächlich Hitler in Pasewalk als „Hysteriker" kuriert hatte, hat sich 1933 das Leben genommen, nachdem er von der Gestapo, die auch seine medizinischen Berichte einsammelte und vernichtete, angeklagt worden war, ein Gegner des Regimes zu sein.)

Im Unterschied zu Keilsons jungem Juden gibt Weiß' Protagonist jedoch seinem Widerstand eine politische Wendung und nimmt unmittelbar am Kampf gegen Hitler teil. Er ist Mitglied der Demokratischen Partei und der Deutschen Friedensgesellschaft (221), wird in einem KZ inhaftiert und misshandelt, da H.s Schergen nach seinen Aufzeichnungen von 1918 fahnden. Seine jüdische Frau wird ihnen diese Papiere aushändigen, um ihren Mann der Folter zu entziehen, doch schließt der Roman mit einer Entscheidung, die der Hauptgestalt erlaubt, sich selbst und der Frau treu zu bleiben: Er nimmt als Arzt am Spanienkrieg auf der Seite der „regierungstreuen Armee" (286) teil.

1939 schrieb Weiß an Stefan Zweig von den „unüberwindbaren Schwierigkeiten" bei „dem Versuch, den Kampf eines Einzelmenschen gegen solch eine Höllengestalt meistern zu wollen" (in Engel 2000, 295), wobei er sowohl die „UNTERSEELE", wie er sie nennt, von A.H. und der ihm erlegenen Masse als auch den direkt politischen Widerstand und seine Motivationen einzufangen bedacht war. Keilson entgeht dieser Klippe vor allem dadurch, dass er das Widersacher-Prinzip und die künftige Umsetzung einer individuellen und gesellschaftlichen Verantwortung in das Zentrum der Gestaltung rückt, woraus sich die nahtlose ästhetische Durchkomponiertheit und das dichte Beziehungsgefüge von *Der Tod des Widersachers* erklärt.

Ein anderer, fast vergessener Autor, der Ähnliches wie Keilson im Sinne führte, ist Hans Lebert (1919–1993), der in seinem antizipatorischen Roman *Der Feuerkreis* (1971) die NS-Paramythen mittels eines polyphonen ästhetischen Werkes von ‚innen heraus zu sprengen' und so „den Gegner aus einem trojanischen Pferd heraus anzugreifen" (Böhm 1997, 241) gedachte. Der Roman (vgl. Sanna 2017, 171–252) erzählt von der Begegnung zweier Halbgeschwister nach dem Krieg, Hildegard, Scharführerin und Aufseherin in einem Konzentrationslager, und Gottfried, Captain in der Armee ihrer britischen Majestät. „Es sind sehr gegensätzliche Charaktere. Sie symbolisiert die im Jahre 1938 Schuldiggewordenen", so der Autor, und weiter: „Die Majorität des österreichischen Volkes ist damals schuldig geworden. Und er repräsentiert die erschreckend kleine Minorität, die sich auf gar nichts eingelassen hat und ohne politische oder rassische Gründe emigrierte oder in den Untergrund, den Widerstand ging." (ebd., 239) Wie Keilson vermag auch Lebert (1992, 340) mit seinen Gestalten einen „gewaltigen Bogen" zu schlagen, der zwischen den Gegensätzen vermittelt, sodass sie sich „elastisch gespannt zwischen Höhe und Tiefe, [...] als eine Schleuder zwischen Licht und Finsternis" entwickeln. Der Schriftsteller behauptete in einem Interview: „Dieses Buch werden dennoch wahnsinnig viele Leute in den falschen Hals kriegen. Die Linken werden mich für einen verkappten Nazi halten und die Rechten für einen wüsten Bolschewiken. Es war für mich eine Balance auf messerscharfer Schneide zwischen Devotionalien- und Sexkitsch, Heimatroman, Kolportage und politischer Agitation." (Böhm 1997, 241) Demnach veranlasst Leberts wahrhaftiges ‚Übungsbuch' den Leser, ein *tertium non datur* zwischen den Antagonismen auszumachen, das nur durch ihn gegeben sein kann.

Ferner sei an die Werke von zwei anderen österreichischen Autoren erinnert, beide exilierte Juden nach dem Anschluss von 1938: Der Roman *Die Rückkehr* (1949) von Ernst Lothar, in dem ein Vertriebener eine Mätresse von Joseph Goebbels heiratet, und *Ein Soldat und ein Mädchen* (1960) von Erich Fried, in dem ein jüdischer Exilant und nunmehr amerikanischer Besatzungssoldat mit einer KZ-Aufseherin, die zur großen Liebe seines Lebens wird, die Nacht vor ihrer Hinrichtung verbringt. Im Gegensatz zu *Der Feuerkreis* liefert Fried (1960, 63) aus der Perspektive des Soldaten viele „Erklärungen", „Kommentare" und „Reflexionen" zur Geschichte. Doch wie Leberts Hildegard ist Helga „die Heldin der Geschichte des Soldaten und mithin [die] Heldin" des Erzählers, wobei auch Fried bei ihrer Gestaltung auf mythologische Elemente zurückgreift, etwa auf „die zeitlose Jungfrau in der Drachenhöhle“ (ebd., 42, 163). Ferner will er wie Keilson das „*Wie* des Geschehens“ aufzeigen, denn „erst dieses *Wie* macht das Geschehen zu dem, was uns geschieht; macht, was an uns geschieht, zu dem, was in uns geschieht“ (ebd., 64), da heute „das Auf-sich-nehmen und Aufarbeiten solcher Lasten“, wie sie die Vergangenheit betreffen, „nur möglich ist, wenn Menschen von der anderen Seite bereit sind zu verstehen und zu lieben“, wie Fried (ebd., 235) im Nachwort betont. Dass der Schriftsteller es damit ernst meinte, zeigt seine Freundschaft mit dem Holocaustleugner Michael Kühnen (vgl. Wagner, 2021).

Literaturhinweise

Einer dem *Tod des Widersachers* ähnlichen Perspektive verpflichtet sind u.a. Autoren wie Frankl (1982), Hillsum (1985), Eger (2018), aber auch Améry (1966). Vgl. ferner Hilsenrath (1977), dessen Roman sich durch die konsequente Absage an die vorherrschende Darstellung der Beziehung zwischen Täter und Opfer auszeichnet, und H.G. Adlers (1910–1988) Romantrilogie mit ihrem „Denken an der Grenze des Erlaubten" (*Panorama* 1988: 588), *Theresienstadt 1941–1945* (1955) und *Der verwaltete Mensch. Studien zur Deportation der Juden aus Deutschland* (1974).

Wie Hans Keilson, Bruno Bettelheim, Ernst Federn, Viktor E. Frankl und Henri Parens arbeitete auch Anne-Lise Stern, Überlebende der Shoah und Psychoanalytikerin – die bei Françoise Dolto und Jacques Lacan, der ihr die Rückkehr zu Freud und zur deutschen Sprache vermittelte, studiert hat – vornehmlich mit Kindern: „Von *dort unten*" und dem „danach" von Auschwitz „kommt das Gefühl der Dringlichkeit, die Leidenschaft, in der Arbeit mit den Kindern sofort zu handeln" (2020, 104). Sie war die Tochter von Heinrich/Henri Stern (vgl. Stern 1949), deutsch-jüdischer freudianischer Psychiater und im Exil Mitglied der Résistance. Ihre Tante Martha Ruben-Wolf, die mit ihrem Mann in die Sowjetunion emigrierte, nahm sich das Leben, nachdem ihr Mann von der stalinistischen Geheimpolizei gefoltert und hingerichtet worden war; sie galt als Begründerin des Ärztlichen Komitees für Geburtenkontrolle (eine „jüdische Initiative", mittels der „die deutsche Sexualmoral untergraben werden" sollte, so ein NS-Arzt, vgl. Stern 2020, 209). Im hingebungsvollen Einspruch gegen die „zurechtgeschneiderte Wahrheit" der „Polizierungs-Psychiater" (ebd., 131) machte es sich Anne-Lise Stern zur Pflicht, Leid und künftige mörderische Feindlichkeit zu verhindern. Sie hat erlebt, was „Ausrichtung, Absonderung, Selektion" (ebd., 213) heißt und ist nicht gewillt, es zu vergessen. 1969 arbeitete sie in Paris am Laboratorium für Psychoanalyse, am *Labo de la Bastille* für mittellose Patienten, das sie mit der Entschädigungssumme für den Verlust der Arztpraxis ihres Vaters in Deutschland finanzierte. Im Widerspruch zu den Shoah-Leugnern fing sie an, nicht nur Seminare zu geben, sondern aus der Perspektive eines „Savoir déporté" – so der Titel der Originalausgabe ihres *Früher mal ein deutsches Kind* – zu schreiben. Die Psychoanalytikerin reflektierte u.a. über die tragischen Spannungen zwischen Überlebensrecht und Schuldgefühl, besonders vonseiten der ‚Funktionshäftlinge', und die zwischen der Zeugenschaft und dem Recht auf einen neuen Anfang, aber auch über den Widerspruch zwischen nicht verstehen können und trotzdem verstehen müssen, dem sich die Nachgeborenen zu stellen haben. Erhellend ist ihre paradoxe Formel: „Kann man Psychoanalytiker sein, wenn man nach Auschwitz deportiert worden war? Die Antwort ist nein. Kann man heute ohne diese Erfahrung Psychoanalytiker sein? Die Antwort ist ebenfalls nein" (ebd., 181; vgl. auch Reinke 2020).

Einen „Beitrag zur Geschichte des Totalitarismus" leisten auch die von der Berliner Journalistin Charlotte Beradt (2016, 14, 13) von 1933 bis 1939 gesammelten Träume, die „den Umbau des Menschen" in Deutschland aufzeichneten, zumal diese schließlich „den einmal gehobenen Arm [nicht] wieder herunterzubekommen" vermochten.

Leo Lania, jüdischer russisch-österreichisch-US-amerikanischer Journalist und Schriftsteller, nach dem die *Lex Lania* zum Schutz der Journalisten und ihrer Quellen benannt wurde, erkannte in seiner Reportage (1925) zum Hitler-Ludendorff-Prozess von 1923 die Gefahr, die von diesem ausging. Ein Jahr zuvor hatte er über die Nazibewegung als Totengräber Deutschlands berichtet.

Die B.-Figur ist taub gegenüber der Stimme des Fremden in und außer sich. Die Begegnung mit seiner Stimme vonseiten des Protagonisten scheint indessen eine Tradition weiterzuführen, die von Augustinus bis Meister Eckhard reicht und nach der Entstehung des inneren Menschen fragt. Sie kommt etwa in den Überlegungen von Büchners (1999, 1, 116) Leonce zum Ausdruck, der nicht auf den ersten Blick, sondern auf die ersten Hörimpulse hin seine Lena erkennt: „O diese Stimme: ist denn der Weg so lang? Es reden viele Stimmen über die Erde, und man meint, sie sprächen von anderen Dingen, aber ich habe sie verstanden. [...] Welch' Gären in der Tiefe, welch' Werden in mir, wie sich die Stimme durch den Raum gießt." Paul Celan (1988, 55) spricht diesbezüglich vom „Geheimnis der Begegnung". Auch Lessings gesamtes Theater steht in dieser Tradition, sodass es etwa Tellheim in den Schlussszenen der *Minna von Barnhelm* dank der Erlangung des Gehörs gelingt, das projektive ‚Gespenster-Sehen' zu überwinden und somit sowohl der (neunmal wiederholten) Forderung der Titelheldin nachzukommen – „Fassen Sie sich doch, und hören Sie mich." – und sie schließlich zu sehen, als auch die gesellschaftlichen Verhältnisse realistischer wahrzunehmen. Vgl. dazu Sanna (1999 u. 2015). Wie Keilsons Protagonist in den Begegnungen mit B. zeigt, kommt dem Hören als ganzheitliche innere Wahrnehmung, die für die Vielstimmigkeiten von Ich und Welt offen ist, der Vorrang gegenüber dem veräußerlichten selektiven Sehen zu.

Wie der junge Jude im keilsonschen *Widersacher* stellt sich auch Christa Wolfs (1983, 78) Figur Kassandra der Frage: „Wann Krieg beginnt, das kann man wissen, aber wann beginnt der Vorkrieg. Falls es da Regeln gäbe, müsste man sie weitersagen. In Ton, in Stein eingraben, überliefern. Was stünde da." Und wie Keilson nicht nur in der *Ballade vom irdischen Juden* (1937–1938) schlussfolgert sie: „Da stünde, unter andern Sätzen: Lasst euch nicht von den Eignen täuschen."

Zu den Phasen und der Dynamiken der Konflikte vgl. Galtung (1998, 165f.): „Wir haben den Konflikt intellektuell im Griff, wenn wir in der Lage sind, die Konfliktformation zu beschreiben, d.h. folgende Frage zu beantworten: Wer sind die *m* Akteure/ Parteien, welche die *n* Ziele, was sind die Inkompatibilitäten, die Widersprüche? Die Konfliktformation ist jedoch nie ganz greifbar; während wir sie beschreiben, finden schon irgendwo Veränderungen statt vor unseren (inneren und äußeren) Augen." Der norwegische Friedens- und Konfliktforscher macht ferner darauf aufmerksam, dass die „okzidentale Art zu denken" uns glauben macht, „es gäbe einen Endzustand, ein letztes Stadium, in dem der Konflikt entweder gelöst ist oder als hoffnungslos, langwierig, ewig dauernd aufgegeben wird". „In den Konfliktlebenszyklen gibt es ohne Zweifel auch Phasen, die man ‚Lösungen' nennen kann", doch viel „wichtiger ist das Erlangen einer Transformationskapazität, d.h. der Fähigkeit, mit den Transformationen so umzugehen, daß sie nachhaltig und akzeptabel sind": Diese Kapazität steht auch im Zentrum des Romans des ‚Kriseninterventionsexperten' Hans Keilson. Vgl. Galtung auch bezüglich der Umsetzung dieser Möglichkeit durch die Überwindung patriarchaler Kulturen und Strukturen, durch die Ausweitung der partizipativen Demokratie und der Organisation eines Weltstaatensystems.

Die zitierte NS-Losung, die nach dem Führerwort zu sprechen war, wurde 1939 von der Reichspropagandaleitung für die Gestaltung von Erntedankfeiern ersonnen, so Vondung (1997, 24).

Zur freudschen Konzeption der Nachträglichkeit, d.h. der Erweiterung der Persönlichkeit durch die nachfolgende aktive Enthüllung vergangener Erlebnisse und Erinnerungen, vgl. Dahl (2010).

Zur Empathie bzw. ihrem Fehlen vgl. Gilbert (1962, 253f.), der von schizoider Apathie, Gefühllosigkeit und Mangel an Einfühlungsvermögen spricht; zur Unfähigkeit, sich in einen anderen hineinzuversetzen vgl. Arendt (1986). Vgl. auch Rifkin (2010),

Breithaupt (2017) und Coplan u. Goldie (2011, insb. 3–19), die zwischen *high-level-empathy* und *lower-level-empathy* unterscheiden, wobei letztere eine emotionale Abhängigkeit, erstere eine angemessene Distanz voraussetzt.

Zu den imaginären sozialen Gegenmodellen vgl. Castoriadis (1984).

Zu Hitlers Sprache vgl. Rash (2006).

Während Habermas 1968 in *Erkenntnis und Interesse* (1992, 262) Freuds Psychoanalyse legitimiert, zumal ihre „spezifische erweiterte Hermeneutik" den „Zugang zu jener vom Positivismus verschütteten Dimension" eröffnet und „als das einzige greifbare Beispiel einer methodisch Selbstreflexion in Anspruch nehmenden Wissenschaft" fungiert, fristet Jungs Perspektive fast ein Randdasein (vgl. Sanna 2021). Das mag in Deutschland u.a. mit den Nachwirkungen der „eigentümlichen Kombination von 68er-Moral und forcierter Wissenschaftlichkeit, die in vielen Bereichen den Diskurs bestimmen", zu tun haben, wie Schneider (2010, 173) darlegt. Der Kampf gegen den ‚Essentialismus' – nicht der gegen „Europa als Provinz" (Chakrabarty 2010) bzw. für kritische Selbstreflexion – *könnte* demnach *auch* die Verleugnung des Schattens einbeziehen (Jung). Sloterdijk meinte (2009, 24) ferner, dass auf den Graben zwischen Natur- und Kulturphänomenen „bezeichnenderweise vor allem diejenigen, die für die hierzulande so genannten Geisteswissenschaften ein von metaphysischen Zäunen abgeschirmtes Reservat reklamieren", bestehen.

Die Freudianer Alexander u. Margarete Mitscherlich (1967, 35) sprachen in ihrem maßgeblichen Buch von Hitlers Repräsentanz eines kollektiven Ich-Ideals, welche „die Allmachtsvorstellungen, die wir aus der frühen Kindheit über uns hegen", belebte und seinen Anhängern den Abschied von ihm so schwer machte, da er ihr Selbstwertgefühl beeinträchtigte. Zur Kritik des Konzepts der Verpflichtung oder Unfähigkeit zur Trauer vgl. Beland (2009) und Schneider (Jureit, Schneider 2010, 128–212). Zum Aufarbeitungsdiskurs in der Bundesrepublik jener Jahre vgl. Haug (1967), Friedrich (1984), Giordano (1987) und Mohler (1980) hinsichtlich der Widerstände. Vgl. zudem Assmann (2013), Giesecke u. Welzer (2012) und Sloterdijk (1990). Zur Differenz zwischen psychologischem und kulturellem Trauma, das zum kollektiven wird, vgl. Smelser (2004).

Zentral sind auch die Ausführungen in Girard (1988, 1994) zu Opfer und Sündenbock, Heiligem und Gewalt, welche die deutsche Geschichte zutiefst charakterisiert haben, zudem sie erlauben, die zwei keilsonschen Widersacher miteinander in Beziehung zu setzen. Die kanonische negative Erinnerungskultur betreffs B. und die NS-Zeit (s. Einleitung) würde demnach einer lähmenden Doppelbewegung entsprechen, die einerseits die millionenfachen Toten durch „Vorsichtsmaßnahmen jeglicher Art", mitunter durch die Inanspruchnahme religiöser Gedenkrituale, absondert und andererseits eine Krise bezeugt, die dazu führt, „die beiden normalerweise getrennten Reiche" (1994, 373f.) der Toten und der Lebenden nicht zu trennen. Vielleicht verweist diese Dynamik auf unsere einleitende Frage: Wer oder was will also nicht sterben? Und vielleicht geht es dabei, wie bei den zwei Frauen im großen Warenhaus, um die individuelle und kollektive Identitätskonstruktion, die Beland (2009, 249) in Bezug auf die deutsche Vergangenheit wie folgt charakterisiert: „Wir können diese Periode unter die Freud'schen Worte Erinnern, Wiederholen, Durcharbeiten stellen, allerdings in einer anderen Meinung und Relation: Wiederholen des Erinnerns, Durcharbeiten dessen, was und wie wir erinnern und nicht erinnern wollen, vertieftes Widerholen des Erinnerns, Wachsen der Schmerztoleranz gegenüber dem historischen Verlust der eigenen guten Identität, bedauerndes Erinnern der Opfer, der intensive Wunsch, niemals das wiederholen zu wollen, was Deutsche getan haben." Beland (252) setzt hinzu: „Obwohl eine Trauerarbeit wegen des Verlustes des eigenen Gutseins als Deutscher wie eine für die anderen schwer erträgliche narzisstische Selbstbespiegelung aussieht und kritisiert werden könnte, bin ich ziemlich sicher, dass dieser Verlust akzeptiert und ertragen werden muss, bevor der Verlust der Opfer bedauernd gefühlt werden kann.“ (252) Keilsons Protagonist geht einen Weg, der zunächst die Voraussetzungen für diesen Verlust, für diese notwendige Loslösung schafft: Er trauert um sein „Schlechtsein“, den sein „Wahn“ ihm erfahrbar gemacht hat, und gelangt so zu einem „Gutsein“, besser: zu einer wechselhaften internen Balance, die ihm ermöglicht, das innere und äußere ‚Ausland‘ bzw. *le différend* (Lyotard) reflexiv wahrzunehmen. Dass sein Versuch als Abwehr, Ich-Spaltung, Zerrüttung des Ichs, sequenzielle Traumatisierung, psychotische bzw. neurotische Wirklichkeitswahrnehmung, narzisstische Zuflucht und Stockholm-Syndrom (Weymann 2013) gedeutet werden konnte, ist vor dem Hintergrund der deutschen Erinnerungskultur und ihrer Phasen zu verstehen.

Zu Adornos „doppelter Versöhnung“ mit der jüdischen und der deutschen Kultur, zu der „Sprecherposition des ‚Entronnenen‘“, die er mit Horkheimer und vor allem mit einer neuen Klasse deutscher Intellektueller teilte, und zur Trauer, die wie in Keilson in einem verräumlichten Augenblick des Empfindens besteht, vgl. Schneider (Jureit, Schneider 2010, 107ff.).

Zur Shoah vgl. insbesondere Kogon (1946), Hilberg (1990), Friedländer (1998, 2006), Wachsmann (2016).

Zu Hitler und dem NS-Staat vgl. insbesondere Broszat (1984), Fest (1973), Jäckel (1981), Hamann (1996), Kershaw (1998–2000, 1999), Ullrich (2013). Zu Hitlers Psychopathologie vgl. insb. Paul Matussek, Peter Matussek u. Jan Marbach (2000), Dalle Luche u. Petrini (2020).

Zu Löwenthal (1984, 61) und den „Techniken, die darauf abzielen, Menschen im Zustand psychischer Abhängigkeit zu halten, neurotisches und sogar psychotisches Verhalten so zu fördern und zu festigen, daß es schließlich in der totalen Abhängigkeit von einem ‚Führer‘ oder von Institutionen oder Produkten kulminiert“, vgl. Claussen (1993 u. 2005).

Zum produktiven Ungehorsam vgl. Gruen (2014), der in vielen seiner Studien auf „die Situation des Verführens und Verführtwerdens, die sich kein Verführer entgehen läßt“ (545), wie Keilson sie nennt, hingewiesen hat sowie auf ein Gruppendenken, das unfähig macht, selbst zu reflektieren und selbstbestimmt zu handeln. Der Hang der Mehrheit zum blinden Gehorsam ist durch die 1961 in New Haven von Milgram (1997) durchgeführten psychologischen Experimente nachgewiesen worden. Der US-amerikanische Psychologe war in Princeton Schüler von Solomon Asch (1951, 1956) und wurde u.a. durch Fromm (1993) und Adorno (1999) angeregt. Vgl. auch die Überlegungen von Festinger (1978) zur kognitiven Dissonanz. Zum Ungehorsam als Tugend und zur Zivilcourage vgl. auch Brückner (2008).

Zu den Konsequenzen des Gehorsams, der nichtsdestoweniger die Glaubenssätze und Einstellungen seines Führers teilt, vgl. die Schlussfolgerungen, zu denen Hannah Arendt (1986, 404) während des Eichmann-Prozesses gelangt: „Denn wenn Sie sich auf Gehorsam berufen, so möchten wir Ihnen vorhalten, daß die Politik ja nicht in der Kinderstube vor sich geht und daß im politischen Bereich der Erwachsenen das Wort Gehorsam nur ein anderes Wort ist für Zustimmung und Unterstützung. So bleibt also nur übrig, daß Sie eine Politik gefördert und mitverwirklicht haben, in der sich der Wille kundtat, die Erde nicht mit dem jüdischen Volk und einer Reihe anderer Volksgruppen zu teilen, als ob Sie und Ihre Vorgesetzten das Recht gehabt hätten, zu entscheiden, wer die Erde bewohnen soll und wer nicht.“

Zur Spannung zwischen menschlicher Fehlbarkeit und Freiheit vgl. auch Ricœur (2002).

Zur Schuldfrage in den Jahren nach 1989 vgl. Richter (1993, 32), eine der Leitfiguren der bundesdeutschen Friedensbewegung, der meinte: „Aber es sind zwei Lasten zu tragen, und die ältere ist die schwerere. Keines der noch so gravierenden Verbrechen des SED-Regimes darf den Blick auf Auschwitz verstellen. Hier entlarvt sich jeder Versuch eines relativierenden Vergleichs als Ansatz zu neuerlicher Verdrängung und zum Rückfall in jene von Jaspers seinerzeit kritisierte Verlogenheit." Vgl. ferner Richter (1979). Auch Jaspers hatte 1966 (179) bezüglich der Bundesrepublik geschrieben: „Es gibt für uns noch immer keinen politischen Ursprung und kein Ideal, kein Herkunftsbewußtsein und kein Zielbewußtsein, kaum eine andere Gegenwärtigkeit als den Willen zum Privaten, zum Wohlleben und zur Sicherheit."

Zu den Völkerverbrechen, die trotz der geschichtlichen Rahmenbedingungen und des Gruppen- und Konformitätsdrucks aus einer keineswegs völlig ausgeschlossenen Freiheit heraus begangen wurden, vgl. Goldhagen (1996), Browning (1996) und Welzer, Christ (2005). Der Befehlsverweigerung folgten höchstens Sanktionen wie Versetzungen, Rügen und Degradierungen, wie Reuss (2010, 23f.) dokumentiert, sodass individuelles nonkonformes Handeln während der NS-Zeit möglich war. Reuss (ebd., 53ff.) verweist u.a. auf die Ambivalenz der staatlichen Macht gegenüber den Menschenrechten, aber auch darauf, dass – ganz im Sinne Fritz Bauers – der Bürger selbst aufgerufen sei, „in seinem eigenen Staat dafür zu sorgen, dass die Menschenrechte befolgt werden", im Namen der Gemeinschaft und also selbst der potentiellen Täter, die – ähnlich wie bei Keilson – ermutigt werden, nicht zum Objekt staatlicher Willkür zu werden. Menschenrechte werden als solche „strikt horizontal begründet, also als Rechte begriffen, die von keiner autoritären Instanz gegeben und wieder genommen werden können, die sich vielmehr alle Menschen weltweit ‚gegenseitig geben und einräumen'". Demnach gilt die diesbezügliche Verantwortung des Einzelnen „sowohl in konkret-materieller Hinsicht (Schutz des konkreten Opfers vor Verletzung) als auch in abstrakt-normativer Hinsicht (Schutz und Gewährleistung der Geltung seiner Menschenrechte)". Mit der Gründung des Internationalen Strafgerichtshofes in Den Haag im Jahre 2002 ist die Menschenrechtsordnung und die Möglichkeit von zivilcouragiertem Verhalten völkerstrafrechtlich geschützt worden. Die Völkergemeinschaft und der Achtungsanspruch aller Menschen müssen mit der Allgemeinen Erklärung der Menschenrechte der Vereinten Nationen von 1948 in Verbindung gesetzt werden, insbesondere mit dem Artikel 29, der einem jeden „Pflichten gegenüber der Gemeinschaft" auferlegt, „in der allein die freie und volle Entfaltung seiner Persönlichkeit möglich sei" (ebd., 63). Die Gründung des Strafgerichtshofs, mit dem das Vermächtnis *Nie wieder!* weltweite Gestalt annahm, geht u.a. auf das Wirken von Personen wie dem jüdischen, österreichisch-britischen Rechtswissenschaftler Hersch Lauterpacht und dem jüdischen, ungarisch-US-amerikanischen Juristen Benjamin Ferencz, Chefankläger im Einsatzgruppen-Prozess infolge des Nürnberger Prozesses, zurück.

Zu dem Feindbild, das im Zentrum von Keilsons Roman steht, gehört nicht zuletzt das Bild des Fremden in Afrika und also die Realität von der Sklaverei bis zu der neokolonialen Wirtschaftspolitik der Gegenwart. Leggewie (2008, 31) gibt dabei zu bedenken: „Wer in Europa vom Holocaust redet, darf vom Kolonialismus nicht schweigen." Zum einen darf die These von der Singularität des Judenmordes den Blick nicht verengen und eine letztlich rassistische Stereotypen übernehmende Hierarchie der Opfer unterstützen"; zum anderen zeigt „die Erfahrung, dass Demokratisierungsprozesse in Übergangsgesellschaften – und das waren nach 1945 fast alle europäischen Nationen! – ohne kritischen Durchgang durch die eigene Vergangenheit prekär und unvollkommen blieben" (ebd., 32–33). Zur „vie psychique du racisme" und dem systemischen Dementi des Anderen vgl. Boni u. Mendelsohn (2021). Vgl. ferner A. Dirk Moses

(2021), dessen Buch *The Problems of Genocide: Permanent Security and the Language of Transgression* fast einen zweiten Historikerstreit ausgelöst hat, aber auch Khosravi (2010) zu den Erfahrungen, denen die Migranten in unserer Welt voller Hürden und Grenzen immer wieder ausgesetzt sind.

Zur Diskussion um *Politische Repräsentation und das Symbolische* und ihrer Macht in den heutigen Gesellschaften vgl. Diehl, Steilen (2016). Vgl. auch Lefort (1990, 284), nach dem die Formgebung (*mise en forme*) einer Gesellschaft „Sinngebung (*mise en sens*) und zugleich eine Inszenierung (*mise en scène*)" ist, wobei die Demokratie gegenüber dem gesellschaftlichen Raum als „Quasi-Repräsentation seiner Selbst" zu unterscheiden und in ihrer Öffnung zu bewahren ist.

Henry Kissinger (25.8.2021): „A creative diplomacy might have distilled common measures for overcoming terrorism in Afghanistan. [...] But this alternative was never explored. [...] Democracies evolve in a conflict of factions. They achieve greatness by their reconciliations." Frieden schaffende kreative Widerstandshaltung, ein Beispiel unserer Tage zur Einzigartigkeit und Universalität der Perspektive, die auf Umsetzung wartet.

Vierter Streifzug: Hierophanien

„Nur wenn, was ist, sich ändern lässt, ist das, was ist, nicht alles.“
(Th. W. Adorno, *Negative Dialektik*)

Katabasis

Das Ende der Auseinandersetzung des Protagonisten mit B. in *Der Tod des Widersachers* verweist auf die Distanz zwischen Eigenem und Fremdem und den unheilbaren Riss, der sie trennt. Dieser Riss erfasst sowohl den Einzelnen, der sich selbst fremd ist, als auch die geschichtsbildenden Massen und das System der Macht. Erfahrungsgeschichtlich trat die Masse erstmals mit der Französischen Revolution auf den Plan, um seit dem frühen 19. Jahrhundert von politischen Mythen ergriffen zu werden, die zum Kennzeichen des 20. Jahrhunderts wurden. Auch totalitäre Machthaber feierten ihre Apotheose in demselben Jahrhundert, das Hobsbawm (1995, 11) in seinem *Das Zeitalter der Extreme* von 1914 bis 1989 als Einheit fasst und als ‚kurzes‘ betrachtet. Epoche spezifischer Extreme ist insbesondere der Nationalsozialismus, der – mit seiner Mischung aus Barbarei und instrumenteller Rationalität im Herzen Europas – die einschneidendste Krise der modernen Zivilisation darstellt. Gerade das Phänomen Hitler oder B. zeigt sowohl in der realen Geschichte wie in Keilsons Roman das Gesicht des Fremden im Sinne des nicht rationalisierbaren Anderen und seines irreduziblen ‚Restes‘ an.

Angesichts der Maßlosigkeit dieses Geschehens greift jedes geschlossene begriffliche Erklärungs- und Deutungsmuster zu kurz. Kunst und Literatur vermögen jedoch selbst den Absolutheitsanspruch des radikal Fremden durch mehrdeutige Bilder wiederzugeben, welche das andeuten, „was im Kunstwerk selbst nicht gesagt, sondern nur als nicht-gesagt markiert ist“ (Luhmann 1997, 192). Auch *Der Tod des Widersachers* kennt solche Unbestimmtheitsstellen, welche die Spannungen und Widersprüche zwischen den Gegenpolen vervielfachen, anstatt sie durch die Reduktion von Komplexität auszugleichen. Gerade die schwierigen Passagen in Keilsons Roman kommen einem Vortasten auf gewundenen Wegen, einem Ab- und Aufstieg in ein Netzwerk von Entsprechungen gleich: „Wenn es gelingt, die vom Unbewussten dargebotenen oder aufgezwungenen Stücke dem Bewusstseinsleben sinnvoll einzubauen, so entsteht daraus eine psychische Existenzform, welche dem Ganzen der individuellen Persönlichkeit besser entspricht" und als solche „fruchtlose Konflikte zwischen der bewussten und der unbewussten Persönlichkeit aufhebt" (Jung, GW 11, 596). Die stets prekäre innere Senkrechte bzw. Mitte (Jung, GW 10, 504f.), die dieser Verflechtungszusammenhang zwischen den gegenpoligen Aspekten auszumachen erlaubt, bewirkt, dass der Einzelne den Gegensätzen nicht mehr ausgeliefert ist, wie der schlangenumwundene Äskulapstab versinnbildlicht bzw. wie schon Paracelsus (1984, 127) wusste: „Alle Dinge sind Gift, und nichts ist ohne Gift. Allein die Dosis macht, dass ein Ding kein Gift ist", zumal die Spannung und Differenz zwischen den Polen bestehen bleibt.

Diese einschneidenden Themen haben vielfach eine eindeutige, vereinfachende Antwort erhalten; auch sind sie einem sakralisierenden, „vom Hohen getöntes Wort" (Adorno, GW 6, 360) oder Differenzen überbrückenden Symbolen anvertraut worden, die ihre Unzugänglichkeit verkürzen und ausgrenzen. *Der Tod des Widersachers* trägt gerade mit seinen der konzeptuellen Eindeutigkeit entzogenen Bilder dazu bei, eine erkenntnis- und handlungsorientierte Auseinandersetzung mit Feindschaft und Hass zu entwickeln bzw. ein Gespür dafür zu schaffen, das uns ermangelt. Wir sind oft außerstande, den Keim eines destruktiven Verhaltens eines Kindes, welches das Gefühl des Aufgehobenseins nicht erlebt hat, oder den schon ausgebildeten Hass in den glasigen Augen eines Jugendlichen wahrzunehmen: Keilsons paradoxe Sprachbilder erzählen uns mithin von unserem Nicht-Wissen und von unserer Ratlosigkeit. Die Anforderungen an den Leser nehmen also zu, wobei sich der Abstieg in die Dunkelkammer in eine wahrhaftige Katabasis (gr. katabaínein, dt. ‚hinabgehen'), in eine Fahrt in die Unterwelt zu verwandeln droht.

Zu den Modi und Techniken, mittels welcher der Roman unsere Unwissenheit versinnlicht, gehört die Entfaltung der Paradoxie zu einer Hierophanie (gr. hieros, ‚heilig'; phainein, ‚offenbaren') oder Kratophanie (gr. kratos, dt. ‚Kraft', ‚Macht', ‚Gewalt'; Kratos war der Gott der Macht; gr. phanê, dt. ‚Erscheinung'), die äußerste Gegensätze „nicht nur zusammen zu schauen, sondern auch zusammen auszusprechen" (Jung, GW 14.1, 62) beansprucht. Axiome und einwertige Maße kennt sie nicht: Jeder Pol der Hierophanie pulsiert mehrdeutig *ad infinitum*. Begrifflichkeiten geraten aus den Fugen, Sinnverweisungen laufen auf Unzugängliches aus, vornehmlich in einigen Passagen von *Der Tod des Widersachers*, deren textlicher Duktus „elastisch gespannt zwischen Höhe und Tiefe, gespannt als eine Schleuder zwischen Licht und Finsternis [...] in dem gewaltigen Bogen von Erde und Himmel" erscheint, wie Lebert es in *Der Feuerkreis* (1992, 340) ausdrückt. Zwischen den Polaritäten entrollt die Schrift einen uneinholbaren Spannungsbogen, ohne dass die Verbindung zwischen ihnen abbreche: „Was immer in der Kunst zu beobachten ist,

ist mithin die Entfaltung einer Paradoxie, die sich ihrerseits der Beobachtung entzieht", zumal auch „wenn das Unbeobachtbare unbeobachtbar bleibt, [...] es wichtig [ist], daran zu erinnern" (Luhmann 1997, 74). Dieses Grenzland des Fremden bzw. Befremdenden, das die Hierophanie anklingen lässt, spielt auf eine offene Verschränkung von eindeutig-mehrdeutig, dieses-und-jenes, auf eine ‚Unschärferelation' an, die allemal die Grenze zwischen Wissen und Unwissen unterläuft, ohne sich diskursiv auflösen zu lassen: „Für den Betrachter (als Beobachter) ist dies die Auflösung der Sachparadoxie der nur als Vielheit (also nicht, also doch) zu erfassenden Einheit." (ebd. 122–123) Nicht das Entweder-oder, sondern erst ihre relationale Komplexität ist dem selbstorganisierten Entstehen von Strukturen aus Unordnung bzw. der Übersummativität, die Menschen verursachen und der sie ausgesetzt sind, angemessen.

Der Logik mag sich dieses widerspruchvolle verzweigte Ganze entziehen, doch folgen Menschen seit jeher mithin anderen Lebens- und Triebkräften: „Ich stoße also auf das Gesetz, dass in mir das Böse vorhanden ist, obwohl ich das Gute tun will." (Röm 7.21) Gerade der Widerspruch zwischen Gut und Böse wird geschürt, indem der Roman die klassische Frage der europäischen Kulturgeschichte, die Boethius (1981, 20f.) im Jahre 523 in seinem *Vom Trost der Philosophie* formulierte, in die Handlung einfließen lässt: „Gibt es einen Gott, woher das Übel? Gibt es keinen, woher das Gute?" Nicht das Böse, das – wie Hannah Arendt behauptet – zwar extrem ist, aber dennoch „keine Tiefe" aufweist, sondern die Spannweite, die es vom Gegenpol trennt, macht Keilson zum herausfordernden Thema, zumal auch Gott keine Antwort besitzt. Im Zwischenraum, der zur Selbstbefragung anhält, ist er zugegen.

Diese und andere Erlebnisdimensionen werden im Roman perspektivisch variiert und der inneren Anschauung zugänglich gemacht. Zum einen kann das Aufscheinen des Heiligen im Profanen auf eine Beziehung zu den menschlichen Grunderfahrungen verweisen, denen mitunter die Eigenschaft des Gefährlichen und Verbotenen anhaftet. Auch in diesem Fall greifen die ästhetischen Bilder „einen Zwang auf, den jeder anerkennt, weil er dessen Existenz in sich verspürt ha[t]", wie Freud (1986, 293) bezüglich des Mythus festgestellt hat. Aus der Perspektive der Tiefenpsychologie sprach Jung (GW 7, 77) von Grundstrukturen der Imagination und des Verhaltens, die gemäß der individuellen Situation und dem Zeitgeist variieren und sich „empirisch wie *Kräfte* oder *Tendenzen* zur Wiederholung derselben Erfahrung" verhalten: Jedoch immer, „wenn ein Archetypus im Traum, in der Fantasie oder im Leben erscheint, bringt er einen besonderen ‚Einfluss' oder eine Kraft mit sich, vermöge welcher der *numinos*, respektive faszinierend oder zum Handeln antreibend wirkt" (ebd.). Gerade „das Geheimnis der Kunstwirkung“ besteht sowohl „in einer unbewußten Belebung des Archetypus“ als auch in seiner „Übersetzung in die Sprache der Gegenwart, wodurch es sozusagen jedem ermöglicht wird, wieder den Zugang zu den tiefsten Quellen des Lebens zu finden, die ihm sonst verschüttet wären“ (GW 15, 95). Auf diesem Wege gelingt es der Kunst, „an der Erziehung des Zeitgeistes“ mitzuarbeiten bzw. dessen „Mangelhaftigkeit und Einseitigkeiten [...] am wirksamsten zu kompensieren“ (ebd.).

In Keilson Romans lässt die Kluft zwischen *hieros* und *phainein* insbesondere die zwischen dem geschichtlich-individuellen ‚Ich‘ und dem Archetyp des ‚Selbst‘ erahnen, den Jung (GW 7, 187) in seiner Schrift *Die Beziehung zwischen dem Ich und dem Unbewussten* folgendermaßen beschreibt:

> Es besteht auch keine Hoffnung, daß wir je auch nur eine annähernde Bewußtheit des Selbst erreichen, denn, soviel wir auch bewußt machen mögen, immer wird noch eine unbestimmte und unbestimmbare Menge von Unbewußtem vorhanden sein, welches mit zur Totalität des Selbst gehört. Und so wird das Selbst stets eine uns übergeordnete Größe bleiben.

Unter diesem Gesichtspunkt vermitteln Keilsons Gestalten gleichsam zwischen den verschiedenen Dimensionen, der intra-, interpsychischen und transpersonalen des Selbst, so als wären sie Variationen antiker Vorlagen, die in jeder Kulturformation variieren. Ähnlich dem Bild des Schöpfers in der Vorstellung des Protagonisten und in der seines Vaters von Gott als Fotografen, das tiefgreifende psychische Energien erweckt, verweist das transpersonale Selbst auf den ‚Gott in uns‘ (Jung) bzw. auf das Absolute, auf den keilsonschen „Urgrund unseres Bestandes“ (451), sodass es „das persönliche Schicksal zum Schicksal der Menschheit“ (Jung, GW 15, 94) erhöht.

Des Weiteren deutet die Hierophanie auf die Spannung des Bogens zwischen der Zeit und ihren „Gipfel“ – die in Hölderlins *Patmos*-Hymne (1803/1808) auf dem Menschen unverfügbare Größenordnungen verweisen (vgl. Schmidt 1990, 185–288). Auch in Keilsons Erkundung geht es dabei nicht um eine Rhetorik des Theologischen, sondern um die Auffächerung der Einheit in die Vielheit ihrer Bestandteile bzw. um den Zusammenhang zwischen widersprüchlicher Endlichkeit und Unendlichem, Anwesendem und Abwesendem, lebens- und menschheitsgeschichtlicher Perspektive. In seinen *Träumen eines Geistersehers* von 1766 definierte Kant (1983, 2, 983) die Metaphysik als die „Wissenschaft von den Grenzen der menschlichen Vernunft“.

Einen weiteren Aspekt, der nicht nur in diesem erweiterten Sinne der Welt und der Geschichte angehört, erlaubt Georg Büchner (1999,

2, 377) einzubringen. In seinem berühmten *Fatalismusbrief* vom Januar 1834 teilt er seiner Verlobten mit, dass er mit dem Studium der Französischen Revolution begonnen habe, um dann fortzufahren:

> Ich fühle mich wie zernichtet unter dem gräßlichen Fatalismus der Geschichte. Ich finde in der Menschennatur eine entsetzliche Gleichheit, in den menschlichen Verhältnissen eine unabwendbare Gewalt, Allen und Keinem verliehen. Der Einzelne nur Schaum auf der Welle, die Größe ein bloßer Zufall, die Herrschaft des Genies ein Puppenspiel, ein lächerliches Ringen gegen ein ehernes Gesetz, es zu erkennen das Höchste, es zu beherrschen unmöglich.

Im *Danton* lässt Büchner den Protagonisten sagen: „Puppen sind [...], von unbekannten Gewalten am Draht gezogen" (1999, 1, 49). Ohne den Weitwinkel zwischen den Gegensätzen zu reduzieren, holen die entgrenzenden Bilder der Hierophanie in Keilsons Roman diese geschichtsphilosophischen Erfahrungen ein. In diesem Sinne geht das widersprüchliche Erleben der Gestalten nicht in einer schicksalhaften Konstellation auf, auch nicht in dem Mythos der Schrecklichkeit, von welchem sich Hannah Arendt (2001, 106) in ihrem Briefwechsel mit Karl Jaspers distanziert hat, sondern es schafft Übergänge zwischen dem Wirken des Einzelnen, der Geschichte und der Massen. Auch in dieser Perspektive entgeht die ästhetische Umsetzung der Hierophanie jeder Engführung, um sich gegenüber der Unendlichkeit, die unser Wissen überfordert und doch nicht aus der Welt geräumt werden kann, zu öffnen: „Certum est, quia impossibile est", das ist wahr, weil es ‚unmöglich' (abgeschmackt, ungereimt, sinnlos, unvernünftig) ist, fasste der lateinische Kirchenschriftsteller Tertullian in seinem *Buch über die Fleischwerdung Christi* (Liber de carne Christi 5,4) diese Verhältnisbestimmung zusammen.

Und endlich fängt der Überschuss an Gegensätzlichkeit, den die Hierophanie anregt, auf ihre Weise auch die Niederlage in der Auseinandersetzung mit dem Anderen und Fremden in einer Zeit wie dem Nationalsozialismus ein, in der eine eindeutige mythische Vergangenheit für eine eindeutige mythische Zukunft bürgte, die Herrenvolk und Führer erfasste und jeden Gegensatz zu tilgen bestimmt war. Ein zweckdienlicher und also schlechter Mythos begünstigte die Überschreitung der Grenzen der Demut, den Frevel gegen die Ehrfurcht, mit dem B. und seine Anhänger nicht nur den Feind zu einem „Niemand" machten. Sie erlagen mithin ersatzreligiösen Versuchungen, indem sie beanspruchten, die Macht über Leben und Tod auszuüben. Die Grenze hätte nicht überschritten werden dürfen. Der Riss ist irreparabel. Dies beherzigte auf seine Weise der israelische Historiker Yehuda Bauer, indem er 1998 vor dem Deutschen Bundestag erklärte, „das Präzedenzlose am Holocaust“ könnte nicht ausschließen, dass das Unheil sich wiederhole. Die Hierophanie sühnt den Frevel: Sich selbst unbekannt, entging B. und seiner Mehrheit der Zugang zur Dichte und Vielschichtigkeit der Erfahrungen und also „die Lehre von der Ambivalenz“ (2.111), von der indes die Hierophanie lebt. Die Gegensätze erlangten Eindeutigkeit, doch ohne ihre Interdependenz aufgeben zu können, sodass sie anstatt Lebendigkeit bedrohliche Sterilität und Unfruchtbarkeit zeitigen, wie es jedem Reinheitsideal eigen ist. Demnach ähnelt B.s „Haltung [...] der Verwirrung eines Friedhofschänders, der meint, sein eigenes Leben zu erhöhen, wenn er Gräber schändet, in dem Wahn, den Tod zu töten“ (L 114). Im Laufe der Zeit wird er demzufolge ein zunehmend gefährlicher „dunkler Bruder“ (Wolff 1959): „Wenn man nicht imstande [ist], seine Projektionen zu korrigieren, ist man gezwungen, den inneren ‚Unruhestifter‘ verbissen in der Außenwelt festzunageln und ihn dort mit Feuer und Schwert, mit ‚Auschwitz‘ im ‚anderen‘, zu vernichten“ (2.264f.), so Keilson als Psychoanalytiker. Die Widersacher-Gestalt stellt im Roman die tragische Auflösung der Hierophanie bzw. der Kratophanie dar, deren Fülle sich untergründig in Leere umkehrt und blinde Gewalt zeitigt. Auch auf diesem Wege experimentieren Keilsons Hierophanien mit dem Gelingen oder Misslingen der Kommunikation. Als Herausforderung an den Leser konzipiert, bestätigen sie, dass das, „was gelungene Kunstwerke auszeichnet, nämlich *unwahrscheinliche Evidenz*“ (Luhmann 1997, 191) ist.

Der Fotografenmeister

Wie Keilsons leiblicher Vater dem Sohn hilft, kritisch zu denken, so eröffnet der Vater der zentralen Figur des Romans ein passioniertes Bild des Schöpfers. Als Kind hatte dieser die Nähe zwischen Gottes Liebe und dem von B. propagierten Terror erahnt, zunächst als doppelte Negation von Wissen: „Genausowenig wie ich wußte, wer er war, von dem mein Vater als unserem Feind sprach, ebensowenig wußte ich, wer Gott war, von dessen Gnade mein Vater sprach. Ich kannte sie beide nicht. Aber sie beide waren da.“ (355) Doch bald wird ihn der Vater, der „die Zukunft schwarz auszumalen“ beginnt (377), mit einem Gottesbegriff konfrontieren, den er bewusst von dem auf die Gnade setzenden „Weiberglauben“ der Mutter abgrenzt. Dem Vater schwebt gleichsam eine sonderbare Beziehung wechselseitiger Anerkennung vor, zumal er mit dem an Gott gerichteten Anspruch den Sinn seines Lebens hinterfragt:

> Er [der Sohn] soll nicht glauben, daß Gott oder wer sonst dort oben hinter den Wolken in seiner Dunkelkammer sitzt, eine Art besserer Verkehrspolizist ist und aufpaßt, daß es keine Straßenunfälle gibt. Die Menschen müssen selbst aufpassen, daß sie nicht überfahren werden. [...] Es ist mein Ernst [...] und wenn er mir mein Gerede übel nimmt, so ist er es nicht wert, da oben in der schönen Dunkelkammer zu sitzen und die schönste Einstellung zu haben mit allen Beleuchtungseffekten [...]. Aber niemand weiß, ob der alte Fotograf da oben Lieblingsporträts hat, Aufnahmen, die er besonders gelungen findet und die er dann und wann hervorholt und mit Behagen betrachtet. Und vielleicht ergeht es ihm ebenso wie uns allen, daß er erst hinterher entdeckt, welche Fehler er gemacht hat oder wo er im geheimen ein wenig hätte nachhelfen müssen, und vielleicht würde er auch gerne die Aufnahme wiederholen, wenn er nur die Möglichkeit hätte. [...] Aber vielleicht gibt es doch eine Lieblingsaufnahme für einen jeden von uns, selbst für den alten Fotografenmeister da oben, nämlich die, die ihm am meisten mißlungen ist und die er sich in stillen Stunden hervorholt und betrachtet und dabei zu sich selbst sagt [...]: „Du alter Pfuscher!" (378–379)

Leibniz (1965, 352, 375f.) hatte am Anfang des 18. Jahrhunderts Gott mit einem Uhrmacher verglichen, der den Mechanismus der Welt nicht mehr aufzuziehen brauche, so perfekt ist er. Derweil B. eine radikal manichäistische nationale Religion verkündet, die seiner Volksgemeinschaft Sieg und Heil und ihren Feinden ewige Verdammnis verspricht, stellt sich der Vater des Protagonisten im Roman dem Bild eines werdenden, nicht absoluten Allvaters: Gott und Mensch sind zusammen einer Dunkelkammer-Welt ausgesetzt. In *Der Gottesbegriff nach Auschwitz. Eine jüdische Stimme* (1984) hat Hans Jonas im Rückgriff auf Lurias Zimzum (s.u.) eine ähnliche Vorstellung entwickelt, auch um in seiner neuen geistigen englisch-amerikanischem Umwelt dem moralischen Indifferentismus Europas zu entgegnen. Gott teilt demnach das Leid der Menschen, doch sind diese fortan verpflichtet, die Verantwortung für die Schöpfung mitzutragen: Der Schöpfer hat ihnen die Freiheit zugestanden, ist aber nunmehr auf ihre tätige Zusammenarbeit angewiesen. Für Jonas, wie für Keilsons Vater, ist Gott somit einem Interdependenzprinzip unterworfen. In den Augen des Vaters ist der „Fotografenmeister da oben" zudem ein „Pfuscher", der vielleicht sogar gerade das Porträt am meisten liebt, welches ihm „am meisten mißlungen ist", als dem wirkenden Pol seiner Schöpfung. Schon der Vater lässt seine Gottgestalt also vor einem widersprüchlichen Hintergrund der Dunkelkammer aufleuchten, wobei Schöpfer und Schöpfung zwischen den Gegensätzen vermitteln, nicht nur in der Welt des Alltags.

Sein Knecht Hiob

Des Weiteren tritt die Ambivalenz von Gottes Antlitz in der „Geschichte Hiobs" (464) in Erscheinung, auf die sich der Sohn nicht als negative Erinnerung, sondern als positiven Modus der Vergegenwärtigung ausdrücklich beruft. Der biblische Hiob, Modellfall des Gerechten, wird bekanntlich mit fünfmaligem Leid (Hb 1.6–2.10) auf seine Treue hin geprüft. Denn Jahwe hat zwar Regel und Maß festgelegt, nur gelten sie für ihn selbst nicht:

> Wo warst du, als ich die Erde gründete? Sage mir's, wenn du so klug bist! Weißt du, wer ihr das Maß gesetzt hat oder wer über sie die Richtschnur gezogen hat? Worauf sind ihre Pfeiler eingesenkt, oder wer hat ihren Eckstein gelegt? (Hb 38.4–6)

Hiob verliert also alles, antwortet aber weiterhin mit Jahwes Lobpreisung: „Haben wir Gutes empfangen von Gott und sollten das Böse nicht auch annehmen?" (Hb 2.10) Der Herr liefert seinen Knecht sogar Satan, der „die Erde hin und her durchzogen" hat, aus: „Siehe, alles, was er hat, sei in deiner Hand" (Hb 1.7–12). Doch umsonst, zumal auch Kants (1983, 9, 117f.) Auslegung in *Über das Mißlingen aller philosophischen Versuche in der Theodizee* zufolge Hiob beweisen konnte, dass nicht seine Moralität auf den Glauben, sondern der Glaube auf seine Moralität gründete. Er zieht also weiter seines Weges: „[B]is mein Ende kommt, will ich nicht weichen von meiner Unschuld. An meiner Gerechtigkeit halte ich fest und lasse sie nicht" (Hb 27.5–6).

Nach Jonas fordert gerade der exemplarische Büßer Gott zu einer Antwort betreffs der Unstimmigkeit zwischen der Geschichte und dem Leid der Gerechten heraus. Die Hiob-Parabel ist besonders im Judentum wesentlich, da das Diesseits als ein „Ort der göttlichen Schöpfung, Gerechtigkeit und Erlösung" (Jonas 1992, 193) erfahren wird. Nun hat aber das „Geschehen, das den Namen ‚Auschwitz' trägt" (ebd., 192), dieses Vertrauen und den damit verbundenen überlieferten Gottesbegriff tief erschüttert. Jonas sah sich demnach gezwungen, die Frage nach Gottes Gesinnung aus religionsphilosophischer Perspektive zu überdenken: „Auch das, so scheint mir, ist eine Antwort an Hiob: daß in ihm Gott selbst leidet" (ebd., 208). Erst die Reduzierung der Distanz zwischen Jenseits und Diesseits erlaubt, zwischen der Theodizee, der Gerechtigkeit oder Rechtfertigung Gottes, und der abgrundtiefen Verzweiflung des Menschen zu vermitteln. Durchdringung der Gegensätze anstelle von Bruch und Rissen: Mensch und Gott tauschen ein Versprechen gegenseitiger Anerkennung und Achtung aus, wobei die Gottheit erst durch das „Selbst-Fühlen, Handeln und Leiden endlicher Individuen [...] zur Erfahrung ihrer selbst" (ebd., 195) gelangt. Demnach ist Gott auf die Hilfe von Menschen angewiesen, die nicht wanken und die darüber wachen, dass das Böse in der Welt nicht die Oberhand gewinne. Ein solcher Mensch ist Hiob, der dem Guten treu bleibt, auch wenn sich das Böse um ihn herum ausbreitet und selbst Gott sein Gesicht von ihm abzuwenden scheint.

Als „zitathaftes Leben" (Mann 1960, IX, 497) vor dem Hintergrund der Hiob-Parabel, auf die der junge Jude ausdrücklich verweist, kann auch die Handlung um Keilsons Protagonisten in *Der Tod des Widersachers* gedeutet werden. Am Anfang ist er wie Gottes Knecht ahnungslos und glaubt, selbst B. friedfertig begegnen zu können. Als die Gewalt um ihn überhandnimmt, hält er weiterhin an seinem alternativen Entschluss fest: „Ich habe ihn in mir erschossen." (552) Selbst jetzt widersteht er der Spirale von Hass und Feindschaft, bleibt seiner Gesinnung treu und fährt fort, die Motivationen seines Handelns zu hinterfragen: „Ihr Lieben, glaubt nicht einem jeden Geist, sondern prüft die Geister, ob sie von Gott sind; denn viele falsche Propheten sind hinausgegangen in die Welt" (Joh 4.1). Dem Widersacher und Hiobs Feinden, die sich der Verantwortung entzogen haben, wird es übel ergehen, wie auch Keilsons junger Jude weiß:

> Meinem Feind soll es gehen wie dem Gottlosen und dem, der sich gegen mich auflehnt, wie dem Ungerechten. Denn was ist die Hoffnung des Ruchlosen, wenn Gott mit ihm ein Ende macht und seine Seele von ihm fordert? Meinst du, daß Gott sein Schreien hören wird, wenn die Angst über ihn kommt? Oder kann er an dem Allmächtigen seine Lust haben und Gott allezeit anrufen? (Hb 27.7–10)

Der Protagonist lässt sich jedoch nicht dazu verlocken, Gott in seinem „Angriff [zu] ermutigen" (466) und verhält sich gehorsam und ungehorsam zugleich. So Hiob – dessen Name als von der Wurzel ‚jemandem feind sein' oder ‚von Gott und von seinen Freunden Angefeindeter' gelesen werden kann –, der auf einen Ungehorsam verweist, welcher sich als die „wertvollste und liebste der Eigenschaften" (T 375) bewährt, wie Keilson sie in seinem *Tagebuch 1944* definierte. Auf ihre Weise stellt auch die Unnachgiebigkeit des Unikums gegenüber dem Sog der Vielen eine Hierophanie dar, welche die Möglichkeit einer anderen, friedlichen Geschichte offenbart.

Hierophanien: B. und der Spiegel

Vornehmlich bezüglich des Widersachers wird sich der Protagonist an die Vorstellung des Vaters zu Gott als Pfuscher erinnern, wobei er sowohl das ‚erkenne dich im anderen' als auch die Einsicht in die sozialen Mechanismen, die zur Verfestigung von Feindschaft beitragen, beherzigt. Schon während der zweiten Begegnung wird er das Bild, das er von B. hatte, ergänzen. Doch erst im Nachhinein öffnen sich seine Überlegungen, „wie von einem schärferen inneren Licht durchstrahlt" (446). Wie etwa seinerzeit das der Dunkelkammer, beschwört dieses andere dunkle Licht nunmehr auch das Unfassbare und Fremde von B. herauf:

> Ein kleiner, unansehnlicher Mann, ergriffen von etwas, das stärker war als er selbst, sprach, als würgte er sich selbst. [...] Von Zeit zu Zeit, wenn das Fremde, Größere in ihm durchbrach und volle Macht über ihn gewann, wurde er ratlos und stand vor einem Unfaßbaren. Es ergriff ihn, aber er ergriff es nicht. Wer war es denn? [...] Er wußte es nicht. Er wurde sich fremd in diesen Augenblicken, und das, was über ihn kam, war das Fremde. Manchmal dachte er auch, daß das, was ihn überkam, er selbst sei. Dann wähnte er sich ebenso groß und mächtig und unaufhaltsam wie ein Fluß. Er begann zu drängen, zu schreien und zu toben. Er konnte sich nicht halten, er trat über seine Ufer. Doch er begriff es nicht. Mir war es, daß er schrie wie einer, der gerettet werden will, da er ertrinkt. (447)

Keilson präsentiert dem Leser ein schier unerträgliches Bild von B., alias Hitler, dem sich alles in uns widersetzt: klein und unansehnlich, gewürgt, am Ertrinken vor dem Unfassbaren, Fremden, Größeren, das Versuchung und Bedrohung zugleich ist, dem gegenüber er ohne Abwehr ist, das er weder kennt noch begreift, und – *last but not least* – doch ein Mensch, der schreit, weil er gerettet werden will.

Die Hitler-Literatur füllt heute ganze Bibliotheken, wobei die Geschichtsforschung die Antwort auf das Phänomen des Nationalsozialismus nicht „in der Konzentration auf Hitlers Persönlichkeit, sondern in der Fokussierung auf das Wesen seiner Macht", d.h. „vornehmlich in der deutschen Gesellschaft [...] – in den sozialen und politischen Motivationen, die Hitler möglich gemacht haben" (Kershaw 1998–2000, 9 u. 23), gesucht hat und sucht. Immer neue Studien erforschen die institutionellen, sozial-historischen, wirtschaftlichen, politischen, mentalitätsgeschichtlichen Bedingungen des Hitlerismus. Dessen ungeachtet weist in der zitierten Passage des Romans (anders als in denen zu den Juden im fünften Streifzug) kein einziges Wort über B.s Figur hinaus. Also gilt es, bei dem Bild zu verweilen: *Hic Rhodus, hic salta*, so die Aufforderung an den Titelhelden in Äsops Fabel „Der Fünfkämpfer als Prahlhans“: Hier ist Rhodos, hier springe, hier zeige, was Du bist und kannst! – so könnte man die ästhetische Botschaft umschreiben, welche die Aufmerksamkeit autoreflexiv auf die Form lenkt und Interpretationen in ihrem Widerspruch belässt (Eco 1982). Wann, wenn nicht im Falle der Hierophanie, die jegliche Faktizität betreffs Sinn und Geltung der welterschließenden Imagination unterwirft?

Die im Bild von B. aufgezeigten extremen Gegensätze vermitteln nicht zwischen Himmel und Erde, sondern zwischen paradoxen Aspekten, die zum einen den Menschen, seine Größe und Nichtigkeit, Güte und Bosheit, Höhenflüge und Fehlbarkeiten, zum anderen die Geschichte betreffen, etwa den Anschluss zwischen Einzelnem und Masse, Institutionen und Gewalt, Gegenwart und *longue durée.* Gerade den widerstreitenden Aspekten, die sich dem „Bombardement der Logik“ (358) widersetzen und mit denen unser Verstand „nicht zu Rande“ (514) kommt, da sie sich nicht mit Exaktheit bemessen lassen, gibt der Roman den Vorrang, ohne davor zu kapitulieren. Der Schriftsteller hat sich auch in einem seiner Essays gefragt, ob das ‚Zittern‘ der Stimme im *Bild eines Feindes* „vielleicht das ‚tremendum‘ [darstellt], das Rudolf Otto in *Das Heilige* beschreibt, das aber auch Verbindlichkeit besitzt für das ‚Unheilige‘, ‚Abstoßende‘“ (2. 337–338). Doch als inneres „Gift“, so Keilson, ruft es sein „Gegengift“ auf den Plan, das zu finden dem Menschen aufgegeben ist, der sich dem „Bruch im Kontinuum der Humanisierung“ (ebd.) entzieht.

Im Falle einer Hierophanie haben Leserinnen und Leser allemal das Recht, eigene Entscheidungen zu treffen. Der Roman vergegenwärtigt *grosso modo* drei Wege, die sich mitunter überlagern und kreuzen, punktuell oder systematisch, eben weil Aleph auch Beth, Beth auch Aleph ist und zugleich beide Nicht-Aleph, Nicht-Beth und Weiteres sein können, radikale Ich-Spaltungen einbegriffen. Ähnlich dem Vater des Protagonisten, können die Leser „mit einem leichten Hauch den Spiegel verhängen, bevor [sie] in ihn zu blicken wag[en]“ (361). Sie können ferner „die Geheimnisse der Dunkelkammer und ihre Versuchungen“ gedanklich durchspielen, aber in der Folge die „halben und die ganzen Ähnlichkeiten“ (451) im eigenen Alltag verleugnen: Die Erkenntnis, dass B. prinzipiell diesem Weg folgt und in den Augenblicken, in denen es darauf ankommt, seinen Schatten abstreift und ihn seinem „Gegenbild“ anhängt, sollte zumindest befremden. Und endlich kann der Leser dem Protagonisten in seinem gefährlichen Unterfangen folgen: Er kann „[u]nverwandt […] so lange in den Spiegel [sehen], bis [er sich] selbst in ihm zu erkennen“ glaubt (389) – sich selbst oder Aspekte seines Menschseins, zumal nach Hölderlins vielzitiertem *Patmos*-Vers: „Wo aber Gefahr ist, wächst / Das Rettende auch.“ Jedenfalls stellten die Griechen Stelen des Hermes – dem Seelenbegleiter (psychopompós), Grenzgänger zwischen den Göttern, der Welt und dem Hades und Bringer der Träume – an Kreuzungen, Pässen und Übergängen auf, als Wegweiser, aber auch als Verweis auf das ungewisse Los des Reisenden, das mitunter der Hermeneutik bedarf.

Die ‚rettende‘ Wahrnehmung der Reise durch den Roman wäre dabei etwa die, dass der unverwandte Blick in den Spiegel uns die Erfahrung unserer Widersprüchlichkeit bzw. unserer Unfähigkeit vermitteln könnte, Gegensätze in ihrer Differenz zusammenzuhalten und als solche zu denken. Erst diese Fähigkeit ermöglicht die „Überwindung der trennenden Abgründe“ durch „die rettende Fähigkeit zum Bauen von Brücken“ (Schmidt 1990, 203). In seiner Zahlengläubigkeit ist der taghelle Logos dazu nicht fähig, da er „seinem Wesen gemäß strengste Beschränkung auf Weniges und darum Deutliches“ ist und folglich „beständig gewaltige Bezirke möglicher Vorstellungen“ abspaltet (Jung, GW 11, 581). Das Unbewusste fühlt sich dagegen zu Hause in der *coincidentia oppositorum*, etwa im Traum, weshalb Logozentristen auch vorgeben, nicht zu träumen. Platon meinte indes schon in *Der Staat* (IX, 571–572), im Traum könne sich „der tierische und wilde Teil der Seele“ offenbaren, der in jedem von uns schlummert. Auch in den ‚Täuschungen‘ der Literatur als bleibende Provokation ist es heimisch.

Keilsons Bild von B. erfasst demnach seine Schizophrenie (Matussek, Matussek, Marbach 2000), die in ihrer „ungeheuren Entschlossenheit“ (Domarus 1988, 138) sich eines solchen Einflusses über ihn bemächtigte, dass erprobte Generäle ihm gehorchten, mitunter weil sie Wahn, Macht und Kult in ihrer Widersprüchlichkeit nicht miteinander zu vereinbaren vermochten. Doch im Grunde präsentiert *Der Tod des Widersachers* ein anderes Knäuel, das an unseren Wahrnehmungs- und Erfahrungsgewohnheiten rüttelt, indem es Gegensätzliches nicht sauber nacheinander oder nebeneinander reiht, sondern es in seinem unerträglichen Ineinander belässt. Paradoxal ist auch das literarische Experiment, den Leser anzuregen, in den Spiegel von B. zu schauen und in ihm ein „Korn“ seiner selbst zu erkennen, zudem sein Bild abstoßend und verstörend ist: klein und unansehnlich, gewürgt, am Ertrinken vor dem Unfassbaren, Fremden und Größeren, das ihn überkommt und volle Macht über ihn gewinnt, das er weder kennt noch begreift, und dennoch ein Mensch, der gerettet werden will – und das alles zu dem widersinnigen Ganzen verschlungen, das der Protagonist, der sein Gegner ist, mit einem so ‚war mir es‘ imaginiert.

Diese Imagination lässt *keine Stelle* aus, zumal der Fokus auf die Gestalt gerichtet bleibt, ohne auf konzeptuelle Korrekturen ganz gleich welcher Art auszuweichen. Die Spannung begreift sowohl den Schrecken, den diese Vorstellung eines zurückgebildeten gestörten Menschen, dem eine ungeheure Macht zufiel, hervorruft, als auch die Notwendigkeit, die Wiederholung zerstörerischer Antagonismen zu verhindern. Dazwischen – „ist keine Stelle, / die dich nicht sieht. Du mußt dein Leben ändern", so Rilke in *Archaïscher Torso Apollos* (1908) und so in der Aufforderung an den Leser von *Der Tod des Widersachers* aus der Perspektive unseres Übungsbuches. Peter Sloterdijk (2009, 704) ist wohl zuzustimmen: „Nichts ist in der Hölle, was nicht zuvor in den Programmen gewesen war. Die Zauberlehrlinge der planetarischen Gestaltung haben die Erfahrung machen müssen, daß das Unberechenbare den strategischen Kalkülen um eine ganze Dimension voraus ist."

Zudem ist das Herzstück der Hierophanie – wie ‚es mir war' – gleichwohl dort zu suchen, wo sie reißt, in der Ausgesetztheit des Menschen, die uns dem Unverständnis bzw. der Unfähigkeit preis gibt, mit dem umzugehen, das sich „immun erweis[t] gegen die Bombardements der Logik" (358), ohne die Welt dabei entzweibrechen zu lassen: das Leid, der leibliche, warme, schmutzige und blutende Gegenpol zum hochfliegenden kalten, sauberen und blutlosen Logos, die andere Größe, das andere fremde erdenverpflichtete sinnfällige Maß. Das Leid löst die paradoxe Koexistenz der Pole in der Hierophanie auf, oder besser, es lässt sie in die anhaltende Dissonanz, die nicht zur Assonanz findet, eingehen, in den Missklang, der sich reproduziert durch „unsere Rechnungen mit zerfetzten Gliedern": „Man kann das Böse leugnen, aber nicht den Schmerz [...]. Das leiseste Zucken des Schmerzes, und rege es sich nur in einem Atom, macht einen Riss in der Schöpfung von oben bis unten", wie in Büchners *Dantons Tod* (1999, 1, 40 u. 58) zu lesen ist. Auch Dostojewskis Iwan Karamasow forderte bekanntlich Vergeltung für eine einzige vergossene Träne eines Kindes.

Der Riss ist nicht zu überbrücken, sodass die Frage nach dem Umgang mit dem Leid, die Keilson aufwirft, somit die denkbar tragischste ist. Auch Kunst vermag damit nicht „zu Rande" (451) zu kommen, sie kann nur auf die Differenz, den Verrat aller Diskurse über das Schöne, Gute und Rechte, der sich in den Lagern offenbarte, aufmerksam machen. Diese Bilder sollte der Leser auf sich wirken lassen, ohne Entrinnen in die Ursachenforschung, die er allemal nachholen kann und auch nicht in die Phänomenologie, angesichts der Unwiderlegbarkeit, die dem Schmerz anhaftet und der ihm je eigenen Wahrheit. Große Kunst kann ihn imaginativ nur als radikale Irritation und Sinnleere registrieren, so wie Büchner in dem Anti-Märchen, das die Großmutter im *Woyzeck* dem Kind, dessen Mutter und Vater gestorben sind, erzählt:

> Alles todt, und es ist hingangen und hat gerrt Tag und Nacht. Und wie auf der Erde Niemand mehr war, wollt's in Himmel gehn, und der Mond guckt es so freundlich an und wie's endlich zum Mond kam, war's ein Stück faul Holz und da ist es zur Sonn gangen und wie's zur Sonn kam, war's eine verwelkt Sonneblum und wie's zu den Sterne kam, warn's klei golde Mücke, die warn angesteckt wie d. Neuntödter sie auf die Schlehe steckt und wie's wieder auf die Erd wollt, war die Erd ein umgestürzter Hafen und war ganz allein und da hat sich's hingesetzt und gerrt und da sitzt' es noch und ist ganz allein. (1999, 1, 185)

Anstatt Schmerz darzustellen, lenkt Keilson die Aufmerksamkeit des Lesers auf die Triebfedern von Feindschaft und Hass im Inneren eines jeden Menschen, wobei er die Einübung der Aufmerksamkeit als „eines der wichtigsten Einfallstore, durch die Fremdes dringt" (Waldenfels 2006, 92), betrachtet. So lässt auch sein an sich ‚nicht unstimmiges' Bild von B. unsere Verstehensbemühungen scheitern. Die Behauptung „Wir sind ..." (451) stellt er nicht etwa neben die Frage *Ist das ein Mensch?*, sondern er flicht sie verwirrend ineinander, indes sich eine „Grauzone" (Primo Levi) ausdehnt, die alle starren Trennungen unterläuft. Das Kunstwerk gesteht gleichsam „dem wahrnehmenden Bewußtsein sein je eigenes Abenteuer im Beobachten der Kunstwerke" (Luhmann 1997, 227) zu, sodass es sich selbst und seiner Dunkelkammer nahekomme. Auch die formalisierte Kriegserklärung des Autors gegen den Widersacher muss folglich alle anderen „Loyalitäten" (2.193) fallen lassen, außer der gegenüber Literatur, Form und Stil. Die Funktion des Romans als markierter imaginärer uns freigegebener *Behälter* bleibt die, als Inszenierungs- und Erfahrungsfeld unserer Leiblichkeit, unserer Wahrnehmungen und unserer Reflexivität zu fungieren. Ebenfalls zu seinen Möglichkeiten gehört, die vielgestaltige Verknüpfung mit dem physischen, gesellschaftlichen, kulturellen, aber auch literarischen Umfeld freizugeben und dabei womöglich die Erfahrung der Differenz zwischen wirklicher und möglicher Lebenswelt zu akzentuieren. Eine praktische zweckbestimmte Motivation für eine solche Einstellung hat etwa der russisch-französische Soziologe und entschiedene Pazifist Jakow A. Novicow (1915) benennen können: In den 3357 Jahren von 1496 v. C. bis 1861 hat es etwa 3130 Jahre Krieg gegen 227 Jahre Frieden gegeben. Ab 1861 sind dem nicht nur die drei Kriege, in deren Anschluss das Deutsche Reich gegründet wurde, sondern vor allem der Erste und der Zweite Weltkrieg und schließlich das Atomzeitalter zuzurechnen. Zu einem anhalten ‚Friedensüberschuss' scheint es nie gereicht zu haben.

Die Geißel

Doch damit nicht genug, denn Schritt für Schritt wird der Protagonist B.s Feind-Bild noch weiter in die Hierophanie einbeziehen:

> [B. hatte], ergriffen von der Angst, sich selbst ein Unbekannter zu sein, seinen Widersacher, mich, herausgefordert und an die Wand gemalt [...], wie die alten Maler ihre Heiligenbilder im Schweiße schufen, wenn ihr Dämon sie befiel. [...] Und dann der Gedanke, daß wir beide als Widersacher, vielleicht im Plane der Schöpfung, die sich stetig vollzog, vorausgesehen waren!? / O Gott, mein Gott!" (451–452)

Durch das Außerordentliche, das B. darstellt, wird auch sein Plan in den Vorsatz der Schöpfung integriert bzw. raum-zeitlich in den der Geschichte, und zwar phänomenologisch bzw. entgegen jedem kognitiven Diskurs, einfach dadurch, dass es geschehen ist: „Das Höchste, was man erreichen kann, ist zu wissen und auszuhalten, daß es so und nicht anders gewesen ist" (Arendt 1960, 33). Dieses Herzstück des ‚sonderbaren Gedankens' des Protagonisten, der bislang den Reflexionsraum abgesteckt hat, kommt nicht zufällig gleich im Anschluss an die Hiob-Parabel zur Sprache. Auch C.G. Jung (GW 11, 385–506) hatte in seinem Aufsatz von 1952 „Antwort auf Hiob" die Doppelnatur Gottes thematisiert, die *coincidentia oppositorum*, welche ihn als gütigen Vater, aber in seinem Jähzorn auch als unberechenbar erscheinen lässt, ihn und seine Welt.

Ohne Umschweife bringt Keilsons Protagonist diesen Widerspruch in einem Gespräch mit einem seiner Leidensgenossen zur Sprache: „Aber wenn es nun in Wahrheit Gott ist [...], der sich der Geißel bedient?" (465) Der Bekannte hat seinerseits keine Zweifel: „Was mich betrifft – ich denke gesünder über den Fall. Ich interpretiere nicht. Wer mich schlägt, den schlage ich zurück." Er, der ebenfalls ein Verfolgter ist, weist nicht nur Hiobs Antwort und die des Protagonisten zurück. Er verweigert sich jedem beobachtenden Deutungsansatz und jeder individuellen Verwicklung und schafft, den Parametern der Logik getreu, eine Sicherheitszone, die die Gegenpole sauber trennt. In der Rolle des Antagonisten wagt sich der Protagonist indessen hinter die Grenze des Verstehens vor und macht sie zum Ausgangspunkt beharrlicher Fragen. Zunächst erinnert er den Bekannten an Gottes Antwort auf Mirijams Danklied:

> „Auch die Ägypter sind im Meer ertrunken, und Mirijam hat ein Danklied angestimmt. Sie haben das anscheinend vergessen", sagt er. / „Und was hat Gott geantwortet?" / „Darüber ist mir nichts bekannt." / „Sie wissen

> es also nicht“, sage ich. „Mit Zorn in seiner Stimme hat er geantwortet: ‚Was singt ihr mir ein Lied während die Schöpfung meiner Hände in den Wellen untergeht?‘“ / [...] Dann fahre ich kurzentschlossen fort: „[...] Nehmen Sie es meinetwegen als Geständnis eines Wahnsinnigen. Aber ich liebe das Leben so sehr, daß ich es selbst noch in meinem Widersacher entdecke und mich vor Bewunderung nicht fassen kann, wenn ich sehe, daß auch er teilhat an seiner Schöpfungstat, die zu vernichten er vielleicht aufgebrochen ist. Glauben Sie mir, er kann es selbst nicht fassen.“ (465)

Stolz auf die ‚gesunde‘ Unmissverständlichkeit und Konformität seiner Anschauungen, erwägt der in der Perspektive des Jetzt gefangene Bekannte nur die Notwendigkeit des unmittelbaren ‚Sich-besser-Verteidigens‘ (466). Der Protagonist hält hingegen alle anderen Möglichkeiten gemeinnütziger Bezogenheit und Interaktion offen, ausgehend von der Notwendigkeit, sich den künftigen B.s zu widersetzen. Vor allem gilt aber für ihn wie für Heinrich Heine (1970ff., 21, 292) der ‚Wahlspruch‘, dass „Kunst [...] der Zweck der Kunst, wie Liebe der Zweck der Liebe, und gar das Leben selbst der Zweck des Lebens ist“. Folglich beharrt er auf seinem unlogischen und befremdenden, ja anscheinend ‚wahnsinnigen‘ Anspruch, sich der Erfordernis, dem Kriegsruf zuzustimmen, zu entziehen:

> „Verteidigen, was heißt das, verteidigen?“ entgegne ich bitter. „Es bedeutet, seinen Angriff bejahen und ihn vielleicht noch dazu ermutigen. Es bedeutet den Kriegsanruf annehmen und die Gegnerschaft verewigen. Das ist nicht meine Absicht.“ (466)

Diesem Vorsatz entspringt auch die Frage nach der Bewandtnis von B.s „grausamsten Taten“ zum Abschluss der dritten entscheidenden Begegnung: „Vielleicht war es dies, daß er [B.] noch furchtbarer in eines Höheren Macht stand als wir in der seinen?“ (553) Die Vorsicht (vielleicht), die der Protagonist walten lässt, hält ihn nicht davon ab, das Übel an der Wurzel zu fassen. Am Ende des Kapitels über den Rucksack, den der Vater vor dem Transport ins Lager packt, in der Stunde, in der sich auch B.s Tod nähert, hinterfragt er demnach Gott selbst:

> O mein Gott, in der Sterbestunde dessen, den Du mir als Feind geschickt hast, frage ich Dich aus einem geprüften Herzen, warum hast Du Rucksäcke geschaffen, mit denen Du alte Leute auf Reisen schickst in Deine schöne Welt zu einem schrecklichen Ende? Warum ließest Du sie gehen und warum ließest Du zu, daß man sie gehen ließ? Du hast mir einen Widersacher geschaffen, und ich begreife sein Schicksal tiefer, seit er das

meine wurde, größer als ich je gedacht, warum? Soll ich ihn totschlagen, um nicht von ihm totgeschlagen zu werden? Aber ich zweifle, ob er nicht doch nur eine Geißel in Deiner Hand ist, die Du geschickt hast. Warum? Ach, mit dem Haß und der Rache und ach, auch mit der Liebe ist hier gar nichts getan. (527–528)

Wie gesagt, spannt die Hierophanie einen gewaltigen Bogen zwischen den Polaritäten: die schöne Welt, die ein schreckliches Ende zulässt, Gott und seine Geißel, die vernichtet zu werden verdient, Hass, Rache und Liebe, Phänomene der Lebenswelt und archetypisch-göttliches Gefälle. In Jes 45.7 ist zu lesen: „Ich bin der Herr, und sonst keiner mehr, der ich das Licht mache und schaffe die Finsternis, der ich Frieden gebe und schaffe Unheil. Ich bin der Herr, der dies alles tut." Auch für die jüdische Mystik ist Gott ein Paradoxon, dem die Spannung zwischen „dem in Gott selbst zurückflutenden Licht und dem aus ihm hervorbrechenden" (Scholem 1980, 287) innewohnt. Nun ruft die wiederholte Frage des Protagonisten nach dem Warum der schrecklichen Missverhältnisse Gott selbst vor den Richterstuhl, wobei die Hierophanie den Rahmen liefert, um das Verhältnis von Mensch und Geschichte, Freiheit und Notwendigkeit in den Mittelpunkt der Handlung zu stellen. (Von der „Universalität der Gegenstandserfassung" sprach auch Luhmann aus wissenschaftstheoretischer Perspektive, 1991, 9.)

Eindeutig spitzt der Sohn das Bild des ‚alten Pfuschers' (379) zu, das sich der Vater einst von Gott machte. Hans Jonas (1992) verwies diesbezüglich auf die jüdische Kabbala, insbesondere auf Isaak Lurias Vorstellung des Zimzums, der Selbstzusammenziehung bzw. Selbstbeschränkung Gottes aus dem ursprünglich einheitlich gedachten Ganzen bzw. Unendlichen (en-sof): Nur, „wenn er nicht *all*-mächtig ist", lässt sich die „Existenz des Übels" (ebd., 204) erklären. Selbst Gottes Freiheit, die „im Sichmessen mit der Notwendigkeit [besteht und lebt]", beginnt da, „wo die Notwendigkeit endet" (ebd., 201) und schafft demnach „Raum [...] für die Existenz und Autonomie einer Welt" (ebd., 206). Doch ist Jonas' werdender, leidender, gefährdeter und sich sorgender Gott somit an die antwortende Mitverantwortung des Menschen gebunden: Ein jeder ist bei ‚seinem Namen gerufen' (Jes 43.1). Auch Selbstkenntnis ist ein Gewinn des Dialogs, der Interdependenz zwischen Gott und den Menschen. Für beide gilt: „Macht ist ein Verhältnisbegriff und erfordert ein mehrpoliges Verhältnis." Sie „kommt zur Ausübung nur in Beziehung" (Jonas 1992, 202), zumal erst die Menschen die Abscheidung des Bösen aus Gott selbst gewährleisten.

Wenn also „durch die Jahre des Auschwitz-Wütens Gott schwieg" (ebd., 204), so deshalb, weil die Menschen – mit Ausnahme weniger Gerechter – sich ihrer Freiheit und ihrer Mitverantwortung entzogen haben, weil sie selbst schwiegen und sich abwandten, sie und mithin seine Kirche, und doch: „Im bloßen Zulassen menschlicher Freiheit liegt ein Verzicht der göttlichen Macht." (ebd., 205) Auch nach Keilson kann Feindschaft in einem unfertigen Universum nur an der Wurzel genesen durch die aktive und bewusste Teilhabe des Menschen, der sich differenziert und lernt, im Wechsel von Kontinuität und Diskontinuität, An- und Abstieg. Mit der unüberschaubaren Maßlosigkeit der Sinnzusammenhänge, die sie herstellt, geht die Hierophanie dem auf den „Urgrund" (451) – ganz gleich, was dies impliziert, in der Perspektive der verborgenen Tiefenstrukturen und im Horizont der Geschichte, in Ehrfurcht und Freiheit, über das Ich hinaus und jenseits jeder Eindeutigkeit. Die Distanz zu wahren und zugleich immer wieder zu versuchen, zum entscheidenden „Rhodus-Sprung" anzusetzen, ist Aufgabe jedes Einzelnen. Kein Prahlen hilft – zumal die Achtsamkeit gegenüber dem vertikalen Gefälle, das die Hierophanie „zusammen auszusprechen" (Jung, GW 14.1, 62) versucht, dazu anhält, die Unterschiede zwischen und gegenüber den Mitmenschen nicht zu akzentuieren, geschweige denn zu verabsolutieren. In ihrer widersprüchlichen Ganzheitlichkeit fordert sie gleichsam „den Menschen als Ganzes" heraus bzw. dazu, „als Ganzheit zu reagieren" (Jung, GW 10, 376). Die *terra incognita*, das unbekannte Land, das es anzupeilen gilt, kann zunächst nur jeder für sich kartografieren.

Die Klage

Der neuralgische Knotenpunkt Böses – Macht – Schmerz, den das Bewusstsein als einschneidendes, unvereinbares Absurdum erlebt, bleibt bestehen, wie der keilsonsche Protagonist einklagt, indem er sich an den Allvater wendet:

> Merkst Du denn nicht, daß Du Dich selber zum Widersacher geschaffen hast all derer, die Du ihre Rucksäcke packen ließest, und all derer, die zweifelten? Merkst Du nicht, daß man nicht umhinkann, auch Dich totzuschlagen, einfach totzuschlagen wie den anderen, den Widersacher, um nicht von ihm totgeschlagen zu werden, merkst Du es nicht? (527–528)

Seine wiederholten Fragen verweisen auf die Sieben Kreuzesworte Christi, vor allem auf das Vierte als Manifestation des Leids und der Trennung vom Vater: „Mein Gott, mein Gott, warum hast du mich verlassen?" (Mk

15.34, Mt 27.46). Auf das Thema der *Kenosis* (Paulus), der Entäußerung oder der Selbstentsagung, der Verborgenheit und des Schweigens der Göttlichkeit, bezieht sich auch Keilson in einem Essay:

> Denn ein gläubiger Jude rechtet nicht mit den Menschen, den anderen, sondern rechtet nur, wie Rachel einst, und, wie einer der verzweifelten jüdischen Kriegswaisen in den Niederlanden mir aufschrieb, mit dem Einen, der alles hört, wenn man zu ihm schreit. Aber ER antwortet nicht. (2.448)

Als Dichter hatte der Autor die Frage in *Neuer Psalm* (1933–1934) vorweggenommen, das mit der Klage ansetzt: „Tot sind sie alle, Gott, die Dich einst lobten, […] Der Weg zu Deinem Abend ist so lang." (2.14) In den Schlussversen von *In memoriam* (1939–1940): „Steh dir so fern und sehe doch mit Schrecken, daß du erneut in Kreuzesqualen ringst" (2.25) erfolgt die Begegnung mit Gott im gemeinsamen Leid. Die dichten, offenen Sprachbilder, der Keilson diese Erfahrung anheimgibt, jedoch machen, dass sie nicht aufhören, den Leser zu beunruhigen.

Das Kreuz – selbst Hierophanie, Baum des Lebens und des Todes, Vermittlung zwischen Himmel, Erde und Hölle, Werkzeug dunklen Märtyrertums und lichtes Symbol der Auferstehung – vereint dramatisch die Antithesen von Gott und Mensch. Auch das Erhabene ist in Keilsons Roman in konzentrischen Kreisen angelegt, als wäre es mit der Schwere der zähen Materie belastet, sodass es keines der Geschehnisse ausschließt, weder Anschlussfähigkeit noch Krieg. Das Dilemma, den Riss zu überbrücken, ist der individuellen Entscheidung überantwortet: „Nachdem er sich ganz in die werdende Welt hineingab, hat Gott nicht mehr zu geben: Jetzt ist es am Menschen, ihm zu geben." (Jonas 1992, 207) Auch das ist ein „Korn" von Keilsons Entscheidungswissenschaft, das Wurzeln schlagen soll, nachdem sein Buch bereits zugeklappt worden ist. Der Vorhang bleibt offen, auch weil – etwa wie Büchners Prinz Leonce (vgl. Sanna 2015) – ebenso sein Protagonist die Leser auffordert, nicht in ihrer Stellung zu verharren, sondern sich auf den Weg zu machen, achtsam und offen, im Gewahrsein des Jetzt.

Zur Vertiefung

Gotteserfahrung in Auschwitz

Der rumänisch-amerikanische jüdische Schriftsteller und Friedensnobelpreisträger Elie Wiesel (1928–2016), der nach Auschwitz und Buchenwald deportiert wurde, schildert in seinem Roman *Die Nacht zu begraben, Elischa* sein Erlebnis der Gottverlassenheit: „Wo ist Gott? Die SS schien besorgter, beunruhigter als gewöhnlich. Ein Kind vor Tausenden von Zuschauern zu hängen, war keine Kleinigkeit. Der Lagerchef verlas das Urteil. Alle Augen waren auf das Kind gerichtet. Es war aschfahl, aber fast ruhig und biß sich auf die Lippen. Der Schatten des Galgens bedeckte es ganz. Diesmal weigerte sich der Lagerkapo, als Henker zu dienen. Drei SS-Männer traten an seine Stelle. Die drei Verurteilten stiegen zusammen auf ihre Stühle. Drei Hälse wurden zu gleicher Zeit in die Schlingen eingeführt. ‚Es lebe die Freiheit!' riefen die beiden Erwachsenen. Das Kind schwieg. ‚Wo ist Gott, wo ist er?' fragte jemand hinter mir. Auf ein Zeichen des Lagerchefs kippten die Stühle um. Absolutes Schweigen herrschte im ganzen Lager. Am Horizont ging die Sonne unter. ‚Mützen ab!' brüllte der Lagerchef. Seine Stimme klang heiser. Wir weinten. ‚Mützen auf!' Dann begann der Vorbeimarsch. Die beiden Erwachsenen lebten nicht mehr. Ihre geschwollenen Zungen hingen bläulich heraus. Aber der dritte Strick hing nicht reglos: der leichte Knabe lebte noch … Mehr als eine halbe Stunde hing er so und kämpfte zwischen Leben und Sterben seinen Todeskampf. Und wir mußten ihm ins Gesicht sehen. Er lebte noch, als ich an ihm vorbeischritt. Seine Zunge war noch rot, seine Augen noch nicht erloschen. Hinter mir hörte ich denselben Mann fragen: ‚Wo ist Gott?' Und ich hörte eine Stimme in mir antworten: ‚Wo ist er? Dort – dort hängt er am Galgen ...'" (1980, 87f.).

Im Werk Hannah Arendts wandelt sich das Problem der Gerechtigkeit Gottes, mit dem sich Leibniz in seinen 1710 erschienenen *Abhandlungen zur Rechtfertigung Gottes, über die Güte Gottes, die Freiheit des Menschen und den Ursprung des Übels* auseinandergesetzt hatte, zur Frage nach der Rolle des Menschen in der Geschichte. Die Präsenz des Bösen ist ein immer wiederkehrendes Thema, das im Licht ihrer Theorie und ihres Beitrags zur *Vita activa*, zum tätigen Leben, so der Titel eines ihrer Hauptwerke, gestellt wird. 1964 hatte die politische Theoretikerin in *Eichmann in Jerusalem* behauptet: „Denn die Lehre solcher Geschichten ist einfach, ein jeder kann sie verstehen. Sie lautet, politisch gesprochen, daß unter den Bedingungen des Terrors die meisten Leute sich fügen, *einige aber nicht*. So wie die Lehre, die man aus den Ländern im Umkreis der ‚Endlösung' ziehen kann, lautet, daß es in der Tat in den meisten Ländern ‚geschehen konnte', aber daß *es nicht überall geschehen ist*. Menschlich gesprochen ist mehr nicht vonnöten und kann vernünftigerweise mehr nicht verlangt werden, damit dieser Planet ein Ort bleibt, wo Menschen wohnen können." (1986, 347) In demselben Jahr spricht sie über das Wagnis, sich „im Lichte der Öffentlichkeit, und zwar als Person" zu exponieren: „Wir fangen etwas an. Wir schlagen unseren Faden in ein Netz der Beziehungen. Was daraus wird, wissen wir nie. Wir sind alle darauf angewiesen zu sagen: Herr vergib ihnen, was sie tun, denn sie wissen nicht, was sie tun. Das gilt für alles Handeln. Einfach und konkret, weil man es nicht wissen kann. Das ist ein Wagnis. Und nun würde ich sagen, dass dieses Wagnis nur möglich ist im Vertrauen auf die Menschen. Das heißt, in einem – schwer genau zu fassenden, aber grundsätzlichen – Vertrauen in das Menschliche aller Menschen. Anders könnte man es nicht." (1996, 70) Ein Brief an Gershom Scholem von 1963 zeugt von ihrem Bestreben, dem Bösen die Faszination des Dämonischen zu nehmen: „I changed my mind und spreche nicht mehr vom radikal Bösen. [...] Ich bin in der Tat heute der Meinung, daß das Böse nur extrem ist, aber niemals radikal, es hat keine Tiefe, auch keine Dämonie. Es kann die ganze Welt verwüsten, gerade weil es wie ein Pilz an der Oberfläche weiterwuchert. Tief aber und radikal ist immer nur das Gute." (1989, 78) An Keilsons B. mit seiner Entzweiung von Bewusstem und Unbewusstem – beide abgeflacht, beide vom lebendigen Miteinander abgespalten – lässt sich dieser Unterschied nachvollziehen.

Arno Gruen: Hitler-Porträt

Zurück zu dem verstörenden B.- bzw. Hitler-Bildnis, das der Protagonist entwirft, diesmal vorranging aus der Perspektive der Psychologie. Das Thema ist nicht nur kompliziert, sondern mithin tabuisiert, was Hans Keilson nicht daran hindert, aus vorbeugender Perspektive provokatorisch darauf einzugehen. Von Monster zu sprechen, ist durchaus angebracht, doch der Protagonist macht den Widersacher zu einem Menschen, gerade weil er die Wiederkehr von seinesgleichen verhindern möchte und folglich die Distanz zwischen Aleph und Beth reflexiv reduziert und erweitert. Margarete Mitscherlich (2014, 195f.) schrieb kurz vor ihrem Tod: „Nur indem wir uns, so möchte ich annehmen, mit ‚Hitler in uns selbst' auseinandersetzen, wird es möglich sein, uns mit uns selbst zu versöhnen" und vom unverarbeiteten Erbe der Vergangenheit in uns Abschied zu nehmen, eine Ansicht, die Keilson im Voraus teilt. An B. als Monster zu denken, entzieht seine Mittäter und Mitläufer, aber auch uns heute Lebende der Verantwortung. Von seinen persönlichen Eigenschaften zu abstrahieren und ihn einzig aus den gesellschaftlichen Verhältnissen heraus zu erklären, bedeutet, die infizierende Kraft des Wahns abzuschwächen – und eventuell einem andersgearteten neuen Wahn zu erliegen. Dabei handelt es sich um nur einen Aspekt des Hitlerismus, der neben den historischen, wirtschaftlichen, politischen, sozialen und mentalitätsgeschichtlichen usw. Bedingungen berücksichtigt werden muss, im Wissen darum, dass angesichts der ungeheuerlichen Verbrechen des Nationalsozialismus jedes geschlossene Erklärungsmodell unverhältnismäßig erscheint; angezeigt ist auch, „Hitler nachträglich zu ‚analysieren', um neue Katastrophen zu verhindern" (Stern 2020, 184), wie es u.a. Miller (1983) versucht hat.

1989 wagte Norbert Elias, in der Erstausgabe seines Buches *Studien über die Deutschen* zu schreiben: „Man hat oft den Eindruck, daß die Hitler-Beule noch nicht aufgegangen ist. Der Eiter pulsiert, aber kommt nicht heraus." (1992, 28) Das Buch des in Berlin geborenen jüdischen Psychoanalytikers Arno Gruens (2000, 13), *Der Fremde in uns*, kommt auf dieses Geschwür aus dem Blickwinkel der Gegenwart zu sprechen. Zunächst weist er prinzipiell darauf hin, dass der Hass auf das eigene Selbst Menschen hervorbringt, „die sich nur noch als aufrecht gehend erleben können, wenn sie diesen Haß nach außen wenden"; das Beunruhigende zulassen, wäre Teil der Auflösung, doch diesen „Teil von uns wollen wir zum Schweigen bringen, indem wir den Fremden, der uns daran erinnert, weil er uns ähnelt, vernichten" (ebd., 5). Falls außerdem „unser Selbstwert vorwiegend auf Erfolg, Status und materiellem Gewinn beruht, muß ein möglicher Verlust solcher äußeren Errungenschaften [...] als existenzgefährdend erlebt werden, weil dadurch der alte Terror der Ohnmacht, des Ausgeliefertseins und der Scham wieder aufersteht. Ich glaube, daß hier der wirkliche Grund dafür zu suchen ist, daß in Zeiten wirtschaftlicher und/oder moralischer Instabilität der Fremdenhaß zunimmt" (ebd., 14).

Gruen befasst sich eingehend mit Hitler, zumal die persönlichen Dispositionen des Führers die Zeit des Nationalsozialismus folgenreich mitgeprägt haben. Dabei geht der Analytiker insbesondere auf die psychische Differenz von Eigenem und Fremdem im Fall eines hasszentrierten Menschen ein. So lernt ein geliebtes Kind lieben, indem es sich mit den Elternbildern auseinandersetzt. Hitlers Mutter kam indessen als

Magd in das Haus von Alois Hitler. Sie wurde schwanger, noch bevor seine zweite Ehefrau starb, und sie verlor vor Hitlers Geburt drei Kinder. Ihr Mann war außerdem ihr Verwandter, sodass sie ihn nach der Heirat weiterhin Onkel nannte. In „ihrer abhängigen und gedemütigten Position dem Vater gegenüber", band die Mutter das Kind durch ihr Leid an sich, obgleich der Sohn „die Mutter nicht retten" und „ihren Erwartungen nicht entsprechen" kann; er „schämt sich, ein Versager zu sein", „haßt sich dafür" und lernt, „statt dessen [...] Größenphantasien und ein Bedürfnis nach Heldentaten" (42) zu entwickeln. Ernst Federn (1990, 74), der als politischer Opponent und Jude in Dachau und Buchenwald interniert wurde und sich als Therapeut eingehend mit der Psychologie des Terrors auseinandergesetzt hat, sah in der mangelnden elterlichen Fürsorge eine Ursache für eine Reihe von schlummernden Ich-Störungen, die politische, soziale oder individuelle Umstände mit schrecklichen Folgen aktivieren können. Melanie Klein (2000) setzte Formen der Objektbeziehung des Kleinkindes u.a. mit Zuständen von schizophrener Dissoziation und Depersonalisierung in Beziehung, wobei die projektive Identifizierung später zur führenden Form der Angstabwehr wird.

Auch der Vater, der vierundzwanzig Jahre älter als die Mutter, jähzornig und unstet war, lieferte dem Sohn ein negatives Modell: Er wies ihm „durch seine gewalttätige Unterdrückung [...] den Weg zur Identifikation mit seiner Macht", hinter der „sich innerer Terror und das Unvermögen, den eigenen Schmerz zu spüren", verbarg (ebd., 46). Durch beide Elternbilder lernte der Junge, Leid und Schuld abzustoßen und traumatogene ‚Risse' zu kultivieren. Ebenso könnten Wut und Aggression, die er in Familie und Schule empfand, von ihm „nicht direkt ausgedrückt werden, sondern manifestieren sich als Rachetriebe" (ebd.) bzw. dank des Notankers der Fantasie: „Abgespalten von ihrem Ursprung, der Not und dem inneren Terror, wurden diese von ihm in ‚Ideen' wie zum Beispiel den Antisemitismus transformiert, mit denen er anderen, die sich selbst ohnmächtig fühlten, weil auch sie ihre Wurzeln verloren hatten, Rettung versprach" (ebd., 49). Sein alle anderen Gefühle überdeckender Hass – und seine berühmten Hasstiraden – waren Ausdruck seines „Minderwertigkeitsgefühl[s] und der damit verbundenen Tendenz, sich als Opfer anderer zu fühlen" (ebd., 53). Seine destruktiven Empfindungen waren totalisierend, zumal der auf ein äußeres Objekt verschobene Selbsthass, und vermittelten ihm ein Gefühl von Leere und Unwirklichkeit, das durch Selbstüberschätzung und suggestive Größenfantasien kompensiert werden musste.

Zudem entwickelte Hitler „Angst vor Unsauberkeit, Schmutz und Krankheit" (ebd.), wobei Löwenthal (2021, 94) die Parasitophobie wie folgt deutete: „1) das Opfer der neurotischen Angst vor Parasiten sehnt sich nach einer infantilen Phase, in der das Kleinkind wie ein Parasit an der Mutter hängt und sie begehrt; 2) sein Widerwille gegen den Parasiten ist die Verwandlung seines späteren Abscheus vor diesem An-der-Mutter-Hängen in Sadismus, in den sich wiederum seine ursprüngliche Sehnsucht aufgrund tiefer Enttäuschungen und Schocks verwandelt hat. Im Phänomen der Parasitenphobie besteht die Sehnsucht verdrängt weiter, während der Sadismus manifest bleibt."

All diese Antriebe überlagerten und verstärkten die sozialen Erwartungen, die seinen aggressiven ‚Wiedergutmachungsfantasien' zum Durchbruch verhalfen. Die meisten Deutschen folgten ihm in Liebe und Dankbarkeit, zudem Hitler ihnen „vermeintliche Feinde offerierte" und somit die Möglichkeit, den „verhaßten inneren Fremden nach außen zu verlagern, den Haß ohne Schuldgefühle zu entäußern und sich dadurch von der erdrückenden Last der Minderwertigkeit zu befreien. Das ist der Grund, warum Menschen nach Erlösung trachten, warum sie einen Führer brauchen, der kein wirklicher ist" (ebd., 71). Mit Carl Amery (1998) betrachtet Gruen dieses Feindbedürfnis als „Vorläufer eines Prozesses, der noch immer in vollem Gange ist" (ebd., 40) und wachsende Entfremdung bewirkt, zumal „das Image die Wirklichkeit und die Pose die Verantwortung ersetzt" (ebd., 74). Der Psychoanalytiker richtet sein Augenmerk auf das gefährlich gespaltene Teilsystem B., behält dabei auch die Systeme von Ich, Du und Gesellschaft im Auge, ganz im Sinne Keilsons.

Gruen ‚privatisiert' und ‚normalisiert' die NS-Verbrechen nicht, vielmehr macht er darauf aufmerksam, dass Hitlers symptomatische Ego- und Welt-Verhältnisse einen dem Bewusstsein unzugänglichen destruktiven „Hexenkessel" (ebd., 49) erzeugten, der erst im Zusammenhang mit den Zeitereignissen zu einer Vernichtungsideologie überhöht werden konnte. Die Volksgemeinschaft folgte ihm. Der überkompensatorische Größenwahn und die chaotische Fülle des Begehrens, die aufeinander wie Ebbe und Flut bezogen waren, und der Gegensog der Entladung vermochten eine ungehemmte kompromisslose Dynamik zu entwickeln, „als wäre er in das Leben, das er sich schuf, bis zu den Knien eingeklemmt wie in einen gespaltenen Holzblock", um es mit einem Bild von Musil (1978, 785) auszudrücken. Im Oktober 1932 verkündete Hitler: „Ich habe meinen Weg gewählt und gehe ihn bis ans Ende." (Domarus 1988, 138) Für Keilsons Protagonist, gerade weil er ein Gegner von B. und seinesgleichen ist, gilt jedoch auch das Umgekehrte, das auf unser aller „inneres Ausland" verweist und also auf die Dringlichkeit, unsere Spaltung zu mindern und damit die Gefahr der Infizierung durch neue mögliche Wahnvorstellungen: „Aber so sehr sie sich auch bemühten, wie Wölfe zu erscheinen, sie waren doch keine Tiere." (514–515)

Den Anmerkungen von Gruen zur Kindheit vergleichbar, hat Lyotard (1995, 105) die Aufmerksamkeit auf die Schutzmechanismen gegen das Unbewusste und die Widersprüchlichkeit des Realen gelenkt, wobei er auf das Konzept der „Zwiebelstruktur“ zurückkommt, die nach Arendt (1955, 1026 u. 1070) den Totalitarismus kennzeichnet: „Hitler, im Inneren seiner Zwiebel verschanzt, ist dem Ding nicht weniger ausgesetzt als ein kleiner schwäbischer Student außen. Das Selbst ist immer nackt, was die Geburt oder den Tod betrifft, und somit auch, was den Geschlechtsunterschied oder die ontologische Differenz betrifft. Aber der Führer will die Kindheit vergessen oder vergessen lassen, die Kindheit, die eben diese schreckliche Nacktheit ist.“ Auch der französische Philosoph verweist auf das „Rätsel der Einzigartigkeit der Geburt“ (ebd., 102), wobei er diesbezüglich gutartige (bonne) Entwicklungen, die zur Anerkennung des Anderen führen, von bösartigen (méchante) bzw. vermeintlichen (prétendue), die den Anderen und Fremden in einen Rivalen verwandeln, unterscheidet: „Solche Emanzipation wird durch Leiden, Arbeitsmühe und Tod vergolten. Und durch Brudermord.“ (1995, 14ff.) Auch hinsichtlich ihrer Kindheit sind Keilsons Aleph und Beth entgegengesetzt.

Bezüglich des Phänomens Hitler scheinen folglich Rorschachtests und strikt soziologische bzw. sozialpsychologische Analysen wohl zu kurz zu greifen, eben weil sie das System Mensch von außen betrachten. Douglas Kelley, Psychiater während des Nürnberger Prozesses, vermochte auf keine spezifische ‚Täterpersönlichkeit‘ zu schließen (Harrower 1976, 342); Ritzler (1978) und Gilbert (1962) stellten allenfalls Mangel an Einfühlungsvermögen bzw. Gefühllosigkeit fest. Hannah Arendt (1986, 365) skandalisierte die Welt (nicht Deutschland, wo ihr Buch vielfach der Rechtfertigungsstrategie diente), als sie während des Eichmann-Prozesses der ‚funktionalen Normalität‘ bzw. der fugenlosen Angepasstheit auf die Spur kam, wobei sich der Angeklagte selbst als „Opfer eines Fehlschlusses“ betrachtete (vgl. dazu Gross 2006). Aus seiner leidvollen Erfahrung heraus bestätigte Primo Levi dieses Fazit 1976 im Appendix zur italienischen Ausgabe von *Ist das ein Mensch?*: „Es gibt die Ungeheuer, aber es sind zu wenig, als dass sie wirklich gefährlich werden könnten. Wer gefährlicher ist, das sind die ganz normalen Menschen“.

Adorno (1969, 95) ermutigte dazu, „die Schuldigen an Auschwitz mit allen der Wissenschaft verfügbaren Methoden, insbesondere mit langjährigen Psychoanalysen, zu studieren, um möglicherweise herauszubringen, wie ein Mensch so wird“. ‚Herausgebracht‘ hat dies wohl die Literatur, darunter Keilson in seinem Roman, obgleich aus der Sicht vorbeugender Maßnahmen. Auch der französische Schriftsteller Robert

Merle hat es in *La mort est mon métier* von 1952 mit eigener ‚Methode' untersucht. Ausgangspunkt des Romans, der 1957 in deutscher Übersetzung im Aufbau-Verlag erschien, war das Studium der Dokumente zu Rudolf Höß, der im Krakauer Gefängnis unter dem abgeschmackten Titel *Meine Psyche. Werden, Leben und Erleben* eine Autobiografie verfasst hatte. Der SS-Obersturmbannführer war von Mai 1940 bis November 1943 Kommandant des Konzentrationslagers Auschwitz gewesen; später organisierte er die Massentötungen an den ungarischen Juden und ab November 1944 die in Ravensbrück.

Merle schilderte nicht nur die Verhältnisse in Auschwitz, sondern stellte anhand der zugleich bürokratischen, schwulstigen und gefühlsbetonten Sprache des Lager-Kommandanten die Abspaltung zwischen der sentimentalen Rechtschaffenheit und der kognitiv-seelischen Trägheit dar, die ihm erlaubte, sein verbohrtes Selbstwertgefühl aufrechtzuerhalten. Arbeitsethos, Pflichtbewusstsein, Anständigkeits-, Ordnungs-, Natur- und Tierliebe im Kleinen konnten ungestört neben radikaler amoralischer Stumpfheit im Großen bestehen. Das Bild dieses Nazi-Verbrechers ‚kippt' nicht: In seiner Entzweiung steht er fest je „auf einem Beine" (510, s.u.). Als der Gerichtspsychologe Gilbert (1962, 253) ihn fragte, ob die Juden ihr Schicksal verdient hätten, antwortete Höß: „Solche Fragen sind unrealistisch […] wir SS-Leute sollten über solche Dinge nicht nachdenken; es kam uns auch nicht in den Sinn". Und falls der Kommandant der „größte[n] Menschen-Vernichtungs-Anlage aller Zeiten", wie er sie nannte, in seiner Dienststelle nicht glücklich war, dann aus dem Grund, dass, angesichts seiner vorauseilenden Gewissenhaftigkeit und Sorgfalt (Broszat 1963, 134 u. 13), seine Mitarbeiter und die Technik für ihn nicht effektiv genug waren, sowohl mengen- als qualitätsmäßig. Die „falsche Verinnerlichung, Technisierung und Verfachlichung der geistigen Kräfte des Menschen", von der Scheler (1963, 211) schon 1919 sprach, gipfelt im System der Vernichtungslager. Den Zweifeln seiner Untergebenen begegnete Höß, indem er sie „mit dem Führer-Befehl abspeis[te]": „Mußte ihnen sagen, daß diese Vernichtung des Judentums notwendig sei, um Deutschland, um unsere Nachkommen für alle Zeit von den zähesten Widersachern zu befreien." (Broszat 1963, 131)

Hans Keilsons Protagonist dementiert radikal diese Umkehrung von Täter- und Opferperspektive. Wie Robert Merle versucht sich Keilsons Roman außerdem sowohl in der Diagnose als auch in der Therapie, von denen Fritz Bauer (1967, 67) in seinem Essay „Kriminologie und Prophylaxe des Völkermords" schrieb: „Die Prophylaxe des Völkermordes setzt seine Ätiologie voraus. Die Diagnose ist schwierig genug, aber immer noch leichter als die Therapie, worunter die Beseitigung der Ursachen verstanden wird." Mit dem Braunschweiger Remer-Prozess von

1952 und vor allem mit dem Frankfurter Auschwitz-Prozess von 1963–1965 trug Bauer dazu bei, das bleierne Schweigen der Nachkriegsgesellschaft zu zerreißen und die Wende von 1968 anzubahnen. 1965 folgte *Die Ermittlung. Oratorium in 11 Gesängen* von Peter Weiss, der als Zuschauer am Auschwitzprozess teilgenommen hatte.

Niklas Luhmann: Der Widerspruch

Um die Hierophanie vom Himmel auf die Erde zu holen, können wir sie mit Luhmanns (1991, 488ff.) Systemtheorie und insbesondere mit den Ausführungen zum Widerspruch in Beziehung setzen, der nach dem Soziologen nicht „aus dem Bereich möglicher Erkenntnis“ auszuschließen ist. Luhmann gibt zunächst zu bedenken, dass seit „Hegel [...] man im Grunde aber wissen [kann], daß man mit einer Logik, die widerspruchsfreie Gegenstände postulieren muß, Soziales aus der Umwelt der Wissenschaft ausschließt“. Die Grundfrage bleibt vielmehr die, „wie jene Einheit konstituiert wird, die dann nach den Bedingungen der Logik eindeutig widerspruchsvoll bzw. eindeutig widerspruchsfrei sein kann“, und es gibt darauf „verschiedene Antworten je nachdem, ob es sich um psychische Systeme oder um soziale Systeme handelt“. Bei psychischen Systemen kann das „Bewußtsein [...] mit dem Widerspruch dadurch fertig werden, daß es ihn sich selbst zurechnet und daraufhin sein Realitätsverhältnis kontrolliert“.

Mir scheint, dass im Falle des Bewusstseinswiderspruchs der Hierophanie – ein Maximum von „Zusammenfassungen von Sinnmomenten unter dem Gesichtspunkt der Unvereinbarkeit“ – die „operative Option“ in der autopoietischen Evolution des Bewusstseins selbst besteht, die nicht mit der „Steigerung der Fähigkeit, Einschränkungen zu tragen“ einhergeht, sondern darin besteht, „Möglichkeiten offen zu halten“. Insbesondere in der ästhetischen Vermittlung werden „Information, Mitteilung und Verstehen [...] als Einheit praktiziert, wie immer unterschiedlich die Bewußtseinsinhalte der Beteiligten und ihre Selektionshorizonte jeweils sind und bleiben“. Die Hierophanie widersteht dem Versuch der Disziplinierung „offen und provokativ [...] dadurch, daß die Kommunikationsform des Widersprechens gewählt wird“: „Der Widerspruch entsteht dadurch, daß er kommuniziert wird.“ Namentlich Hierophanien können als Moment hochgradiger funktionaler Provokation für die Selbstreferenz des Bewusstseins begriffen werden, denn sie „destabilisieren ein System, und sie machen dies an der Unsicherheit des Erwartens erkennbar“. Das Maß an Instabilität, dass sie „laufend reproduzieren“, ermöglicht – so wie Keilsons Roman den verunsicherten Lesern –, „laufend auf sich selbst und auf ihre Umwelt reagieren zu können“.

Hierophanien können dabei nicht „einseitig oder beidseitig durchschaut gehandhabt werden“, sondern wirken eher als „Promotoren der Systembewegung: [H]ohe Sensibilität wird bereitgestellt, Zukunft wird aktualisiert.“ Auf diesem Wege entwickelt sich durch „lernende Anpassung“ ein „Immunsystem“, das in etwa dem Rechtssystem der Gesellschaft entspricht, welches zur „Schaffung von Entscheidungsvoraussetzungen“ „im Vorgriff auf mögliche Konflikte gebildet wird“. Die Einschränkbarkeit der Konflikte kann auf diesem Wege erfolgen. Doch grundsätzlich brauchen soziale Systeme „Widersprüche für ihr Immunsystem, für die Fortsetzung ihrer Selbstreproduktion unter heiklen Umständen“. Hierophanien würden demnach Widersprüche in einem ästhetischen Bild verdichten zum Vorteil des Immunsystems und der Entscheidungen unter heiklen Verhältnissen. Widersprüche, die man aushält und im Bewusstsein bündelt, sind der Gefasstheit dienlich.

Auch Bewusstsein vermag „Anschlußfähigkeiten“ sicherzustellen, die sich „mit dem Akzeptieren brauchbarer Änderungen vereinbaren“ lassen, und zwar „in Richtung auf höhere Komplexität“, wie etwa die Heterostase (Antonovsky 1997). Eine gewaltsame Aufladung von Konflikten und ihre Entladung auf die Außenwelt kann durch innere Kommunikation vermieden werden. Das Bewusstsein vermag „für deren Behandlung hinreichende eigene Komplexität zur Verfügung“ zu stellen und seine „Empfindlichkeit für Störungen“ zu steigern, „wenn es darum geht, sich zu alarmieren“. Dazu dient der spezifische Modus der aufmerksamen Informationsgewinnung und -verarbeitung von Reizen, aus dem Körperinneren und der Außenwelt. Ganzheitliche Mitteilungs- und Verstehensquellen abzufragen ermöglicht auch die Lektüre eines komplexen Romans, der Wahrnehmungsketten aktiviert, die Zeit suspendiert und Schutzmechanismen abfängt, weil er Erfahrung „ohne die Zensur passieren lassen kann“ (471), wie Keilsons junger Held es ausdrückt. Da, nach Luhmann (1991, 508), „Widersprüche [...] überhaupt nur als Ereignisse real möglich“ sind, setzt sie der Protagonist von *Der Tod des Widersachers* dynamisch in Handlung und Reflexion um. Er hat nicht im Voraus den Modus festgelegt, in dem sich seine Beziehung zu B. entwickeln wird, verfügt aber über eine „hohe Elastizität“, die gewährleistet, dass „alles mit allem zusammenhängt und jedes Vorkommnis alle anderen betreffen kann“ (533). Als statisches Gegenbild der „psychischen Destruktion“ steht der Widersacher.

Und doch bleibt ein Rest, der nicht aufgeht. Luhmann (1991, 506) selbst gelangt zur Schlussfolgerung, dass „Widersprüche im System nicht eindeutig lokalisiert werden“ können: „Wenn man sie auf etwas Bestimmtes festlegen will, dann auf diese Funktion. Sie dienen als ein Immunsystem im System.“ So steht es um B. als Geißel und vor allem um die „immer wieder neue[n] Widersacher“, die „auferstehen und in die Arena treten“ (423), in Keilsons Roman: Die Systeme Bewusstsein und Gesellschaft müssen sich immunisieren durch eine funktionale „immunologische[...] Logik“. Ein weiterer Rest ist der, dass – wie die Geschichte zeigt – nicht alle Interferenzen ausgeschaltet und nicht alle Widersprüche faktisch aufgelöst werden können. Richtungsweisend bleibt dabei betreffs Alephs Banden zu Beth, dass das „Objekt [...] nur dadurch erforscht werden [kann], daß man seine Selbstreferenz in Bewegung setzt bzw. deren Eigenbewegung mitbenutzt. Alle Transparenz, die zu gewinnen ist, ist dann Transparenz der Interaktion mit dem Objekt und der dazu nötigen Deutungen“ (Luhmann 1991, 657).

Frank Witzel: Zwei Bewegungen

In Witzels (2019, 46) *Metaphysischem Tagebuch I* kann man lesen: „Es scheint sich um zwei Bewegungen zu handeln, die einen bauen immer mehr um sich herum, bis alles in völliger Undurchsichtigkeit untergeht, nur um die eigene Undurchsichtigkeit nicht sichtbar werden zu lassen, die anderen bauen all das wieder ab, verlassen es, ziehen sich zurück, um zu lernen, die eigene Undurchsichtigkeit zu akzeptieren.“ Nach diesen Parametern wäre Keilsons B. eine Gestalt, die ihren Wahn zu einem Zustand ausbaut und die eigene Leere vor sich selbst versteckt. Die Lehre, die aus dem historischen Urbild zu ziehen wäre – und die Katastrophe war zu umfassend, um daraus keine Lehre zu ziehen –, ist die, sich von der ersten Bewegung (in Keilson die B.-Bewegung) oder Regung der Feindschaft nicht anstecken zu lassen, insofern man Frieden mit dem inneren Widersacher schließt und im gesellschaftlichen Umfeld friedliche Konfliktlösungsstrategien erkundet. Die interne Bewegung geht mit der „um sich herum“ einher, A- und B-, Ja- und Nein-Übungen halten die Balance, wie im Falle von Keilsons Protagonisten, zunächst durch die „starken Bande“ und wieder und wieder durch das „Korn“.

Literaturhinweise

Zu den Archetypen vgl. insb. C.G. Jung (GW 9.1), Dufrenne (1959 u. 1967), Détienne (1990), Wilson (1999). Um 1900 beherrschten europäische Mächte nicht nur achtzig Prozent der Erdoberfläche, sondern mit den USA das Weltbild. Die Kritik am Eurozentrismus in den Geistes- und Sozialwissenschaften bzw. die Hervorhebung der Grenzen der Anwendung zentraler Kategorien unserer Moderne etwa vonseiten des in Chicago lehrenden Historikers Dipesh Chakrabarty (2010), Mitbegründer der *Subaltern Studies*, muss zwangsweise auch die endopsychischen Mythen der europäischen bzw. der westlichen Seelenheilkunde einbeziehen, angefangen vom Ödipus, auf den sich Freuds (1986, 293) Zitat zu dessen „Zwang" bezieht. Selbst hierbei handelt es sich nicht um einen Komplex von universalem Rang in Raum und Zeit und also schlechterdings nicht um das „Schicksal der Menschheit" (Jung, GW 15, 94), sondern um eine zentrale Konstellation der psychosozialen Entwicklung des Individuums innerhalb der Kleinfamilien westlicher Prägung. Nicht umsonst beobachtet die zeitgenössische Forschung die Entstehung der *civilisation post-œdipienne* (Safouan 2018) inmitten unserer Gesellschaften, und zwar nicht ohne Sorgen um das Fehlen einer gesetz- und gemeinschaftsstiftenden Vermittlungsinstanz über das sich selbstsetzende marktorientierte Ego hinaus.

Zur psychischen Existenzform, die dem unabschließbaren Ganzen der individuellen Persönlichkeit entspricht, vgl. Jung (GW 11, 596), zum Selbst Ders. (GW 7, 398f.).

Zu Hierophanie und Kratophanie vgl. Eliade (1998) und Rudolf Otto (2014, 13 u. 42), der das Numinose als „Gefühl des mysterium tremendum, des schaudervollen Geheimnisses" und zugleich als „etwas eigentümlich Anziehendes, Bestrickendes, Faszinierendes, das mit dem abdrängenden Momente des tremendum in eine seltsame Kontrast-Harmonie tritt", beschreibt.

Zu den Leistungen von Metapher und Mythos vgl. Blumenberg, der in seinem „Ausblick auf eine Theorie der Unbegrifflichkeit" (1997) zum einen auf die „authentische Leistungsart" der Metapher als „Erfassung von Zusammenhängen" aufmerksam macht, wobei das „seiner Identitätssorge anheimgegebene Bewußtsein" zwar „Unstimmigkeiten auszubessern" verlangt, jedoch „Anomalität als Bruch der ursprünglich stimmenden Erscheinungseinheit [...] in eine höhere Normalität einbezogen" wird; in *Arbeit am Mythos* (1979, 40) verwies Blumenberg ferner darauf, dass Mythen „Geschichten hochgradiger Beständigkeit ihres narrativen Kerns und ebenso ausgeprägter marginaler Variationsfähigkeit" sind und dass erst die „beiden Eigenschaften [...] Mythen traditionsgängig" machen.

Die Rede Yehuda Bauers vom 27. Januar 1998 ist auf *bundestag.de* nachzulesen.

Zum Thema von Gut und Böse vgl. Scholem (1961), Neiman (2004). In Wiesel (1979) verwandelt der Gastwirt das Purim-Fest in ein Gericht gegen den Herrn des Universums, welcher der Feindschaft, der Grausamkeit und der Gleichgültigkeit und somit der Verweigerung der Theodizee beschuldigt wird.

Zu Hiob vgl. auch C.G. Jung (GW 11, 385–506), für den sich das reflexive Bewusstsein nicht in der Konzeption Gottes als *summum bonum* wiederfinden kann. Vgl. zudem Assmann (1997, 45), nach dem das Judentum „die Fundamente einer kulturellen Mnemotechnik gelegt [hat], die [...] in der Menschheitsgeschichte beispiellos dasteht", wie in *Der Tod des Widersachers* nicht nur der Hinweis auf Hillel bezeugt.

Zum Problem der Mitte vgl. Jung (GW 10, 504f.), aber auch Guggenbühl-Craig (1992).

Zu Wittgensteins „Lehre vom schweigenden Zeigen“ vgl. Sloterdijk (2009, 210ff), auch zu den späten Arbeiten Foucaults zum Thema der Selbstsorge.

Der Begriff der *longue durée* geht auf die französische École des Annales, eine der prägenden Strömungen der Geschichtswissenschaft des letzten Jahrhunderts, zurück, deren Mitbegründer, Marc Bloch (2002, 210) bekanntlich meinte: „Historische Tatsachen sind wesentlich psychologische Tatsachen. Ihre Voraussetzungen haben sie also normalerweise in anderen psychologischen Tatsachen.“

Zu Büchner und Keilson: In seinem Essay „In der Fremde zuhause“ erinnert sich Keilson, wie er vor seinem Exil oft „wie Danton im Luxembourg dachte: ‚Sie werden es nicht wagen ...!‘“ (2.223) Büchner ist in seinem Werk sehr präsent. So weisen etwa der Titel des Romans und das Thema des Müssens auf *Dantons Tod* zurück: „Wer will der Hand fluchen, auf die der Fluch des Muß gefallen? Wer hat das Muß gesprochen, wer? [...] Puppen sind wir von unbekannten Gewalten am Draht gezogen; nichts, nichts wir selbst! Die Schwerter, mit denen Geister kämpfen, man sieht nur die Hände nicht wie im Märchen“ (1999, 1, 49). Unter Anspielung auf mythisch-religiöse Vorstellungen (Mt 18,7) hatte Büchner (ebd., 2, 377) auf diese Widersprüchlichkeit schon in seinem *Fatalismusbrief* hingewiesen: „Der Einzelne nur Schaum auf der Welle, die Größe ein bloßer Zufall, die Herrschaft des Genies ein Puppenspiel, ein lächerliches Ringen gegen ein ehernes Gesetz, es zu erkennen das Höchste, es zu beherrschen unmöglich.“ Zu Keilsons Büchner-Rezeption vgl. Sanna (2019).

Zum Unterschied zwischen negativem Frieden, im Sinne der Abwesenheit von Krieg und physischer Gewalt, und positivem Frieden, der die soziale Gerechtigkeit und eine entsprechende Kultur zwischen Menschen und Gesellschaften befördert, vgl. Galtung (1998).

Zu den „spezifisch außeralltäglichen [...] Kräften oder Eigenschaften“ oder nicht „Veralltäglichung“ der „charismatischen Autorität“ vgl. Max Weber (1956, 140). Vgl. dazu Lepsius (1993).

Aus der Einsicht heraus, dass identische traumatische Ereignisse keineswegs dieselben Folgen für die Betroffenen zeitigten, entwickelte der jüdische Soziologe Aaron Antonovsky (1997) in den siebziger Jahren den salutogenetischen Ansatz. Gesundheit wird demnach nicht als passiver Gleichgewichtszustand (Homöostase), sondern als aktives Geschehen (Heterostase) verstanden, bei dem es darum geht, die Zusammenhänge von Menschen, Gesellschaft und Umwelt zu gewahren und aus ihnen heraus ein Kohärenzgefühl zu entwickeln.

Vgl. auch Edgar Morin (2010, 423ff.), der einer sephardisch-jüdischen Familie entstammte und während des Krieges Mitglied der Résistance war; er ist der Ansicht, dass nichts an sich wahr oder falsch ist, da es auch nur teilweise wahr oder teilweise falsch oder gleichzeitig wahr und falsch sein kann, zumal Teil und Ganzes durch unzählige gegenseitige Abhängigkeiten und Rückwärtsschleifen miteinander verbunden sind.

Vgl. auch Pilgrim (1989) zum Verhältnis von Mutterbindung und kompensatorischer Machtanfälligkeit.

Fünfter Streifzug:
Phänomenologien des Feindes. Die Juden

„Das deutsche Volk wird mit Judenblut zusammengeklebt."
(U.A. Boschwitz, *Der Reisende*)

Strategien der Aufarbeitung

1944, als Keilson sich im Hause der Rientsma in Delft versteckt hielt, las er Célines *Le voyage au bout de la nuit*: „Ein Buch, endlich, ohne idealistische Verbrämung. Mut, ein solches Buch zu schreiben. Welche Einsamkeit, welches Verlangen, zu leben. Leben nicht nach Modellen, Ideal-Modellen." (T 187) Doch bekundet der Schriftsteller nicht nur seinen Enthusiasmus, sondern wünscht sich, Gleiches zu leisten: „Ein solches Buch möchte ich einmal schreiben über die Juden. Ungeschminkt, ohne Jehovismus, noch messianisches Pathos. [...] Man darf kein Antisemit sein, um das zu tun, darum kann nur ein Jude das Buch schreiben." (T 185) Das erwünschte Buch existiert, auch wenn der Autor den ursprünglichen Titel, *Der Tod des Feindes*, später ändern wird.

Der Tod des Widersachers etikettiert niemanden, nicht die Juden und selbst B.-Hitler, den ausgewiesenen Etiketten-Experten, nicht. Diese Entscheidung entspringt zunächst dem Pakt mit dem Leser, den der Ich-Erzähler, der Protagonist, mit ihm schließt:

> Ich werde alles erzählen und nichts verschweigen, soweit es meinen Feind und mich betrifft. Wenn ich an seinen Tod denke, gedenke ich meines Lebens. [...] Ich werde nichts erzählen von dem Leid, das durch ihn über uns kam. Die Stunde des Todes ist nicht die der Abrechnung. (376)

Diese Festlegung stellt keine implizite Antwort auf die Schwierigkeit dar, das Grauen des Völkermords an den Juden Europas zu vermitteln, sondern entspricht der Entscheidung das „Leid, das [...] über uns kam" (376) aus der Perspektive darzustellen, die Anne-Lise Stern (2020, 246) bezüglich von Claude Lanzmanns Dokumentarfilm *Shoah* von 1985 geltend machte: „Keine Vorstellung über Auschwitz", wobei der Film während seiner Laufzeit von neuneinhalb Stunden „die Toten wie mit einer dünnen Deckschicht zu schützen" versucht.

Insbesondere kommt der Vorsatz der Strategie des Autors und des internen Erzählers entgegen, den Leser zu veranlassen, die eigenen „starken Bande“ (452) der Feindschaft zu hinterfragen, und zwar aus dem Bewusstsein heraus, dass „die Kette des Bösen abgerissen werden“ (Frankl 1982, 137) muss. Keilson war nämlich der Überzeugung, dass die Aufarbeitung der Trauer keine zuvörderst kollektive Aufgabe sein könne, sondern dass sie als ‚eigenes Skandalon‘, als ‚privates und öffentliches Ärgernis‘ (2.194) erfahren werden müsse. Erinnerung kann durch einen angemessenen Bezugsrahmen angeregt werden, doch ist sie in *Der Tod des Widersachers* unlösbar mit der Aufgabe der Selbstverortung verbunden, durch die erst „anhaltende Friedfertigkeit“ (v. Weizsäcker 1969) freigelegt wird.

Einen weiteren Grund für das Fehlen der Zeitumstände teilt der Protagonist gleich am Anfang der Erzählung mit. Er hat „Namen und direkte Anspielungen“ (357) vermieden, um die Menschen, die sein Manuskript aufbewahren werden, keiner Gefahr auszusetzen, wie der holländische Rechtsanwalt in der ersten Rahmenhandlung bestätigt. Dieser Hinweis kann als indirekte Anregung verstanden werden, ev. persönliche Erinnerung und Vorstellungen mit der geschichtlichen Rekonstruktion der Vergangenheit zu konfrontieren; darüber hinaus kann die Mitteilung als Ermunterung an den Leser gelesen werden, spezifische Kompetenzen bezüglich der historischen, sozialen, ökonomischen und politischen Faktoren einzubringen, welche die Shoah möglich gemacht haben. Gleichwohl hat der Autor wie gesagt nicht vor, einen historischen Roman zu schreiben. In Bezug auf die so langlebige wie sinnlose Judenfeindlichkeit beabsichtigt *Der Tod des Widersachers* vielmehr, den Leser einem inneren Widersacher auszusetzen, der ihn „treibt und hetzt zu einer Jagd, wo er Jäger und Wild zugleich ist“ (361). Keilson vertraut dabei auf seine schriftstellerische Fähigkeit, ‚den Spiegel nur mit einem *leichten* Hauch zu verhängen‘, sodass sein Leser (anders als der Vater des Protagonisten) in ihn zu blicken wage‘ (361), zumal der Roman gegensätzliche Spiegelerfahrungen verspricht, vom jungen Juden bis hin zu B.

Der Widersacher, der eine Pol, schafft alle Alternativen ab, angefangen bei denen, welche die Juden betreffen: „Mit dem Juden gibt es kein Paktieren, sondern nur das harte Entweder-Oder. Ich aber beschloß, Politiker zu werden“, so endet das siebte Kapitel von Hitlers *Mein Kampf* (2016, 225). Die zwei Sätze enthalten, wenn nicht ein Programm, so doch sehr präzise Vorstellungen. Überdies werden er und seine Anhängerschaft die Juden, den Feind aller Feinde, auf das Entweder-oder ihres unreinen Blutes gegenüber dem arischen reinen reduzieren, d.h. auf ein einziges unhaltbares Ordnungspostulat, eine untrüglich essentialistische, kausal-deterministische Urzeugung des Wahns, die mit dem Ich auch jedes differenzierte Du auslöscht. Hannah Arendt (1955, 251), die nach 1933 lange Jahre staatenlos war, fasste es treffend zusammen:

> Was die Juden anlangte, so war die gesellschaftliche Transformierung des ‚Verbrechens', ein Jude zu sein, in das gesellschaftsfähige Laster der Jüdischkeit von äußerster Gefahr. Aus dem Judentum konnte man entkommen, aus der Jüdischkeit nicht; ein Verbrechen unterliegt nur einer Strafe, auf das Laster, will man es überhaupt bekämpfen, steht die Ausrottung.

Ausgehend von Deutschland, wurden aufgrund dieser Jüdischkeit die Ehefrau oder der Ehemann, Freunde, Bekannte, Nachbarn und Kollegen zunächst in den ewigen Juden, in den zeitlosen Ahasver zurückverwandelt, unwandelbar in seiner Wandelbarkeit. Die ‚Endlösung' folgte, mit der Hitler und seine Verbrecher schon vom Namen her die halluzinatorische Anwesenheit der nunmehr verbannten Juden zu tilgen – und damit tatsächlich jeden Widerspruch endgültig auszulöschen gedachten. In einem Brief an Horkheimer (1995, 80f.) bezeichnet ihn Löwenthal zurecht als den „Totengräber von 2500 Jahren Geschichte, Moral und Religion".

Keilson, Verfechter der Friedfertigkeit, ist da ganz anderer Meinung, ähnlich wie der bedeutende jüdisch-polnische Dichter Julian Tuwim (1894–1953). Dieser bezeichnete Antisemitismus als Philistertum, zeigte im Voraus die Fragwürdigkeit der sog. ‚Holocaustindustrie' auf und wusste selbst in der grauen städtischen Masse jedes einzelne Du zu unterscheiden, und dies alles gleichzeitig. In seinem Manifest *My, Żydzi Polscy* (Wir, polnische Juden) aus dem Jahr 1944 schrieb Tuwim (1993, 15), er sei Pole und sage dennoch ‚wir Juden', obgleich nicht aus Rassismus, sondern wegen des Blutes, von dem es nur zwei Sorten gebe: das in den Adern fließende und das vergossene. Wie Tuwim, der nach Kräften auf die Beseitigung der Hitler-Diktatur hinarbeitete, wünscht sich auch Keilson den zum Freund, „der ohne sich zu schämen / als Unikum lebt lustig auf der Welt" (2.23), und gleichzeitig kämpft er darum, dass es ihrer immer mehr werden.

Vom „wir sind" zum „ich bin"

Angesichts der Feindschaft unter den Menschen, die B. schürt und die die ‚jüdischen' Bekannten und Freunde des Protagonisten in ihren Bann ziehen wird, nimmt der keilsonsche Held einen dritten Standpunkt ein: den des Außenseiters, des Paria (H. Arendt) oder des *sans-papiers*, der sich treu bleibt und den Entscheidungen ausweicht, die als unumgänglich betrachtet werden, ihm selbst aber fragwürdig erscheinen. Andererseits ist der Vorsatz, die Rechnungen – anstatt auf Umwegen durch Feind und Freund – zunächst mit sich bzw. im eigenen Haus zu begleichen, schon in seine Kindheitserfahrung eingeschrieben. Die erste Entscheidung fällt in den Anfang der Handlung.

Als er etwa zehn Jahre alt war und das Fremde durch B. in die elterliche Küche einbrach, versuchte der Vater, dem Sohn Mut zu machen, indem er ihn aufforderte, „seinen Stolz [zu] bewahren" (404). Nunmehr erwachsen, erinnert sich der Sohn, dass er damit seinen „Unmut" weckte. Der Protagonist wollte B.s Anspruch nicht mit einem ähnlichen Anspruch erwidern und ihm ein spiegelbildliches ‚ich bin nicht der andere' entgegenhalten („So schuf er sich in mir ein Gegenbild und wußte von nun an: Wer ich nicht bin, dies weiß ich wohl." 451). Anstatt den Feind zu einem „Niemand" (444) zu erklären, stellt der junge Jude auch in der nachträglichen Reflexion eine Beziehung der Anerkennung mit ihm her:

> Stolz? Worauf? Daß man ist, der man ist, und nicht ein anderer? Vielleicht gar noch ein Stoßgebet, etwa: „Mein Gott, ich danke Dir, daß ich bin, wie ich bin, und nicht wie der andere?" Dies ist der Anfang aller Barbarei. (404)

... der Anfang der Barbarei, weil das „Stoßgebet" das Vertrauen in die Vielstimmigkeit der Einzelnen und der Gesellschaften und die Erkundung alternativer Möglichkeiten im Überschuss der Umwelt aufgibt. Zweifeln nähern die Menschen einander, identitäre Gewissheiten und Überzeugungen spalten.

Keilson selbst, als in Holland wohnhafter Deutscher, war der Meinung, dass Identität „mehrere Loyalitäten haben [kann], ohne des Verrats bezichtigt" (2.193) werden zu müssen. Im Gegensatz zu B.s starrer Wir-Gesellschaft verteidigt auch der Held des Romans als Erwachsener die abweichenden Lebensformen und Entscheidungsmöglichkeiten, nicht zuletzt gegenüber seinen Leidensgenossen, die ihn nötigen wollen, sich anzupassen. Sie werfen ihm vor, er wisse nicht, „wo [er] hingehöre" (416), und beschuldigen ihn, ein „schwacher Bruder" (417) zu sein. Er erkennt sich jedoch nicht in ihrer Aufforderung wieder, ihrerseits ausschließliche Bande einer „Gemeinschaft auf Tod und Leben" zu pflegen. Er verweigert sich ihren Erwartungen hinsichtlich der Norm des ‚alles oder nichts', die sie alle „auf derselben Seite" (458) stehen sieht. Eine Wahrheit, welche die des Anderen ausblendet, und sei es auch nur die seiner Angst und seines Leids, kann nicht die ganze Wahrheit sein. Ferner scheint die Vielfalt des Daseins ihm nicht sämtlich in politischen oder kulturellen Ordnungen und erst recht nicht in einer Gegnerschaft zwischen zwei Fronten aufzugehen. Seine Antwort auf diesen Anspruch ist nicht nur ein ‚Ja – aber', sondern ein doppeltes ‚Nein': „Nein, nein, aber ich kämpfe lieber ohne Alliierte" (459), und zwar nicht, weil man jede „Lieferung später doch bezahlen" muss. Vielmehr weist er jedes Etikett zurück, das die individuelle und gesellschaftliche Mannigfaltigkeit im Namen allgemeingültiger bindender Richtsätze auslöscht. Selbst auf verlorenem Posten hält er an der Möglichkeit einer bewussten Eigenentscheidung fest bzw. er lernt weiterhin – wie Montaigne (1998, III, 462) – „von Gegenbeispielen mehr als von Beispielen", „durch Nichtanpassung mehr als durch Anpassung, durch Widerspruch mehr als durch Zustimmung".

Sein Grenzgängertum scheint indessen sein Lager zu schwächen. Seine Leidensgefährten verstehen ihn nicht und setzen ihn ihrem Gegendruck bzw. ihren Sanktionen (von *sanctum*, d.h. ‚heiligen, unverletzlich machen, bestätigen, anerkennen, bei Strafe verbieten') aus. Sein Freund Wolf, der „ein guter Mensch" (419) ist, wirft ihm einen „Mangel an Teilnahme" (417) vor und fordert ihn auf, die „Grenze [...], wo das Mitgefühl, das Sicheinfühlen von selbst aufhört" (418), zu respektieren: Vielleicht trägt er gerade deshalb im Roman einen sprechenden Namen, der eigentlich der Gegenseite zusteht, wie ein Beispiel verdeutlicht: Etwa in Lessings *Emilia Galotti* (1954, 318) heißt ein Missetäter Angelo (Engel) und ein anderer Pirro (Pyrrhussieg), während der Prinz, der wahre Verantwortliche, sich in den Schlussworten der Tragödie als unschuldig präsentiert, nur schade, dass es, „zum Unglücke so mancher, nicht genug [ist], daß Fürsten Menschen sind: müssen sich auch noch Teufel in ihren Freund verstellen?" Auch Keilson mischt die Karten, angefangen von den Namen bzw. von ihren Kürzeln.

Im Fall des Protagonisten missbilligt ein Bekannter namentlich seine Eigenbrötelei:

> Sie nehmen alles viel zu persönlich [...]. Gewiß, kleine persönliche Unterschiede können dabei bestehenbleiben, je nach Anlage des betreffenden Individuums. Aber dies sind Nuancen des Persönlichen. Auf Tod und Leben, hierauf konzentriert sich sozusagen alles Persönliche, das zugleich das Gemeine ist [...]. (459)

Zu persönlich? „Sehr richtig, ich nehme es in der Tat persönlich. Wie sonst?" (459) ist die Antwort des jungen Juden, der imstande ist, den Zusammenhang zwischen Einzelnen und Geschichte, Großem und Kleinem, zwischen dem Anfang der Entwicklungen (404) und ihrem Umschlag in die Barbarei herzustellen: „Ja, […] schneller ist nichts als der!" (Lessing, *D. Faust*).

„Wie sonst?" Die Frage sollte man vor allem in Zeiten der Gleichschaltung stellen, die sich eines gewaltsam normierenden Prokrustesbettes bedienen. Wie Prokrustes, von dem Diodor berichtet, er nähme Wanderer auf, um alsdann den Langen zu kürzen, den Kurzen zu strecken, kennt auch der Widersacher nur ein einziges wahnhaftes Maß für alle. Gerade als Folgeerscheinung von B.s Gleichschaltung hält der Protagonist an den individuellen Differenzen fest, zeigt nonkonformes Verhalten und weist die Bevormundung in kleinen und großen Entscheidungen zurück. Auch gegenüber der eigenen Seite beharrt er auf seinem Außenseiterstatus, da wie schon Kant (1983, 9, 216) 1795 in *Zum ewigen Frieden* angeführt hatte, „die Rechtsverletzung an *einem* Platz der Erde an *allen* gefühlt" werden sollte, was im Roman für jeden Einzelnen gilt.

Auch die von B. zu einem Niemand herabgewürdigten Juden sind für den Protagonisten ein jeweils anderes vielgestaltiges Du. Im Unterschied zur Ellipse, der sein Vater sein Bekenntnis anvertraut hatte („Wir sind …!"), beabsichtigt die entsprechende Auslassung des jungen Juden, die Aufmerksamkeit des Lesers auf die auszufüllende Leerstelle zu lenken. Nicht nur, dass B. die Frage „Wie sonst?" auf umgekehrte Weise beantwortet hat, indem er seine starre Identität über ein ebenso starres negatives Gegenbild verortet hat („Wer ich nicht bin, dies weiß ich wohl", 451). Der junge Jude weist diese Zuordnung zurück, sowohl für den Menschen, den er als Unikum intendiert, als auch für das Gottesbild – „Ich bin der Ewige, dein Gott […] Du sollst dir kein Bild machen, kein Abbild […]" (Ex 20.2,4). Er lenkt seine Aufmerksamkeit auf die Leerstelle, die durch „die wesentlichen Begriffe der Intelligenz", „die Begriffe von Grenze, Maß und Grad, von Proportion und Beziehung, Bedingung und notwendiger Verbindung und den Zusammenhang zwischen Mitteln und Resultaten" (Weil 2011, 172) ins Lot zu bringen ist, wobei ein jeder das eigene Lot ausfindig machen muss. Mit anderen Worten steht wie schon in der Ringparabel aus Lessings *Nathan der Weise* nicht das So-Sein bzw. die religiöse Zugehörigkeit im Vordergrund, sondern das ‚richtige', d.h. das Leben und Dialog fördernde Handeln des Einzelnen und also der Gemeinschaft.

Wie bereits erwähnt folgerte Niklas Luhmann (1995, 74), dass „die Frage des ‚Wer bin ich?'" – und wie viel mehr die nach dem Wir – „zwangsläufig ins Dunkel [führt], aus dem man nur auf unehrliche Weise, durch Entparadoxierung der Paradoxie wieder herausfindet". Zwar kann man

„das Verfahren Selbstintendierung, Selbstsimplifikation, Reduktion von Komplexität oder wie immer nennen; es bleibt jedenfalls auf eine kontingente, auch anders mögliche Selektion angewiesen“ (Luhmann 1995, 73), die als solche nicht zur „Autopoiesis des Bewußtseins“ (ebd., 55ff.), zu seiner Selbsterschaffung und -entwicklung in der Kommunikation beitrage. Im Roman erklärt erst diese ‚ehrliche‘ und nicht reduktionistische Weise die radikalen Bande des jungen Juden mit dem Widersacher:

> Vielleicht hatte auch ihm einst sein Vater zugeflüstert: ‚Wir sind ...!‘ [...] Er sah mir die Einflüsterung meines Vaters an, die kurze Aussage, die zugleich verwundert fragte: ‚Wir sind ...?‘ So schuf er sich in mir ein Gegenbild und wußte von nun an: Wer ich nicht bin, dies weiß ich wohl. Alles, was er in sich verschwieg und womit er selbst nicht zu Rande kam, erblickte er in mir. (451)

Auch die Wahrnehmung der Widersprüche im eigenen Lager verweist auf die Leerstelle, wenngleich der Autor sich bewusst ist, dass der Versuch, über die „kollektiv verübte[n] Verbrechen“ „kühl und unparteiisch schreiben zu wollen“, schon als „verwerflich“ betrachtet werden könnte (2.366). Trotzdem ist es seinem Protagonisten nicht möglich, das „Mal, das [seine Leidensgenossen] verbindet“ (416), auf sich zu nehmen, obwohl er ihr Leid bis auf den Grund teilt:

> Aber sie erheben es zu einem stolzen und erhabenen Ehrenzeichen, zu etwas Einmaligem, als ob es nichts auf dieser Welt gäbe, das erhabener wäre. Aber sie leiden, und eigentlich ist es eine kleine Mogelei, was sie aus ihrem Leiden machen. (418)

Nicht von ungefähr verwies Keilson auf die Abwesenheit jeder idealistischen Verbrämung bei Céline! Doch allen Ernstes: Was gilt Großmut, wenn er nur der eigenen Seite, also sich selbst, zum Vorteil gereicht? Was gilt Strenge, wenn sie nur die Gegenseite beeinträchtigt? Die Hauptfigur von *Der Tod des Widersachers* ist jedenfalls bestrebt, Spaltungserscheinungen abzufangen, angefangen bei sich selbst.

Zudem ist der Autor davon überzeugt, dass es sich bei jeder Form von Antagonismus, auch „beim Antisemitismus um eine Wechselbeziehung handelt“ (2.370), zumal die „Mechanismen der Verkehrung ins Gegenteil, der Symbolbildung und so weiter [...] einem Psychoanalytiker vertraute Abwehrmechanismen“ darstellen (L 65). In „Linker Antisemitismus?“ (1988) ging Keilson so weit, sich zu fragen, ob nicht auch Formulierungen wie „das auserwählte Volk“, „das verheißene Land“ und „das Volk der Bibel“ zu einem „etwas verwirrende[n] und zugleich anmaßende[n] Bild" des Judentums beigetragen haben könnten (2.321). Im gleichen Essay wies er ebenso die „simplifizierende Gleichsetzung von Sabra und Schatila [...] mit Auschwitz" (2.182) zurück. Der Schriftsteller erkannte das uneingeschränkte Recht Israels an, in Frieden zu leben, aber nicht zuletzt aus Verantwortung für das Land war er der Meinung, auch „den Israelis wird es nicht erspart bleiben, sich mit dem ‚Widersacher'-Problem, dieses Mal in umgekehrter Richtung als in der Diaspora, auseinandersetzen" zu müssen:

> Und es ist eine offene Frage, ob es ihnen letztlich gelingen wird, ihre eigene aggressive Projektion auf einen Feind zu beherrschen und zu verinnerlichen, oder ob sie, um den Zusammenhalt der eigenen Gruppe zu gewährleisten, zu einem bedingungslosen „scape-goating" ebenfalls verurteilt sind. (2.181)

Die Sündenbockproblematik, die Eigen- und Fremdidentität gegeneinander absetzt, kannte Keilson seit den dreißiger Jahren. Er weiß zum Beispiel, dass die strikte Trennung der Täter- und Opferperspektive das Opfer weiterhin zum Opfer macht und es dem Täter und den eigenen Schuld- und Schamgefühlen aussetzt, sodass das nicht heilende Trauma sie „der Gegenwart und der Zukunft entfremdet" (Freud, GW 11, 287). Somit hat er früh wahrgenommen, dass zwischen Eigenem und Fremdem eine *contact zone* und Grade von Symmetrien und Asymmetrien, von „gegensätzlicher Gemeinsamkeit" (Diner 1986, 9) bzw. von Überschneidungs- und Umkehrungsflächen bestehen. Selbstbezügliche geschlossene Grenzen, die abweichendes Verhalten eindämmen, können zwar für innere Sicherheit haften, aber Möglichkeiten der Selbstentfaltung und der Kommunikation abträglich sein. Dies gilt bezüglich von Identitätskonstruktionen, die Eindeutigkeit erhärten, aber auch anfechtbar machen gegenüber jeder Art von Infragestellung, die zwangsläufig Widerstand, wenn nicht Feindschaft hervorruft, und betrifft auch ihre Spiegelungen in Türen und Grenzen. Erst jenseits der Grenzen – der inneren und also der äußeren, der äußeren und also der inneren – sind Drachen, mit denen auch Georg, der heilige Streiter, kämpfte: *Hic sunt dracones*.

Anders als etwa Brücken und Schwellen, schließen und öffnen sich Grenzen und Türen, womit sie eine unterschiedliche Absicht anzeigen, die „sozusagen in ihrer Form zu unmittelbar überzeugender Plastik" (Simmel 1957, 6) gerinnt. Doch der Bewegungs- und Handlungsraum der Inklusionen ist gegenüber der „Kontinuität und Unendlichkeit des Raumes" nur „eine Parzelle" (ebd.), die allemal kleiner und einförmiger als der Freiraum des Dahinter, das unumschränkte Ausland bzw.

der Raum der Exklusion und des Fremden ist. In diesem Sinne werden sie ferner „zum Bilde des Grenzpunktes, an dem der Mensch eigentlich dauernd steht oder stehen kann“ (ebd., 4). Während „Grenzerhaltung (*boundary maintenance*) Systemerhaltung“ (Luhmann 1991, 35) ist, ist die Erde kugelförmig und der Mensch bleibt „das Grenzwesen, das keine Grenze hat“, sodass „seine Begrenztheit ihren Sinn und ihre Würde erst an dem, was die Beweglichkeit [...] versinnlicht: an der Möglichkeit, aus dieser Begrenzung in jedem Augenblick in die Freiheit hinauszutreten“ (Simmel 1957, 6f.), findet. Es ist aus dieser Erfahrung heraus, dass der Held zu behaupten wagt, „eigentlich ist es eine kleine Mogelei, was sie aus ihrem Leiden machen“ (418). Denn warum sollte er gerade seinen Freunden seine differenzierten Beobachtungen unterschlagen wollen, zudem auch dies ein Kunstgriff ist, *Hitler* noch im Nachhinein zu *besiegen* (vgl. Burg 2009), ihn widerruflich und in den künftigen Widersachern unwiederholbar zu machen.

Der Jude als Feind

Die andere Perspektive, aus welcher der Antisemitismus im Roman betrachtet wird, ist die der Feinde. Keilson hat in seinen Essays über die Anfeindungen reflektiert, denen die Juden mehr als andere Glaubens- und Kulturgruppen im Laufe der Jahrhunderte ausgesetzt waren. Welche psychologischen Bedingungen machten aus ihnen die bevorzugte Projektionsfläche für die unbewussten Aspekte, von denen sich Menschen bedrängt und bedroht fühlten? Welche geschichtlichen Bedingungen führten dazu, dass sie zur Anomie (É. Durkheim), d.h. zur Angst vor der Auflösung von Regeln, Normen und sozialen Ordnungen Anlass zu geben schienen? *Der Tod des Widersachers* geht diesen Fragen nach, zumal der keilsonsche Protagonist Verfolgung erfahren hat. Ob „gewollt oder ungewollt“ (458), hat auch er die Last des durch Zeiten und Länder wandernden Wahnbildes des Juden „wie ein Geschenk“ (404) von seinem Vater erhalten:

> Auch er hatte sie einstens empfangen wie ein Geschenk, das er vererbt bekommen hatte, eine Last, die in Sorge gegeben und in Sorge empfangen wird. [...] Er hätte mich besser auf dieses Geschenk vorbereiten sollen, er hätte mir sagen müssen, daß es Qualen verschafft und Lasten bereitet, daß es Schmähungen, Verluste und Abtrünnigkeiten in seinem Gefolge

> mit sich schleppt, Unrecht und Ohnmacht, und daß dies die Welt bedeutet, das Leben, zu dem er mich erweckt hat [...]. (404)

Trotz schmerzlicher „Schmähungen, Verluste und Abtrünnigkeiten", trotz widersinniger Schuldzuweisungen von rechts und von links, haben die Juden in den Jahrhunderten keine feindlichen Gefühle und Absichten gehegt, sondern erlitten sie allenfalls zu „Unrecht" und überaus ‚ohnmächtig'. Dessen ungeachtet wurde beispielsweise der schwarze Peter für die berüchtigten „Protokolle der Weisen von Zion", fingierte Programmschrift antisemitischen Verschwörungsdenkens, den unterschiedlichsten Urhebern zugeschoben, angefangen beim König Salomon bis hin zu Theodor Herzl, dem Gründer der zionistischen Bewegung. Hitler selbst verfocht in *Mein Kampf* (2016, 337) die These, dass sie „mit geradezu grauenerregender Sicherheit das Wesen und die Tätigkeit des Judenvolkes aufdecken und in ihren inneren Zusammenhängen sowie den letzten Schlußzielen darlegen". Wenn da die verehrenden Folgen seiner Handlungen nicht wären, muten seine Worte „geradezu" grotesk an, und zwar insofern die „grauenerregende[r] Sicherheit" eben ihn in seinen „inneren Zusammenhängen" und „letzten Schlußzielen" betrifft: „Er, ein wutgeladener Verfolger, fühlt sich von dämonischen Mächten verfolgt", von einer „Weltverschwörung kosmischen Ausmaßes" (Zweig 1991, 76ff.).

Stattdessen betrachteten sich die Juden in Deutschland zu Hause. So etwa der jüdische Kaufmann in *Der Reisende* (2018) von Ulrich Alexander Boschwitz, der nach dem Scheitern seines ersten Fluchtversuchs im November 1938 mit der Reichsbahn quer durch ein Land reist, das er als das seine empfindet und nicht verlassen will. So war auch Keilsons Vater „ein Deutscher wie die anderen" (L 148), als solcher empfand sich sein Sohn: „Ich war doch einer von ihnen" (L 154), sowie der Protagonist, Vater, Mutter und Bekannte im Roman. Vor allem haben Deutsche und Juden eine gegenseitige „Akkulturation" (2.159, 319), oder besser: tiefgreifende Prozesse spannungsreicher Beziehungen hinsichtlich Wertvorstellungen, Sitten, Sprache, Kultur und Gesellschaft erlebt (Berek, Ludewig 2012).

Ein Edikt des römischen Kaisers Konstantin von 321 gilt als erster Nachweis für jüdisches Leben nördlich der Alpen. Im Jahre 1783 verfügte das „Toleranzpatent" des Habsburger Kaisers Joseph II. den Erlass der ‚Leibmaut', hob die Ghettos auf und verschaffte den Juden Gewerbefreiheit. Die Berliner literarischen Salons von Henriette Herz, Rahel Varnhagen und Dorothea Schlegel, die älteste Tochter Moses Mendelssohns, trugen in den Jahren von 1780 bis ins neue Jahrhundert dazu bei, den Weg zur geistigen und gesellschaftlichen Gleichberechtigung zu öffnen, wobei sie gleichzeitig deren Grenzen anzeigten. Im Juli 1869 unterzeichnete Otto von Bismarck das „Gesetz, betreffend die Gleichberechtigung der Konfessionen in bürgerlicher und staatsbürgerlicher Beziehung", das mit seinem einzigen Paragrafen zur Emanzipation der Juden beigetragen hat. Seitdem hat die deutsche Bevölkerung jüdischen Glaubens auf jedem Gebiet, von der Naturwissenschaft zur Philosophie, von der Medizin zum Recht, aber auch in Kunst, Wirtschaft und Politik, die Entwicklung des Landes mitgestaltet. Aus dem lebhaften Ineinander von Eigenem und Fremdem wurde ein wechselseitiges Vermächtnis (wie Hillels Goldene Regel der Nächstenliebe anzeigt, s.u.), insbesondere während der Weimarer Republik bzw. der kurzen „Zwischengeschichte von etwa einem Menschenleben" (Diner 1986, 9). In seiner *Bilanz der deutschen Judenheit* von 1934 beschreibt Arnold Zweig (1991), der sich als sozialdemokratischer Deutscher verstand, den beeindruckenden Beitrag der Juden zum modernen Wohlstand, zu den Lebenswerten, dem Weltbild und dem menschlichen Zusammenleben – und damit zugleich die beispiellose Verarmung der deutschen Gesellschaft ohne ihre Judenheit.

Hitler und seine Anhänger setzten dieser Zwischengeschichte ein jähes Ende und machten vorläufig das gemeinsame Erbe zunichte. Karl Wolfskehl, Darmstädter Jude, auf dessen Neuseeländer Grabstein die Mahnung „Exul Poeta", verbannter Dichter steht, schrieb in seinem Poem von 1933 *Die Drei Welten*: „Verblieb ich ich, jüdisch, römisch, deutsch zugleich, / Ein Mann des Altreichs, bis ins Neue Reich / Der Wandlung Herr rief mich: ‚Du, von ganz eh / Ganz Ursprung, Gestern – Jüngst im Morgen steh.'" In seinem Arbeitsheft ist darüber zu lesen, dass jüdisch, römisch und deutsch „die drei Welten, aus denen [s]eine geistige Gestalt erwuchs" (Voit 2005, 509), darstellten. Von einem aufgezwungenen äußeren und inneren Exil spricht indes sein an sein Vaterland gerichtetes Gedicht *Der Abgesang*: „Dein Weg ist nicht mehr der meine […]".

Gleich Wolfskehl haben zunächst auch Keilson und sein Protagonist als Junge den Ausschluss von Spielplatz und Freundeskreis erlebt. Nunmehr beklagt ein Leidensgenosse verzweifelt den Ausschluss aller Juden aus Land, Geschichte und Gesellschaft unter B.:

> Verstehen Sie das, man ist hier geboren, man spricht die gleiche Sprache. […] Und trotz allem hat man keine Rechte mehr, man wird herausgestoßen, wie ein Fremder behandelt. Und warum? Warum bloß? Wissen Sie es? Ich möchte es schon gern wissen. Weil man ein anderer sein soll. Ein anderer? Was ist das, ein anderer? […] Früher waren es andere Götter, andere Kriegsbemalungen, andere Frauen, weiß ich was alles, und jetzt ande-

> res Blut, anderes Geld, andere Bodenschätze, andere Gedanken, eine andre Mentalität. Märchen, nichts als Märchen, sage ich Ihnen, früher schon, natürlich, in der sogenannten Kinderstube der Menschheit, und jetzt, wo sie sich zum Schlafen oder zum Sterben hinlegt, auch noch Märchen. Das Märchen regiert die Welt. (455–456)

Mit seinem Verweis auf das Prinzip der Feindschaft räumt der Bekannte dem Tode den Platz ein, der ihm in gewalttätigen Zeiten gehört. Ferner erwähnt die Gestalt die neuen und alten Steine des Anstoßes, Geld, Besitz, Gedanken, Mentalität und nun auch das Blut: „Wir Juden", so Keilson in einem Gedicht, „wir zahlen alle Schulden" (2.17), und in einem Essay: „Judenhaß ist ubiquitär" (2.331). Besonders in den Zuständen gedrückter ‚deutscher Innerlichkeit' vermochte der allgegenwärtige Hass, der sich unter B. zu einer paranoiden Massenneurose entwickelte, rebellischen Lustgewinn und konformistische Sicherheit zu sichern, wie Otto Fenichel (1993) vermerkte. Im Übrigen wechselt im neuen arischen ‚Wohlfahrtsstaat' auch materieller Besitz den Besitzer; Götz Aly (2005) kann demnach von Hitlers nationaler „Gefälligkeitsdiktatur" bzw. „mehrheitsfähige[r] Zustimmungsdiktatur" sprechen; die Umverteilung von ‚arisiertem' Gut, die einer Form populären Raubkriegs entsprach, sowie der steigende Lebensstandard trugen zumindest bis zum Barbarossafeldzug dazu bei, „Hitlers zufriedene Räuber" zu korrumpieren und sie für ihn einzunehmen. Die groß angelegte Beraubungspraxis zu verewigen ist das Ziel des gleich zweimal vernichtenden Rundschreibens des Reichswirtschaftsministers vom 16. Februar 1945: „Alle Akten, die die Vernichtung der wirtschaftlichen Existenz der Juden betreffen, sollten vernichtet werden."

Um die ‚weltbewegenden' Ursachen des Judenhasses und die wiederholte Ellipse „Wir sind …" anzugehen, sieht sich der Leser nunmehr gezwungen, fachspezifische Kompetenzen einzubringen, etwa die der neueren Geschichtsforschung, welche die Juden als ‚bewegliche Klasse', die das Ressentiment aller sozialen Schichten kanalisierte, definiert. Als Angehöriger einer prismatischen Gruppe (Bauman 1994) kann ‚der Jude' – je nach Prisma oder Blickwinkel, von dem aus man ihn betrachtet – sowohl einer hochmütigen Oberschicht als auch einer lästigen Unterschicht zugerechnet werden. Die doppelte Tautologie, in diesem Falle das viermalige Sagen derselben Aussage, benennt eine unüberbrückbare Kluft: Der Jude war eben ‚der Jude', d.h. der Andere in seiner „Unschärfe" (ebd., 55) bzw. in seiner Fremdheit und der nicht Zugehörige; umgekehrt war der Deutsche ‚der Deutsche', der Gleiche in einer auf fanatische Grenzziehung und -erhaltung bedachten Gemeinschaft.

Nach Lyotard (1990, 114) zeugen die Juden noch immer von dem, was Europa nicht wissen will, eben weil sie trotz ihrer Ansässigkeit über Jahrhunderte weiterhin als nicht zur Familie gehörig angesehen werden, anders als etwa Mitglieder der Nachbarvölker. So kann die heutige Erinnerungskultur auch als „Reizschutz gegen die Angst und den Schrecken vor dem Unbestimmten" (Pfestroff 2004, 160) gedeutet werden, die insbesondere die Moderne kennzeichnet, wie schon Horkheimer und Adorno (1988) erörterten.

„Judenhaß" war auch deshalb „ubiquitär" (2.331), weil die Angehörigen dieser Gruppe sich assimilierten und letztendlich wie alle anderen aussahen. Sie hätten sich also unkenntlich machen und hinter den Kulissen gegen die ‚einfältigen' Ureinwohner komplottieren können, jedenfalls in deren verkürzten Fantasien. Meinte nicht schon Friedrich Nietzsche (3, 608) in seiner *Fröhlichen Wissenschaft*, sie seien „jenes Volk der Anpassungskunst *par excellence*"? Andererseits, was nicht nur seine Schwester und Nachlassverwalterin Elisabeth Förster-Nietzsche gern vergaß, hatte gerade er sich bereits in *Jenseits von Gut und Böse* (5, 192) gegen den nationalistischen Herdeninstinkt, gegen die „kleine[n] Anfälle von Verdummung [...], diese kleinen Benebelungen des deutschen Geistes und Gewissens" ausgesprochen. Gleich im Anschluss an diese Passage befürwortete Nietzsche, dass „es vielleicht nützlich und billig wäre, die antisemitischen Schreihälse des Landes zu verweisen" (195). Stattdessen nahm die ‚Benebelung' unter dem Druck von B.s aggressivem Nationalismus zu. Die Juden, die Internationalisten blieben und doch keine Ausländer waren, schienen wie berufen, die Rolle des inneren Feindes, des Feindes in unserer Mitte auszufüllen. Otto Weininger (1947, 281f.), ein ‚Abtrünniger' (404), eröffnete: „Innere Vieldeutigkeit [...] ist das absolut Jüdische, Einfalt das absolut Unjüdische." Doch schon 1911 hatte Werner Sombart (1911, 327) in *Die Juden und das Wirtschaftsleben* klargestellt: „Es ist ja erstaunlich, *wie* beweglich der Jude sein kann, wenn er einen bestimmten Zweck im Auge hat." Und doch: „Juden bleiben immer Juden", erläuterte Carl Schmitt (1991, 18), wobei „[g]erade der assimilierte Jude [...] der wahre Feind" ist, sodass er umstandslos nach äußerlichen Gegenstandsbestimmungen definiert werden muss, zumal dem Blut ...

Genauer betrachtet verwundert es nicht, dass das Doppelbild des westlichen Geld- und des östlichen Betteljuden vor allem in der ‚verspäteten Nation', in einem sich rapide entwickelnden Lande die Runde machte, das zugleich „ein riesiger, ein kochender Behälter von Vergangenheit" (Bloch, GW 4, 56) war. Gerade in Deutschland erweckte der schnelle soziale Aufstieg der Juden seit den Gründerjahren den Eindruck, als hätten sie den durch die Moderne verursachten forcierten Wandel ins Werk gesetzt, einschließlich der Zerstörung aller fest gefügten Werte und Ordnungen der vormodernen übersichtlichen Lebenswelt. Darüber hinaus gewannen für den rückwärtsgewandten deutschen Philister die von dem Bekannten erwähnten „andere[n] Gedanken" besondere Durchschlagskraft durch die irritierenden und verstörenden Beiträge jüdischer Künstler und Intellektueller zum deutschen Kulturschaffen. Juden gründeten die Psychoanalyse, lieferten ätzende Reflexionen über tradierte Lebensweisen, pflegten Ironie und Satire, schufen kritische Kunstwerke, verkündigten revolutionäre Bekenntnisse und verlangten darüber hinaus, sie umzusetzen. Sie wirkten fernerhin über Institutionen von nationalem und internationalem Rang: um nur einige zu nennen, das durch Magnus Hirschfeld in Berlin eröffnete Institut für Sexualwissenschaft (1919) und das Psychoanalytische Institut (1920), in dem Karl Abraham wirkte, dem das Frankfurter Institut (1929), das von Karl Landauer mitgestaltet wurde, folgte; 1923 wurde das Institut für Sozialforschung gegründet, dessen Leitung Max Horkheimer 1931 übernahm und aus dem die Kritische Theorie bzw. die Frankfurter Schule hervorging.

Die Weimarer Republik gab nicht nur den Frauen das Wahlrecht, sondern hob auch für die Juden die restlichen Einschränkungen des Staatsbürgerrechts auf. Judentum hieß Moderne, wobei es im Konflikt zwischen Vergangenheit und Gegenwart aufgerieben wurde. Gerade Hitler macht ‚den Juden' in *Mein Kampf* (358) als „Wortführer einer neuen Zeit" und eines „undeutschen Geistes" dingfest: Der seine war deutsch! Diese wirkungsmächtige Gleichmacherei, die in *Der Tod des Widersachers* der Bekannte beklagt, bestimmt die Juden zum nicht nur sinnbildlichen Blitzableiter von jeder Art sozialen Missmuts: „[M]an [hat] keine Rechte mehr, man wird herausgestoßen, wie ein Fremder behandelt. Und warum? Warum bloß? Wissen Sie es? [...] Weil man ein anderer sein soll. Ein anderer? Was ist das, ein anderer?" (455). Die jüdische Glaubensgemeinschaft ist in vielen Ländern verstreut und also differenziert, Juden sind geschichtlich Vorhut und Nachhut zugleich. Sie bieten dem Armen das verhasste Gegenbild des Reichen, der sich sogar des heiligen deutschen Bodens bemächtigt hat (Bodenschätze, 456); dem Ungebildeten liefern sie das Gegenbild des Intellektuellen mit ‚anderen Gedanken, anderer Mentalität' (ebd.), des erfolgreichen Rechtsanwaltes, Arztes und Psychoanalytikers, aber auch eines Ministers wie Walther Rathenau, der den Vertrag von Rapallo mit Sowjetrussland abschloss und im Juni 1922 von Rechtsradikalen ermordet wurde. Nicht nur für Spießer sind sie obendrein Dandys, Weiberhelden, Korrupteure deutscher „ahnungslose[r] Mädchen", so in *Mein Kampf* (357) oder in Artur Dinters *Die Sünde wider das Blut. Ein Zeitroman* (1917), von dem 1921 schon 170.000

Exemplare verkauft worden waren (v. Hoff 2020): Mit ihrer Fähigkeit zum Lustgewinn erwecken diese Fremden den Neid derer, denen das Begehren fremd ist. Nur, dass im Falle der Juden ausnahmsweise auch die Kehrseite gilt: Dem Großstädter liefern sie das Gegenbild des vormodernen *Schtetls*, der östlichen Siedlung, sowie der mit Gleichmut getragenen Verelendung bzw. der gelassenen Rückständigkeit unangepasster Menschen, die noch dazu Jiddisch sprachen.

Tatsächlich wurde der Westjude Zielscheibe von Neid und Hass aufgrund seines Erfolgs, da er sich – nach Jahrhunderten des Wartens auf Integration – den Zwängen der Zivilisation offenbar leicht und erfolgreich angepasst hatte; der Ostjude, „der Fremde par excellence“ (Geisel 1981, 20), wurde Zielscheibe von Neid und Scham angesichts seiner unwankelmütigen Verwurzelung in der Vorzeit. Dergestalt wurden die Projektionen, die Schatten, welche die Juden werfen, als zweifache Bedrohung erfahren. Zum einen präsentierten sie ein ‚gelungenes‘ Selbstbild, das, was man gern sein würde. Eben weil Juden die Chancen der Emanzipation zu nutzen und in der neuen Zeit Wurzeln zu schlagen wussten, waren sie dem Deutschen näher gerückt, als es diesem lieb war. Umgekehrt wurden die Ostjuden – wie etwa der ostjüdische Geschichtenerzähler, dem Döblins Franz Biberkopf im Viertel hinter dem Alexanderplatz begegnet – zu Fremden, denen die Nostalgiker des Vormals unwillkürlich ihre beneidenswerte Freiheit von Zwängen neideten, bzw. zu denjenigen, die sie an ihre Ängste und Ratlosigkeit erinnerten. Das differenzierte Bild der Juden gehörte vielen Ordnungen an, zumal Sartre (1994, 44) 1946 festgehalten hatte: „Der Jude ist ein Mensch, den die anderen für einen Juden halten“. Wohin der B.-Anhänger auch schaute, ob nach innen oder außen, oben oder unten, zurück oder nach vorn, überall stieß er auf ‚seinen‘ Juden bzw. er erschaute im Spiegel gebannt sein eigenes Feind-Stereotyp.

Diese Perspektiven trugen zur Wandlung der Beschämungs- und Ohnmachtsgefühle vieler Deutscher nach dem Zusammenbruch infolge des Ersten Weltkrieges, der „als Rückkehr in die Zeit der deutschen Schwäche“ (Elias 1992, 14) erlebt wurde, bei. Und beide Bilder begünstigten den unreflektierten, von Vergeltungsfantasien und Projektionen begleiteten Rollenwechsel, der die ‚Täter‘ zu ‚Opfern‘ des jüdischen Übergriffs (Wurmser 1993, 15ff. u. 305ff.) machte und ihren offensiven in einen defensiven Hass wandelte. Noch ein Vierteljahrhundert nach dem Krieg wurde die Legende fortgesponnen, so etwa, wenn ein deutscher Rechtsanwalt und Notar, dem es wie vielen noch immer darum ging, die ‚deutsche Ehre‘ zu retten, 1961 an den Verteidiger von Eichmann schrieb: „Das internationale Judentum hat den zweiten Weltkrieg

angestiftet" (so in Gross 2006, 219, der ein aussagekräftiges Material zutage gefördert hat).
Die „Sinn- und Maßlosigkeit" der Verbrechen gegen die Juden unter Hitler ist umso bestürzender, als „ihr außerordentlich hoher Phantasie-, ihr relativ geringer Realitätsgehalt" (Elias 1992, 536) dazu diente, die Welt in Gläubige und Ungläubige zu spalten bzw. die Kluft zwischen Eigenem und Fremdem zu erhärten. In Georg Büchners *Dantons Tod* hatte der Titelheld auch diesen wunden Punkt durch die Frage zur Sprache gebracht, die er an seinen Gegenspieler, den unbestechlichen Robespierre, richtet: „Ist denn nichts in dir, was dir nicht manchmal ganz leise, heimlich sagte, du lügst, du lügst!" (1999, 1, 33). Sein Jünger Camille vervielfachte den Widerspruch unter Verweis auf den unbewussten inneren ‚Vierspalt':

> [W]ir sollten einmal die Masken abnehmen, wir sähen dann wie in einem Zimmer mit Spiegeln überall nur den einen uralten, zahllosen, unverwüstlichen Schafskopf, nichts mehr, nichts weniger. Die Unterschiede sind so groß nicht, wir Alle sind Schurken und Engel, Dummköpfe und Genies und zwar das Alles in einem, die 4 Dinge finden Platz genug in dem nämlichen Körper, sie sind nicht so breit, als man sich einbildet (ebd., 84).

In *Der Tod des Widersachers* bringt der Protagonist diese Vierbeziehung von Ich und Du, Eigenem und Fremdem auf folgenden Nenner: „Wir sind alle Doppelspieler. Es ist das Nächste, was uns verbindet." (451)

Doch die B.-Zeit hat den ‚Ehrenkanon' verändert. Zunächst werden die Juden vor ihrer Vertreibung noch ‚verproletarisiert' (Pätzold 1987, 337), sodass der Geringste der Deutschen, jeder Habenichts, sich ihnen endlich überlegen fühlen konnte. Selbst in den Konzentrationslagern sorgten ihre Peiniger dafür, dass sie die Letzten blieben. Zur Figur des Anderen *par excellence* degradiert, wurden sie Opfer eines *Erlösungsantisemitismus* – um den Begriff von Saul Friedländer (1998, 87ff.) aufzunehmen, der nicht von ungefähr die Opposita von Licht und Schatten, Heil und Untergang der Zeit entsprechend gewaltsam zusammenführt – und einer absoluten relationalen Fremdheit ausgesetzt: einer simplifizierten zweigeteilten Welt, in der die Ausrottung des Anderen zur Bedingung des eigenen Gedeihens oder Heils wird. Die Gegensätze stehen miteinander auf Kriegsfuß, sind aber in ihrem Ungleichgewicht unentwirrbar ineinander verschlungen und also tödlich, wobei zu den ‚Kollateralschäden' auch folgenschweres menschliches Versagen gehört.

Die Erfindung des jüdischen vs. arischen Blutes stellt dabei die offenbar tiefste Projektion dar. Als regelrechte Flucht nach vorn liefert sie den Nachweis einer Spaltung sondergleichen. Der aus der Naturbetrachtung hergeleitete biologische Determinismus ist das Anzeichen des ausgeklügeltsten ‚verhangenen Spiegels' (361) bzw. eines formidabel abgespaltenen tiefen ‚Schattens': Die Natur selbst, nicht das Ich, hat angeblich in eigener Sache die Verfügung getroffen, das Ich hat ihr nunmehr zu gehorchen. „Gettare il sasso e nascondere la mano", den Stein werfen und die Hand verstecken, lautet eine italienische Redewendung, obgleich in diesem Fall die Hand nicht einmal weiß, dass sie den Stein geworfen hat. Und noch weniger wissen Kopf und Hand von der „ständigen Bewegung der Selbsterhellung" der Vernunft, denn es herrscht der Ungeist, die Widervernunft, „ganz im Stande der Verschlossenheit, der nächtlichen Dunkelheit" (Husserl 1976, 273).

Zurück zum Roman. Als Keilsons Protagonist am Anfang seiner Parabel entdeckt, zum Feind auserkoren worden zu sein, fragt er den Vater: „Warum? [...] Was haben wir denn getan?" (354) Künftig wird er sich beim Schreiben seiner Aufzeichnungen an die Antwort des Vaters („Wir sind ...") erinnern: „Was diese Antwort mit meiner Frage zu schaffen hatte, ist mir im Grunde damals nie klargeworden, so tiefsinnige und wohlerwogene Erklärungen ich auch später noch zu hören bekam. Alles schien mir eher ein Wahn zu sein." (355) Dieser Wahn wurde umso gefährlicher als er die „Verherrlichung des eigenen Lebens auf Kosten von Menschenopfern" bedingte (L 68). Die Feindschaft, der es auch heute nicht an Anhängern fehlt, zeigt folgerichtig die Notwendigkeit weiterer kritischer Auseinandersetzungen an.

Zur Vertiefung

Nationalismus

Franz Grillparzer (1960, I, 500) sah das Unheil des deutschen Nationalismus 1849 voraus: „Der Weg der neuern Bildung geht / Von Humanität / Durch Nationalität / Zur Bestialität." Die doppelte Kontingenz von Eigenem und Fremdem thematisiert ein Epigramm (ebd., 507) von 1850: „Deutsche, werdet wahr! / Ihr seids vielleicht gegen andre, / Doch nicht gegen euch selbst. / Die Lüge gegen andre ist Sünde, / Die Lüge gegen sich Verkehrtheit, / Trotz Wissen und trotz Gelehrtheit."

Kafka zwischen Ost- und Westjudentum

Auch die integrierten Westjuden unterhielten gespannte Beziehungen zu den Ostjuden, wie Franz Kafka mit der ihm eigentümlichen Scharfsichtigkeit beobachtete. Der Prager Schriftsteller aus assimilierter jüdischer Familie schwärmte für das Jiddische, nachdem der Schauspieler Jizchak Löwy es ihm nahegebracht hatte. In seinem Vortrag im Jüdischen Rathaus, den er am 18. Februar 1912 als Einleitung zu Löwys Abschiedsvorführung hielt, drang Kafka wie üblich zum Kern des Problems vor. Er forderte die Anwesenden auf, unter Überwindung intellektueller Widerstände die „wahre Einheit des Jargons" „fühlend zu verstehen". Seine Einheit wirke mitunter so stark, dass sie den Westjuden verunsicherte und dass er sich letztendlich fürchtete: „aber nicht mehr vor dem Jargon, sondern vor sich", vor dem eigenen inneren Babel, den inneren Widersprüchen, die der Jargon ihm nahebringt. Für den, der diese Verunsicherung annehme und in sich hineinhorche, werde das Jiddische zu einer individuellen Erfahrung von Entfremdung und Schmerz, aber auch zu einer Möglichkeit der Begegnung mit dem Fremden in sich selbst und der Umwelt, so Kafka. Wie sein Tagebuch (2002, 379) belegt, blieb sein Appell sogar gegenüber seinen Eltern erfolglos: „(Meine Eltern waren nicht dort.)"

Viele Briefe an Felice Bauer fragen nach dem Jüdischen Volksheim in der Dragonerstraße (vgl. Geisel 1981, 20f.), das ostjüdische Kinder und

Jugendliche betreute, und noch im September 1916 schrieb Kafka an die Verlobte (Briefe 3, 223): „Hätte ich z.B. die Wahl zwischen dem Berliner Heim und einem andern, in welchem die Pfleglinge die Berliner Helfer (Liebste, selbst Du unter ihnen und ich allerdings obenan) und die Helfer einfache Ostjuden aus Kolomea oder Stanislau wären, ich würde mit riesigem Aufatmen, ohne mit den Augen zu zwinkern, dem letzteren Heim den unbedingten Vorzug geben." Dora Diamant, mit der ihn in den letzten Lebensmonaten all seine Erfahrungen und Hoffnungen verbanden, wuchs im polnischen Będzin in einer vom jüdischen Chassidismus geprägten Familie auf und war ausgerechnet im Jüdischen Volksheim tätig. Das Heim im Scheunenviertel sandte sie auch in die Müritzer Ferienkolonie, wo Kafka sie am 13. Juli 1923 kennenlernte.

Keilsons Essayistik

Die starken Bande zwischen dem jungen Protagonisten und B. sind eine Perspektive, die Keilson selbst im Hinblick auf den Bewusstseinsstand seiner Zeit als verfrüht betrachtet hat: „Auch in Israel war man über das Buch entsetzt", und doch behält das Grundmotiv des Romans seiner Ansicht nach „überall seine Gültigkeit" (2.233; vgl. auch „Ich brauche kein Mahnmal für meine Trauer, Hans Keilson im Gespräch mit Ulrich Walberer", in *Neue Rundschau* 10.4.1999, 77–88, hier 83). Sehr früh beschäftigte sich der Schriftsteller auch mit dem Thema des Antisemitismus der Linken. In einem Essay von 1988 bedauerte er, „daß linke Gruppierungen in der Auseinandersetzung mit der Judenfrage wiederum die alte Ausweglosigkeit an den Tag legen, daß sie die blinden Flecken ihrer Theoriebildung zu wenig reflektiert haben und daß sie anscheinend erst heute entdecken, welches Ausmaß die jüdische Frage in ihrem Land hatte und – *last but not least* – daß sie nicht erst seit Auschwitz besteht" (2.185).

Der blinde Fleck bzw. der Balken im eigenen Auge bildete das Leitbild vieler seiner Überlegungen. So widersprach er dem „diskriminierende[n] Vorurteil", das zu „Verachtung und Ächtung, [...] zu Haß, Verfolgung und Vernichtung führen kann" (2.169); doch genauso bestritt er die „wirklichkeitsfremde, idealistisch überhöhte ‚Überbewertung', Einschätzung und Erwartung moralischer und ethischer Qualitäten [...], mit der man dem jüdischen Individuum und der jüdischen Gruppe entgegentritt" (2.171). Wenig überzeugend schien ihm ferner, gegen die Feindschaft durch „die unkritische Annahme kollektiver Identifizierungsangebote in Gestalt harmonisierender Heilserwartungen religiös-kirchlicher oder weltanschaulich-politischer Natur" (2.194) vorzugehen, denn „es hieße die Zwiespältigkeit der menschlichen Natur leugnen": „Daß im Namen der Liebe und der Gerechtigkeit Missetaten, Verbrechen, Greuel verübt wurden und werden, gehört zu jenen schmerzvollen Einsichten, die auch dem Zutrauen in die Unfehlbarkeit von Ideologie und nicht zuletzt in deren Vertreter Abbruch getan haben." (2.161) Die Lösung, für die er plädierte, ist die, die er auch in seinem Roman entwickelte: die „Ich-Leistung", die „Annahme des Konflikts, der Widersprüche und Risse, der *condition humaine* und nicht ihre Leugnung und Glättung durch die unkritische Annahme kollektiver Identifizierungsangebote" (2.194).

Franz Kafka, der als beharrlicher Verteidiger der Eigentümlichkeit jedes „wir sind" ablehnte, notierte hinsichtlich des Zionismus im Januar 1914 in sein Tagebuch (2002, 622): „Was habe ich mit Juden gemeinsam? Ich habe kaum etwas mit mir gemeinsam und sollte mich ganz still, zufrieden damit, daß ich atmen kann, in einen Winkel stellen". Radikaler noch ging Simone Weil (1990, 83) vor, die der Verblendung durch kollektiv gesteuerte emotionale Prozesse misstraute: „[I]ch will nicht in einem Milieu wohnen, wo man ‚wir' sagt, und ein Teil dieses ‚wir' sein". Die Philosophin ging den Weg der äußersten Öffnung und des Verzichts auf jedes Eigensein, um so Gott und den Mitmenschen durch ein ‚individuelles Zimzum' Platz zu machen. Diese Art von existentieller Zeugenschaft erklärt u.a. ihre grundsätzliche Ablehnung jedes übersteigerten Selbstgefühls, dem sie sowohl die Topoi „auserwähltes Volk" bzw. „gelobtes Land" und die konsequente Landnahme Kanaans in den fünf Büchern *Mose* als auch die moderne politische Theologie des Judentums zurechnete.

Dass „heute die Kritik an der Politik des israelischen Staates geübt werden darf und im hohen Maße geübt wird, könnte eigentlich als abgehandelt betrachtet werden" (Rokahr 2020, 89), anderes ist der Antisemitismus. Auch haben Schriftsteller wie Abraham B. Jehoshua, Amos Oz, David Grossman, Autoren der Generation von Meir Shalev und der von Nir Baram, seit Jahren neue Perspektiven des Dialogs zwischen den Kulturen eröffnet und die israelische Literatur in aller Welt bekannt gemacht. Erinnert sei auch an ein Buch wie *Hitler besiegen. Warum Israel sich endlich vom Holocaust lösen muss* (2009) von Avraham Burg, in dem sein Vater, Josef Burg, deutscher Shoah-Überlebender und Minister mehrerer israelischer Regierungen, betrübt feststellt: „Wahrscheinlich hat jeder Jude seinen eigenen Ostjuden." Burg, 1955 in Jerusalem geboren, war Berater von Shimon Peres, Vorsitzender der Jewish Agency und Sprecher der Knesset.

Die Juden lieferten „den Urstoff alles Negativen" – so Himmler, der sich als moralischer und pflichtbewusster Mensch erfährt (Breitman 1991, 243), in einer Ansprache vor der obersten Führung einer SS-Eliteeinheit am 8. November 1938 –, dem der NS-Staat mit der ‚Endlösung' begegnete. Die Grausamkeit und Effektivität der Gewaltmaschinerie erklärt sich aus der Akzeptanz des Regimes vonseiten der Mehrheit und aus dem vorauseilenden Gehorsam (Kershaw 1998, 663ff.), den viele Deutsche an den Tag legten. Hitler, so Gruen (2000, 51), „brachte andere dazu, für ihn zu morden, indem er sie ‚ahnen' ließ, was er wollte". Um ein Bespiel zu nennen: der Nationalsozialistische Lehrerbund ließ es sich in der Pogromnacht vom 10. November 1938 nicht nehmen, den christlichen Religionsunterricht einzustellen, der Gestalten eines Volkes verherrliche, „das allein vom Haß gegen Deutschland lebt" (vgl. Friedländer 1998, 724) – zumal eine wahnhafte Ersatz-*religio* bereits parat stand.

In seiner *Bilanz* von 1934 fasst Arnold Zweig (1991, 81f.) die Geistesverfassung, die der Hass tief im Innern voraussetzt, zusammen: „Der völkische Neurotiker brauchte einen Gegenspieler von folgender Beschaffenheit: er musste erstens schwarz sein, damit der blonde Held sich um so strahlender von ihm abhebe. Er mußte zweitens ‚erwachsen' sein, nämlich mit rationaleren Methoden und einer älteren geistigen Kultur im Leben stehen, dem kindlich-gefühlshaften Ich des neurotischen Antisemiten unerträglich […]. Er mußte drittens unbewaffnet sein, damit der Kampf gegen ihn de facto gefahrlos werde. Er mußte viertens vom Geheimnis umwittert sein, Anlass zur Mythenbildung geben, eine Märchenfigur sein, ein Alb schon aus der Kinderstube, in Gesellschaft von Hexen, bösen Großmüttern, menschenfressenden Wölfen in die kindliche Seele aufgenommen. Er mußte fünftens bei alledem den Anschein einer großen Macht haben, damit sich der Kampf gegen ihn auch lohne. Er mußte sechstens im Lande zu treffen sein, weil er nur als innerer Feind den Recken und ihren Mannen erreichbar war. Trotzdem aber musste er siebentens internationale Verbindungen nach allen Seiten besitzen, damit die bedrohlichen und teuflischen Wirkungen, die man ihm zuschrieb, die ganze Erde überschatten konnten. Und achtens musste er mit dieser Internationalität ein geistiges Prinzip darstellen, das der nationalistischen Geistesverfassung entgegengesetzt wirkte, für Frieden, Verständigung und Duldung, um den völkischen Trieb wirkungsvoll entflammen zu können. All diese Eigenschaften bot der Jude." Zum Juden als Feind und der Taktik des „Alles-in-einen-Topf-Werfens", die Antisemiten anwenden, vgl. auch Löwenthal (2021, 100ff.).

Die Sprache

Die Nazis verunstalteten bekanntlich selbst die Sprache. Karl Kraus lieferte schon 1933 mit der *Dritten Walpurgisnacht* eine schonungslose Analyse ihres Deutschen der Gewalt, das zwischen Totschlagen und Totschweigen schwankte, dieses „Deutsche-da", wie es Anne-Lise Stern (2020, 245) nennt, welches „zur Sprache des Traumas geworden" ist. Bei Kraus ist die Folge der „Untergang der Sprache", eine „Transsubstantiation" (Kraus 1989, 138), in der „das Blut des Gedankens, der die Echtbürtigkeit des Wortes beglaubigt", „gorgonisch" geworden ist, da „es der Aufbruch physischen Blutes ist, das aus der Sprachkruste zu fließen beginnt". Ferner verweist sein berühmtes Incipit auf die Leere Hitlers, auf das mit entgrenzender Gewalt gepaarte Nichts: „Mir fällt zu Hitler nichts ein." Auch Kraus' Beobachtungen zu den Widersprüchen des Regimes sind vorausweisend: „Die Gleichzeitigkeit von Elektrotechnik und Mythos, Atomzertrümmerung und Scheiterhaufen, von allem, was es schon und nicht mehr gibt!"

Die Schmähungen und Gewalttätigkeiten gegen die Juden, deren Verfolgung mit Bosheit und eisigem heimtückischem Sarkasmus durchgeführt wurde, ließen kein Detail aus. Tatsächlich müssen Selbsthass und Angst mit am Werk gewesen sein, etwa bei dem Entwurf der Schrift für den Judenstern, die in den verschiedenen Sprachen, Jude, Juif, Jood usw. die buckligen und beunruhigenden Schriftzeichen beibehielt. Auch die Toraufschriften der nationalsozialistischen Konzentrationslager sprechen Bände; Stern (2020, 180) hat zudem eingeflochten, dass „der Wortteil *Witz* in *Auschwitz* […] nicht wenige unter den Nationalsozialisten zum Lachen gebracht haben" dürfte.

Gedenktafel, Berlin, Ihnestrasse 22

„In diesem Gebäude befand sich von 1927 bis 1945 das Kaiser-Wilhelm-Institut für Anthropologie, menschliche Erblehre und Eugenik. / Die Direktoren Eugen Fischer (1927–1942) und Ottmar von Verschuer (1942–1945) lieferten mit ihren Mitarbeitern wissenschaftliche Begründungen für die menschenverachtende Rassen- und Geburtenpolitik des NS-Staates. Als Ausbilder von SS-Ärzten und Erbgesundheitsrichtern, durch Gutachten für Abstammungsnachweise und Zwangssterilisation leisteten sie einen aktiven Beitrag zu Selektion und Mord. / Die vom

Reichsforschungsrat bewilligten und von der Deutschen Forschungsgemeinschaft finanzierten Zwillingsforschungen des Schülers und persönlichen Mitarbeiters von Verschuer / Josef Mengele im KZ Auschwitz wurden in diesem Gebäude geplant und durch Untersuchungen an Organen Selektierter und ermordeter Häftlinge unterstützt. / Diese Verbrechen blieben ungesühnt. [...] / Wissenschaftler haben Inhalt und Folgen ihrer wissenschaftlichen Arbeit zu verantworten."

Heute ist in dem Haus das Otto-Suhr-Institut für Politikwissenschaft untergebracht, das mit einem eigenen Projekt die Geschichte des KWI-A am historischen Ort dokumentiert. Über dem Eingangsportal ist seit 1929 das von Carl Ebbinghaus geschaffene Wahrzeichen des KWG angebracht, die römische Minerva, die in ihren Funktionen nach und nach der griechischen Athene angeglichen wurde, welche in voller Rüstung dem Kopf des Gottesvaters Zeus entsprang. Sowohl Friedens- als auch Kriegsgöttin, wurde Minerva u.a. als Verkörperung des Geistes, der göttlichen Macht des Verstandes angesehen, der ‚göttlich' oder besser verantwortungsbewusst wirkt, desto weniger gespalten er ist, wie gerade das Institut für Anthropologie bewiesen hat. Zu den Wechselwirkungen zwischen Körper, Verstand und Gefühl und zur natürlichen und sozialen Homöostase als Gesamtheit des Antwortenrepertoires bzw. als erweitertes Bewusstsein und als Möglichkeit, in komplexen sozialen Situationen, denen das logische Denken nicht gewachsen ist, adäquate Entscheidungen zu treffen, vgl. Damasio (2002, 2004, 2005, 2017); der portugiesische Bewusstseinsforscher hat mitunter auf die Gefahr eines „verstümmelten Humanitätsverständnis" (2005, 337) vonseiten der Schuldmedizin aufmerksam gemacht. Nicht von ungefähr wurde im Jahre 2003 an deutschen Medizinuniversitäten die Medizinethik als Pflichtfach eingeführt.

Antisemitismus 1

Ohne Anspruch auf Vollständigkeit zu erheben, fasst das von Andreas Peham, Christine Schindler u. Karin Stögner redigierte *Jahrbuch 2008 des Dokumentationsarchivs des österreichischen Widerstandes* (2008, 7ff.) die verschiedenen theoretischen Ansätze zum Antisemitismus folgendermaßen zusammen:

- Kulturelles und soziales Management der Zuschreibung von verpönten (negativen) Eigenschaften an die Jüdinnen/Juden.
- Ideologischer Effekt bei der Bildung von *Gemeinschaft* [...]: Wer gegen die gesellschaftliche Realität den reaktionären Wunsch von der *Ge-*

meinschaft hegt, ohne die tiefen Ursachen der Spaltung anzugehen, ist schon am halben Weg der Suche nach *Gemeinschaftsfremden* (Sündenböcken). Die (völkische) Identität ist bis heute nur zu haben als Hass auf die Nicht-Identischen.
- Geschlossenes (Denk-)System: Der Antisemitismus ist mehr als die Summe antijüdischer Vorurteile, nämlich eine umfassende Weltanschauung; Reinhard Rürup nennt ihn ein „Zerrbild einer Gesellschaftstheorie".
- Alltagsreligion, die es gleich der Paranoia gestattet, „das Ganze der Welt als einen einzigen Zusammenhang, aus einem Punkte, zu begreifen" (Freud, *Totem und Tabu*).
- (Antizivilisatorisches) „Nebenprodukt der Zivilisation" (Ernst Simmel), eine antimodernistische Reaktionsbildung auf die Moderne, die immer dann offen in Erscheinung tritt, wenn die Veränderungen katastrophal erlebt werden und das Individuum und/oder seine Gemeinschaft erschüttern.
- Das persönliche Haftbarmachen von Jüdinnen und Juden für unpersönliche, anonyme und undurchschaute gesellschaftliche Mächte; eine „Biologisierung des Kapitalismus" und antikapitalistische Revolte gegen das „Judentum" [...].
- Eine pathologische Projektion von (Selbst-)Hass, Schuldgefühlen und verbotenen Wunschregungen.

Im Hinblick auf den antisemitischen Hass werden gemeinhin folgende Formen unterschieden:
- antike Judenfeindschaft (antijüdischer Rassismus);
- kultureller und religiöser (christlicher) Antisemitismus;
- nationaler/politischer Antisemitismus im Zuge gesellschaftlicher Modernisierung und allgemeiner Emanzipationsbestrebungen (Anfang 19. Jahrhundert);
- rassistischer Antisemitismus im Gefolge der „Gründerkrise" (1870er Jahre);
- sekundärer Antisemitismus (nach/trotz/wegen der Shoah);
- Antizionismus (nach 1948).

Antisemitismus 2

In seinem letzten Buch, *Der Mann Moses* (1939), umgeht Freud jede Antwort nach dem Ursprung des Antisemitismus, bringt ihn aber mit den Zumutungen der Zivilisation und dem abverlangten Triebverzicht in Zusammenhang, der sich im Hass auf diejenigen entlädt, welche die monotheistische Religion und das väterliche Gesetz repräsentieren. Freud (GW 9, 539) schreibt: Die in „späthistorischen Zeiten Christen geworden sind, [wurden] oft durch blutigen Zwang dazu getrieben. Man könnte sagen, sie sind alle ‚schlecht getauft', unter einer dünnen Tünche von Christentum sind sie geblieben, was ihre Ahnen waren, die einem barbarischen Polytheismus huldigten. Sie haben ihren Groll gegen die neue, ihnen aufgedrängte Religion nicht überwunden, aber sie haben ihn auf die Quelle verschoben, von der das Christentum zu ihnen kam. Die Tatsache, daß die Evangelien eine Geschichte erzählen, die unter Juden und eigentlich nur von Juden handelt, hat ihnen eine solche Verschiebung erleichtert. Ihr Judenhaß ist im Grunde Christenhaß". Im Kapitel „Elemente des Antisemitismus. Grenzen der Aufklärung" der *Dialektik der Aufklärung* deuten auch Horkheimer und Adorno die auf die Juden projizierte Feindseligkeit als unbewussten Hass des zwangsweise Zivilisierten auf die Zivilisation, die sich gerade in Deutschland spät und forciert durchgesetzt hatte, sodass er einer Form von Selbsthass entspricht.

Antisemitismus 3

Paul Matussek, Peter Matussek und Jan Marbach (2000, 200) weisen auf die paranoiden Aspekte der Judenverfolgung hin: „Schon die Betonung des unverrückbaren Tatsachencharakters einer affektbestimmten Äußerung ist symptomatisch für jedes Wahnsystem." Hinsichtlich der Gründe, die Vernichtung der Juden nicht offiziell bekanntzumachen, bemerken die Autoren: „Gerade die Tabuisierung der erkennbar persönlichen Motive Hitlers, auch im engsten Kreis der Vollstrecker, führte dazu, daß der Massenmord in anonymer Kälte, als um so effizientere Tötungsmaschinerie, betrieben wurde. Die ‚ungeheure Entschlossenheit' des Führers war ihnen Grund genug, die bizarre Logik einer paranoiden schizophrenen Psychose bis ins letzte planerische Detail zu exekutieren." (259) Selbst die relative Geheimhaltung der Endlösung deutet auf den wahnhaften Mechanismus der Abspaltung der Angst vor dem zum Feind deklarierten Anderen. Und nur eine wuchtige Paranoia erlaubte 1942, Verbote zu konzipieren, nach denen Juden keine Spazierstöcke benutzen und keinen Kuchen essen dürften.

Antisemitismus 4

Für Anne-Lise Stern (2020, 222) ist die Shoah „Teil eines gemeinsamen Textes", den es „zu enträtseln, *zu deuten*, *übersetzen*" gilt, „ohne jemals für die jüdische Frage ... von dem speziellen Punkt der *Endlösung* abzurücken". Nachvollziehbar ‚übersetzt' der Protagonist in H.G. Adlers Roman *Die unsichtbare Wand* (1989, 411) einen Aspekt, indem er darstellt, was die Vitrinen des Prager Jüdischen Zentralmuseums, eine Geburt aus dem Ungeist der NS-Diktatur, enthalten sollten: „Sitten und Gebräuche, Glauben und Vorstellungen eines ausgestorbenen Volkes in letzter Stunde für die Nachwelt gerettet von seinen letzten Vertretern, deren Todesurteil schon gefällt war." Verantwortlich für das Projekt, das dazu bestimmt war, nach der ‚Endlösung' eine als minderwertig betrachtete Kultur vorzustellen, war Hans Günther, Eichmanns Nachfolger als Leiter der Zentralstelle für jüdische Auswanderung für das „Protektorat Böhmen und Mähren". Die Puppendioramen des Museums simulierten jüdisches Leben, das als ausgelöscht gedacht werden sollte. Die jüdischen Museumsarbeiter wurden nach und nach deportiert. Als Krönung des Antisemitismus hätte somit das Zentralmuseum die Antwort auf eine spezifische Frage dargestellt: Wie wurde der Mensch erfolgreich in den Tod verwaltet (Adler 1974) und eine uralte Kultur vernichtet? Adler, der nach dem Krieg seinen Vornamen nie wieder ausgeschrieben hatte, hat nicht nur mitgeholfen, im Prager Jüdischen Museum ein Archiv zur Verfolgungszeit zu gründen, sondern 1955 die bahnbrechende Studie *Theresienstadt 1941–1945. Das Antlitz einer Zwangsgemeinschaft* veröffentlicht. Wie Keilsons *Der Tod des Widersachers* stellen die Romane des Widerstands von H.G. Adler, darunter sein Meisterwerk *Panorama* (1988), einen lebenszugewandten Gegenentwurf zur menschenfeindlichen NS-Barbarei dar (vgl. dazu Sanna 2022).

Antisemitismus 5

Im IV. Kapitel, „Der Zusammenbruch der Zivilisation", von Norbert Elias' Buch *Studien über die Deutschen* (1992, 402) ist zu lesen: „Die europäischen Kriege jedoch waren bis dahin immer noch relativ begrenzte Regressionen gewesen. Gewisse Minimalregeln eines zivilisierten Umgangs wurden im allgemeinen selbst in der Behandlung von Kriegsgefangenen noch befolgt. Mit wenigen Ausnahmen blieb ein Kern der Selbstachtung, die das sinnlose Quälen von Feinden verhindert, der letztlichen Identifizierung mit dem Feind als einem anderen Menschen und des Mitgefühls für sein Leiden erhalten. In der Einstellung der Nationalsozialisten zu den Juden war nichts mehr davon vorhanden. Zumindest auf der Bewußtseinsebene schienen die Qualen, schien das Leiden und Sterben von Juden ihnen nicht mehr zu bedeuten als das von Fliegen. Mit der ganzen Lebensweise, die sich die SS in den Konzentrationslagern erlaubte und die den Häftlingen dort aufgezwungen wurde, stellt die Massenermordung jüdischer Menschen, wie gesagt, wohl den tiefsten Rückfall in die Barbarei im Europa des 20. Jahrhunderts dar."

Literaturhinweise

Die fortschreitende soziale, juristische und materielle Ausgrenzung der Juden, ihre physische Absonderung aus dem sozialen Alltag, ist u.a. in den Werken von Victor Klemperer (1947), Anne Frank (1955), Dawid Rubinowicz (1960), Etty Hillesum (1985), Lilly Jahn (Doerry 2002), Ruth Klüger (1992); Willy Cohn (2008), Kurt F. Rosenberg (2012), Edith Eva Eger (2018), Ulrich Alexander Boschwitz (2018) und Gabriele Tergit (2019) nachzulesen. Vgl. zudem Bella Fromm (1960, 1993), Haffner (2000), Bruhns (2005), aber auch den prophetischen Roman Hugo Bettauers *Die Stadt ohne Juden* (1922) und die gleichnamige Verfilmung von Hans Karl Breslauer (1924) zu den den Juden zugeschrieben Schlechtigkeiten.

Zum Konzept Friedfertigkeit/Friedlosigkeit, „fast stets bedingt durch mangelnden Frieden mit sich selbst“, vgl. v. Weizsäcker (1969, 48), demzufolge derjenige friedfertig ist, der „Frieden um sich entstehen lassen kann“ und so das menschliche Zusammenleben fördert. Weizsäcker war u.a. Hauptverfasser der durch den Ausschuss Kernphysik der Deutschen Physikalischen Gesellschaft verabschiedeten „Göttinger Erklärung“ von 1957 gegen die atomare Bewaffnung der Bundeswehr.

Zur Selbstbestimmung des Individuums als gesellschaftlicher Kohäsionsfaktor vgl. Touraine (2002).

Zur Massenneurose vgl. Fenichel (1993, 35), aber auch Busch, Gehrlein u. Uhlig (2016).

Zu Franz Kafka und Jizchak Löwy vgl. Sanna (2013).

Zu den Beziehungen zwischen West- und Ostjuden und der oft fehlenden Solidarität vgl. Hilberg (1990).

Vom tiefen Graben zwischen Stadt- und Landbevölkerung (Landvolkbewegung) berichtet der Roman von Hans Fallada, *Bauern, Bonzen und Bomben* (1931).

Zur Identitätsproblematik bei Büchner vgl. Sanna (2010 u. 2015). In *Leonce und Lena* antwortet die Gestalt des Valerio auf die Frage König Peters: „Wer seid Ihr?“ mit einem souveränen Sprachspiel: „Weiß ich's? *Er nimmt langsam hintereinander mehrere Masken ab.* Bin ich das? oder das? oder das? Wahrhaftig, ich bekomme Angst, ich könnte mich so ganz auseinanderschälen und blättern.“ Valerio ist der Prototyp eines in geistiger und physischer Bewegung befindlichen Menschen, der die Fähigkeit besitzt, sich mit dem Undefinierbaren des eigenen Ichs auseinanderzusetzen.

Zum Sozialneid als Ursache des Antisemitismus vgl. Aly (2011), der aber dessen Einzigartigkeit relativiert.

Zur Vernichtung der wirtschaftlichen Existenz der Juden vgl. etwa Nietzel (2009).

Zum kulturellen Dialog in Israel vgl. etwa den Dokumentarfilm *Israel erzählt* (2017) von William Karel und Blanche Finger, die Amos Oz, David Grossman, Abraham B. Jehoschua, Alona Kimhi, Meir Shalev, Zeruya Shalev, Eshkol Nevo, Etgar Keret, Benny Barbash und Ronit Matalon zu Fragen von Literatur und Gesellschaft zu Wort kommen lassen.

Zur Vielfalt der Positionen in der heutigen Bundesrepublik vgl. u.a. die rezente Kontroverse zwischen Maxim Biller und Max Czollek zur jüdischen Identität, zu Pluralismus und nichtjüdischer Öffentlichkeit.

Zur Begegnung zwischen dem Islam und der westlichen Welt aus einer dem *Tod des Widersachers* verwandten Perspektive vgl. Rasche (2021,102), der zu den Voraussetzungen des nicht nur interreligiösen Dialogs schreibt: „Nach Jahrhunderten katastrophischer Begegnungen, von Kriegen und Verrat, von Ignoranz und Verleumdung ist das

Gelände vermint. Will man es betreten, müssen diese Minen identifiziert sein. Um sie zu entschärfen, müssen die Energien und unbewussten Emotionen aufgerufen und aufgelöst werden, die sie so gefährlich machen. Denn wir alle haben eine Neigung, unbewusst in die kollektiven Vorurteile, Gefühle und Vorstellungen hinein zu geraten. Dann wird das Gespräch unmöglich, und wir werden, in einem anderen Bild, von den Wassermassen der entfesselten Komplexe ergriffen und fortgerissen."

Sechster Streifzug: Die Erfahrung von Leben und Tod

„Benehmen wir ihm das Fremde, machen wir seine Bekanntschaft, halten wir mit ihm Umgang [...]. Sinnen auf den Tod, ist Sinnen auf Freiheit.“ (M. de Montaigne, *Essais*).

Elementarereignisse und ihre Variationen

Im Fokus von *Der Tod des Widersachers* stehen der Held und sein „sonderbarer Gedanke“ (451). Die Handlung selbst verläuft indes nicht linear, sondern behilft sich der Simultanität und der zeitlichen Sprünge oder löst sich in Reflexionen auf; unterschiedlich sind ferner die Kapitelfunktionen und die leitmotivischen Variationen, darunter die vier zu den basalen Ereignissen von Leben und Tod. Namentlich diese Episoden nehmen sich wie eine anspruchsvolle Einführung aus, die zur Selbstbeobachtung anregt bezüglich der Möglichkeit, lebenszugewandte und todeszugewandte Wahrnehmung-, Denk- und Handlungsweisen voreinander zu unterscheiden.

Meinte nicht schon Epikur (1983, 101f.): „Denn alles, was gut, und alles, was schlecht ist, ist Sache der Wahrnehmung. [...] Das schauerlichste Übel also, der Tod, geht uns nichts an; denn so lange wir existieren, ist der Tod nicht da, und wenn der Tod da ist, existieren wir nicht mehr.“ Leben und Tod schließen sich gegenseitig aus, doch Epikur berief sich vornehmlich auf den Verlust der Sinneseindrücke, der Quelle unserer Einsichten, die mit dem Tod schwinden. Auch in *Der Tod des Widersachers* geht es zunächst um differenzierte Wahrnehmungen, um den fließenden Wechsel von Tod und Leben in jedem Augenblick. Es geht ihm darum, „dem Tode den Platz in der Wirklichkeit und in unseren Gedanken“ (Freud, GW 9, 59) einzuräumen, der ihm gehört, ihn nicht durch die Tötung des Anderen und Fremden zu verdrängen. Dass „unsere Rechnungen mit zerfetzten Gliedern“ (Büchner 1999, 1, 40) nicht aufgehen, müsste B. ein für alle Mal bewiesen haben.

Die Wahrnehmung des Kontinuums, des fließenden Übergangs zwischen den Gegensätzen, stellt im Roman ein besonders nachhaltiges Reservoir von Erfahrungen dar, zumal es den Bewegungen der psychischen Selbstregulation nachgezeichnet ist, der Öffnung nach innen und außen, dem Wirken von zentrifugalen und zentripetalen Kräften. Die binäre Kodierung Entweder-Oder wird daher in eine Erscheinungswelt aufgelöst, in der unzählige Vielstimmigkeiten, Unstimmigkeiten, Überschneidungen, Gabelungen und Übergänge ihr Recht einfordern. Erst die unendlichen Vermittlungen zwischen den Polaritäten bewirken, dass das innere wie das äußere Leben sich wandelt, d.h. lebendig, wechselvoll und offen bleibt, und sich in den Erfahrungen ungeteilt darbietet.

Jedes Ereignis in Zeit und Raum bildet eine prozessuale Elementareinheit bzw. den Ausgangspunkt aller sich kreuzenden Wege der Welt, deren Zentrum überall ist. Diese Wechselwirkung bezieht nicht nur die sozialen, politischen, wirtschaftlichen, ökologischen, psychologischen, ethisch-moralischen, praktisch-alltäglichen Ordnungen ein, sondern wird für den Einzelnen zum Ausgangspunkt seiner Selbst- und Welterfahrung. Da „alles mit allem zusammenhängt und jedes Vorkommnis alle anderen betreffen kann“ ist Eigenverantwortung gefragt, Urteilsvermögen darüber, wie man sich ins Spiel bringt, aber auch Offenheit, um den „Möglichkeiten des Benachteiligens, Zwingens, Schädigens“ (Luhmann 1991, 533–534) zu entgehen, im Jetzt und aus Verantwortung gegenüber der Zukunft, ähnlich Kafka, der in seinen *Tagebüchern* (2002, 376) schrieb: „Wenn auch keine Erlösung kommt, so will ich doch jeden Augenblick ihrer würdig sein.“

Jeder Eingriff ist Vorübung, der Anfang und Ende miteinander verbindet, zumal er eine Eigenlogik entwickelt. Es mag ausgefallen, ja dramatisch klingen, weil uns das alltägliche Leben die Erkenntnis der Zusammenhänge zunächst entzieht, sodass sie sich unbemerkt unter unser aller Augen einstellen und weiterentwickeln können. Macht etwa *Der Tod des Widersachers* nicht gerade einsichtig, wie die große Mehrheit eines Volkes, im Europa des 20. Jahrhunderts, Tag für Tag der „Zerstörung der Vernunft“ (Lukács 1954) entgegenging, bis zur Selbstzerstörung, bis dass es aus dem bösen Traum durch Bombenangriffe und fremde Streitmächte geweckt werden musste? Und ernsthaft, wirkt die Befremdung nicht noch heute nach? Gleichwohl fehlt es auch in unserer heutigen Welt weder an alten noch an neuen Feindbildern. Es dürfte demnach nicht verwundern, dass es Hans Keilson noch immer darum geht, das „natürliche Spannungsverhältnis Ordnung – Unordnung, Gesetzlichkeit – Ungesetzlichkeit, [...] Individuum – Gemeinschaft“, welches „immer wieder neu gewonnen wird“ (2.113), zur Erfahrung der Sinne zu machen. Die Spannung zwischen den Gegensätzen, deren Ausgewogenheit immer wieder von neuem ausgehandelt werden muss, umschreibt mithin Keilsons Relationsontologie, besser die Relationen seiner Romanwelt, die mithin ohne Ontologie auskommen und mit denen sein Leser selbständig umzugehen lernen muss.

Zunächst setzt der Autor seine Leser den Widersprüchen der Figuren und des ‚unlogischen‘ Bandes (358) zwischen dem jungen Juden und

B.-Hitler aus, auf dass sie die eigenen entwirren. Freud (GW 9, 281ff.) hatte 1932 in seinem Briefwechsel mit Albert Einstein, *Warum Krieg?*, zum einen darauf hingewiesen, dass „[a]lles was bedeutsame Gemeinsamkeiten unter den Menschen herstellt“ und „Gemeingefühle, Identifizierungen“ hervorruft, zum „Aufbau der menschlichen Gesellschaft“ beiträgt; zum anderen hatte er den Zusammenhang zwischen Tod und Leben, Gut und Böse, Liebe und Hass hervorgehoben:

> Der eine dieser Triebe ist ebenso unerlässlich wie der andere, aus dem Zusammen- und Gegeneinanderwirken der Beiden gehen die Erscheinungen des Lebens hervor. Nun scheint es, dass kaum jemals ein Trieb der einen Art sich isoliert betätigen kann, er ist immer mit einem gewissen Beitrag von der anderen Seite verbunden, wie wir sagen: legiert, der sein Ziel modifiziert oder ihm unter Umständen dessen Erreichung erst möglich macht.

Desgleichen setzten die Schlussfolgerungen von Freuds umfassender kulturkritischer Abhandlung *Das Unbehagen in der Kultur* (GW 9, 270) einerseits auf die Hoffnung der Kooperation zwischen den Menschen; anderseits wird diese Zuversicht aufgrund der Expansion des Todes- und Destruktionstriebs infrage gestellt: „Und nun ist zu erwarten, daß die andere der beiden ‚himmlischen Mächte‘, der ewige Eros, eine Anstrengung machen wird, um sich im Kampf mit seinem ebenso unsterblichen Gegner zu behaupten. Aber wer kann den Erfolg und Ausgang voraussehen?“ Gleicherweise geht die Tiefenpsychologie davon aus, dass es „kein Gleichgewicht und kein System mit Selbstregulierung ohne Gegensatz“ (Jung, GW 7, 69) gebe, wobei diese Funktion der Psyche als System der Selbstregulierung zukommt.

Auch Keilson versteht das menschliche Leben als schöpferischen Prozess, der mit der Fähigkeit der Selbsterfahrung und der inneren Ausdifferenzierung einhergeht. Außerhalb des Horizonts möglicher Wandlungen, durch Versteifung, Fixiertheit, Engstirnigkeit und Spaltung, büßt hingegen das Eigene das Verhältnis zum Fremden, der Hass den Anschluss an die Liebe, das Nein den an das Ja, das Individuum den Kontakt zu den eigenen Gefühlen, und der Todes- den an den Lebenstrieb ein. Je einseitiger der eigene Standpunkt ist, desto krasseren Widersinn produziert er und desto feindseliger nimmt sich der andere von sich aus. Bezüglich des Verhältnisses von Leben und Tod entspricht die doppelte Kontingenz der Verneinung des Todes, der das Leben verneint, und also der Bejahung eines Lebens, das sich wandelt, indem es die Selbstnegation einschließt, wie Karl Wolfskehl (Ruben 1960, 119) aus dem italienischen Exil schrieb: „Ja es gibt wohl Kontinuität, doch nur in und durch Verwandlung!"

Da die Psyche dem System der Selbstregulierung vorsteht, geht es in den vier Variationen zu Leben und Tod in *Der Tod des Widersachers* vorzugsweise um die Übung der Wissenschaft der Entscheidung (Platon, *Der Staat*, X, 618c) und also um die hohe Kunst der Unterscheidung in der Führung eines ‚rechten Lebens' in verwirrenden Zeiten. In seinem Buch ... *trotzdem Ja zum Leben sagen: ein Psychologe erlebt das Konzentrationslager* hat Viktor E. Frankl (1982, 96) sich selbst unter den finstersten Umständen zu dieser Wissenschaft bekannt: „Was also ist der Mensch? Er ist das Wesen, das immer entscheidet, was es ist." Noch kurz vor dem Exil hatte Keilson diesbezüglich in der Anthologie *Friedensstimmen* (1939) die Beiträge von Männern und Frauen aller Zeiten, von Platon bis zu Henriette Roland Holst zusammengetragen, die sich diesbezüglich eine „eigene, besondere, unmißverständliche Sprache" erschlossen hatten. In einer friedlosen Zeit legten sie nach Keilson Zeugnis ab über einen Frieden, der „aus Mut und Kraft" und „der Überwindung von Aggression entstammt", ein „Friede des Menschen mit sich selbst, ein menschenwürdiger Friede" (2.357). *Der Tod des Widersachers* leistet diese Zeugenschaft namentlich mit seinen vier progressiv angelegten Variationen, die vielseitige Erfahrungen verdichten.

Die erste Variation, die am Ende des neunten Kapitels steht, stellt die Beziehung zwischen Leben (Ja) und Tod (Nein) auf einem Niveau hoher gedanklicher Abstraktion dar. Die zweite, die Erzählung der Schändung eines jüdischen Friedhofs im zehnten Kapitel, kreist um die Zerstörung des moralischen Lebens, wobei sich an einer zentralen Stelle der Autor zu Wort zu melden scheint. Die Variation im zwölften Kapitel, die vom Rucksackpacken des Vaters vor der Deportation erzählt, ist der Vernichtung von Leben und Erinnerung und dem Versuch ihrer Rettung gewidmet. Die vierte am Ende des fünfzehnten Kapitels nimmt die Darstellung von B.s Tod vorweg, einem toten Tod, der so tot ist, wie es sein Leben gewesen ist, handelt aber auch von dem Korn, den sein Tod im Leben des Protagonisten zurücklässt. Der Wechsel von abstrakter und bildhafter Formgebung und das Prinzip der Mehrperspektivität der Gestaltung erweitern dabei den selbsttätigen Freiraum der Lektüre. Der Leser ist kein passiver Rezipient, sondern aktiver Initiator, Gestalter der eigenen Erlebnis- und Erfahrungsweisen.

Am Ende des neunten Kapitels stehen die „Phantasien" des Protagonisten, die durch einen geschichtlichen Wendepunkt, eine baldige Entscheidung vonseiten B.s, angeregt werden. Die Wahl wird tragische Folgen für den jungen Juden haben, der ins Exil gehen wird, sowie für seine Eltern, denen die Deportation und der Tod bevorsteht. Den dramatischen Entwicklungen setzt der junge Jude einen „Wirbel hemmungsloser Phantasien" (470) entgegen, und also eine imaginärere Realität als doppelte Negation: Als Negation der Negation ist sie Zeichen tiefster Bedrücktheit, aber auch Vorwegnahme einer andersgearteten Selbstbeobachtung und -erzeugung, die als solche sogar B. zu erfassen vermag. Das ist der einzige Zwang, dem sich die Vorstellungskraft des Protagonisten unterzieht. Nicht nur, dass er sich das Selbstbestimmungsrecht der Kunst gegenüber der historischen Wirklichkeit nicht absprechen lässt, sondern er setzt zudem auf die Möglichkeit der Literatur, dazu beizutragen, den Unterschied zwischen Vorstellung und Welt, zwischen *res fictae* und *res factae* zu verringern.

Der Widersacher, den der junge Jude im Verlauf seiner Begegnung wahrgenommen hat, ist „klein, ambitiös, ein Kommis, der gern selbst Chef gewesen wäre", und dabei „groß und mächtig", „wenn das Fremde [...] volle Macht über ihn gewann" (447), wie in diesem präzisen Augenblick: „Ein Schicksal kündigt [...] sich an." Nach dem Wendepunkt, den B. binnen kurzem bekannt geben wird, kann es kein Zurück mehr geben. „Er mußte wählen" (447), und nach „den ersten Maßnahmen und Verfügungen, die wie alles, was die Macht schafft, zum Gesetz erhoben wurden" (469), wird sich B. immer deutlicher für eine radikale Polarisierung der Feindschaft, für ein eindeutiges tödliches Nicht-Sein und also für ‚Benachteiligung, Zwang und Schädigung' seiner Feinde entscheiden. Früher als gedacht wird aber auch das ebenso eindeutige So-Sein, das Ja, welches sein Volk vorerst als Zuwachs an Leben und als Vorteil erlebt, sich als ein apokalyptisches Szenarium herausstellen. Die „Zeit in die Jahre davor und danach einzuteilen, wie es die Geschichtsprofessoren tun", fällt selbst dem Protagonisten schwer, denn das „Geschehen ist ein anderes" (424) in seiner unmittelbaren Erfahrung. Die große Mehrheit seines Volkes folgt jedoch B. nicht mit wachen Sinnen, sondern weiterhin mit wachsender „Selbstüberhebung und [...] Hingabe" (545), obwohl inzwischen sogar ein „Kind [hätte] fühlen [können], welchem Ende man zutrieb" (469).

Gleicherweise sieht der junge Jude hinter den „Milchstraßen" bereits „die Tanks rollen" sowie er in der „Weite des Raumes das Getöse der

Waffen" (470) hört. Seine Stellungnahme gegen B.s Entschluss besteht zunächst in einer Eingebung des Augenblicks, in einem „Wirbel hemmungsloser Phantasien" (470), deren Keim eine „unsinnige Hoffnung" ist, „die nur aus der tiefsten Hoffnungslosigkeit geboren werden kann – und vielleicht auch aus Angst". Da B. dazu ansetzt, den Geheimnissen der Dunkelkammer grundsätzlich abzuschwören, widerspricht ihm der Protagonist, indem er diesem Entschluss die Eingebung einer ganzheitlichen ‚Wirklichkeit' entgegenhält. Er setzt mithin Fantasie gegen Gewalt, letzte Möglichkeit gegen letzte Wirklichkeit und seine dem Leben zugewandten ‚unsinnigen Hoffnungen' gegen B.s todzugewandtem Wahn.

Historisch, politisch und persönlich – was in seinem Fall eins ist – ist B. an einem Scheideweg angelangt:

> Alle Umstände würde er bis zur letzten Möglichkeit treiben, aus der kein Entrinnen mehr möglich ist und aus der sich dann dieses Letzte, Äußerste folgerichtig ergibt. Wie zum Wurf würde er seine Hand heben, die Muskeln schon dem Ziele entgegengespannt, des Sieges gewiß und frohlockend über die Niederlage seiner Gegner. Alles verrät seine Entschlossenheit und Kraft.

Die Gegenbewegung, die der junge Jude imaginiert, ist die Fantasie von B.s „größte[r] Überwindung", die dementsprechend mit einem „aber nein!" ansetzt. Dieses Nein, dem das einleitende „aber" Nachdruck verleiht, entspricht der Verneinung einer vorhergehenden Behauptung bzw. von Verhältnissen, die im Nachhinein widerrufen werden. Folglich macht dieses doppelte Nein alles möglich, und zwar von Anbeginn, genauer, von einem tiefen Atemzug an, welcher der Gestalt – und also potentiell jedem Menschen – erlauben könnte, von seinem Kopf voller Wahn auf die Füße zu kommen, sich zu entspannen und bewusst den eigenen Mittelpunkt auszumachen. Der Widersacher besinnt sich, was ihm ermöglicht, den rechten Abstand zu sich selbst zu gewinnen:

> Jetzt wird er ansetzen, jetzt holt er aus, weit aus – ein tiefer Atemzug, jetzt, seht nur, jetzt –, aber nein! Er schließt seine Augen, sein Mund entspannt sich zu einem Lächeln, und unhörbar fast flüstert er: Nein! Es ist über ihn gekommen und wieder aus ihm ausgebrochen, dieses Nein, er hält es fest, und alle Neins vereint er in seinem bejahenden Nein, und immer nur ein dreifaches Nein bleibt im Munde, während das Ohr das Ja mithört, das in seinem Grunde mitschwingt, das starke, tiefe Ja, das das Nein aus seinem verneinenden Nein stößt und es auf ewig aus seinem Neingrunde herausreißt. Nein, nein, nein, bleib nur Nein, immer nur Nein, sag ja zu dem Nein, und alles, was nein ist, wird bejaht, es ist

> so gut, und alles wird offen, ohne Grenzen wieder, es ist die besänftigende Ruhe, dieses Nein, es ist die Nein-Tat, das Nein aller Neins, es ist Anfang und kein Unterschied mehr. So strömt es heraus, und du brauchst es nicht mehr zu sein und nicht mehr zu fürchten, das Ja, das Nein, denn es ist beides ja nein, nein ja, ja nein, nein ja, immer nur dieses eine zusammen, ineinander verschlungen und unzertrennbar in seiner Neinjaschaft. Sein Arm sinkt entschlossen zurück. Aber die Kraft spannt ihn. Nein … Er schüttelt leicht seinen Kopf, als verscheuchte er einen bösen Traum wie Vögel, die auf seinem Kopf genistet haben. – Nein! / Es wäre sein größter Sieg, seine größte Überwindung. (470–471)

Das Wunderwerk von B.s Wandlung ist umso fundierter, als es in der Konfliktlösungs-Fantasie des jungen Juden aus der Gestalt selbst entsteht, aus ihren Sinnen, von denen sich der Widersacher ‚ergreifen' lässt, anstatt ihnen zu widerstehen, und denen es folglich gelingt, ihn in seinem „Urgrund [zu] fassen" (516) und bis zum Hass vorzudringen. B. hält unerwartet inne, er schließt die Augen, die unentwegt um sich spähten, auch nur, um sich seiner selbst zu vergewissern; er horcht plötzlich auf und flüstert, anstatt zu schreien, er entspannt den Mund, lächelt, und entschlossen ist jetzt nur das Sinken der Arme, die Ruhe finden – und das alles fließend: eine Erfahrung des sich wandelnden, lebendigen Lebens, die B., alias Hitler, so nie gekannt hat.

In *Die Verneinung* schreibt Freud (GW 3, 376): „Die Bejahung – als Ersatz der Verneinung – gehört dem Eros an", während „die Verneinung – Nachfolge der Ausstoßung – dem Destruktionstrieb" zugeordnet ist. B. lässt endlich die strikte Kontrolle über sein eindeutiges Nein und damit einhergehend über den Todestrieb fallen und erlangt dergestalt eine reflexive Wahrnehmungs-, Steuerungs- und Kontrollfähigkeit über das eigene Tun und Lassen. Die imaginierte Neinjaschaft des Protagonisten ist potenzierte Bewusstseinsmöglichkeit, flüchtige, blitzartige Grenzüberschreitung da „beides ja nein, nein ja, ja nein, nein ja, immer nur dieses eine zusammen" ist. In ihrer Widersprüchlichkeit widersprechen Ja und Nein nicht mehr einander. Deshalb ist ihre Kommunikation imstande, das Nein aus seinem „Neingrunde", aus dem Grunde der Feindschaft zu heben und es dem Ja zuzuführen. Jetzt ist auch der Widersacher zu einem eigenverantwortlichen Handeln fähig.

Mit anderen Worten nutzt B. endlich die Möglichkeit, einen paradoxen freien Nicht-willen zu entwickeln bzw., um beim Thema zu bleiben, sich selbst zu widerlegen und zu beschränken durch die Wahrnehmungen und die Durchdringung von Körper, Sinnen und Bewusstsein, die jetzt die Differenz ausmacht. Indem er die geschlossene Systematik der fixen Ideen fallen lässt und sich öffnet, überrascht er sowohl sich als auch die Welt. Der böse Traum der eindimensionalen ‚leeren Schachtel', die den Feind als identitäres Stützkorsett beansprucht, ist ausgeträumt. B. ist zu sich gekommen. Insofern stellt die Fantasie des Protagonisten zumal die Parthenogenese des Niemands während der ersten Begegnung im Gasthaus (in Hermeneutik der Stimme) vom Kopf auf die Füße. B. hat sich selbst neu erfunden, er ist frei, er braucht keinen Feind mehr. Der triviale Körpermechanismus der Marionette ist aufgebrochen: B. ist zum vollen Leben erwacht, er ist Mensch.

Die Fantasie ist ein *utopos*, dem weder Raum noch Zeit zukommt, und eben deshalb imstande ist, die unüberwindlichsten Unterschiede aufzuheben (in Entsprechung zur Aufforderung von Büchners Danton: „Wir sollten uns nebeneinander setzen und Ruhe haben“, 1999, 1, 39). Sie prozessiert Realität nach Maßgabe ästhetischer Erkenntnisprozesse, d.h. ausgehend von der subversiven Möglichkeit, dass sie auch anders gedacht und gestaltet werden könnte; sie gibt der außergewöhnlichen Wirklichkeit den Möglichkeitssinn zurück, in Anerkennung ihrer Vielfältigkeit, der Verschränkung der Gegensätze, der Fülle des Sinns und des sich wandelnden Lebens, samt dem Tod. Deshalb nimmt sogar der Widersacher am Reichtum der Fantasie teil. Lebenszugewandtes, widersprüchliches Ja-Nein-Verhalten und ganzheitliches Erleben machen auch ihn beweglich, lassen ihn in seiner ganzen Leiblichkeit am Wirbel teilnehmen und endlich verantwortliche Entscheidungen treffen.

Da der Wachtraum unbegrenzte Möglichkeit ist, bezieht er mithin die anonyme Masse ein, die nicht mehr vorschnell handelt, sondern sich endlich Zeit nimmt und „langsam begreift“ (471). Folglich verändern sich die Räderwerke, welche die uneingestandene Aggressivität des Einzelnen zur sozialen Gewalt bündeln. Zu Anfang ist die unselbstständige Menge noch im „Spektakel“ (471) der Macht und ihrer Event-Politik unhinterfragt eingebunden. In Unkenntnis ihres Selbst – in ihrem gesichtslosen „man“ – und ihres Rechts auf Teilnahme an der Gestaltung der sozialen Welt beraubt, ist sie auf eine allgemeine gedächtnisverlorene Unmissverständlichkeit bedacht. Sie hat keinen Blick für Differenzen und vermag zunächst auch B.s Wandel nicht wahrzunehmen: „Man fühlt sich betrogen, man hat einen großen Spektakel erwartet und man hat Eintrittskarten gelöst“ (471). Jeder Wandel ist Betrug der simplen Erwartungen der Menge, die mit ihrem Verzicht auf eine Teilnahme am vollen Leben den Preis im Voraus bezahlt zu haben glaubt.

Die Besinnung und der Widerstand beginnen daher beim Einzelnen, bei dem einen oder zwei Neinsagern, die sich dem Druck entziehen: „Und nur einer oder zwei, die nicht um des Spektakels willen kamen, im Gegenteil, es war ihnen ernst, und sie gehörten nicht zu seinen Freunden und Anhängern, es waren Widersacher, und man müßte sie eigentlich totschlagen“ und „vielleicht waren auch sie nur gekommen, um ihn heimtückisch zu erschlagen“. Eben weil sie bewusster wahrnehmen, handeln diese Widersacher des Widersachers – „aber nein!“ – weder heimlich noch heimtückisch, sondern gerade sie „hörten das tiefe Ja in seinem Nein“. Zumal sie sich zwischen den Gegensätzen zu bewegen wissen, findet die Änderung von B.s Verhalten bei ihnen Aufnahme und greift auf sie über. Sie gehen auf B.s Impuls ein und lassen von ihrem ursprünglichen Plan ab.

Die Umorientierung dieser wenigen, die auf B.s Wandlung antworten, teilt sich den anwesenden „mans“ mit und findet ihre unerwartete Anerkennung, sodass sie sich augenblicklich dem Anderssein öffnen: „Die Menge erkennt sie auf einmal, und siehe, die beiden erheben ihre Stimme und jubeln ihm zu, zu diesem großen Nein.“ Der Jubel der winzigen Minderheit befremdet die Menge, die plötzlich umsichtig geworden ist und das, was sie wahrnimmt, hinterfragt: „Sie jubeln ihm zu?“ Die Widersacher jubeln B. zu, da sein Sieg „ihr gemeinsamer Sieg“ ist. Ihre unmissverständliche Entscheidung macht, dass sich die Mehrheit ihren divergierenden Erwartungen anschließt: „Und langsam begreift die Menge die Überwindung, die geschah, und angefeuert durch die wenigen stimmt sie ein in den großen Jubelchor, alle, alle ohne Unterschied, Freund und Feind!“ Die Vielen finden sich langsam ein in die große Veränderung, die eingeleitet wurde durch Einzelne, die sich nicht anpassten und die eigene Freiheit und Lebendigkeit nicht fürchteten, die Kommunikation, Rücksicht, Umsicht und Vorsicht gegenüber „Freund und Feind“ übten. Die verträgliche nachhaltige Handlung schließt bleibende Differenzen keinesfalls aus. Nur, dass der Mensch nicht mehr „dem Menschen Wolf“ ist und der „Krieg aller gegen alle“ (Hobbes) warten kann. Offene soziale Kommunikation, mit fließenden Konturen, hat sich eingestellt.

Ähnlich der Hierophanie verlangt auch dieser „Wirbel hemmungsloser Phantasien“ (470) nicht wenig von Keilsons Leser. Im Unterschied zu der durch die Realitätsbeziehung gekennzeichneten Einbildungskraft gleicht die Fantasie einem Traumbild. Doch ist sie nicht Flucht, sondern soziale Imagination und radikale Einbildungskraft der Psyche, gesellschaftliche Selbsterzeugung und -wandlung etwa im Sinne von Cornelius Castoriadis (1984): Fantasiewirbel der „letzten Möglichkeit“ (470), die jenseits des Risses von innerer und äußerer Welt, von Freund und Feind, ein neues Selbstverständnis zu entwerfen versteht und es einer sinnlichen Erkenntnis, einer antizipatorischen Eingebung anvertraut. Der Wirbel weist in Keilsons Roman auf ein anderes soziales Miteinander voraus. Die Fantasie regt ungeahnte Synthesen zwischen Ja und Nein, Leben und Tod an, wie notwendige Kunst es kann, die – mag die Menge aus der Erfahrung lernen oder nicht – als Gegeninstanz davon ausgeht, dass die Verneinung tödlicher Ordnungen möglich wäre und dies wahrnehmbar macht.

Die Schändung des jüdischen Friedhofs

Außerhalb der Fantasie, in der geschichtlichen Wirklichkeit, treibt B. die Abtötung des moralischen und physischen Lebens forciert voran. Ein besonnenes Zurück kennt er nicht. Zusammenstöße und Schlägereien häufen sich und zudem die Überfälle auf jüdische Friedhöfe. Eines Tages fragt der Leidensgefährte namens Wolf den Protagonisten: „Wären Sie imstande, sich nachts auf einen Kirchhof zu schleichen und ihn zu verwüsten, bedenken Sie, die Ruhestätte der Toten zu zerstören?" (420) Die Antwort des jungen Juden ist bezeichnend:

> Ja, ich könnte mir nämlich vorstellen, daß ich es täte, vorausgesetzt, daß mir jemand deutlich machte, daß diese Tat, sagen wir, gottgewollt, vernünftig und im Zuge eines bestimmten Planes sogar notwendig ist. Man kann einen Menschen zu vielen Dingen überreden. (420–421).

Das heißt zunächst, er bleibt einfühlend und kann die Erfahrung anderer Menschen, selbst der Feinde, nachvollziehen. Außerdem verlangt er, der widersinnigen ‚Ratio' der Feindschaft selbstdenkend, vorurteilslos und aus der Distanz zu sich selbst auf den Grund zu gehen. Auf seine Weise macht er sich so Hannah Arendts (1998, 192) Lebensmotto zu eigen: „Ich will verstehen!", zumal: „Das Denken – das Zwei-in-einem des stummen Zwiegesprächs – aktualisiert den Unterschied in unserer Identität, wie er im Bewußtsein gegeben ist, und so entsteht als Nebenprodukt das Gewissen."

Die Gelegenheit dazu bietet sich dem Protagonisten im zehnten Kapitel, dem dichtesten des Romans. Er hat eine junge Frau kennengelernt, Lisa, die wie er in einem großen Warenhaus arbeitet. Er glaubt sie zu mögen und besucht sie in ihrer Wohnung, in der sich unerwartet eine Gruppe von Männern einfindet: Lisas Bruder und drei Freunde um die zwanzig, der Finstere, der Athlet und der Jüngste genannt. Eigennamen haben sie nicht, sie sind schon jetzt Repräsentanten, Typen. Der Jüngste, der potentiell beweglichere, erzählt von einem Überfall auf einen jüdischen Friedhof, an dem er mit vier Komplizen teilgenommen hat. Diese acht Gestalten sind Anhänger von B., besonders die drei in der Wohnung anwesenden Männer sind überzeugte Volksgenossen, die ihre Leitung für

„merkwürdig schlapp" halten und ihr „zu viele Skrupel, zu wenig Initiative" (480) vorwerfen. Der Protagonist, der unentdeckt bleibt (ja, woran sollte man ihn als Juden erkennen?), entschließt sich nach einem inneren Kampf dazu, „bis zum Äußersten auszuharren" (487). Der Grund ist wie gesagt, dass er verstehen will.

Die „Trennwände", die im Nationalsozialismus das private vom öffentlich-politischen Leben „so undurchlässig wie möglich" (Krockow 2001, 182f.) scheiden, werden in der Szene offensichtlich. Es herrschen zwei Ordnungen, zwei unterschiedliche Gehorsamsbindungen: Auf der einen Kleingeister bzw. kleinbürgerliche Ruhe und geordnete Verhältnisse, auf der anderen ein antibürgerlicher Extremismus, Abenteuertum, Unordnung, Tatgesinnung. Wie etwa Max Scheler (1963) nach dem Ersten Weltkrieg, so stellte der exilierte Journalist Sebastian Haffner (1998, 113f.) kurz vor dem Zweiten Weltkrieg fest, dass seine Landsleute „ein Doppelleben wie Dr. Jekyll und Mr. Hyde führen". Der Historiker Norbert Frei (2001, 211) schreibt zu den Gründen dieser Spaltung: „Schien man nicht auf dem Weg in eine emanzipatorische Massengesellschaft, in der Leistung mehr zählte als Herkunft, in der aber auch die angstmachende Unüberschaubarkeit der Industriezivilisation aufgehoben sein würde durch feste Ordnung, klare Feindbilder und einfache Werturteile?" So gesehen vermittelt das zehnte Kapitel von *Der Tod des Widersachers* ein eindringliches Erlebnis der deutschen „reaktionären Moderne" (Herf 1984). Es verzeichnet die Verschränkung unversöhnlicher Gegensätze durch den religiös untermauerten Glauben an die neue Gemeinschaft, für die Entzweiung, ja, jedes Verbrechen als angemessen galt, da es einen zweigeteilten, jedoch für die Beteiligten nahtlosen Referenzrahmen absteckte: hier Freund, da Feind.

Der tiefe Riss geht durch die in der Wohnung anwesenden Gestalten. Auch in ihrem Falle stellen private und politische Moral ein unvermitteltes Gegeneinander dar. So kommt es, dass die Männer und das Mädchen, während sie im trauten Heim gemütlich bei Kaffee und Kuchen zusammensitzen, sich über die Zerstörung eines jüdischen Friedhofs unterhalten können. Das Mädchen versucht zunächst einzulenken: „Ihr müßt nicht über den Tod sprechen, wenn ihr eßt" (483); der anwesende Athlet ist praktischer: „Die Leute, die über den Tod reden, haben eine schlechte Verdauung." (483) Im Roman ist also das Geschehen „[k]ein anderes" als das von den Geschichtsprofessoren beschriebene (424) und dennoch ist es ein anderes, weil individuelle und soziale Wertehaltungen reflexiv wahrgenommen und erfahrbar gemacht werden.

Die Schändung der Gräber – „Wir haben die Toten umgebracht" (496) – scheint speziell den ‚Neingrund' (470) der Feindschaft heraufzubeschwören, der „immer nur Nein", Verneinung und Zerstörung des

Lebens ist, wobei sich im Gegensatz zur vorausgehenden „Fantasie" die Grenzen zwischen Freund und Feind jetzt grundsätzlich festigen. Hervorzuheben ist dabei auch, dass sich die erwähnte Doppelbindung des Gehorsams, die Zwangsjacke, für die kein Opfer zu schwer war, im Laufe der Handlung rächen wird: Da die Gewalt ihr ganzes Gesicht zeigt, lässt sie den Aufstand gegen Bewusstsein und Gewissen, gegen Hillels Goldene Regel der Gemeinsamkeit zwischen den Menschen, in einer primitiven elementaren Regression der Friedhofschänder enden. Die Barbarei ist der Preis für den „rachsüchtige[n], vollkommen niederträchtige[n] Polizeihaß gegen alle Welt drei Schritt vorm Tor" (Bloch, GW 11, 75f.), gegen das Fremde, dem heimlichen Heimischen (Freud). Die toten Juden werden zwar zum zweiten Mal getötet, doch wer dem Selbst und der eigenen Menschlichkeit stirbt sind die Täter.

Die 48 Seiten lange, komplexe Variation zum Thema von Leben und Tod ist virtuos angelegt, fast als handele es sich um den *Tod des Widersachers* im Kleinen. Prozessanalytisch gestaltet, besteht sie aus einer Rahmenerzählung, die sich in der Wohnung abspielt, und der Binnenerzählung der Zerstörung des Friedhofs durch den jungen B.-Anhänger, der in beiden Orten gegenwärtig ist. Auch der Protagonist ist in der Wohnung zugegen, aber der Kampf, dem er sich stellt, verweist auf eine andere Art von Einstellung in Sachen Feindschaft und ihrer Überwindung. Gerade durch die gegenläufige Entwicklung der Figuren kann das lange Kapitel als erfahrungsorientierte sinnstiftende Einführung in die Wissenschaft der Entscheidung als Lebensaufgabe gelesen werden, die ermöglicht, die Entschlüsse zugunsten der lebenssichernden Kräfte von denen zugunsten des Todes zu unterscheiden. Während B.s Komplizen nicht einmal Anfänger sind, wird der Protagonist unerwartet zum Sprachrohr des Autors, etwa im Sinne der von Musil (1978, 680) erwogenen Entscheidung zwischen zwei Gegensätzen – Keilson spricht von den Grundkräften von Liebe und Hass –, die vielfältige Verflechtungen erfahren:

> Du hast die Wahl zwischen Liebesfeuer und Gewehrfeuer. Also sind zumindest zwei Grundzustände anzunehmen: Liebe und Gewalt. Und es ist ohne Zweifel die Gewalt, was die Welt im Gange hält und vor dem Einschlafen bewahrt, nicht die Liebe! Hier ließe sich freilich auch die Annahme einflechten, daß die Welt sündig geworden sei. [...] Das hieße: die fertige Welt Sünde! Die mögliche: Liebe!

Ihre Nichtigkeit bzw. ihren moralischen Selbstmord stellen B.s Jünger zunächst zur Schau, als der Junge von einem Sprichwort erzählt, das nicht zum Frevel, sondern zur Nachsicht anhält. Einer seiner Kumpane, dem es die Mutter gelehrt hatte, hatte den Sinnspruch auf dem Friedhof erwähnt, als er noch meinte, sie täten Unrecht:

> „Du kennst doch das Sprichwort. / „Welches?“ / „Es spukt mir fortwährend im Kopf herum.“ / „Welches?“ / „Du wirst es auch kennen!“ / „Nun?“ / „Ich kenne es nicht mehr genau, ich weiß nur so ungefähr die Bedeutung, es beginnt, meine Mutter hat es mich gelehrt: Was du nicht ...“ / „O ja“, sagte ich, „das kenne ich, meine Mutter hat es auch oft gepredigt, es hängt mir zum Halse heraus.“ / „Du kennst es also auch?“ / „Natürlich“, sagte ich, „es ist so alt wie Methusalem.“ / „Von wem stammt es eigentlich?“ / „Ich weiß es nicht, das mußt du bei Sprichwörtern nie fragen. Die entstehen von selbst.“ (508)

Aus der Erzählung des B-Adepten entwickelt sich in der Wohnung ein Gespräch:

> „Von wem ist es eigentlich“, sagte Lisa plötzlich und wandte sich an ihren Bruder, die Erzählung unterbrechend. [...] Der Bruder zuckte gelangweilt die Achseln. „Weiß ich nicht“, sagte er kurz. / „Von wem ist es eigentlich“, sagte der Finstere und drehte sich gleichmütig nach dem Athleten um. [...] / „Ich weiß es auch nicht“, sagte er nach einer Weile, „wer wird es gewesen sein?“ / „Irgend so ein alter anonymer Knacker.“ / „Ein Grieche?“ / „Nein, das glaube ich nicht, steht es nicht im Neuen Testament? [...]“ / „Komisch“, sagte der Jüngste, „jeder kennt es, jeder führt es im Mund, niemand lebt danach, Gott sei Dank, und niemand weiß, wer es gesagt hat.“ / „Gott sei Dank hat er gesagt“, sagte der Finstere belustigt und begann hart und schneidend zu lachen, „Gott sei Dank, niemand lebt danach, das ist der beste Witz, den du heute Abend gerissen hast, Gott sei Dank.“ (508–509)

Der Protagonist schließt sich dem Gespräch an:

> „Es ist alt“, sagte ich auf einmal und versuchte, meine Stimme gleichgültig erklingen zu lassen: Ich fühlte, daß meine Beine zu zittern anfingen. Der Schweiß brach mir hervor. „So“, sagte Lisa und lachte mich freundlich an. / „Ja, mein Vater hat es immer gesagt“, fuhr ich fort, ohne zu wissen, welche Folgen dieses Eingeständnis hatte. / „Wie alt ist Ihr Vater“, fragte der Athlet, und der Jüngste begann zu kichern. / „Nicht ganz so alt wie das Sprichwort“, entgegnete ich. / [...] Alter, guter Hillel, der du, mit deinem Barte, diese Welt gesagt und erklärt hast allen denen, die zweifelnd auf einem Beine stehen ... Alter Hillel! (509–510)

Nicht die Mutter, sondern der Vater hat es dem jungen Juden, der ‚gut getauft' ist (Freud, GW 9, 539), beigebracht. Nun aber wird sein Vater im eigenen Haus und im eigenen Land, für das er im Ersten Weltkrieg gekämpft hat, nicht alt werden können, da B.s Schergen seinem Leben ein jähes Ende setzen werden. Auch wird er als Opfer der Verleugnung der Regel sterben, die der 60 v. Chr. in Jerusalem geborene jüdische Weise Hillel auf ein einziges Pflichtgebot reduzierte, womit auch Ungläubige sie auf einem Bein stehend lernen konnten: Was du nicht willst, dass man dir tu', das füg auch keinem andern zu. Das ‚Gesetz des Anderen' (Lyotard) ersetzt jedes weitere.

Zwar lebt jetzt niemand mehr nach dem Gebot und „niemand weiß, wer es gesagt hat", doch stellen B.s Jünger ohne besseres Wissen gleich anfangs die wechselseitige Durchdringung jüdischen und deutschen Gedankengutes unter Beweis. Zudem bekunden sie mit der verstiegenen Einseitigkeit ihres Männlichkeitsmythos, dass sie die Menschlichkeit als Schwäche verpönen: Nicht von ungefähr wird die Mutter mitsamt der Goldenen Regel verleugnet, in Beachtung der Lehren ihres ‚neuen Propheten': „Doch hat der völkische Staat eben nicht die Aufgabe, eine Kolonie friedsamer Ästheten und körperlicher Degeneraten aufzuzüchten. Nicht im ehrbaren Spießbürger oder der tugendsamen alten Jungfer sieht er sein Menschheitsideal, sondern in der trotzigen Verkörperung männlicher Kraft und in Weibern, die wieder Männer zur Welt zu bringen vermögen." (*Mein Kampf*, 2016, 455) Die friedsamen, körperlich Degenerierten sind hier die Juden, darunter die, die ihre Kinder zur Anständigkeit gegen jedermann erzogen haben, wie Keilsons Vatergestalt, der als Feind dem Tod anheimgegeben werden wird. Abgeschnitten wie das ethische Leben dieser Tod und Leben verwaltenden ‚Übermenschen' vom introspektiven reflexiven Erleben und von heilsamen Unterscheidungen ist, wird es zu einem „schreckliche[n] Sterben werden, viel schrecklicher als das Sterben selbst" (504).

Die Gestalten in der Wohnung, die ihr Ich im „Gesamtbild einer Einheit" (480) aufgegeben haben, haben damit schon angefangen. Sie sind Teil einer hierarchischen Organisation, einer Befehlskette, die ihnen eine bestimmte Aufgabe zuschreibt, womit ein jeder sozusagen „auf einem Beine" (510) geht. Die Last der Gesamtverantwortung steht dem Führer zu – als Garant der Einheit von Welt und Deutung –, wobei die Teilhabe an seiner historischen Mission und das übergeordnete Interesse der Volksgemeinschaft die „Befehlsempfänger" zu „Befehlsträger[n]" (Arendt 1986, 101) machte. So betrachten sie das, was man Gewissen nennt, als „steckengebliebene Pubertät" (480). Der Jüngste wird diesbezüglich vom Athleten beschwichtigt: „[W]ir alle sind einmal Anfänger gewesen" (485), während der Finstere ihn in Sachen Eigenverantwortung belehrt: „Das Gewissen schafft sich selber ab. Eines Tages merkst du, daß du es verloren hast." So mühelos ist es, das Gewissen abzuschaffen. Der Einzelne fällt umso leichter der Regression anheim, zumal er innerhalb „der Masse unter Bedingungen [gerät], die ihm gestatten, die Verdrängungen seiner unbewußten Triebregungen abzuwerfen", wie Freud (GW 9, 68) in *Massenpsychologie und Ich-Analyse* schrieb.

Da das Gewissen mitunter „ein Spiegel, vor dem ein Affe sich quält", sein kann, denn „jeder putzt sich wie er kann, und geht auf seine eigne Art auf seinen Spaß dabei aus" (Büchner 1999, 1, 33), ist die Kunst der Entscheidung eben komplexer, diffiziler zu üben und zu handhaben. Die Jungen zum Beispiel, die an der Friedhofsschändung in einem abgelegenen Ort teilnahmen, zeigen, wie man das Gewissen in nur wenigen Stunden verlieren kann. Sie lernen Schritt um Schritt nach Anweisung der Älteren, „zu gehorchen und den Rebellen in sich zum Schweigen zu bringen" (485), wie es ihr „Dienst" erfordert; und „für das dritte Mal" hat es der Jüngste „schon ganz anständig gelernt". Houston Stewart Chamberlain, Richard Wagners Schwiegersohn und Verfechter pangermanischer und antisemitischer Einstellungen, mutmaßte schon im Voraus: „Die Juden waren es, die die permanente Furcht vor der Sünde in unsere fröhliche Welt brachten" (Berliner 1993, 105) – und mit den Juden haben die trotzigen ‚dunklen Brüder' sie jetzt auch abgeschafft. Die Gratwanderung der Friedhofsschänder vom Selbst-Opfer zur Regression setzt diese ‚umgekehrte Erziehung' bildlich um.

Eine Schlüsselgestalt ist bei diesem Unternehmen der Anführer der Bande, der sich zu Beginn des Anschlags verletzt hat – „er konnte nur noch mit einem Auge in die Dunkelheit sehen" (505) –, womit er als Entsprechung zum blinden Glauben der Männer in Lisas Wohnung und als Umkehrung der Goldenen Regel und ihrem ‚einen Bein' fungiert; sein einziges Auge spielt ferner auf den germanischen Gott Wotan, den Ergreifer, an, den der Nationalsozialismus „wie ein erstorbener Vulkan zu neuer Tätigkeit" (Jung, GW 10, 204) erweckte. Nach Erich Neumann (1993) stellt Wotan außerdem das Mythologem der Hochzeit mit dem Tod dar. Eine bezeichnende Parallele dazu ist, dass der Anführer seine Jünger, wenn sie Hillels Regel verletzen, nicht zu einer ausgewogenen und zivilisierten Trieb- und Affektkontrolle anhält, sondern sie im Gegensatz dazu anspornt, ihnen freien Lauf zu lassen: „Er ließ sie alle gewähren, was tiefer in ihnen steckte, mußte heraus, und er hinderte sie nicht, er hatte Erfahrung mit solchen Unternehmungen, darum war er weise." (502) Die Enthemmung primitiver Triebe, die Umwertung der Werte schreitet voran: Erst wird Anständigkeit, nun werden Tiefe, Erfahrung, Weisheit und Selbstkontrolle, an deren Stelle die Fremdkontrolle tritt, aufgegeben. Und die Jungs braucht er nicht lange zu bitten, ihre Wut, ihren Hass und ihre Ohnmacht in die Außenwelt auszustoßen; indem sie sie aus der Tiefe an die Oberfläche befördern, speien sie „Grimmigkeit und Unrat" (500) auf den Feind aus.

Der Protagonist hatte im Dämmerlicht und in der Stille der Dunkelkammer zu sich gefunden. B.s Anhänger verlieren sich, indem sie zunächst die Stille töten, in der die Toten wohnen und die ihre Erinnerung aufbewahrt. Die Stille wird ihnen nicht zum Ort des Innehaltens und der Reflexion, der Begegnungen mit den vielen Gesichtern des selbst, sondern zum Ort des Vergessens, bis alle „Einflüsterungen [...] der Dunkelkammer" (451) aus ihr getilgt sind. Danach töten sie die Nacht, aus der alles Licht entweicht. Endlich töten sie den Wald, den deutschen Wald, der zum spiegelverkehrten Symbol der inneren Rückbildung wird. Nunmehr eindeutig, verstoßen Stille, Nacht und Wald schon jetzt die Jungs in die „nasse, klamme Erde" (510):

> Es war unheimlich still und so dunkel, daß man nichts sah als Dunkelheit [...] die tiefe Stille der Nacht, des Waldes und des Friedhofes, eine feste, schwere Mauer, die gegen uns emporwuchs und sich schwer auf unsere Schultern legte, viel schwerer und fester als die aus Stein, vor der wir standen. Ich habe nie gewußt, daß es so still auf der Erde sein kann. (497)

Die Beziehungen zur Zivilisation und die zur lebendigen Natur sind ausgelöscht und mit ihnen die Sinnfülle des Selbst. Durch „ein Abtasten und Probieren" (501) sind sie nunmehr eingestimmt auf den (organisierten) Einbruch der Wildnis; Schritt für Schritt steigen sie hinunter, in Einlösung einer umgekehrten *religio*, wie es der Jüngste bekundet: „[D]u fühlst dich recht zu Taten aufgelegt, wenn du in Worten alles, was an Grimmigkeit und Unrat in dir drinsteckt, herausgelassen hast. Dann fühlt man sich erst imstande, selbst die nobelsten Taten zu verrichten." (500) Bisher war es „erst der Anfang, [...] die erste Runde" (501), doch nun beginnt bei den Kindergräbern der eigentliche „Dienst" und somit das ‚Beste':

> Wir liefen auf sie zu, sprangen auf sie hinauf, rückten an den kleinen Grabtafeln, zogen die Pfähle heraus und warfen sie irgendwohin über das dunkle Feld. Zum Schluß war nur noch eine große ebene Sandfläche, auf der wir herumstampften. [...] Die Kindergräber waren eine gute Vorübung, wir kamen richtig in Stimmung und fühlten, daß wir gute Arbeit verrichteten, jeder steckte den anderen an, jeder gab sein Bestes, wir alle zusammen waren eine Einheit, die einträchtig ihr Werk vollbrachte. (505)

Nach der Enthemmung des Todestriebes als Vorübung, während der sich jeder der ,Eintracht' anheimgibt und dabei das Gewissen verwirkt, kommt die nächste „Runde", die Rückkehr zum Anorganischen:

> ,Jetzt an die anderen', sagte der Anführer. [...] Da lag der erste Stein, wir hatten ihn von hinten über das Grab geworfen, und jetzt sah es aus, als ob der Tote vorübergefallen daläge, nackt, mit blassem Bauch auf seinem eigenen Grab. Dann rückten wir dem Grab selbst zu Leibe [...]. Da lag er [...], als ob die Dunkelheit selbst in ihrem tiefsten Kern getroffen war und langsam über den Kirchhof auslief und die Bäume die Hügel hinaufflüchteten, hinein in den Wald. [...] Wir hatten in kurzer Zeit eine stattliche Anzahl Steine umgelegt und Gräber zertrampelt, der Friedhof wurde kahl und tot, ein ödes Bild in der Nacht. (506–507)

Einer der Jungen hatte eingesehen, dass sie nicht gekommen waren, um sich an den Gräbern zu vergreifen. Sie sollten vielmehr die Erinnerung, das Andenken an die Toten aus dem „Leib" der Erde (506) verdrängen, um so auch den Lebenden das Leben zu einem „schrecklichen Sterben" zu machen. Gerade er spricht von dem „vollen Bewusstsein", das sie in ihrem Drang, Feindschaft und Hass zu verewigen, verleugnet haben, fast als handele es sich um den ,steinernen Gast' von Tirso de Molina über Molière bis zu Mozart:

> Es geht gar nicht so sehr um die Toten als um die Lebenden. Stell dir vor, wenn sie morgen kommen und die Bescherung entdecken, vielleicht begraben sie morgen wieder einen Toten [...]. Dann werden sie merken, daß es ihnen an den Kragen geht. Bei lebendigem Leibe werden sie alle Todesängste ausstehen, die ein Mensch ausstehen kann bei vollem Bewußtsein. Ihr Leben wird ein schreckliches Sterben, viel schrecklicher als das Sterben selbst, und die letzte Gewißheit, daß der Tod ihnen Ruhe und Frieden bringt, wird ihnen entschwinden. (504)

Doch die Mitwirkung am „Bösen zündet Böses in der Seele an" (Jung, GW 10, 225) und schließlich ist es zu spät, um den Rückweg einzuschlagen. Die unbewussten Triebregungen sind angetreten, um nunmehr die Regie zu übernehmen, wie die Entwicklung des Waisenjungens versinnbildlicht. Der stotternde Junge, der „weiches flachsblondes Haar, eine durchschimmernde Haut und die Bewegungen eines Mädchens" (498) hatte, hörte anfangs noch die Stimme des Gewissens: „Eine ekelhafte und schändliche Sache, die wir hier treiben" (502), und „Tote umzubringen, darauf ruht kein Segen". Jetzt hat er nicht nur „keine Angst mehr"

(512), sondern ausgerechnet er macht die tiefste, bodenständigste Regression durch:

> Er lief wie besessen, es war ein tolles Schauspiel, [...] der Höhepunkt dieser Nacht [...]. Er sprang wie ein dunkler Kobold mit großen Sprüngen von Grab zu Grab, sein schwarzer Körper wirbelte in der Luft. Die Arme hielt er weit von sich und bewegte sie, als ruderte er durch die Nacht. [...] Dabei stieß er gurgelnde Laute aus, er spuckte sie aus seinem Munde, als kämen sie tief herauf aus seinem Gedärm [...], immer schneller bewegten sich seine Beine auf der Stelle, eine irrsinnige Lust überkam ihn, und er ließ sich der Länge nach auf das Grab fallen, griff mit seinen Händen die nasse, klamme Erde und begann zu buddeln und zu graben. Seine Finger fraßen die Erde und griffen immer tiefer hinein, als verspürte er das Verlangen, mit seinen Händen das Gebein herauszukratzen. Sein Kopf lag auf der Erde, und der Sand kam in seinen Mund. Er spuckte, gurgelte und kratzte in einem rasenden Tempo weiter. Dann hielt er plötzlich inne, blieb wie tot auf dem Hügel liegen, sprang auf und besprang das Nachbargrab. Hier wiederholte er das gleiche [...]. (510–511)

Die Ausschreitung endet in einer primitiven Orgie, in einer wuchernden Wildnis, in der „alles tief herauf[steigt] aus [d]em Gedärm". Missbrauch und Zerstörung bemächtigen sich des Jungen. Wogegen das Gefühl der „schwerer" wirkenden „Anziehungskraft der Erde" dem keilsonschen Protagonisten die Wahrnehmung der lebenden „Ganzheit" (446) ermöglicht hatte, vergisst der Körper des flachsblonden Jungen die Schwerkraft. Seine Bewegungen sind die eines Kobolds, aus dessen Mund gurgelnde Laute fließen. Erst jetzt ist jeder Unterschied, jede Distanz zwischen Ich und Anderem, Eigenem und Fremdem, Natur und Kultur, Menschen und Tier aufgehoben. Das Leben der Friedhofsschänder wird „ein schreckliches Sterben" ohne Erlösung.

Die Zügelung der Triebe, Zivilisation und Differenzierung des Bewusstseins werden zugunsten der Lust der selbstvergessenen Dienstbarkeit der Person rückgängig gemacht. Ernst Bloch (GW 4, 61f.) hat dieses Konglomerat von Wunschbildern und Emotionen als Widerschein der „deutschen Walpurgisnacht" gedeutet, durch die der Junge in dieser Episode tatsächlich hemmungslos zu rudern scheint. Die das moralische Gesetz verleugnenden Brüder gehen in den verschlingenden „Leib" der dunklen Erde (506) ein, aus der sie die Toten vordem verdrängt haben. Im Männlichkeitswahn dieser zurückgebliebenen Herdenmenschen, in der Eindeutigkeit dieser ‚blonden Bestien' scheint sich die Erfahrung Simone Weils (2011, 181) zu bewahrheiten, wonach der Gewalt die unheilvolle Kraft anhaftet, die Menschen in Dinge zu verwandeln und die Seelen der Täter zu versteinern.

Die Gegenposition des keilsonschen Protagonisten im gleichen Kapitel entstammt einer anderen Tradition bzw. anderen Gegensätzen. So hatte Hegel 1820 in seinen *Grundlinien der Philosophie des Rechts* die Philosophie, vornehmlich die deutsche, mit der „Eule der Minerva“ verglichen, welche die Ereignisse im Nachhinein erforscht. Karl Ludwig Michelet, deutscher Hegelianer, hatte dem den Hahnenschlag, der die Welt eingreifend verjüngt, entgegengehalten, insbesondere den „gallischen Hahn“, eine Revolutionsmetapher, die u.a. Karl Marx und Georg Büchner verwenden. Noch 1918 wird Thomas Mann (1974, 31) in seinen *Betrachtungen eines Unpolitischen* zunächst die ‚machtgeschützte Innerlichkeit‘ des deutschen Bürgers als „Träger deutscher Geistigkeit“ rechtfertigen: „Der Unterschied von Geist und Politik enthält den von Kultur und Zivilisation, von Seele und Gesellschaft, von Freiheit und Stimmrecht, von Kunst und Literatur; und Deutschtum, das ist Kultur, Seele, Freiheit, Kunst und nicht Zivilisation, Gesellschaft, Stimmrecht, Literatur.“

Nun wird im zehnten Kapitel von *Der Tod des Widersachers* die Kontroverse zwischen Zivilisation und Kultur, Gesellschaft und Gemeinschaft (Tönnies 1887) zugunsten der ersten entschieden. Zivilverhalten – von lateinisch ‚civis‘, ‚römischer Bürger‘, ‚Städter‘ – im Sinne von gesellschaftlicher Gesittung, „Dämpfung der spontanen Wallungen“ und „Weitung des Gedankenraums über den Augenblick hinaus in die vergangenen Ursach-, die zukünftigen Folgeketten“ (Elias 1997, 2, 333), bestimmt die Entscheidung des Protagonisten. Der Gegensatz zwischen der Zurückhaltung der destruktiven Triebe und seiner erweiterten vorausschauenden Denkungsart könnte im Vergleich zu der geschlossenen Gemeinschaft der B.-Anhänger nicht größer sein. Obgleich der junge Jude die Anwesenheit in der Wohnung wie eine „Art Selbstquälerei“ (482) erlebt, wird er dem Treffen fast bis zum Ende beiwohnen. Seine Leidensgenossen würden sein „Verhalten als schlapp, feige und ehrlos beschimpfen“ und „vielleicht“ hätten sie „auch ein wenig recht mit ihrem Vorwurf“ (515). Er aber aktiviert ein wiederholtes „dachte ich“ und „ich dachte weiter“ (515–516), dank dem es ihm zunächst zu verstehen gelingt, dass es ‚um den Hass seiner Feinde viel schlimmer steht, als sie es selbst wissen‘ (515):

> Ich […] dachte bei mir, daß sie beides waren, gutmütig und freundlich, grausam und schlecht. […] Aber jetzt hatte man ihnen erzählt, daß es gut war, grausam und hart zu sein, man hatte ihnen die Grausamkeit als

> eine gerechte und edle Sache vorgestellt, und also waren sie grausam. […] Aber so sehr sie sich auch bemühten, wie Wölfe zu erscheinen, sie waren doch keine Tiere. Denn es ging nicht nur darum, was sie taten und sagten, sondern auch um das, was sie verschweigen mußten. […] Es wäre alles viel einfacher gewesen, wenn sie nichts zu verschweigen brauchten, wenn sie nur grausam sein konnten und weiter nichts als grausam, man […] hätte sich nicht seinen Kopf zerbrechen müssen über Dinge, mit denen man doch nicht zu Rande kam. […] Man kann viele Dinge tun auf dieser Erde, die nicht recht sind, dachte ich, man kann morden, plündern, betrügen und seinen Mitmenschen auf jede Art das Leben sauer machen, und man kann noch mehr Dinge tun, wenn man sie einem andern zuliebe tut, dem man mit diesen Taten beweisen will, wie sehr man ihn liebt. […] Aber um Leichen zu schänden und um Friedhöfe in der Nacht zu verwüsten, muß es schon sehr schlimm um die Liebe stehen, wenn sie dieses fordert und zuläßt. […] Vielleicht dachten sie wirklich, die Don Quichottes, daß sie den Tod zertrampeln konnten, wenn sie seine Wahrzeichen besprangen, den Tod, der in ihnen schon so groß ist, daß sie ihn des Nachts voller Haß und Angst heraustrampeln müssen. (514–515)

Keilsons Protagonist weigert sich, die Feinde zu Unmenschen oder Tieren zu erklären, auch wenn sie sich wie reißende Wölfe gebärden. Stattdessen beschließt er, sich weiterhin den Kopf zu zerbrechen, mit Erfahrungen, mit denen „man doch nicht zu Rande" (514) kommt. Erst diese Entscheidung befähigt ihn dazu, aus dem bösen, dem Tod geweihten Nein, aus dem Hass seiner Feinde, auch das unstimmige Ja und ihre blinde Liebe herauszuhören. Die Pole führen ein Eigenleben, primitive Kobold-Anteile neben vermeintlichen ‚noblen Taten' ohne „Segen", Ideale und ihre faktische Aberkennung, „Stimmung" (505) und Leere. Selbstauferlegte Verpflichtung und Gebote zwingen sie, ihre Schwäche, ihre Wut und Verzweiflung, ihre Todesangst, ihren Hass auf sich selbst, all das, was sie nicht ausmerzen können, obgleich sie es wollen, vor sich selbst zu verschweigen. Die Spaltung zwischen „morden, plündern, betrügen" und lieben schwillt an.

Da der Protagonist die eigenen Zwiespälte ins Bewusstsein dringen lässt, hat er folglich ein Gespür für die der anderen, aber auch umgekehrt. Vor allem ist er jedoch nicht gezwungen, die verleugneten Widersprüche und Nöte dem äußeren Feind aufzubürden, womit er „mit dem Leben […] den Tod bestreiten" (516) kann: „Denn selbst der Haß kann nicht ohne einen Tropfen Liebe existieren, sonst ist er kein Haß mehr, sondern eine kalte Verwüstung […]. Aber nicht mit dem Haß, mit dem Leben mußt du den Tod bestreiten." Die widersinnige ‚Ratio' der Feindschaft, die der Protagonist nunmehr freilegt, erwächst einer Wahrnehmung des Lebens in seinen widersprüchlichen Zusammenhängen. Ergebnis der Auseinandersetzung mit B., entzieht sich die Reflexion nunmehr dem Hier und Jetzt der Geschehnisse um die Aufmerksamkeit auf die „immer wieder neue[n] Widersacher“ zu lenken, die „auferstehen und in die Arena treten“ (423) werden. Wie viele, die Feindschaft verkünden, erkennen nicht, welch „gefährlicher Feind“ (516) sie ist? Wie viele, und zwar in jeder der Fraktionen, unterschätzen den Wahrnehmungs-, Denk- und Handlungszwang unbewusster Projektionen? In seinem Versuch, das Übel an der Wurzel zu packen, erkundet die Schlüsselfigur die Abgründe der Feindschaft. Und im Namen des Autors – der ihn durch die Formsetzung in diesem Augenblick zu seinem Sprachrohr macht – kann er es auch verantworten, den im „du“ unmittelbar angesprochenen Leser aufzufordern, seinen Hass, der „eine Kraft [ist], die erst in der Verwandlung glüht“, zu entfalten:

> Und wenn du das Leben nur ein wenig lieb hast, wirst du ihn in dir verwandeln, dort, wo du dir selbst Feind und Widersacher bist, und zugleich bin ich es auch dir, dort wirst du ihn verwandeln. Auch wenn du es denkst, aber es ist nicht so, du streitest nicht gegen mich, weil ich eine andere Meinung habe oder eine andere Haarfarbe oder weil meine Nase anders im Gesicht sitzt als die deine, es ist alles dein Eigenes, wogegen du streitest, und je mehr du es vor dir selbst verschweigst und nicht wahrhaben willst und es nicht fassen kannst und mogelst, umso heftiger bestreitest du es in mir, mit einem Haß, der nicht mehr dem Leben zugetan ist. Aber dort, wo du selbst mit dir haderst, dort in diesem Urgrund will ich dich fassen und von dir ergriffen werden, dort stehe ich dir bei. Und, dachte ich weiter, solange du und ich diesen Haß, der aus einem guten und vollen Herzen kommt, das dem Leben zugetan ist, nicht gelernt haben und einen Tropfen Liebe in ihm mit hinüberretten, sind wir schlechte Widersacher auf dieser Erde und nicht wert, daß wir uns begegnen. (516)

Den psychischen Zusammenhang von Liebe und Hass gilt es zu erkennen, denn erst die Fühlungnahme mit den uns innewohnenden Antagonismen ermöglicht, die zerstörerische Durchschlagskraft von Hass und Feindschaft leidlich unter Kontrolle halten zu können: „[W]enn du das Leben nur ein wenig lieb hast, wirst du [sie] in dir verwandeln“. Solange Liebe und Hass nicht eine mehr oder weniger regelmäßige Kommunikation pflegen, vermag der Hass nicht über die Liebe, der Todes- nicht über den Liebestrieb zu siegen. Um sich diese Erfahrung zu vergegenwärtigen, bedienen wir uns einer Amplifikation, die sie auf ihre Verallgemeinerungen hin testet (Luhmann 1997, 320). Man denke etwa an ein archetypisches Bild von intensiver transformativer Bedeutung: Wurde der

Messias, und zwar durch Gottes Geist, nicht der Versuchung zugeführt? „Danach trieb der Geist Jesus in die Wüste. Dort blieb Jesus vierzig Tage lang und wurde vom Satan in Versuchung geführt. Er lebte bei den wilden Tieren und die Engel dienten ihm“ (Mk 1.12-13): Von wilden Tieren *und* von Engeln umgeben, wird sich Jesus vierzig Tage dem Satan aussetzen. Der Versuchungsepisode folgt sein erster öffentlicher Auftritt in Galiläa, sodass sie als Vorbereitung auf das Wirken Christus' betrachtet werden kann. Unzählig sind ferner die Versuchungen der Heiligen und unzählig ihre Darstellungen in der Kunst. Allein die des Hl. Antonius ist seit der Gotik bis heute ein beliebtes Motiv der Malerei, etwa bei Hieronymus Bosch und Max Ernst, später der Literatur, so bei Turgenjew und Flaubert und vielen anderen, in der Musik und im Film. Trugbilder erinnern Antonius an die Lebensfreuden, auf die er verzichtet, und Satan und Dämonen peinigen ihn. Unsere Imagination ist von diesen Bildern durchdrungen.

Aus individualgeschichtlicher Perspektive steht hingegen die Erfahrung Modell, die in der Regel in zeitlicher Übereinstimmung mit der ersten Wunde steht, die uns ohne besseres Wissen zugefügt worden ist, als wir noch nicht in der Lage waren, ‚ich' zu sagen. Diese Wunde führt gemeinhin zur Spaltung von Liebe und Hass, von guten und bösen Objektbeziehungen. Nach Freud entsteht Hass in der aktiven Phase des Ödipuskomplexes, den Jung um den Elektrakomplex erweitert, als das Kind den gegengeschlechtlichen Elternteil als eigenständige Person entdeckt, die ihm nicht angehört. Melanie Klein (2000) hat die Entstehung des Hasses auf die ersten Lebensmonate zurückdatiert und dabei vermerkt, dass das nunmehr ‚böse Objekt' namentlich bei Menschen, die paranoide-schizoide Persönlichkeitsstörungen entwickeln, mit Projektionen, Entzweiungen, tiefem Neid und externalisierten Allmachtsprojektionen einhergehen.

Wie dem auch in theoretischer Perspektive sei, geht Hans Keilsons Protagonist von der Erfahrung aus, dass in jedem Menschen das innere Ausland bzw. die von uns allzu getrennte Dunkelkammer zur eigentlichen Brutstätte eines inhumanen, antisozialen Verhaltens werden kann. Allein die Durchdringung gegensätzlicher Emotionen – in der Rolle sich gegenseitig beobachtender Gegenspieler, denen man „Auge in Auge zu schauen wagt[...]“ – kann dazu beitragen, dass der Hass nicht zum Alleinherrscher der inneren Kammer werde. Nur so kann verhindert werden, dass man wie B., der „Tor“, sich genötigt fühlt, ihn im anderen zu ‚bekämpfen' (558) – mit katastrophalen Folgen, falls aufgrund besonderer geschichtlicher Umstände eine ganze Masse dieses Syndrom teilt (vgl. Jung, „Nach der Katastrophe“, GW 10, 219–244 u. dazu Sanna 2021). Auch Liebe allein oder Tugend allein scheinen der Balance nicht förderlich. Jedenfalls darf (oder sollte?) für den Protagonisten, der selbst seine Feinde nicht so „richtig hassen kann“, „[e]in jeder Mensch[en] [...] gut und fromm und frech sein“ (2.22). Vielleicht, weil es ihm auf diese Weise gelingt, den Hass in Schach zu halten, anstatt ihn durch die Vordertür hinauszubefördern und durch die Hintertür der Dunkelkammer wieder hereinzulassen.

Dabei gilt es, wie der Autor in jungen Jahren bei Freud gelernt hatte, die Aufmerksamkeit auf die ursprüngliche Verletzung zu lenken und sich ihrer anzunehmen, sei es auch durch die Lektüre (s)eines *Container*-Werks, das sie aufzufrischen und zu halten vermag und also gestattet, sich ihr dergestalt zuzuwenden. Die balancierte individuelle Verwurzelung, die sich auf diesem Weg entwickeln kann, kommt indirekt der Gemeinschaft zugute, wie Simone Weil (2003, 100) bemerkte: „Die Entwurzelung ist bei weitem die gefährlichste Krankheit der menschlichen Gesellschaft. Wer entwurzelt ist, entwurzelt. Wer verwurzelt ist, entwurzelt nicht“, wobei Verwurzelung wie Entwurzelung namentlich auf einen inneren Zustand und nur vermittelt auf äußere Umstände verweisen.

Für die Autopoiesis des Bewusstseins- und des Gesellschaftssystems ist diese „immer wieder neue“ Aufgabe der mehrsprachigen Kommunikation mit und gegen die „immer wieder neue[n] Widersacher“ (423) vornehmlich. Der Autor lässt den Protagonisten das Wort führen, vielleicht aus der Überzeugung heraus, dass es sich ausnahmsweise lohne, den Übungen für das ‚richtige Leben‘ einen vorläufigen Namen zu geben, der „immer wieder“ neu erfahren und neu sozialisiert werden soll: Gute Widersacher zu sein auf dieser Erde, die versuchen, den Hass in sich zu verwandeln bis auf den dunklen „Urgrund“, wo sich Liebe und Hass in der Hassliebe und im Liebeshass gegenseitig durchdringen und wandeln; gute Widersacher, die sich von der Spannung zwischen Liebe und Hass ergreifen lassen, sodass sie sich/wir uns in diesem Gefälle zu fassen bekommen. Mag uns der Andere, der Fremde auch nicht zusagen, so wie wir ihm möglicherweise nicht gefallen, sollte keine innere oder äußere Stimme uns zwingen können, nach seinem Leben, nach seinem Ausschluss aus der menschlichen Gemeinschaft zu trachten, und zwar gegenseitig: „gnothi seauton – erkenne dich selbst“, „im anderen, den du als Feind, als Widersacher vernichten willst“ (2.272). Es versteht sich von selbst, dass es nicht um konzeptuelle Zirkelschlüsse oder Wesenseinsichten, sondern um aneignende Wahrnehmung und Reflexion geht. Vielmehr geht es darum, eine Balance, ein dynamisches Gleichgewicht zwischen Aufbau und Zerstörung, Leben und Tod, Möglichem und Unmöglichem auszumachen. Es geht darum, ob wir uns entscheiden, uns der gemeinsamen Welt und der gemeinsamen Zukunft anzunehmen, Schritt um Schritt, in demselben Augenblick, im *nunc stans*, im Hier und Jetzt, in dem je einzigen Moment, in dem wir leben: Gerade bezüglich der Widersacher scheint der Grundsatz, den Mephisto in Goethes *Faust* (1962, 49) enthüllt, zu gelten: „Das erste steht uns frei, beim zweiten sind wir Knechte.“ In Keilsons Roman ist dieses erste das Aleph-Prinzip, das Prinzip der Transformation des Lebens im dynamischen Wechselspiel seiner Kräfte.

Die Wissenschaft der Entscheidung weist den Weg auch in Liebesdingen. Die Verfolgung eines materiellen Interesses oder irgendeines Nutzens zieht der Protagonist nicht in Betracht: „Man schaue einmal umher, es gibt Beispiele genug“ für die „gemeinsamen Belange“, die „zur Gründung eines Konsumvereins führen“ könnten. Auch das „Liebend-miteinander-Sein“, von dem „die Dichter zu singen belieben“ (451), entspricht ihm nicht, da das abstrakte Ideal das konkrete Erlebnis der Differenz und Vielfalt von Ich und Du einschränkt. Anders gesagt, verwehrt es sich der Held, in Liebesdingen ein „Doppelspieler“ (451) im eigenen Haus zu sein: Die Liebe, jede Liebe, gibt sich ihr eigenes Gesetz.

Die Schwärmerei für die Verkäuferin Lisa scheitert, und zwar nicht an den äußeren Bestimmungen bzw. der strikten normativen Regulierung, die der Leser kognitiv nachzuvollziehen hat: 1935 hat der 7. ‚Reichsparteitag der Freiheit‘ in Nürnberg das *Gesetz zum Schutze des deutschen Blutes und der deutschen Ehre* beschlossen, das Mischehen verbot: „[S]olche Entwicklung herbeizuführen, heißt aber denn doch nichts anderes, als Sünde treiben wider den Willen des ewigen Schöpfers“, so Hitler in *Mein Kampf* (2016, 314). Sie scheitert vielmehr daran, dass Lisa sich zufrieden gibt mit dem Schutz eines anderen Gesetzes, dem der Konventionen bzw. einer oberflächlichen „Höflichkeit“, die gestattet, „die krassesten Widersprüche aus[zu]tragen“ (482), ohne von ihnen zu wissen. Sie kennt keinen Wandel. So hat sie mit einem „Gesicht, das unverändert blieb, freundlich und voller Zuneigung“ (517) den Gesprächen der Männer und der Erzählung der Schändung des Friedhofs zugehört. Ihr „anscheinend zufriedenes Wesen“ (427) erklärt sich also weniger daraus, dass sie „von selbst alle Gegensätze in sich versöhnt“, als vielmehr aus einem „blinde[n] Flecken“, einem „Mangel an Tiefgang“, eines behaglichen inneren Risses, den sie nicht wahrnimmt und nicht heilt. Auch in der Liebesbeziehung ist sie unfähig, weder „Grenzen, Berge, Flüsse“ noch jegliches andere „Hindernis, das sich ihr entgegenstellt“ (475), zu überwinden. Jahre später, während des Exils, stellt der Protagonist beim Schreiben seiner Aufzeichnungen fest, ihren Namen vergessen zu haben.

Der Rucksack des Vaters

> „Das Eingedenken kann das Unabgeschlossene (das Glück) zu einem Abgeschlossenen und das Abgeschlossene (das Leid) zu einem Unabgeschlossenen machen." (W. Benjamin, *Das Passagen-Werk*)

Im Vergleich zum zehnten Kapitel des Romans handelt das zwölfte nicht vom Dämmerschlaf des moralischen Lebens, sondern dringt in den Urgrund des Todes und des Bösen vor. Für den „Dienst" (485) an diesem ‚Nicht-Ort' kann die Wildnis, in die die Jungs auf dem Friedhof abglitten, als „Vorübung" (505) gelten. Das Lager, in das die alten Eltern des Protagonisten deportiert werden, ist die letzte Runde dieses Abstiegs – das Tor zur Hölle, das die Episode indes nicht überschreiten wird –, in der B.s aktive Gefolgschaft das, was sie als ‚unwertes Leben' bzw. als ‚lebensunwert' betrachteten, vernichteten. Und doch war es das Leben des Anderen und somit auch ihr Leben.

Die Männer und die Frau in der Wohnung waren gespaltene Gestalten. Vorab muss jedoch geklärt werden, dass das klassische Konzept der Spaltung in Bezug auf den Zivilisationsbruch von Auschwitz – „die größte Menschen-Vernichtungs-Anlage aller Zeiten", wie sie Höß in seinen autobiografischen Aufzeichnungen bezeichnete, die zum Symbol der Shoah geworden ist – deplaziert scheint. Erst das „Auschwitz-Selbst" (Lifton 1988) ermöglichte die Überhöhung des Todes, der allem anhaftete, und das extreme Prozedere, das in der Lagerwelt im engsten Sinn des Wortes buchstabentreu wurde: Man gehorchte, von lateinisch *ob audire*, was so viel heißt wie ‚das Gesagte bei Abtötung des Selbst akritisch befolgen'. Das in letzter Instanz an den Führer und die Volksgemeinschaft delegierte Gewissen wurde zu einer „ethisch befreiten Zone" (Ulrich 1999, 19). Der Todestrieb steigerte sich zur Nekrophilie – „die Leidenschaft, das, was lebendig ist, in etwas Unlebendiges umzuwandeln [...], lebendige Zusammenhänge zu zerstückeln" (Fromm 2015, 373) – und setzte sich fest.

Als Erzähler der Episode aktiviert der Protagonist anstatt des „Buchstabens" eindringliche Lebendigkeit auslösende Vorstellungsbilder. Seit der Dunkelkammerepisode hat er sich beharrlich seines Gespürs für das Fremde und Nichtalltägliche versichert; nun haben B.s anmaßende Beschlüsse aber das Nichtalltägliche gerade hinsichtlich der Lebens- und Todesordnungen abgeschafft. Demzufolge gilt die Aufmerksamkeit des jungen Juden, welcher der Fahrt seiner Eltern in den Tod gedenkt, jetzt dem Alltag. Er, der sich abgrenzende Neinsager, würdigt nun das Beschränkte und an sich Selbstverständliche, die täglichen Bedürfnisse und die lebensgeschichtliche Bodenständigkeit der Person, das Sein und Gewordensein des gewöhnlichen Alltagslebens. Er verteidigt das Leben als Ganzes mit seinen Gewohnheiten als integrierter Bestandteil der Zivilisation, mit der Hitler und seine Mehrheit gebrochen haben. Die Überzeugung ist dabei die, dass B. und die anderen Widersacher den Kampf nicht gewinnen werden, solange selbst die alltäglichen Aspekte des Lebens, des unseren und also das des anderen, nicht aus ihrem Zusammenhang, aus dem Kontinuum der Orte und der Zeit herausgerissen werden.

Eine Realität wie die von Auschwitz entstammt gegenteiligen Entwicklungen. Die Opfer wurden aus ihrem Leben gerissen, um sie wie einst die Sklaven als *res* zu betrachten. Zudem plante man, ihnen in den „Wertvernichtungsfabriken" einen „konkreten gegenständlichen ‚Gebrauchswert[s]' abzuschöpfen: Kleider, Gold, Haare, Seife" (Postone 1991, 9). Angefangen beim Namen, betraf der Zerstörungswille der Nazis jegliche Spur ihrer Lebensgeschichte, wobei „in den Lagern nicht mehr das Individuum starb, sondern das Exemplar" (Adorno, GW 6, 355). Kein Zeuge sollte mehr überleben.

Keilsons dritte Variation zu Leben und Tod geht folglich umgekehrte Wege und versucht, selbst den vertrautesten Dingen, Gesten und Augenblicken ihren Ort im Lebenszusammenhang des Menschen wieder zurückzugeben. Dergestalt macht er nicht nur das „dem Tod ausgesetzte Leben (das nackte oder heilige Leben)" zum „ursprünglich politische[n] Element" (Agamben 2002, 98). Er leistet zudem Außerordentliches, denn: „Wenn es richtig ist," – wie Hannah Arendt (1955, 1097) meint – „daß die Konzentrationslager die konsequenteste Institution totaler Herrschaft sind, dann dürfte zu ihrer Erkenntnis ein Verweilen beim Grauen unerläßlich sein. Dies kann die rückschauende Erinnerungsreportage ebensowenig leisten wie der kommunikationslose Augenzeugenbericht."

Die Variation verweilt ‚beim Grauen', doch sie tut es, indem sie den Wert des gewöhnlichen Lebens absteckt und das Verhältnis zum allgegenwärtigen Tod umkehrt. Besonders den Dingen kommt dabei eine amplifizierende Funktion zu. Sie verlieren ihren ausschließlichen ‚Gebrauchswert' und nehmen als Zweck, nicht als bloßes Mittel, an der menschlichen Verwundbarkeit teil – so nach Kants Gebot ethischen Handelns, das für Vernunftwesen *per se* gilt. Außerdem tragen die Dinge zur Beständigkeit des Raums bei, da der „Raum sein Prinzip darin [hat], daß eine Stelle durch nur ein Objekt besetzt sein kann" (Luhmann 1997, 182). Sie erweitern den Lebenskreis auch durch die Reisen des Vaters und der Mutter, wobei sich im Elternhaus die Wege der Welt kreuzen. Des Weiteren intensivieren und schichten die Gegenstände die Zeit, da sie nicht nur auf die vielen Ereignisse im Leben der Eltern verweisen, sondern den gewaltsam unterbrochenen Rahmen ihres Lebens auf den weit verzweigten der Generationen hin öffnen.

Die Erzählung des Vaters, der seinen Rucksack *vor* dem Transport packt, vermittelt auf ihre Weise das Grauen: Sie erinnert an das gewöhnliche Leben der Eltern und rettet es in der Erinnerung in seiner allumfassenden Erdenverwurzelung. Bei dieser Umkehrung scheint sich der Autor die Eingebung von Esra – das erste aus Bergen-Belsen zurückgekehrte Waisenkind, das er betreute – zu eigen gemacht zu haben, „er könne seine Eltern und Geschwister aus dem Tode zurückrufen" (2.288), so hier, indem sie der Sohn in ihrer Wohnung zurückhält, umgeben von den Gegenständen ihres Lebens. Der Widerspruch zum Nicht-Ort und zur Nicht-Zeit der Todeslager könnte nicht ‚leiser' und zugleich hörbarer sein.

Die Vorbereitung der letzten Reise der Eltern will und kann keine Gedenktafel inspirieren, zudem sie das Bild der Eltern in ihrem Hause festhält. Keilson verleiht als Künstler und als Psychoanalytiker seiner Vorstellung des Wirkens der Seele (2.274) und ihres Wandelns Gestalt. Er tut dies mittels einer Sprache, die auf die festen Bewahrungsformeln der Erinnerung, auf das Pathos und das Sublime verzichtet und trotzdem nicht am Schmerz vorbeigeht. Jenseits aller „entseelten Totenarithmetik" (Giordano 1987, 34), gibt sie den Opfern ihr Gesicht und ihren Namen zurück. Zugleich stellt die Darstellung ihrer Zusammengehörigkeit und ihrer Teilhabe an den Gegebenheiten des Lebens die Verbindung der Geschlechterfolgen und den zur jüdischen Kultur wieder her.

Diesbezüglich ist die durch das erschütternde Erleben individualisierte Erinnerung an die Zwangstransporte in den Tod ein inniges Gebet der Klage und zur gleichen Zeit ein Loblied des Lebens: „Und wenn die Zeit der großen Menschenjagden / dereinst vorüber ist […] / wird man das letzte Kaddisch leiser sprechen […]. Ein jeder kommt, für uns das Brot zu brechen, / ein jeder sagt den Segensspruch zum Wein" (2.95–96), so Keilson in seinem Gedicht *Vater, als er ins Exil ging* (1939/2000). Die Symbolik von Brot und Wein – der Judentum (Pessach- und Schabbatmahl) und Christentum (Abendmahl) verpflichtet sind – verweist auf die Befreiung Israels aus dem ägyptischen Exil, die als Geschenk an alle Menschen gedacht ist.

Im Roman wird diese jüdische Tradition im zwölften Kapitel aktualisiert. Auch hier spricht der Sohn das Kaddish yatom, das Trauergebet des Waisen, dem zehn Menschen zuhören und antworten, wobei in der einfühlsamen Erzählung des Protagonisten wie im Gebet die Verbindung mit Tod und Trauer implizit bleibt. Auch er erinnert sich seiner Toten in der Hoffnung, für sie einen Raum des Gedenkens für die Zeit nach den

„Menschenjagden" zu schaffen: „Ich will ihnen in meinem Hause und in meinen Mauern einen Ort [Yad] und einen Namen [Shem] geben […]", so Jes 56.5, die Bibelstelle, aus der die „Gedenkstätte der Märtyrer und Helden des Staates Israel im Holocaust" in Jerusalem ihren Namen bezieht. Eine Inschrift im Yad Vashem zitiert den Spruch des Rabbis Israel Ben Elieser (1699–1760), der nach Luria die überregionale kabbalistische Lehre des Chassidismus' entwickelte: „Vergessen verlängert die Zeit des Exils. Das Geheimnis der Erlösung heißt Erinnerung."

Bezüglich des Zusammenhangs zwischen Exil, Erlösung und Erinnerung lenkt die Episode die Aufmerksamkeit auf ein individuelles Geschehen, auf das Rucksackpacken des Vaters vor dem Transport. Die detaillierte Erzählung der letzten in ihrer Wohnung verbrachten Stunden trägt zur Individualisierung der Opfer bei; sie will aber auch verhindern, den Blick wegzuwenden, zumal die Variation zu Leben und Tod – wie schon die Vorstellung des Vaters des Protagonisten vom „Fotografenmeister da oben" (379) – auf die Einschränkung (Zimzum) des allgegenwärtigen Gottes verweist, der dem Dunkel, aber auch der Verantwortung des Menschen Platz machte:

> Es waren die Funken Gottes selbst, die in die Welt der Materie zerstreut und verbannt wurden und die allein durch Mitzvot, durch gute Taten und Eingedenken, aus ihrem Exil erlöst werden können. Spätestens jetzt sollte deutlich geworden sein, daß es beim Eingedenken, jedenfalls im Sinne der jüdischen Kabbala, nicht um eine Erlösung derjenigen geht, die sich, schuldig geworden, erinnern, sondern – wenn dieser Äußerung überhaupt eine auf die Menschen bezogene Deutung zu geben ist – um die Opfer des geschichtlichen Unrechts. (Brumlik 1995, 118)

Die Eltern gehen einem kalten und gewalttätigen Tod entgegen, zu dem sie eine geschichtlich-soziale Massenhalluzination verurteilte, welche ihresgleichen zu Fremden erklärte. Aus der begrenzten Perspektive der zwei alten Leute betrachtet, erscheint das begangene Unrecht über die Maßen groß.

In der Episode gehen also Vater und Mutter in den Tod, den B. und sein System für sie verfügt hat. Das vorausgehende elfte Kapitel hat die Verhaftung der Eltern erzählt. War der Schmerz dort noch abgewehrt, so zeigt er sich jetzt offen:

> Ich werde sie nicht wiedersehen. Die Mutter weinte, und der Vater trug einen Rucksack. / Den du, bevor du ihn trugst, mit dem deinen, um ihn

> zu tragen, alle Rucksäcke der Welt gefüllt hast mit den letzten Habseligkeiten eines Lebens, das man auf den Rücken nimmt, der du vorher viele andere, fröhliche-leichtere Rucksäcke den Kindern zu Wanderungen, von denen man zurückkommt, gepackt hast, bevor du diesen einen, den letzten, deinen letzten, der nur einmal zum Ranzen schwer geschnürt wird, packtest und immer noch packst mit Überlegung und Sorgfalt, daß man ja nicht vergesse das Nötige, das Wenige, das, was nötig ist für diese letzte Wanderung, damit er nicht zu schwer sei und man ihn tragen kann, wenn es nötig ist [...]. Es war ein großer, alter und von vielen Regengüssen verwitterter Rucksack, der sein Leben lang schon oft ein- und ausgepackt worden war [...]. Es ist ein kleiner Globus, solange man ihn fröhlich auf seinem Rücken in die schöne Welt trägt, schon etwas alt und abgenutzt, aber noch immer kann man ihn gebrauchen. / Dieser hier war so eine alte Erdkugel, der man immer wieder neues Leben eingeblasen hatte für eine Wanderung. [...] Der Sack war alt wie Methusalem, und mein Vater hatte nur eine neue Schnur gekauft, eine kräftige, dunkelbraune Schnur aus geflochtenem Hanf, um ihn gut zuschnüren zu können. So war er reisetüchtig, und noch unzählige Male hätte man mit ihm wieder nach Hause kommen können. (519–521)

Die vierte Variation, B.s Tod, wird ein toter Tod sein, während die Mutter, der Vater und sein Rucksack das Bild eines vollen Lebens vermitteln, das mit „der Kunstfertigkeit packender Hände“ (519), sowohl mit „Überlegung und Sorgfalt“ als auch mit „Schwung“ angefüllt worden ist. Überall schafft der Rucksack Zusammenhänge. Er enthält miteinander „verflochtene“ Abenteuer und Reisen, die unzählige Male von vorn hätten beginnen können. Alt wie Methusalem umfängt er mit dem Leben der Eltern auch die unendliche Geschichte der verfolgten Juden, in der Fülle von Kultur und Natur, Vergangenheit und Gegenwart, Freude und Leid. Der Rucksack ist wie eine alte Erdkugel: Unendliche Male gefüllt und geleert, ein den Kindern vermachter Zeuge, welcher der Verantwortung des Einzelnen, seiner Verpflichtung in der Gegenwart mitgegeben ist. So klein wie er ist, enthält er den unendlichen Raum der Erinnerung und der angesammelten Lebensprojekte und -Erfahrungen. Der Rucksack ist eine helle Kammer, die alles fasst.

Nur eines fehlt dem Bild: die Zukunft – die Zeit in ihrer Zirkularität, welche die entorteten Orte der Lager für die Ewigkeit auszulöschen gedachten; die Rückkehr der Eltern fehlt, die B. verhindern wird. Er hat den Vater gezwungen, auf seinen Koffer zu verzichten, den man braucht, „wenn man auf Reisen geht [...] mit einer bezahlten Fahrkarte und einem Ziel, wo man hinreist, das man sich selbst gewählt hat“ (522); der alte Mann ist auf den kleinen Rucksack angewiesen, in dem er sein ganzes Leben zu verstauen hat. Wenn man mit Elias Canetti Macht nach dem Platz misst, den ein Mensch ausfüllt, so hat sich der Vater gewiss aller Absurditäten enthalten, welche die Geschichte wie ein langes Delirium erscheinen lassen und die ihre Wurzel in einer einzigen grundlegenden Absurdität haben: im Wesen der Macht (Weil 2011, 56).

Der Vater packt in den Rucksack seine „Siebensachen“ (519), von denen eine jede ihm wertvoll ist, da sie das menschliche Leben im Raum des Hauses und in der Zeit der sich wiederholenden Gewohnheiten situieren und halten. Der Ort, dem er entgegengeht, entspricht einer grundlegenden Aussetzung, wie schon die erste Antwort auf die Frage des Sohnes aufzeigt: „Was ich mitgenommen habe? […] Seife zum Beispiel“ (522):

> Seife hat er als erstes mitgenommen, als ob es nichts Wichtigeres auf der ganzen Welt gäbe als Seife, um auf eine solche Reise mitgenommen zu werden, und unser Herrgott am ersten Tage Seife mit erschaffen hätte. Es müßte also heißen: Am ersten Tag schuf Gott Himmel und Erde und Seife, daß man sie in einem Rucksack mitnehme. (522)

Die begleitende Betrachtung des Sohnes gibt der Behausung des Menschen Würde und Sinn zurück, zumal durch ihre Amplifizierung im Sinne einer Episode aus dem Buch Daniels (3.52–90), in welcher drei junge Juden, die Nebukadnezar zum Tod in einem Feuerofen verurteilt hat, einen Lobgesang des Herrn anstimmen. Sie sollten bestraft werden, da sie sich geweigert hatten, das Standbild mit goldenem Kopf und eisernen Füßen, welches der König errichten ließ, anzubeten. Gott wird die drei Hebräer retten, während der Koloss durch einen herabstürzenden Felsbrocken zerstört wird (wie B.: „Er wird fallen, Vater, … wie ein Stein …“, 557). Wie der Lobgesang der drei Juden die göttliche Herkunft in jedem Bruchstück der Schöpfung feiert, so feiert der Roman die Seife und mit ihr das menschliche Leben in der Durchdringung von Natur und Zivilisation.

Doch je mehr sich der Rucksack füllt, umso mehr wird erfahrbar, dass der Ort der Enthausung, dem die Eltern entgegengehen, alle Gepflogenheiten des menschlichen Lebens verletzt. Selbst die dazugehörigen Gegenstände macht er verzichtbar. So verweisen die Kleidungsstücke, die der Vater einpackt – „Warme Sachen zum Anziehen, Unterwäsche, Strümpfe, Hosen, wollene Hemden, nur das Nötigste gegen die Kälte“ (523) – einzig auf das eisige Bild der Vernichtungseinrichtungen, denen dynamische, beziehungsreiche, einbindende und warme Entwicklungsprozesse fremd sind (C. Lévi-Strauss). Der Vater, der mit seiner alten und kranken Frau deportiert werden wird, vergisst nicht, die gebräuchlichen Tauschobjekte mit auf die Reise zu nehmen: „[M]it Tabak kann man immer etwas erreichen, man kann ihn gegen andere Dinge tauschen“ (524). Mithin das „immer“ ist außer Kraft gesetzt, da nichts mehr „selbstverständlich“ (523) ist in einer Welt, welche alte Leute, unschuldig wie Kinder, in einen grausamen Tod schickt. Ihrer verwundbaren Leiblichkeit wird jeder sorgende, bewahrende Umgang verwehrt werden. B. hat nicht nur das Verletzungsverbot aufgehoben, sondern den Menschen einem Vernichtungsmechanismus preisgegeben: Es funktionierte und „weil es funktionierte, war es unabänderlich“ (Sereny 1979, 237), so Franz Stangl, Kommandant von Treblinka.

Im Lande der gutenbergschen Revolution ist die Beziehung zur Zivilisation, aber auch die zur Kultur – die in Barbarei abglitt – aufgehoben, wie der Sohn unwillkürlich belegt. Ihm fällt ein, dass er als Schüler an einem großen Preisausschreiben über die „fünf Bücher [...] die ich mitnehmen würde, wenn ...“ (525), teilgenommen hat, und so stellt er dem Vater eine Frage, die B. um ihren Sinn betrogen hat:

> Ich fand die Frage selbst unmöglich und schämte mich wegen des bornierten Aberglaubens, daß man ein Buch mitnehmen müsse. / Er wartete. Er sah meine Verlegenheit. Dann sagte er ruhig: „Ein Buch? [...] Aber welches Buch, kannst du ein Buch empfehlen?“ / Während er sprach, glitt ein leises, spöttisches Lachen über sein Gesicht. / Mit seiner letzten Frage hatte er ins Schwarze geschossen, mitten hinein, es gab kein Entkommen, und ich mußte Farbe bekennen. [...] „Ich weiß keines“, sagte ich hastig. „Es ist auch nicht so wichtig.“ (524–525)

Der Vater, der den Spiegel einst mit einem leichten Hauch verhangen hatte, bevor er sich in ihn zu blicken getraute (361), wagt jetzt vor sich selbst zu bekennen, dass das „wenn“, das B. darstellt, keine Bücher vorsieht: Sie werden auf Scheiterhaufen verbrannt, vor den Universitäten, die Täter waren Studenten, die ihnen Rückhalt lieferten sind ihre Professoren (Krockow 2019). Auch auf die „letzte Frage“ von *Der Tod des Widersachers*, von der „es [...] kein Entkommen“ gibt und angesichts deren man „Farbe bekennen“ muss, antwortet der Vater, obgleich in Form tiefbetrübter Verneinung. Er hat inzwischen erfahren, dass es „bestimmte Umstände“ (525) gibt, unter denen Kultur und Sittengesetze nicht vor Barbarei schützen, es sei denn, sie fordern die Fähigkeit, „Richtiges vom Falschen, Schönes vom Häßlichen zu unterscheiden“, wie Hannah Arendt (1998, 191f.) erkannte.

Ein paar Blätter wird der Vater jedoch mitnehmen, wie er „ruhig“ eingesteht: „Ich werde mir ein Rezept abschreiben, wie man Baumrinde zubereitet, [...] es muß ein chinesisches Rezept sein und gilt in China unter bestimmten Umständen als Delikatesse“ (525). Der alte Mann erfasst das „wenn“ so genau, dass er sich auf entlegene „Umstände“ hat einstellen müssen. B. verleugnet das eigene Fremde in dem Land, das er beherrscht, der Vater stellt Zusammenhänge mit dem anderen Ende der Welt her und überbrückt die Kluft, die der Erstere setzt. Doch nichts fürchtet er für sich und seine Frau während seiner letzten ‚Wanderung' so sehr wie den Hunger: „Das Lager ist der Hunger. Wir selber sind der Hunger, der lebende Hunger", wie es Primo Levi in *Ist das ein Mensch?* beschrieb. Und doch schaltet der Vater mit seinem exotischem ‚Rezept' auch die vorgeprägten Erzählmuster des Hungers aus. Nur seine Medaille als tapferer deutscher Soldat wird er nicht in den Rucksack legen, da B. mit seiner Zukunft auch seine Vergangenheit ausgelöscht hat, wie Keilson in seinem Gedicht *Meinem Vater, als er ins Exil ging* (1939/2000) einflicht: „Das Kreuz von Eisen, gib getrost es her. / Zum Wandern macht es das Gepäck zu schwer." (2.95)

Das Ende des Kapitels stellt mit einer weiteren Variation des Zusammenhangs von Leben und Tod den Höhepunkt der Erzählung dar. Da jeder Gegenstand, den der Rucksack enthält, auf das Leben der Eltern verweist, das sich seinem Ende nähert, wird der Sohn in die Fragen seines Waisengebets auch den Schöpfer einbeziehen, eben weil man in B.s Land die „höllische[n] Phantasien realisieren [konnte], ohne daß der Himmel einstürzt und die Erde sich auftut", so Hannah Arendt (1955, 1107). Keilson geht weiter, denn wenn „unser Herrgott am ersten Tage Seife mit erschaffen hätte" (522), dann hätte er auch B. erschaffen. Viele Jahre später wird der nunmehr hundertjährige Schriftsteller im Heidelberger Amerikahaus die Lektüre des zwölften Kapitels seines Romans unter Tränen unterbrechen müssen (2.144). Sein Kaddish erhielt den Rucksack und die Erinnerung an die Eltern am Leben.

B.s toter Tod

„Stirb, ehe denn du sterben mußt, […] / Wer nicht gestorben, wenn er stirbt, /Muß ewiglich verderben." (A. Silesius, *Der Tod*)

Am Ende des kurzen vorletzten Kapitels XV, in dem sich der Protagonist an seinen Vater, der mit der weinenden Mutter auf die letzte Reise gegangen ist, erinnert, wird der tote Vater den Sohn bitten, ihm von B.s bevorstehendem Tod zu erzählen. Der Sohn kommt seiner Bitte nach, obgleich die Nachricht vom Tod des Widersachers ihn nur im letzten kurzen Kapitel erreichen wird. Das Leben des Protagonisten holt B.s Tod ein. Der Widersacher wird seinen Tod nicht einholen: Ehe er stirbt, ist er sich selbst nie gestorben und folglich hat er auch nie gelebt. Er verdirbt, auch wenn bei blinden Augen und tauben Ohren der Anschein über seine innere Leere hinwegtrügt.

Die Narration von B.s Tod kennt keine Pietät. Ihre ‚zukunftsgewandte Voreingenommenheit' verweist vielmehr auf die Exemplarität der Gestalt, auf das B.-Prinzip selbst. In Umkehrung der Erzählung vom Rucksackpacken des Vaters vor dem Transport und im Gegensatz zu der Wiederaufnahme der Nachricht vom Tod des Widersachers am Anfang des darauffolgenden letzten Kapitels, die von „Trauer und Schmerz" (557) begleitet ist, ist das ‚Bleibende' jetzt nur die uneingeschränkte Verdammnis, die in Zukunft jedes neue Auftreten der großen und kleinen Beths verhindern soll. B. stirbt in Keilson einen toten Tod für die Ewigkeit.

Die Bilder, denen B.s Tod anvertraut ist, bündeln die gefahrvolle Absonderlichkeit des historischen Vorbildes, dieses verschrobenen, manierierten und verstiegenen Sonderlings (Binswanger 1956). Angefangen vom Durchbruch seiner ‚wahnhaften Karriere' als er als junger Soldat die erste Stütze seiner inneren Mobilisierung entdeckte: den Krieg als Mittel der Selbstüberhöhung und das Armeekorps als ideale Gemeinschaft, in der sein flatteriges Ich aufgehen konnte. Wurde der Mann, der für B. Modell steht, nicht etwa schon in Pasewalk regelrecht ‚blind vor Angst', als er fürchtete, die schützende Hülle des Heeres zu verlieren und seinen permanenten unbewältigten und beschämenden Ängsten, die er auf seinen Körper als äußeren Feind projiziert, ausgeliefert zu sein? Auch in diesem Fall war ‚Notwendigkeit' am Werk, zumal heute über das Pathologische von Hitlers Persönlichkeit unter Psychiatern und Psychoanalytikern eine gewisse Einigkeit herrscht. Paul Matussek, Peter Matussek und Jan Marbach (2000) sind zu dem Schluss gelangt, dass sein Fall nur „deshalb klinischen Konsequenzen entging, weil er auf ein Publikum traf, das seinen Wahn durch die ungeheure Akzeptanzbereitschaft stabilisierte".

Als Psychotiker und Fanatiker des Hasses kannte Hitler weder Verhandlung, Zugeständnis, Vermittlung, Verständigung noch Selbstkontrolle. Für ihn gab es keine andere Wahl: entweder der ewig schwellende Sieg, die Allmacht, oder der Zusammenbruch, die Ohnmacht. Viele der Frauen, die ihn umgaben, haben sich umgebracht und er selbst hatte einen „desperate[n] Selbstmördertrieb, der ihn sein ganzes Leben lang begleitete" (Fest 1973, 998). Jeder Widerstand vonseiten der äußeren Wirklichkeit setzte die gesamte Ich-Konstruktion auf das Spiel. Durch seine lernunfähige Rigidität genötigt, reagierte er auf Enttäuschungen mit aggressiver Gewaltentladung. Die Abhängigkeit ab etwa 1920 vom paranoiden Wahn der jüdischen Weltverschwörung trieb bis zu seinen letzten Tagen die Schwungkraft an, die sein nekrophiles Überleben möglich machte. Nach ihm, einem von der Welle getragenen malignem Korken, blieb nur noch der Weltuntergang. Dieses „Geheimnis seiner Wirkung" (435) wirkt nach in der Darstellung seines eisigen Todes im vorletzten Kapitel. Die Antizipation des keilsonschen Helden lässt den Widersacher weit nackter als den Kaiser in seinen *neuen Kleidern* erscheinen, wobei es auch in Hans Christian Andersens Märchen einem kleinen Jungen zu danken ist, dass „der ganze Schwindel auffliegt und das Volk schließlich ruft: ‚Aber er hat ja gar nichts an!'", wie Ingo Schulze (2012) in seinem *Unsere schönen neuen Kleider* überzeugend versinnbildlicht hat.

Zwar kannte auch Keilsons B. „die Geheimnisse der Dunkelkammer und ihre Versuchungen, die Retuschen und Tricks, die man in ihnen zuwege bringt, die halben und die ganzen Ähnlichkeiten, mit denen man sich nie abfindet" (451). Dessen ungeachtet hat die Gestalt dieses Wissen abgespalten und es an einem aus den eigenen Ängsten zusammengeflickten „Gegenbild" „wie an einem Kleiderhaken auf[ge]häng[t]" (421). Seine ‚psychische Blindheit' und die systematische dinghafte Verwandlung des Feindes in einen „Niemand" hat im Gegenzug auch ihn versteinert (Weil 2011, 181): „Der Tor, er hat in mir bekämpft, was er in sich selbst nie Auge in Auge zu schauen wagte. Zum Schluß gebrauchte er mich, um sich dahinter rasend vor sich selbst zu verbergen." (558) Das versteinerte Bewusstsein trägt mit B. den Sieg davon. Es setzt ihn sowohl von der menschlichen Zivilisation, die den Todestrieb und die Destruktionstendenzen ihrem ‚stummen Wirken' zu entziehen versucht, als auch von den Tieren ab, die gewöhnlich aus Notwendigkeit töten.

Die Darstellung von B.s Tod im imaginierten Gespräch des Protagonisten mit dem Vater ist mithin antithetisch zum „Wirbel hemmungsloser Phantasien" (470). Der Widersacher geht seinem Tod entgegen, ohne sich je „gekannt" (555) zu haben, ohne Bewusstsein des Unheimlichen und des Fremden, das ihn verfolgte. Er hat keine Nachträglichkeit der „Verwundungen", der er sich „gefeit" dünkte, erfahren. Das Bild seines toten Todes ist doppelte Stasis, Resümee eines misslungenen Lebens:

> Er wird fallen, Vater, wie ein Abgestorbenes fällt, ein morscher Zweig, kahl und vertrocknet, den der Bergbach mit sich in den Abgrund reißt, oder ein Stein, erkaltet und in seiner Härte gefeit gegen die Verwundungen seines Sturzes durch die blinde Nacht, keine leuchtende Spur, die im Gedächtnis Fackeln entzündet, bevor er tief in den Boden der Steppe schlägt, die kein Mensch oder Getier je betritt – so wird sein Tod sein, karg und unfruchtbar wie der Steinschlag, in dem er unerkannt liegt, ein Abfall erloschener Planeten, und nichts gibt es mehr zu erzählen. (557)

Im Bild des Protagonisten ist der Tod des Widersachers das Ende eines Lebens, das seinen tödlichen Radius stets erweitert hat. Das Nichts besetzt Raum und Zeit im Abseits der Steppe. Nur sein verleiblichter Hass hielt ihn am Leben. Nun stirbt er einen Tod, dem der Tod vorhergegangen ist: morscher Zweig, erkalteter harter Stein, blinde Nacht, gefrorenes Gedächtnis, das keine Fackeln entzündet, aus dem Nichts herabgestürzt in die leere Steppe, auf unerlöstem Neingrund, gesichtslos. Die innere Leere nimmt im Bild seines Todes Gestalt an, im Nichtsein als rückwärtige Seite des Allesseins, in der spiegelbildlichen Negation des Eigenen im Anderen. B. verfehlt den eigenen Tod, zumal er sich kein inneres Maß setzen und etwas von sich selbst her sein konnte. Er stirbt einen unerlösten Tod.

Alles Lebendige – aktive Menschen und Tiere und passive Kräuter – meidet den Ort, die sonst von Elchen und Wölfen bewohnte Steppe. Die Elemente sind entwichen: Das Feuer ist erloschen, es leuchtet und zündet nicht, es ist kalt; so das Wasser, zumal rundherum alles karg und vertrocknet ist; die Luft und der harte Boden, ein unfruchtbarer Steinschlag, wenden sich ab. Selbst der Erde Schoß ist ihm verschlossen: Gaia, die Göttin Erde, vor der er keine Ehrfurcht empfand, wirkt nicht als dunkle Mutter, sondern überlässt ihn der frostigen Einsamkeit. Der Kreislauf von „Abfall" und „Abgrund", Entstehen und Vergehen, der teilhat an der Spirale von Leben und Tod, endet mit B. in einer formlosen Dekomposition, in gleichsam abgestorbenen Ober- und Unterwelten.

Wie ein hämischer, hasserfüllter und von Zeus verleugneter Phaethon hat B. nicht einen Tag, sondern zwölf unermessliche Jahre das Geschick seines Landes gelenkt; das gnadenlose Verhängnis, das er ausgelöst hat, schlägt dem des Wagenlenkers nach, der wie ein todbringender Meteor zur Erde fällt, wie es Ovid in den *Metamorphosen* (2,210–216) beschrieben hat:

> Überall dort, wo die Erde am höchsten ist, wird sie vom Feuer ergriffen, bekommt Spalten und Risse und dörrt aus, weil ihr die Säfte entzogen sind. Das Gras wird grau, samt seinen Blättern brennt der Baum, und das trockene Saatfeld liefert seinem eigenen Untergang Nahrung [...] Große Städte gehen mit ihren Mauern unter, und der Brand legt ganze Länder mit ihren Völkern in Asche.

Das Echo der „immer wieder neue[n]" (423) Katastrophe klingt in *Der Tod des Widersachers* nach. Und keinem, der nicht seinem Wahn folgt, ist B.s Ableben Nahrung. Ein „ödes Bild in der Nacht" (507), dem zerstörten Friedhof gleich, bleibt sein Tod, ein Bild einer falschen *religio*, der *mala fide*.

Letztendlich aber entzieht der junge Jude B. seine Teilhabe nicht, sodass ihm selbst nach der Vorwegnahme seines Todes „mehr zu erzählen" (557) bleibt. Auch in Zukunft wird er sich der Begegnung mit seinem Tod bzw. mit dem Widersacher-Prinzip nicht entziehen. Er wird sich weiterhin „seinen Kopf zerbrechen", über das, womit „man doch nicht zu Rande" (514) kommt, mit der inneren Fremde, in welcher mitunter der äußere Feind lauert. Darauf verweisen die Schlussworte des letzten Kapitels der Binnenhandlung:

> Ein Stück meines Lebens hat er mit in seinen Tod hineingenommen, unwiederbringlich. Und ein Korn seines Todes hat seine bestürzende Saat in mich ausgestreut. (558)

Noch in diesem Schlussbild tauschen Leben und Tod die Rollen im instantanen Ereignis. Auch hier geht es um das Gesetz der inneren Wandlung, um „Dieses: Stirb und werde!" (Goethe, *Selige Sehnsucht*) im besonderen Augenblick. So treibt das Samenkorn im dunklen Ausland der Erde seine Wurzeln, sodass sich der Keimling nach oben in das Licht entfalte. Es handelt sich dabei um einen Weg, der dem „Urgrund unseres Bestandes" (451), den tiefsten inneren Vorgängen des Menschen zugehört, ein spiralförmiger ununterbrochener Prozess, durch den das Ich zu sich selbst zu den Mitmenschen, zu Zeiten und Räumen findet und sie gewahrt. Für Carl Gustav Jung ist die Spirale selbst ein Archetyp der Integration. Sie versinnbildlicht die Einheit der Gegensätze, die Vorwärts- und Rückwärtsbewegung bis hin zur Zentroversion; sie ist Symbol des Werdens, des Tiegels für das *solve et coagula*, des Auflösens und Zusammenfügens, zum Zweck eines dynamischen Gleichgewichts, das tiefe Schichten von Psyche, Körper und Bewusstsein erfasst.

Durch sein ausgestreutes Korn wird auch B.s Tod und namentlich das B-Prinzip in das Netzwerk der Kommunikation zwischen den Polaritäten von A und B, 1 und 2, Ja und Nein wieder hineingenommen, um dergestalt zu verhindern, dass der Neingrund weitere tödliche Widersacher ausspucke. Die Aufmerksamkeit Alephs, das Ich, das mit dem Fremden im eigenen Inneren, dem Beth oder Du, ins Reine zu kommen bemüht ist, gilt dabei auch jetzt den Geheimnissen der Dunkelkammer und ihren Versuchungen, den Retuschen und Tricks, den „halben und d[en] ganzen Ähnlichkeiten, mit denen man sich nie abfindet" (451). Ausschlaggebend ist dabei das ‚Geheimnis' der Alephs und Beths, zumal nicht alle Körner zur vollen Ähre reifen und manche vertrocknen, weil sie vor lauter Unkraut zu wenig Licht und Nahrung erhalten (Mt 13.1-23). Anstatt dass wir, wie schon zu Karneades Zeiten, „Schiffbrüchige auf einem Wrack in unlöschbarem Durst einander das Blut aus den Adern saugen" und „unsere Rechnungen mit zerfetzten Gliedern schreiben", soll das Korn die Suche nach dem ausgeschlossenen Dritten bzw. „nach dem unbekannten, ewig verweigerten X", so Büchner (1999, 1, 39–40) im *Danton*, fördern, sodass die ‚ewige Widerkehr' der „Blutkessel" ende (vgl. Sanna 2010). Umso mehr nach B.s Tod ist die Unterscheidung, auf die es ankommt, die, nicht mehr nur „schlechte" (516), sondern gute Widersacher zu sein, angefangen vom Korn und seiner unaufhebbaren Negation, die einen „ununterbrochenen Dialog" (Derrida, Gadamer 2004) auferlegt, in Keilson insbesondere betreffs der eigenen Widersprüchlichkeit.

Neben vielen anderen Überlegungen sind zwei davon in diesem letzten Bild des Romans eingeschrieben: Nach Auschwitz sind gedankenlose Zuversicht bzw. tröstliche Erlösungshoffnung unhaltbar. Da niemand mehr behaupten kann, „daß das Negative eine zauberische positive Kraft ist, die das Nicht-Sein in Sein umkehrt" (Lyotard 1997, 19), kommt es darauf an, ein Denken und ein Leben nach Resultaten zu vermeiden (ebd., 30), die stets vorläufig und vorbehaltlich sind, und stattdessen auf das Saatkorn (Mt 13.31–32) im Hier und Jetzt zu achten, sei es auch nur das kleinste. Gerade der Verzicht auf eine harmlose optimistische Vorstellung vom Menschen und von der Zukunft des Zivilisationsprozesses steigert die Verantwortung eines jeden, eingedenk der vielfältigen Verflechtungen des Korns im schon erwähnten „Kontext [der] Wunde" (Witzel 2016, 666), die sich nicht schließt und sich mit uns wandelt. Dieses Korn lebt weiter in den ewigen unerledigten Fragen, die die eigene „Existenz-Mitteilung" (Kierkegaard 1976, 550) im Hier und Jetzt umsetzen.

Zur Vertiefung

Max Scheler und die deutsche Krankheit

In seinem „Von zwei deutschen Krankheiten“ (1919) betitelten Aufsatz wies der deutsche Philosoph, Anthropologe und Soziologe Max Scheler zum einen auf die Entzweiung „von Äußerem und Innerem, Seele und Leib, Gesinnung und Tat, Glaube und Werk, religiösem Erlebnis und kultischem Ausdruck“ (1963, 212), zum anderen auf die politische „Passivität“, die „Zuwendung zum Innern“ bzw. die „Berührungsangst mit der Wirklichkeit“ (ebd., 215) hin, die seines Erachtens die zwei ‚Krankheiten‘ ausmachen, die der deutschen Entwicklung nach Luther entsprechen. In neuerer Zeit stellen sie nach Scheler eine der „gefährlichsten Grundschäden neudeutscher Bildung“ dar. Sie führen „zu jeder Art einseitiger Partikularisierung der geistigen Sehweiten der Individuen und Gruppen, zum einseitigen *Berufsmenschentum* und zu einem *Fachspezialismus*, der auf alle Einigung in *Ziel*fragen, im Gegensatz zu allen technischen ‚Wiefragen‘, systematisch verzichtet hat. […] In einem Lande, in dem die geistigen Mächte sich nur in der Sphäre der Innerlichkeit tummeln, werden vorzügliche pflichttreue Fach- und Ressortbeamte (militärische, zivilistische usw.) vorgefunden werden können – nicht aber eigenverantwortliche Staatsmänner“ (ebd., 217).

Das „Auschwitz-Selbst“

Im Oktober 1964 erinnerte sich Hannah Arendt im Gespräch mit Günter Gaus an ihre Reaktion auf die Berichte über die Endlösung: „Dieses hätte nicht geschehen dürfen. Da ist irgend etwas passiert, womit wir alle nicht fertig werden.“ Der Zivilisationsbruch von Auschwitz (Dan Diner) lässt das Konzept der Spaltung *(splitting)*, das bei Pierre Janet (1889) und Eugen Bleuler (1911) die Dissoziation definierte, in der Tat als unzureichend erscheinen. Auch das Prinzip der Doppelung *(doubling)* im Sinne des *divided self* von William James (1890) oder Otto Ranks (1925) *Doppelgänger* vermögen den einschneidenden Riss, der durch die Personen geht, nicht auszudrücken. Robert Jay Lifton (1988) hat von einem

„Auschwitz-Selbst" der Täter gesprochen, welches neben das „normale Selbst" trat und dazu diente, im Vernichtungsapparat reibungslos funktionieren zu können und das tägliche Morden zu derealisieren. Horatio Amigorena und Marcelo Vignar (1979) setzen den Einfluss einer „tyrannischen Instanz" voraus, die den Tätern zur Aufwertung der starren, archaischen Anteile des Über-Ichs verhalf.

Galtung und Diamond: Größen- und Verfolgungswahn vs. Sicherheitspartnerschaft

Der Mathematiker, Soziologe und Politologe Johan Galtung (1998, 443f.), dem 1969 die erste Professur für Friedens- und Konfliktforschung verliehen wurde, schreibt in Bezug auf Hitler und seinen Anhängern: „Man stelle sich eine megalo-paranoide Person in einer megalo-paranoiden Kultur vor. Die Person leide an Größen- und an Verfolgungswahn; der Kultur gehe es ebenso. Dies qualifiziert nicht unmittelbar für hohe Positionen, es gibt einige zusätzliche Bedingungen. Die Person muß [...] ihre Stimme sowohl der Erwähltheit als auch den Mythen und den Traumata der Gesellschaft leihen, und zwar in Begriffen, die vom Volk verstanden und von den Eliten akzeptiert werden, und sie darf nie irgendeinen Zweifel an diesen Überzeugungen äußern. Auch egozentrisch von der eigenen Erwähltheit zu sprechen, ist noch nicht ausreichend. Es muß eine annehmbare Verbindung zwischen der individuellen und der kollektiven Megalo-Paranoia geben. Das Individuum muß als erwählter Repräsentant betrachtet werden, dessen persönliche Mythen und Traumata um der Gesellschaft willen zustande kamen, als individuelle Manifestationen oder Projektionen des gemeinsamen Schicksals. Im Idealfall sollte das Individuum eine Mikro-Repräsentation des Kollektivs der Makro-Ebene sein, Vergangenheit, Gegenwart und Zukunft umfassend." Gerade die tiefen Gemeinsamkeiten zwischen individuellem und kollektivem Unterbewussten bedingten nach Galtung die irrationale Gewalttätigkeit der NS-Diktatur.

Ex positiv geht der norwegische Politologe davon aus, dass Frieden ein Prozess ist, sodass es sich mitunter „um den falschen Frieden handeln" kann, „und selbst wenn es der richtige wäre, könnte er sich als zu statisch erweisen". Generell sind nicht streng strukturierte Gesellschaften und Kulturen der friedlichen Konflikttransformation zugeneigter, sondern die mit hoher Entropie, die ein komplexes Selbst und soziale Vielfältigkeit begünstigen bzw. „einem reiferen Selbst und reiferen sozialen Formationen" entsprechen. „Aus diesem Prinzip genereller menschlicher Fehlbarkeit sollte man aber dann eine sehr grundlegende Konsequenz ziehen: Handle so, daß die Folgen deines Tuns reversibel sind. Ziehe ein Handeln vor, das ungeschehen gemacht werden kann. Gehe sorgfältig vor. Du könntest unrecht haben; dein Wissen mag unangemessen, dein Mitgefühl fehlgeleitet sein. [...] Verhalte dich also zyklisch, nicht linear, in Gedanken wie in Werken", so Galtungs (ebd., 469f.) offene Schlussfolgerungen.

Zu den Bedrohungen in der heutigen Weltgesellschaft, die zur globalen Risikogemeinschaft geworden ist, vgl. auch Diamond (2005), der die Ursachen für den Untergang etwa der Maya, Wikinger und der Osterinselbewohner untersucht und auf Gemeinsamkeiten wie Klimakatastrophen, Raubbau an der Umwelt, rapides Bevölkerungswachstum und politische Fehleinschätzungen hinweist. Die Antwort des Evolutionsbiologen auf die Frage, warum Gesellschaften katastrophale Entscheidungen treffen, ist folgende: „Ein Problem wird nicht vorausgesehen, man nimmt es nicht wahr, wenn es da ist, man versucht nicht es zu lösen, nachdem man es wahrgenommen hat, oder eine Lösung misslingt, obwohl man sie versucht hat." (859) Produktive Entscheidungsprozesse setzten nach Diamond mutige Völker – die erkennen, dass sie „als Öffentlichkeit auch für das Verhalten der größten Unternehmen verantwortlich" (954) sind – und mutige Führungsgestalten, die persönliche Zweifel und abweichende Ansichten fördern, voraus. Der Glaube, dass wir im Gegensatz zur Vergangenheit dank der Technik unsere Probleme lösen werden (993f.), entspricht indes einer Fehldeutung, da diese meistens „unbeabsichtigte, negative Auswirkungen der vorhandenen Technologie" sind. Zudem werden die Probleme der „vielen ökologisch zerstörten, überbevölkerten, weit entfernten Länder zu unseren eigenen" (1019), zumal die unseren ihre bewirken wie folgende Beispiele anzeigen: „Die höchste Konzentration industrieller Schadstoffe und Pestizide in der ganzen Welt findet man bei den Inuit (Eskimos) im Osten Grönlands und in Sibirien, also in Gebieten, die weit von allen Chemiefabriken und Einsatzgebieten solcher Chemikalien entfernt sind. [...] Bei den Kindern beobachtet man Hörbehinderungen, Veränderungen in der Gehirnentwicklung, Störungen der Immunfunktion und in der Folge eine große Häufigkeit von Ohren- und Atemwegsinfektionen." (1021)

Die zwölf ökologischen Problemkomplexe, die Diamond angibt, „sind Zeitbomben, deren Zünder auf weniger als 50 Jahre eingestellt sind" (979). Noch sind sie lösbar, sollten wir dem kurzfristigen „90-Tage-Denken" den Mut entgegensetzen, „langfristig zu denken und kühne, couragierte, weitsichtige Entscheidungen zu einer Zeit zu treffen, wenn die Probleme bereits spürbar sind, aber noch keine krisenhaften Ausmaße erreicht haben" (1028f.). Klarheit über unsere Wertvorstellungen ist gefragt, so schwierig dies sein mag. Vgl. auch Diamonds Studie *Arm und Reich* (1999), in welcher der Evolutionsbiologie mit den rassischen und rassistischen Theorien aufgeräumt hat.

Der Frieden als umfassendes Problem steht auch im Zentrum von Keilsons Roman. In schwierigsten Zeiten widersetzt sich sein Protagonist den vertikalen feindschaftlichen Unterscheidungen, die Marginalisierung, Ausschluss und Tod bewirken, und besteht indes auf der Entwicklung von horizontalen Interdipenzverhältnissen unter den Menschen, auf das Ineinander von Selbst- und Weltbezug.

Literaturhinweise

Zu Bleuler, Direktor des Burghölzli und Verteidiger Freuds gegenüber seinen skeptischen Kollegen, vgl. die Schizophrenie-Monografie von 1911 und sein Lehrbuch von 1916, in denen er das Konzept der Spaltung einführt. Pierre Janet, Mitarbeiter Charcots am Hôpital Salpêtrière, hat in seiner *L'automatisme psychologique* (1889) den Begriff des „Unterbewusstseins" geprägt.

Zur Bejahung und Verneinung vgl. Freud (GW 3, 376 u. 377), der ferner bemerkt: „Die Leistung der Urteilsfunktion wird aber erst dadurch ermöglicht, daß die Schöpfung des Verneinungssymbols dem Denken einen ersten Grad von Unabhängigkeit von den Erfolgen der Verdrängung und somit auch vom Zwang des Lustprinzips gestattet hat." Das Unheimliche (GW 4, 241–274) erachtet Freud als etwas dem Seelenleben Vertrautes, welches durch Verdrängung entfremdet wurde und zum Schreckbild gemacht worden ist. Ein durch gesunde Balance gekennzeichneter Mensch nimmt indessen das Unheimliche als das „Heimliche-Heimische" wahr. Ohne die Begegnung mit dem Fremden mithilfe der „etwas steril anmutenden psychoanalytischen *vicissitudes* einfangen" (L 60–61) zu wollen, kann sie sowohl mit Freuds Unheimlichem als auch mit Jungs Schatten umschrieben werden, von denen sich der keilsonsche Protagonist nicht abschrecken lässt.

Zum Stigma-Konzept vgl. Goffman (1967 u. 2003), welcher die personale Unverwechselbarkeit des Individuums thematisiert, die sich aus seiner organischen und lebensgeschichtlichen Einmaligkeit und dem Zusammenwirken von persönlicher und sozialer Identität ergibt. Das Selbst wird auch aufgrund des Stigmamanagements vonseiten der Institutionen beschädigt, die Intoleranz, Ressentiments und Stereotypen verwalten, wie dies in *Der Tod des Widersachers* unter B. erfolgt.

Zur Gleichschaltung vgl. Schmitz-Berning (2007).

Zur Funktion der Kunst vgl. Fischer (1985).

Zum Thema des Schmerzes vgl. Scarry (1992), Morris (1994).

Zum Thema der Erinnerung vgl. Bensoussan (1998), Loewenthal (2014).

Zur Verdrängung von Schuld und Scham in der deutschen Nachkriegszeit vgl. Giordano (1987).

Zum Kaddisch vgl. Anders (1997, 16f.).

Zur Destruktivität der NS-Sprache vgl. Klemperer (1947), aber auch die Betrachtungen in Witzel (2016, 217ff., 233ff.).

Zur Unterscheidung zwischen warmen und kalten Gesellschaften vgl. Lévi-Strauss (1975 u. 1978).

In Weiterführung von Hannah Arendts Unterscheidung von Richtigem und Falschem sei an Robert Musils (8, 1978, 269) Rede auf dem Kongress zur Verteidigung der Kultur in Paris (1935) erinnert, in der er unter vielen Protesten betonte: „Auch die Wahrheitsliebe muß dabei sein, und ich erwähnte sie besonders, weil das, was wir Kultur nennen, wohl nicht unmittelbar dem Kriterium der Wahrheit untersteht, aber keinerlei große Kultur auf einem schiefen Verhältnis zur Wahrheit beruhen kann."

In „Zeitgemäßes über Krieg und Tod" gelangte auch Freud (GW 9, 36) zu der Schlussfolgerung, dass „es […] nicht die unkultivierten Rassen und zurückgebliebenen Schichten der Bevölkerung", sondern die „Kulturvölker" sind, die „fremd" und „feindlich" nicht unterscheiden können und den Fremden ausschließen.

Zur Vermittlung der Gegensätze, insbesondere zwischen Leben und Tod, bis zum Zustand der Nicht-Dualität aus der Perspektive einer anderen Kultur und Weltsicht wie dem tibetanischen Buddhismus vgl. etwa Sogyal (2004).

Zur deutschen reaktionären Moderne vgl. insb. Schwaabe (2005). Erich Fromm (1993, 202ff.), Autor von *Die Kunst des Liebens*, wies auf den Gruppennarzissmus hin, der den Nährboden für den inneren Zusammenhalt und die äußere Gegnerschaft abgab; Ian Kershaw (1999) sprach von einer Art von Schizophrenie; Dan Diner (1999, 240f.) sah in der Sicherheit einen Grund der ausgeübten Anziehungskraft des Nationalsozialismus.

Zu Anselm Kiefers *Shevirat Ha-Kelim* (Bruch der Gefäße), Daniel Libeskind und dem Jüdischen Museum Berlin vgl. etwa Sloterdijk (2014, 285ff.).

Den Spruch des ‚Meisters vom guten Namen' nahm Richard von Weizsäckers in seine bedeutende Rede vom 8. Mai 1985 auf.

Siebenter Streifzug: Der Besuch im großen Warenhaus

„Es ist eine Welt von Eigenschaften ohne Mann entstanden, von Erlebnissen ohne den, der sie erlebt". (R. Musil, *Der Mann ohne Eigenschaften*)

Das Warenhaus oder der Widersacher Nummer zwei

Beginnen wir mit einer Frage: Welchen Sinn hat die Einführung eines langen Kapitels über einen Warenhausbesuch, zumal sie die um den Widersacher kreisende Haupthandlung unterbricht? Was hat das Warenhaus mit B., was mit dem Thema Feindschaft zu tun? Muss Keilson zudem nicht fürchten, dem Widersacher zuzuspielen?

Denn tatsächlich befanden sich die großen Warenhäuser in der Knaben- und Jugendzeit des Protagonisten in jüdischem Besitz, so in dem von Leonhard und Oskar Tietz, von Abraham Adolf Jandorf, Gründer des KaDeWe, und vor allem von Abraham Wertheim, dessen Haus am Leipziger Platz unangefochten als das schönste und größte Warenhaus Europas galt und für Keilson wohl Modell stand. Dem Schriftsteller waren diese Besitzverhältnisse bekannt, ebenso wie die wahnhaften Zwangsvorstellungen B.s, alias Hitler, der von der „jüdisch-kapitalistischen Plutokratie" und dem „jüdischen Materialismus" als vom Prinzip des Bösen sprach, welches das 20. Jahrhundert nicht überleben sollte. Vornehmlich hatte dieser es genau auf die glitzernden Konsumtempel in der Hauptstadt abgesehen, die er bald „arisierte" – Inhaber, Mitarbeiter und Kunden. Georg Wertheim notierte 1937 lapidar in seinem Tagebuch: „1. Januar – Georg Wertheims Austritt aus dem Geschäft".

Demungeachtet widmet Keilson dem Warenhaus ein Kapitel in seinem Widersacher-Roman. Das erklärt sich u.a. damit, dass ihm, im Gegensatz zu B., die geschichtlichen Zusammenhänge bekannt sind. Er weiß, dass diese Entwicklung Teil der Geschichte der jüdischen Emanzipation ist, die einer bestimmten sozialen Rollenteilung gemäß unter Mitwirkung aller maßgeblichen Machtträger stattgefunden hat. Die Rothschilds etwa unterhielten zu der Zeit, in der sie von den Juden Heinrich Heine und Ludwig Börne karikiert wurden, Verbindungen zu den Höfen in Frankreich, Österreich und Preußen, waren unter Metternich Bankiers der Heiligen Allianz und selbst der Vatikan war ihr Kunde. Es steht außer Frage, dass die Juden am Aufstieg der Geld- und der damit verbundenen Konsumwirtschaft teilhatten. Doch weiß der Schriftsteller, dass diese Prozesse seit dem frühen Mittelalter bestimmten geschichtlichen, wirtschaftlichen und religiösen Faktoren entsprachen. Des Weiteren sind sie ein integraler Bestandteil der Entwicklung der instrumentellen Zweckrationalität, von Wissenschaft, Technik und Bürokratie, namentlich in der westlichen Welt, und nicht Resultat vermeintlicher biologischer Erbanlagen oder der schicksalshaften Wesensverwandtschaft zwischen Juden und Kapital.

Ein wesentlicher Ansatz der Episode ist jedoch der, dass Keilson mit dem Warenhaus – so meine Hypothese in Beantwortung der anfangs gestellten Frage – einen Widersacher Nummer zwei gestaltet und also mit dem fünften Kapitel eigenwilligere Absichten verfolgt. Entscheidend ist dabei wohl die zukunftsweisende Wahrnehmung, dass die luftigen Hallen der großen Kaufhäuser „die Situation des Verführens und Verführtwerdens, die sich kein Verführer entgehen läßt" (545), auf spezifische Weise variieren. Da die Wissenschaft oder Kunst der Entscheidung im Zentrum des Romans steht, kann der jüdische Autor mittels des Warenhauses eine weitere Form des Außer-sich-Seins vergegenwärtigen, und zwar in den Jahren, in der sie die Moderne erobert: die Selbstentfremdung des Individuums in der Gesellschaft des Überflusses, der Kampf um Macht und Besitz mitten im Frieden. Tatsächlich wahrt Keilson im Falle dieses anderen Widersachers noch weniger die Fronten, da der Riss von oben bis unten durch Menschen und Länder der gesamten heutigen Weltgesellschaft geht. Moderne Kulturkritik, ökologische Ethik, aber auch die Sorge des Individual- und Sozialpsychologen bezüglich zwanghafter Kaufsucht, die hier in den Vordergrund treten, kennzeichnen alle Fraktionen, zumal im Zusammenhang mit dem impliziten Gegenpol, dem Zuwachs von Armut und Hunger. Die Langzeitwirkungen explodieren in der heutigen globalen Risikogemeinschaft.

Aufmerksame synästhetische Wahrnehmungen, die mit der Erweiterung des individuellen Bewusstseins und der Öffnung gegenüber der gesellschaftlichen Erfahrungswelt einhergehen, werden im Roman also nicht nur von B., sondern auch von einem andersgearteten, glitzernden, freizügigen und verbindlichen Widersacher vereitelt: dem großen Warenhaus, dem das fünfte Kapitel gewidmet ist, das ebenfalls „in den Blauen Sphären der Vorstellung, [...] nicht hier auf Erden" zu Hause zu sein scheint (544). Vordergründig ist es ein Ort des zerstreuten Müßiggangs, doch bei genauerem Hinschauen ‚behängt' es unsere Erwartungen, ‚verfertigt' es Abhängigkeiten „nach unseren Maßen" (544) und trägt so zur allgemeinen Vergesslichkeit und zur Anpassung bei, nicht zur Selbstbestimmung. Keilson selbst setzt die beiden Widersacher – einer *extra strong*, einer *extra soft* – miteinander in Beziehung: „Ist es die Banalität des Bösen, wie Hannah Arendt meint? Oder ist es nicht vielmehr die Banalität des täglichen Lebens mit seinen simplen Entscheidungen, Karriere zu machen, Geld zu verdienen, eine Familie zu unterhalten, dazuzugehören?" (2.316) Also Käufer versus Mensch als ewige Gegenwart?

Bei Keilson ist das Warenhaus weder Erfahrungsraum noch Ort der Selbstbegegnung; vielmehr ist es Gesellschaft des Spektakels (G. Debord) und scheinheilige Disziplinierungsanstalt (M. Foucault) darüber hinaus. Es verkehrt Aufmerksamkeit in flatterhaftem Sinnestaumel, es anästhesiert Wahrnehmungen, normiert Bedürfnisse und Wünsche, angefangen bei denen nach Sinn und Glück. Differenzen gibt es nur bezüglich des Verhältnisses von Waren und „Geldbeutel" (407). Auch in diesem Kapitel gilt die Aufmerksamkeit des Autors dem Körper im Spannungsfeld von Natur und Zivilisation, von selbstzentrierter Unmittelbarkeit und Habitualisierungs- und Disziplinierungsdruck. Sogar ‚Fremdheit' nimmt das Kaufhaus in Dienst, wenn auch ausschließlich die Konsumgüter und ihre Nutzungs- und Abnutzungserscheinungen betreffend. Und endlich schließen die Waren, so unschuldig sie sich geben, ein feindschaftliches Verhalten nicht aus: den Kampf der Verbraucher um das, „was nur ihnen gehört" (408), oder das, was ihnen zu ermangeln dünkt.

Gewiss kann der Leser diese Befunde auch in fachwissenschaftlichen Beiträgen nachlesen. Eine leibbezogene Erfahrung, die mitunter auf das Selbstbild, die gesellschaftlichen Beziehungen und das Verhältnis zur Umwelt Einfluss nehmen kann, vermittelt jedoch erst die Kunst, etwa ein Roman. Jedenfalls übt das Warenhaus eine solche vereinnahmende Macht aus, dass sogar unser Held, der Protagonist, den Verlust seiner selbst vermöge Reizüberflutung riskiert. Seinen Spuren folgend, läuft also auch der Leser Gefahr, sich zu vergessen. Zudem Widersacher Nummer eins den Feind gewöhnlich von Angesicht zu Angesicht bekämpft, während die Nummer zwei ihn sich zum Verbündeten macht, um ihn dann flugs rücklings anzufallen. Die Herausforderung des Warenhausbesuches anzunehmen, fordert demnach robuste Widerstandsfähigkeit, denn: „Alles, was man von einem Warenhaus erwartet, traf man dort an, und noch viel mehr, was man sich nie erträumt hatte." (407)

Die Risiken des Überflusses

Unweit vom Schloss und von der Börse gelegen, ist das große Warenhaus durch die Leuchtschrift am Dachfirst sichtbar, selbst nachts und von weit her. Eindeutig präsentiert es sich als das Gegenbild der grauen und staubigen Bürohäuser, in denen es „nur um Zahlen und Papier" geht: Überall nur „Menschen über Maschinen gebeugt [...], überall nur gebeugte Rücken und Schubfächer an den Wänden mit Akten" (407). Ganz anders das Warenhaus, das jedem Besucher mit sozusagen geradem Rücken Entspannung und Freude verheißt, dem aus der Stadt und dem aus der Provinz, „mit einem großen und mit einem kleinen Geldbeutel". Es beginnt schon auf der Straße, vor den großen Schaufenstern, die jedermann „leicht verzauber[n]": „Wenn man dort ging, war es, als würde man von Fenster zu Fenster gezogen, und man wurde wieder ein Kind, dem alles nur zum Anlaß dient für seine eigenen Wünsche und Träume." (407–408) Der Besucher ist zu unvorbereitet, sonst würde er schon hier das Aiaia der Insel – so ihr lautmalender Name, der den Wehruf der Seelen im Hades akustisch nachzeichnet – vernehmen, in der die Halbgöttin Kirke mit ihren Verführungskünsten Löwen und Wolfe bezähmte. Auch der mächtige Portier, der auf nichts anderes als auf sich selbst zurückzuweisen scheint, fällt nicht weiter auf. Doch bei genauerem Hinschauen aus der rechten Distanz entpuppt auch er sich als ein Zitat: Er gemahnt an Charon, dem Fährmann des Totenflusses Lethe, dessen Name Vergessen oder Verborgenheit bedeutet. In der Rolle des Schwellenwächters kontrolliert der Portier die Ein- und Ausgänge in die Welt des unauffälligen Gedächtnisschwunds. Er gibt der Drehtür „mit seinem langen Arm" einen Stoß, „sie dreht sich, die Menschen in ihr drehen mit" (408), so einfach ist das.

Einmal drinnen, gehört man nicht mehr sich selbst. Unauffällig wechselt die Perspektive. Anstelle des ‚man', ruft in den inneren Sälen die Ich-Perspektive ein (kleingeschriebenes) ‚du' auf den Plan. Der du-Protagonist leiht dem Leser Augen und Ohren, obwohl er sich bald selbst nicht mehr gegenwärtig sein wird. Auch er verfällt einer „Vorstellung" (409), die sich seiner Sinne mit immer neuen Zaubereien „leicht" bemächtigt (raubt). Für Aufmerksamkeit und Übersicht ist es zu spät, die lässt das „volle Licht" des Innern einfach nicht zu: „Der Saal erstreckt sich tief nach rechts und nach links wie zwei ausgestreckte Arme, die dich empfangen"; nur „du übersiehst ihn nicht", „irgendetwas raubt dir immer die Sicht", und die Säle zu „ermessen" bräuchte Zeit. Aber Chronos ist hier Mangelware, sodass die Ordnungen und Zeitverhältnisse außer Kraft gesetzt werden, fast wie in der Welt des Sanatoriums in Thomas Manns *Zauberberg*. Der Raum verschlingt im Warenhaus die Zeit, den Besucher und die Erfahrung und bietet stattdessen seine Waren an, in allen Etagen. (Die Spannung zu dem Rucksack-Kapitel wirkt bedrängend.)

Gleich im ersten Geschoss verkauft ein Mann, von einem „Kreis der Neugierigen, der sich stets erneuert", umgeben, einen nicht näher beschriebenen Apparat: „Es ist ein kleines Weltwunder, das er die Ehre hat heute vorzuführen, und man muß sich beeilen und es heute kaufen, denn morgen ist es kein Wunder mehr“, zumal er es „für fünfzig Pfennige gemein werden läßt“. Vom Himmel zur Erde gelangt, verfallen selbst Wunder unter dem Neuerungszwang und werden gestrig; immer neuere und notwendigere lauern bereits und geben sich als das Interessante, dem die Moderne bekanntlich nachjagt, wie Friedrich Schlegel als einer der Ersten erkannte. Indes kennen die Wunschmaschinen, die Wünsche produzieren, keinen Stau (Deleuze, Guattari 1977). Der Besucher – du, der „du dort stehst und staunst“ – schrumpft zum Anonymus, während die Waren an seiner Stelle ihr stets neues glitzerndes Antlitz enthüllen. Sogar ein schmeichelnder „leichter Seewind“ (Aiaia) steht zur Verfügung. Die Produkte, die „dort lässig aufgestellt sind und dich einladen zu einem wohligen Versinken“, wechseln mit denen ab, die an „ferne Träume und Geschichten geknüpft sind“ (409). Wunderkammer, Märchenland, Traumfabrik – gedächtnislos ergibt sich das Ich einer höheren Macht. Das Nein ist abgeschafft und wird unentrinnbar durch ein großes, aus unzähligen kleinen zusammengeflickten Ja ersetzt. Das Hin und Her von einem Reiz zum anderen, von einer nahezu identischen Reaktion (Sofortness) zur anderen funktioniert tadellos, wie etwa bei ... Automaten! Den Sinnen, zum Beispiel den Augen im Fahrstuhl, wird ein unmerkliches Korsett auferlegt:

> Bevor du ganz entschwebst, siehst du noch durch einen immer kleiner werdenden Schlitz die gereckten Hälse derer, die dir nachstarren, und das wirre Durcheinander der übrigen, die, kleiner geworden, ihren Weg durch die Haufen und aneinander vorbei suchen.

Droht etwa Gewöhnung? In diesem Fall kommt sofortige effektvolle Abwechslung, und zwar dank von etwas so ausgeklügelt Fremdem, dass das Gestein bricht und das Dach ‚auseinanderzureißen‘ droht:

> Weite, Licht und Höhe, daß das Gestein in den Mauern bricht vor so viel Luft und du dich auf einem breiten Platz wähnst, in einer fremden Stadt in einem fremden Land, irgendwo im Süden, wo es sich leichter lebt.

Der riesige Lichthof – die neue Agorá, bevölkert von selbstvergessenen Menschen – erzeugt Verbraucher nach eigenem Maßstab. Nord und Süd, Tag und Nacht, Weite, Licht, Höhe und Fremde werden zu fügsamen Instrumenten innerhalb eines Warenhaus-Gesamtspektakels. Sogar den Eindruck eines das künstliche Dunkel verdrängenden natürlichen Lichts vermag diese letztgültige Attraktion zu erschaffen:

> Zugleich ist es aber auch ein großer, funkelnder Theatersaal mit Rängen ringsum […], und überall Menschen, wie zu Beginn der Vorstellung. Sie stehen herum und unterhalten sich, laufen oder sitzen und schauen, über das Geländer geneigt, hinunter, wo du stehst und hinaufschaust. Überall sind Stimmen um dich, du hörst sie alle auf einmal, aber dir ertönt keine einzige, daß du sie verstündest. Es ist ein Chor von Stimmen, aber in deinem Ohr werden sie alle nur ein einziger, dumpf schwellender Ton mit vielen Tonranken um ihn herum, du hörst ihn besser, wenn du die Augen schließt. (409)

Das Panoptikum – das nach Jeremy Bentham, Begründer des klassischen Utilitarismus, die gleichzeitige Überwachung vieler Menschen durch einen einzigen Bewacher ermöglicht – ist vollkommen, zumal dadurch, dass es unsichtbar bleibt und sich selbst den Wahrnehmungen entzieht. In der glitzernden Waren-Anstalt sieht und hört jeder jeden, doch wird keiner als ‚Einziger' wahrgenommen, nur alle zusammen, einzig als Käufer. Selbst die Sinne ‚vereinzeln', man hört, wenn man die Augen schließt, eine einzige Stimme. „Zwischentöne", Differenzen, Nuancen, Finessen haben einzig die Waren, so die Stoffe, die auch Farben und Töne in Anspruch nehmen:

> […] die grünen, die roten, die blauen, die gelben und schwarzen. Das dunkelt und hellt auf in den unzähligen Zwischentönen, die deine Augen zu einem neuen Gesicht umschaffen. Dort die dunkelblauen Samte und hier die türkischen Seiden, die Veloure und Crêpes de Chine, die weinroten Voiles und bedruckten Kattuns, die halbfarbigen Musselins und Brokate. Es schlägt dir entgegen aus den Draperien in der Mitte des Hofes, aus den Dekorationen und den kunstfertigen Attrappen, dies alles zusammen ist Farbe, Ton und Stoff. (409–410)

Spätestens jetzt entpuppt sich das Warenhaus als der zweite, scheinbar friedvollere Widersacher, auch betreff des keilsonschen Romans. Ein zweckdienlicher *Behälter*, in dem man sich verliert, nicht findet. Fast wie in der Dunkelkammer, in der es dunkelt und hellt, begegnet man in seinen Hallen „halben und ganzen Ähnlichkeiten". Doch handelt es sich hier um „Versuchungen, […] Retuschen und Tricks, die man in ihnen zuwege bringt" (451), indem Farbe, Düfte, Ton, Stoff, alle Sinne und darüber hinaus auch alle Welt als Mittel zum Zweck verausgabt werden. Überall Dinge nebst dem Besucher, ein Ding unter vielen. Weder Ich noch Du existieren, Selbstreferenz und Fremdreferenz, Kommunikation und Reflexion sind abgeschafft. Die kosmische Unendlichkeit, die Allgegenwart von Leben und Bewusstsein im unendlichen Verknüpfungsgefüge von Raum und Zeit, das Giordano Bruno (1548–1600) in seinem *De l'infinito, universo e mondi*, *Über das Unendliche, das Universum und die Welten* von 1584 entwickelte, scheint von innen ausgehöhlt.

Die Rebellion der Sinne

Widerstand regt sich, aus dem großen Ja steigt ein einsames leises Nein hervor. Der Körper – zuvor Mittel, jetzt Hindernis – widerspricht der Warenhaus-Global-Strategie, denn wo es Macht gibt, da gibt es mutmaßlich auch Widerstand (M. Foucault) – und als Widerstand-Variation ist in Keilson auch das Warenhauskapitel angelegt. Die Sinne beginnen sich also aufzulehnen, *aber* nicht („aber nein!" 470) zufällig in der Buchabteilung: „Aber ohne daß du es weißt, bist du schon an den Tisch getreten, greifst vorsichtig ein kleines Buch und blätterst und liest schon ein zweites und dann wieder ein neues, und schon bist du verloren." (410) ‚Mit oder ohne Wissen', übt auch das Buch nur einen kurzweiligen Reiz aus, denn die Warenhaus-Zeit (schon, wieder, schon) hält Zickzack-Regie.

In der Bilderabteilung nimmt der Unmut jedoch zu: „Bilder gehören nicht in ein Warenhaus, denkst du, [...] das Betrachten von Bildern ist ein anderes Betrachten, nicht wie sonst im Warenhaus." (411) Bilder, ganz gleich ob visuelle, klangliche oder sprachliche, die synästhetisch mannigfaltige Sinnhypothesen hervorrufen, laden zur „Verzögerung und Reflexivierung", zu einem „längere[n] Sichaufhalten" (Luhmann 1997, 27) ein, „denkst du". Sie bedingen ein anderes Schauen (Boia 1998, Franzini 2001), das im Ablauf der Warenhaus-Zeit eine erste Lücke anzubahnen beginnt: Sie machen sie durchlässig für Zusammenhänge, für Kirke, Charon usw., und somit auch für die Erfahrung der Differenz, für ein Du, das nicht mehr „verloren" ist. Mit diesem sich selbst beobachtenden Du kehrt auch das Ich zu sich zurück, indem es sich vorerst – aiaia, auweia – als verloren erfährt.

Dieser erste Widerstand, der ein anderes Schauen ermöglicht, ist der Anfang eines anderen Denkens, aber noch nicht eines anderen Handelns. Dazu ist das Du zu nichtig, zu schwach, etwa im Vergleich mit dem vorgeschriebenen Konsum-Zeitdruck, der sich jetzt sogar selbst überholt: „Doch du darfst nicht verweilen, [...] welch ein Betrieb! Schnell"; als ob es nicht reichte, hat das Warenhaus nicht nur eine eigene Tag-und-Stunden-Abrechnung, sondern zudem eigene Jahreszeiten, sodass in der Sportabteilung „schon der Winter eingefallen ist". Das Ass im Ärmel ist jedoch die „Spielwarenabteilung", das Herzstück der überrumpelnden Verkaufsstrategie, deren ‚friedliches Nebeneinander' (412) Spektakel ist:

> Dort ist es immer voll, und du kannst schauend noch einmal zurücksteigen in die Seligkeit deiner eigenen Kinderzeit und nachholen, was du versäumt hast, das Lachen, das unbefangene Glücklichsein und zugleich die ernsthafte Betriebsamkeit, die das Spiel ist, phantasievolle Tat, die sich nur im Spiele meint.

Der springende Punkt der Antiemanzipationsstrategie ist somit benannt. Als ein von den eigenen Wünschen und Träumen ‚angezogenes' und geleitetes Kind erlebte der Besucher die Übermacht der großen Schaufenster (407–408); nun soll er, bevor er das Warenhaus verlässt, die Kindheit in sich verewigen bzw. selbst zum ewigen Kind werden. Gleichwohl hat sich der Protagonist in der Kindheit der sinnlich-imaginativen Erfahrung der Fremdheit in der Dunkelkammer gestellt. Jetzt soll er sich wie jeder andere Kunde das vorgeprägte sentimentale Bild der Kindheits-Idylle zu Herzen nehmen, von dem, wie ihm wähnt, jedoch nur „in beschaulichen Kinderbüchern die Rede" (404) sein kann. Das Warenhaus vereindeutigt Kindheit, presst sie in die kontrollierbare Form der Goldenen Zeit, die sich feilbieten lässt und über die Grenzen des Hauses hinaus ihre Wirkungen zeitigt – und das in einem Roman, der hinter der Fassade der Kindheit den ‚Kontext der Wunde' (Witzel 2016, 666) versinnbildlicht, „gewollt" durch den Protagonisten und „ungewollt" (458) mit B.?

Apropos Kindheit, wies bekanntlich Immanuel Kant (1983, 9, 53) darauf hin, dass der „bei weitem größte Teil der Menschen [...] den Schritt zur Mündigkeit, außer dem daß er beschwerlich ist, auch für sehr gefährlich halte: dafür sorgen schon jene Vormünder, welche die Oberaufsicht über sie gütigst auf sich genommen haben", darunter bei Keilson das große Warenhaus. Doch zugleich verkündigte der Königsberger Philosoph seine berühmte Maxime: „Sapere aude! Habe Mut, dich deines eigenen Verstandes zu bedienen", und zwar in allen Bereichen, da Aufklärung auch „die unschädlichste unter allem, was nur Freiheit heißen mag, [erfordert], nämlich die: von seiner Vernunft in allen Stücken öffentlichen Gebrauch zu machen", so in *Beantwortung der Frage: Was ist Aufklärung?* von 1784.

Also stößt auch das *mercari aude* des Konsumenten schließlich an seine Grenze: die der elementaren physikalischen, chemischen, biochemischen und psychischen Gesetze des lebensvollen menschlichen Körpers. Die Sinne erschlaffen und kapitulieren, und zwar noch vor dem Verstand: „Du siehst nicht mehr, [...] es ist zuviel, du kannst es nicht mehr in dich hineinsehen" (411). Die Lebensmittelabteilung des Widersachers

Nummer zwei versucht zwar auch, über den Magen an das Müssen des am Schreibtisch entworfenen Profils des ‚Anderen' zu appellieren, indem es ihn dazu bringen will, noch „mehr in [s]ich hinein"-zu-schlingen: „Alles ist so schön und bunt, so vielfältig in seinem friedlichen Nebeneinander, man muß sich freuen, man muß lieben, man muß glücklich sein, es ist die ganze Welt, die hier ausliegt." (412) Doch trotzdem kehrt jetzt die Möglichkeit eines individuellen Wollens, Sollens, Könnens und Müssens mitsamt der Sinne zurück:

> Du begehrst nicht mehr, vor lauter Begehren begehrst du nicht mehr, denn in deinem Begehren hast du schon teilgehabt, es ist so viel zu begehren, daß du über die Unersättlichkeit deines Herzens lachst [...]. Mit Geld kannst du dein Begehren erfüllen, aber das Erfüllen ist nicht zu erfüllen und nicht zu erlernen. Doch du erfährst, daß es viele Begierden gibt auf dieser Erde, daß sie nebeneinanderliegen wie in einem Warenhaus, für einen jeden eine andere, und daß man durch sie alle hindurchgeht wie durch ein Warenhaus [...].

Die Zitadelle der inneren Disziplin erliegt der Anarchie der unverbrauchten Sinne. Noch ist dem Warenhaus die Quadratur des Kreises zwischen Wunsch und Befriedigung, Nachfrage und Angebot nicht gelungen. Das Leben als Surrogat, in seiner zeitlosen Folge von kaufen, konsumieren, produzieren, wie es Adorno (1951) im amerikanischen Exil erlebt hatte, nimmt noch nicht die ganze Wirklichkeit ein. In seinen glitzernden Hallen ist „das Erfüllen nicht zu erfüllen und nicht zu erlernen" (412): Die Wünsche sind noch immer differenziert, potenziell so viele und so veränderlich wie die fließenden Konturen des Selbst.

Möglichkeiten der Vermittlung

Die Kette des blinden Begehrens, die den Besucher (und mit ihm den im „Du" begriffenen Leser) gefangen hielt, ist gerissen. Der Umschlags- oder Wendepunkt der Handlung ist jedoch aufgeschoben. Der Protagonist arbeitet inzwischen im Warenhaus, um seinen Lebensunterhalt zu verdienen. Da er sich darin „fast heimisch" (413) fühlt, hat er Zeit – der einzig fehlende Artikel im üppigen Warenhausangebot –, die Erfahrung des ersten Besuches zu verarbeiten. Eines Tages, genauer: „in den letzten Tagen des Ausverkaufs", in denen die „großen Schlachten bereits geschlagen waren", bricht in der Stoffabteilung „ein unvorhergesehener Sturm" aus, „ein großer Tumult":

> [...] zwei Stimmen, die sich erregt stritten, drangen zu mir herüber. Ich lief hinzu und sah, wie inmitten wartender und kaufender Frauen zwei sich um den Besitz eines Stückes roten Tuches balgten, indem beide es am Ende festhielten und es sich aus den Händen zu winden suchten. Heftige Ausrufe begleiteten ihre Versuche, wobei jede ihren Erstanspruch behauptete, kraft ihrer eigenen Person und unter Anrufen anderer Zeugen aus dem Kreis der Wartenden. Immer, wenn es um die Erfüllung eines Begehrens geht, das allgemein ist, bilden sich Parteien und Kreise, um die Sache gründlich auszufechten, und auch hier gab es deren zwei. (413–414)

Der Tag des Aufstands ist der, in der die Unmündigkeit des Konsumenten – auch er ein Niemand – eine mögliche Mündigkeit erkennen lässt und folglich neue Handlungs- und Entscheidungsmöglichkeiten erschließt, nicht nur für sich. Jedenfalls geht es so dem Protagonisten, der die „Vorstellung" (409), die das große Warenhaus bietet, inzwischen erschlossen hat. Ähnlich der anderen „Vorstellung" (544), der der Macht, ist auch sie darauf aus, eine vorherberechnete Reaktion auf ein Begehren auszulösen, das „allgemein ist" und ausdrücklich nicht eigentümlich, um es mit Kafkas Lieblingswort zu sagen, der eine hochdifferenzierte Eigenartigkeit besaß.

Die Frauen streiten heftig erregt um ein rotes Tuch, als wären sie Stiere oder besser noch die zwei Dirnen, die vor Salomon erschienen, und als wäre das Tuch das Kind, um das sie sich befehden, wobei es auch hier um den „Erstanspruch" und um Leben und Tod zu gehen scheint (1 Kön 3.16–28). Anstatt wie Salomon das Schwert holen zu lassen, beendet der junge Jude mittels einer angewandten positiven Friedensstrategie die gesellschaftlich zugelassene Aggression, die mitunter Gewalt eindämmt, sie aber zuweilen auch eskalieren lässt. Er hält die Frauen zur Reflexion an. Wichtig ist dabei nicht so sehr, was er sagt, sondern die andere Art und Weise, in der er kommuniziert, die Mittel und Zweck in Übereinstimmung zu bringen weiß: „‚Aber, meine Damen', sagte ich, und meine Stimme allein bewirkte, daß sie alle plötzlich schwiegen." (414) Sodann wendet er sich an die zanksüchtigere der beiden Frauen, die sich trotz besseren Wissens in den Stoff vernarrt hat, weil er ein Teil ihres Ichbildes und zudem Objekt des Begehrens der anderen, der Rivalin, war:

> „Aber die Farbe kleidet Sie ja gar nicht, gnädige Frau", sagte ich etwas leise, um besser gehört zu werden. Sie erschrak so heftig, daß ihre Finger, die sich krampfhaft in den Stoff gebohrt hatten, sich lockerten und sie ihn

beinahe losließ, so daß die andere die Gelegenheit benutzte und ihn ihr mit einem Ruck entwand. Die Unterlegene betrachtete mich unverwandt, sie war eine Frau in den mittleren Jahren und hatte sicherlich nicht erwartet, daß man sie hier so gütlich ansprach. Ihr Gesicht verlor seine Starre, ihre Lippen verloren ihre Gespanntheit, und der halbgeöffnete Mund verlieh ihrem Gesicht einen milderen, hilflosen Ausdruck. / „Aber dann kriegt die andere ihn doch", sagte sie leise, so, daß nur ich es hören konnte. [...] Da sie kleiner war, beugte ich mich etwas zu ihr hinab – ich stand mit dem Rücken zu der anderen Frau, daß nur sie meine Worte hören konnte. „Ich kann niemandem verbieten, zu kaufen, was er will, aber dies hier ist bestimmt nicht Ihre Farbe." / Sie war über die plötzliche Wendung noch immer so überrascht, daß sie in ihrer Einfalt sagte: „Mein Mann findet das auch, er hat mich davor gewarnt. Danke!" (414–415)

Der wütende Streit zwischen den Konkurrentinnen klingt ab. Und während sich um die beiden Feindinnen „Parteien und Kreise" bildeten, die den Streit schüren, setzt die gelungene Konflikttransformation des Protagonisten der unheilvollen Entwicklung ein Ende. Mit ruhigem Ton und einer rücksichtsvollen, umsichtigen Zuwendung geht er auf die Frau ein. Er nimmt sie als Person wahr und lässt sie Verbindung mit ihren dunklen Begierden, dem mimetischen Drang nach Besitz und dem eingebildeten Mangel aufnehmen. Der Unterschied, dessen sie gewahr wird, lässt ihre Identitätskonstruktion ins Schwanken geraten, die nicht mehr durch Hab und Gut geprägt ist, wie es nach Georg Simmel, *Philosophie des Geldes* (1900, 346), indes seit den ersten „Arbeitswerkzeuge[n], einschließlich der Waffen" geschieht. Dass es sich so verhält, beweist die eintretende Veränderung, die der Frau „plötzlich" ein Gesicht zurückgibt, das jetzt offen, locker, mild, hilflos wirkt, mit einem Wort, sich aufklärt. Und es wirkt lebendig, da es den eigenen Regungen entspricht, nicht mehr den aufoktroyierten Konsumbedürfnissen.

Das Vorgehen des Protagonisten ist gewiss Keilsons damaliger Tätigkeit im Widerstand abgeschaut, in deren Rahmen er als Vermittler in Stresssituationen wirkte. Auch seine Gestalt ist kein Fachmann in Sachen Waffen und Besitzansprüche. Im Gegenteil hat er von der Mutter das „Sich-Zuneigen" „zu allem, was kleiner und schwächer ist" (346) gelernt, wie einst Büchners (1999, 1, 88) Lucile im *Danton*, die meint: „Der Strom des Lebens müßte stocken, wenn nur der eine Tropfen verschüttet würde." So stellt sich auch der Held den Erfahrungen und experimentiert neue, differenziertere Möglichkeiten der Fürsorge für Menschen und Dinge. Er überrascht etwa die Frau durch eine plötzliche Wendung, die ihr ermöglicht, sich auf das Unerwartete einzustellen. Die Abwehr der Stumpfsinnigkeit des Bösen beginnt demnach im Warenhaus-Kapitel von *Der Tod des Widersachers* mit dem Widerstand gegen „die Banalität des täglichen Lebens mit seinen simplen Entscheidungen, Karriere zu machen, Geld zu verdienen, eine Familie zu unterhalten, dazuzugehören“ (2.316). Sie beginnt mit einer alltäglichen Friedfertigkeit, mit der Aufmerksamkeit gegenüber dem Mitmenschen und dem Entwurf friedlicher zwischenmenschlicher Konfliktlösungen, angefangen bei sich selbst, auch bezüglich der siebenköpfigen Hydra des Widersachers Nummer zwei.

Zur Vertiefung

Die Juden und das Geld-Prinzip

Nach Moishe Postone (1991) wurde die Präsenz der Juden in der Warenzirkulation mit den Besonderheiten der Zirkulation selbst identifiziert, insbesondere während der NS-Zeit. Auf diese Weise wurde eine Struktur des Ressentiments zutage gefördert, welche sich berechtigt fühlte, die Juden – als abstrakte Größe gefasst – als allumfassende, internationale verschwörerische Macht zu betrachten. Als Quelle allen Übels müssten die Juden „mit dem Ziel, das Konkrete vom Abstrakten zu ‚befreien'", vernichtet werden. Die Wahrnehmungsweise der Kapitalwirtschaft und ihrer imaginierten Träger und Nutznießer fielen somit zusammen, während der Unterschied zwischen Geld als Tauschwert oder Gebrauchswert übergangen wurde. Auf diese Weise vermochte der Antisemitismus einen Gegensatz herzustellen zwischen dem Geldprinzip als Manifestation des Abstrakten, auf der einen, der ‚Natur', dem ‚Blut und Boden', der ‚völkischen Gemeinschaft' und der materiell ‚schaffenden Arbeit' als Konkretes, auf der anderen Seite. Dem ersten galt der Hass, dem zweiten die identifikatorische Liebe der (gespaltenen) verspäteten romantischen Antikapitalisten.

Ich-Konstruktionen

Soviel zu den Ich-Zuständen und ihren Entwicklungen in *Wer bin ich – und wenn ja, wie viele? Eine philosophische Reise* von Precht (2007, 77 u. 79–80): „Viele Hirnforscher neigen dabei der Ansicht zu, dass es nicht ein Ich gibt, sondern viele verschiedene Ich-Zustände: mein *Körper-Ich* sorgt dafür, dass ich weiß, dass der Körper, mit dem ich lebe, tatsächlich mein eigener Körper ist; mein *Verortungs-Ich* sagt mir, wo ich gerade bin; mein *perspektivisches Ich* vermittelt mir, dass ich der Mittelpunkt der von mir erfahrenen Welt bin; mein *Ich als Erlebnissubjekt* sagt mir, dass meine Sinneseindrücke und Gefühle tatsächlich meine eigenen sind und nicht etwa die von anderen; mein *Autorschafts- und Kontroll-Ich* macht mit klar, dass ich derjenige bin, der meine Gedanken und meine

Handlungen zu verantworten hat, mein *autobiografisches Ich* sorgt dafür, dass ich nicht aus meinem eigenen Film falle, dass ich mich durchgängig als ein und derselbe erlebe; mein *selbstreflexives Ich* ermöglich mir, über mich selbst nachzudenken [...]; das *moralische Ich* schließlich bildet so etwas wie mein Gewissen, das mir sagt, was gut und was schlecht ist. [...] So können Hirnforscher genaue Angaben darüber machen, wie sich eine Persönlichkeit – mithin also das Ich – ausbildet. Schon im frühen Embryonalstadium entsteht das limbische System. Nach der Geburt tritt das Gehirn mit der Außenwelt in Kontakt und wird noch einmal völlig revolutioniert. Die Gehirnstrukturen passen sich an, sie verringern die Zahl der Nervenzellen und ummanteln dabei gleichzeitig die Leiterbahnen. Im Alter von 18 bis 24 Monaten bildet sich das ‚Ich-Gefühl' aus. Es ist die Zeit, in der Kleinkinder sich das erste Mal auf Fotos erkennen können. Und noch später entsteht die gesellschaftlich-juristische ‚Person': das Ich als mehr oder weniger verantwortlich handelndes Mitglied der Gesellschaft. Manche dieser Fähigkeiten und Eigenschaften entwickeln sich im Gehirn erst während und nach der Pubertät. Alle diese Beschreibungen erklären die Entwicklung der Persönlichkeit und sind damit zugleich untrennbar verbunden mit dem Ich-Gefühl. Denn Personen sagen zu sich selbst ‚Ich'. Etwa die Hälfte dieser Persönlichkeitsentwicklung, so wird mehrheitlich angenommen, hängt sehr eng mit angeborenen Fähigkeiten zusammen. Etwa 30–40 Prozent ist abhängig von Prägungen und Erlebnissen im Alter zwischen 0 und 5 Jahren. Und nur 20–30 Prozent werden offensichtlich maßgeblich durch spätere Einflüsse im Elternhaus, in der Schule usw. beeinflusst."

Alltägliche allzumenschliche Zerstreutheit

In seinem Artikel „Cognitive bias cheat sheet. Because thinking is hard" (https://medium.com/better-humans/cognitive-bias-cheat-sheet) geht Buster Benson davon aus, dass wir täglich zu viele Informationen erhalten. Gewöhnlich kommen bei ihrer Verarbeitung ein paar Tricks zur Anwendung. Wir greifen auf Verallgemeinerungen anstatt auf Spezifika zurück, da diese im Gehirn weniger Platz beanspruchen. Die Informationen werden streng gefiltert und die Lücken schnellstens gefüllt, weil Bedeutungslosigkeit und Unsicherheit uns verunsichern. Da wir uns für Entscheidungen gespeicherter Modelle bedienen, ist auch der Weg bis zur Schlussfolgerung äußerst kurz. Der Roman versucht, Sand ins Getriebe dieser Gewohnheiten zu streuen. Es geht Keilson auch hier darum, zukunftsträchtige gesellschaftliche Interaktionsmodelle zu erschließen, wohl wissend, dass Selbstkenntis und „Gewaltlosigkeit Zeit [brauchen]" (Galtung 1998, 209), mitunter die verdichtete Zeit einer Lektüre.

Literaturhinweise

Zur radikalen Konsumkritik vgl. etwa Forbes (1981), der den Konsumismus mit dem Kannibalismus vergleicht, da er sich um der Macht willen Dinge, Mitmenschen und Umwelt einverleibt und konsumiert und also alles andere als friedlich ist. Zur Wachstumsreligion vgl. Welzer (2014, 44f.), der auf die „Sofortness", d.h. auf die extrem verkürzte Zeitspanne zwischen Wunsch und Befriedigung in der heutigen Konsumgesellschaft verweist und den Marketingexperten Victor Lebov zitiert, der schon in den fünfziger Jahren verlautbaren ließ: „[U]nsere ungeheuer produktive Wirtschaft verlangt, dass wir den Konsum zu unserem Lebensstil und den Kauf und die Nutzung von Gütern zu einem Ritual machen, dass wir unsere spirituelle Befriedigung und die Erfüllung unseres Selbst im Konsum suchen." Lebensstil, Ritual, spirituelle Befriedigung, Erfüllung des Selbst, Keilsons Warenhaus-Kapitel macht diese Philosophie sinnlich erfahrbar.

Zum Panopticon als universelle Disziplinierungsanstalt vgl. Foucault (1976); zum Verhältnis von Macht und Widerstand, Ders. (1983, 96).

Zur Vorstellung des Interessanten bei Schlegel (1979, 252).

Das Betragen der beiden Frauen kann als gleichsam rivalisierendes Nachahmungsverhalten im Sinne René Girards (1999) ausgelegt werden, der die Anschauung erstmals 1961 in *Figuren des Begehrens. Das Selbst und der Andere in der fiktionalen Realität* ausführte. Nach Girard wird das Begehren mimetisch durch das eines anderen entfacht, sodass es Konflikt, Hass, Neid, Eifersucht, Ressentiment, ja Krieg zu erzeugen vermag. Es handelt sich dabei um eine Spiegelbeziehung, wie Girard (1994, 10) erläutert, denn es gebe nichts, „was einer wütenden Katze oder einem zornigen Menschen mehr gliche als eine andere wütende Katze oder ein anderer zorniger Mensch".

Zur ‚sanften', subtilen und verschleierten bzw. zur symbolischen Gewalt, „eine Form von Macht, die jenseits allen physischen Zwangs unmittelbar und wie durch Magie auf die Körper ausgeübt wird", „indem sie sich auf Dispositionen stützt, die wie Triebfedern in die Tiefe der Körper eingelassen sind" – so etwa bei den beiden Frauen im Warenhaus die Symbolik der Geschlechter – vgl. Bourdieu (2005, 71).

Zum Unterscheid zwischen Bedürfnis, das nicht notwendig ein subjektives Erleben voraussetzt, und Begehren, das die Einheit des Subjekts fundiert und von keinem Objekt befriedigt werden kann, aber auch dem zwischen Realem, Imaginärem und Symbolischem vgl. Lacan (2020).

Achter Streifzug: Der Roman als Gegenstand der ästhetischen Erfahrung

Anders wahrnehmen ist Anderes wahrnehmen (E. Lévinas)

Den phänomenologischen Ansatz und die Verklammerung von Sache und Zugang definiert Bernhard Waldenfels folgendermaßen: „Dies trifft nur dann zu, wenn man unter Methode kein neutrales Werkzeug versteht, das auf vorgegebene Sachen anzuwenden ist, sondern buchstäblich einen Weg, der den Zugang zur Sache eröffnet.“ (1992, 30) Phänomenologisch sind mithin unsere Streifzüge durch Keilsons Roman angelegt, der Gegenstand unserer ästhetischen Erfahrung ist, wobei Leiblichkeit zwischen Sinnen, Werk und Welt, Eigenem und Fremdem vermittelt.

Demnach erheben unsere Ausführungen keinen Geltungsanspruch. Da sich dem Leser der Gegenstand erst durch die eigene Lektüreerfahrung eröffnet, verstehen sie sich vielmehr als Anregungen, mit Wahrnehmungsweisen zu experimentieren. Gegebenenfalls dienen sie als Folien innerhalb eines Verständigungs- und Kommunikationsprozesses, der sich als fruchtbar erweisen könnte, um die Spannung von Erlebtem und Erkanntem jenseits von Wahrnehmungsgewohnheiten und Rezeptionskonventionen aus dem eigenen Erfahrungsanspruch heraus in ihren Polaritäten zu beobachten, zumal die „Unbestimmtheitsstellen“ (Ingarden 1972, 261) in Keilsons Roman maßgeblich sind: Zwischen *wem* oder *was* vermitteln sie und *wie* kommt die dritte Instanz zustande, die nur jeder selbst ausfindig machen kann? Das soll nicht heißen, dass ersichtliche Willkür oder Beliebigkeit willkommen ist, zumal sie nicht einmal der Selbstfindung zugutekämen, und zwar aus mindestens zwei Gründen. Einerseits lenkt das Werk durch Form und Stil unterschwellig sowohl unser Erinnern als auch unser Vergessen: „Was häufiger zur Formbildung verwendet wird, wird erinnert, was nicht benutzt wird, wird vergessen“ (Luhmann 1997, 171); andererseits impliziert seine Lektüre eine „Verfahrensrationalität“, denn der Beobachter ist daran „gebunden, dem Objekt und den Unterscheidungen, die in es eingelassen sind, gerecht zu werden“ (ebd., 165).

Therapeuten machen die Erfahrung, dass „Menschen fähig werden, ihre paranoide Fixierung an Sündenböcke weitgehend aufzugeben, indem sie sich mit denjenigen inneren Konflikten auseinanderzusetzen lernen, die sie bislang immer nur nach außen verlagert hatten“ (Richter

1993, 44). Wie erwähnt, klagten 1944 Horkheimer und Adorno (1988, 53f.) jedoch ein, dass die „Überreife" der Moderne von der „Unreife der Beherrschten lebt", und zwar angesichts der „neue[n] Gestalt der Verblendung" der menschlichen Wahrnehmungsorgane: „Die Regression der Massen heute ist die Unfähigkeit, mit eigenen Ohren Ungehörtes hören, Unergriffenes mit eigenen Händen tasten zu können". Auch Erich Fromm (1993, 11f. u. 233) kam 1941 in *Furcht vor der Freiheit* zu dem Resultat, dass sich nicht nur Italien unter Mussolini oder Deutschland unter Hitler, sondern jedes moderne Land mit der „Krise der Demokratie" auseinanderzusetzen hat, auch aufgrund „der Rolle, welche die psychologischen Faktoren im gesellschaftlichen Gesamtprozeß spielen"; ohne Emotionen, Sinnlichkeit, aber auch ohne Gefühl für das Tragische verarmt und verflacht unsere ursprüngliche Beziehung zur Welt (236f.), während die „positive Freiheit [...] im spontanen Tätigsein der gesamten, integrierten Persönlichkeit" (249) besteht und nicht darin, wie in Luigi Pirandellos gleichnamigem Drama so zu sein, *Wie du mich willst*.

Der Tod des Widersachers gibt der Erkenntnis die Form, dass alle „Theorien über ‚*das*' Selbst" Theorien über das eigene Selbst sind (Luhmann 1991, 651) und überprüft über die Kunst die Möglichkeit von Wahrnehmung und reflexiver Erkenntnis. Erkenntnistheoretisch sind nach Kants „kopernikanische[r] Wende" die äußeren Gegenstände nicht ‚an sich' gegeben, sondern sie offenbaren sich dem wahrnehmenden Bewusstsein nach den Anschauungsformen von Raum und Zeit. Husserls Phänomenologie verband grundsätzlich Bewusstsein und Welt, sodass die Erscheinung nicht mehr abzutrennen ist von der Art und Weise ihres Erscheinens. Maurice Merleau-Ponty erschloss die Leiblichkeit, die als Situationsraum der Wahrnehmung und des Bewusstseins mit den vielfältigen Spielräumen der Welt verwoben ist, als Mittel unseres Zur-Welt-Seins.

Auf dem Hintergrund dieser Tradition ist Keilsons *Der Tod des Widersachers* als Provokation angelegt, die dazu anregen will, die Voraussetzungen des Handelns, der Wahrnehmungs-, Denk- und Handlungsgewohnheiten auszuloten, indem sein Protagonist „Selbstreferenz und Fremdreferenz parallelprozessiert" (ebd., 600). Dabei begreift er die Bande zwischen Aleph und Beth nicht als statisch, sondern schafft die Voraussetzung dafür, dass „weiter gefragt werden kann, warum jemand so erlebt, so urteilt, so handelt, wie es geschieht, und was dies für andere bedeutet" (ebd., 122). Dass es die Selbst-, Fremd- und Weltbilder der Gestalten sind, die sie zu vermittelndem oder zu unnachgiebigem Vorgehen befähigt, macht der Roman erfahrbar. Gerade weil B. und seine Anhänger im Dunkel ihrer Projektionen tappen, bekommen sie sie nur als verdinglicht, als ‚objektive' Wirklichkeit zu fassen, als äußeres „Positivum“ (395), als Ding ‚an sich‘. Hannah Arendt (1955, 909) konnte zu Recht behaupten, dass für viele Deutsche zur NS-Zeit dieser Wahn „nicht mehr mit Meinungen zu tun hat, über die man streiten könnte, sondern zu einem ebenso unangreifbar realen Element ihres täglichen Lebens geworden ist, wie dass zwei mal zwei vier ist“. Die rabiate Verneinung jedes anderen Erscheinungsbildes der äußeren und der inneren Umstände, das mit dem des Anderen getilgt wird, war die Folge.

Die Sozialpsychologie nennt diese Art der Verwechslung von Ansicht und Welt den „ultimativen Attributionsfehler“ (Pettigrew 1979), der gewöhnlich zur Aufrechterhaltung von Vorurteilen dient, sodass negative Verhaltens- und Beziehungsmuster der Fremd- und positive Muster der Eigengruppe zugeschrieben werden. Abweichungen von der einzig gültigen Attribution gelten dem, der sie leistet, als gefährlicher Irrtum. Edward E. Jones und Keith Davis (1965) haben zwei Grundformen studiert, die zu abwegigen Schlussfolgerungen führen. Die erste unterstellt einer Handlung eine Absicht, auf deren Grundlage die Handlung auch beurteilt wird; die zweite schreibt der handelnden Person persönliche Eigenschaften zu, welche die Handlung plausibel erscheinen lassen. Insofern keine Handlungsalternativen in Erwägung gezogen werden, kann der Beobachter der beobachteten Szene keinerlei neue Information abgewinnen. Dem Philosophen Steven Clarke (2002) zufolge geben zum Beispiel Anhänger von Verschwörungstheorien ihre Überzeugung nicht auf, selbst dann nicht, wenn sich ihre Thesen nur durch einen hohen gesellschaftlichen und intellektuellen Kostenaufwand aufrechterhalten lassen. Der Kreis schließt sich. Die Einsicht von Giambattista Vico (1971, 114), der schon 1710 in *De antiquissima italorum sapientia* folgerte, dass jedes Werk des Verstandes den Sinnen entspringe, wäre folgenlos, nebst vielen anderen Leistungen der Zivilisation – wenn da nicht das Leid und die Gewalt wären, welche die „ultimativen Attributionsfehler“ auslösen, besonders dann, wenn sie sich der Massen bemächtigen.

Hans Keilson, der Leid erfahren hat, trägt seinem jungen Helden die Sorge auf, alternative Handlungs- und Entscheidungsmöglichkeiten unter den denkbar schwierigsten Verhältnissen zu erkunden. Der Protagonist lässt den Kontakt zu den eigenen Wahrnehmungen, die stets auf das leibliche, erfahrende, bewusste und sich erinnernde Subjekt bezogen bleiben, nicht abbrechen und beobachtet dabei sowohl sich als auch die anderen. Er weicht selbst der Auseinandersetzung mit B. nicht aus, sondern erwägt den „sonderbare[n] Gedanken“ (450, 451) der „starken Bande“ (452) und stellt ihn in den Mittelpunkt seiner Aufzeichnungen. Zwar wird er im Nachhinein ein „Mann der Tat“ (540), doch hat er zuvor ermessen können, dass es um den Hass seiner Feinde „schlimm, viel schlimmer, als sie wissen“ (515) steht.

Auch nachdem er B.s Geheimnis aufgespürt hat, streitet er die Berührungspunkte mit ihm nicht ab: „Ich habe in ihm geliebt, was ich in mir selbst nicht vernichten konnte“ (558). Demnach wird auch im Anschluss an B.s Tod „ein Korn seines Todes [..] seine bestürzende Saat“ fernerhin ausstreuen. Das Phänomen des Fremden, mit der ihm innewohnenden „Nein-jaschaft“ (470), bleibt in Keilsons Roman als konstitutives Moment der Ich-Differenz weiter bestehen, einschließlich der Frage nach dem Gelingen oder Misslingen der Kommunikation mit dem Fremden in ihrem endlosen Sinnzusammenhang. Der Widerstreit findet zu keinem verbindlichen Ende, zu keinem *a priori* entschiedenen Engagements, der Einzelne ist nicht aus der Verantwortung entlassen, es gilt weiterhin, entscheidungsrelevante Erfahrungen zu sammeln, auf Automatismen und unbewusste Projektionen zu achten und sie womöglich einer Entscheidungskontrolle zu unterziehen, als vorbeugende Maßnahmen.

Die Wissenschaft der Entscheidung betreffend, entwickelt *Der Tod des Widersachers* eine souveräne Poetik der Sinne, die dazu ermutigt, eigene Reserven zu erschließen. Dabei wendet sich die Bildersprache des Romans „keineswegs an den Intellekt, sondern wird vom Körper erfasst“: „Die metaphorischen Verkettungen sind unsere eigenen Fasern, und so auch die Verunsicherungen, die Drangsale und Verstehensleistungen, die sich darin abspielen“ (Brandi 1957, 29). Ästhetische Wahrnehmungen können potenziell zur Selbstverwirklichung beitragen, so Jung (GW 16, 61):

> Und diese letzteren Errungenschaften sind es nun, die auch dem sozialen Leben [...] wieder zugutekommen. Denn ein innerlich fester und sich selber vertrauender Mensch wird seinen sozialen Aufgaben besser gewachsen sein als einer, der mit seinem Unbewussten auf schlechtem Fuße steht.

Zumal Fachstudien nachgewiesen haben, dass die Schwelle, die zum Massaker führt, dann überschritten wird, wenn unbewusste Aspekte der eigenen Psyche auf den gebrandmarkten ‚Sündenbock‘ projiziert werden. Umgekehrt deutete der Psychologe Donald W. Winnicott die Fähigkeit eines Individuums, virtuell mit den Gedanken und Gefühlen, Hoffnungen und Ängsten einer anderen Person in Verbindung zu treten und dieser Person dasselbe in Bezug auf sich einzuräumen als Zeichen psychischer Gesundheit. Gerade das ambivalente „schwarze Kunstwerk“ (Bohrer 2002, 2004), das Keilsons Roman auch ist, entwickelt eine intensive innere Beteiligung und eröffnet damit Möglichkeiten, Gewalt in ihren Ansätzen zu reflektieren. Die Wirkung der Aisthesis wird umso aufrüttelnder sein, je geneigter der Leser ist, sich auf die Suche nach dem eigenen ‚Riss im Herzen' zu begeben und ihn in immer neuen Verstrickungen zu erfahren.

Poetologische Selbstreflexivität und Wirkungspoetik

Namentlich in einem ‚Artefakt', einem vom Menschen hergestellten Objekt, sind die Erscheinungen nicht von der Art und Weise ihres Erscheinens abzutrennen, noch dazu in einem Roman wie *Der Tod des Widersachers*, der seinen Lesern nicht nur tiefgründigen produktiven Irritationen aussetzt, sondern prinzipiell bestrebt ist, ihre Wahrnehmungen zu ‚desautomatisieren'. Zur Verfremdung trägt auch die Reflexion über die literarischen Verfahren und die Wirkungspoetik des Romans bei, die u.a. von Keilsons bewusstem Umgang mit Form und Textmuster zeugen. Seine Beobachtungen vertraut der Autor dem Protagonisten in der Rolle des Erzählers an, welcher die Aufzeichnungen redigiert und also die diesbezüglichen poetologischen Überlegungen in Arbeit nimmt. Hat er als wahrnehmungs- und vernunftbegabter Protagonist sich in seinen Entscheidungen an selbstständigen Parametern orientiert, so ist er auch beim Schreiben ein „Mann der Reflexion", der eigene Vorstellungen betreffs der Gattung des Romans hegt. Textinterner und -externer Erzähler ähneln sich dabei bis zur Verwechslung.

Zunächst teilen Autor und Protagonist wichtige Lebenserfahrungen sowie die ästhetischen Ansprüche bezüglich des Erwartungshorizonts von Schrift und Lektüre. Ein literarisches Werk entwirft bekanntlich das Bild seines Lesers (Weinrich 1967), sodass ihn Italo Calvino 1979 in *Wenn ein Reisender in einer Winternacht* sogar zum Protagonisten auserlesen konnte. Die Erwartungen der Aufzeichnungen des jungen Juden an den impliziten Leser wären in etwa die, dass er den Widersprüchen, mit denen man kaum „zu Rande" (514) kommt, Beachtung schenke. Pocht der stellvertretende Autor „starrsinnig" (416) auf das *Wie*, d.h. auf die Form, auf die kunstgerechten Mittel, die kein uneigentlicher Zweck zu heiligen vermag, so sollte der Leser gleichsam auf das *Wie*, auf die Form und also auf das langsame und aufmerksame Lesen bedacht sein. Um ehrlich zu sein, will er eine Kommunikation mit dem Text herstellen, bleibt ihm wenig anderes übrig …

Wir erinnern uns, dass Keilsons Hauptfigur die Feder in die Hand nimmt, um über den „sonderbare[n] Gedanken" der „starken Bande" (450, 451) mit B. zu berichten. Nun, aus der Perspektive des Romans betrachtet, entspricht das zwischen Aleph mit Beth gestiftete Band der

Stilfigur des Oxymorons, das gegensätzliche, sich widersprechende bzw. ausschließende Sachverhalte miteinander verknüpft und dabei dramatische Steigerungseffekte bewirkt: Zwei Magnetpolen gleich, streben der junge Jude und der Widersacher auseinander, werden jedoch entgegen jedem „Bombardement der Logik" (358) zusammengehalten, auch weil „die Eindeutigkeit und das Widerspruchslose einseitig [sind] und darum ungeeignet, das Unerfaßliche auszudrücken" (Jung, GW 12, 30). Der Stein des Anstoßes, den das Gegensatzpaar darstellt, ist dazu bestimmt, den Leser stolpern zu lassen, als handele es sich um „das eigene Skandalon, das private[s] und öffentliche[s] Ärgernis" (2.194) zugleich ist. Die „Lücke ins Leere", die sie entstehen lassen – um auf eine Formulierung von Herta Müller (2009, 11) zurückzugreifen, deren Vater ein SS-Soldat war und die in Rumänien „in den Stalinismus [hineingeboren]" wurde (Müller 1995, 10) –, benennt eine „Verwirrung", für die auch der Erzähler „keinen Namen weiß" (358).

Doch gerade als Erzähler entpuppt sich der Protagonist als ein zwiespältiger Trickster, ein ‚göttlicher' Schelm, der von langer Hand die Ordnung des literarischen Universums, und also die psychische Ordnung der Psyche, mit seinem Ja-Nein-Opus ins Schwanken zu bringen gewillt ist, zumal „nur das Paradoxe [...] die Fülle des Lebens annähernd zu fassen" (Jung, GW 12, 30) und einem ganzheitlichen psychischen Erlebnis zu entsprechen vermag (im Gegenteil zur sterilen Eindeutigkeit). Aus dieser Perspektive betrachtet, erweist sich das mit B. gebildete Gegensatzpaar als *sein* eigentlicher poetologischer Meistertrick: das „Korn" seines *Wie*, seiner potentiell „bestürzende[n] Saat" (558), das Signum eines Stils, das nicht einmal aus einer ‚leeren' und sehr gefährlichen ‚Schachtel' ein Niemand zu machen bereit ist. Erst die widersprüchliche Durchdringung des Eignen und Fremden macht aus uns ‚gute Widersacher', die es „auf dieser Erde [...] wert" sind, dass „wir uns begegnen" (516). Gute oder werte Widersacher, die als ‚ewig verweigertes' widersprüchliches Prinzip den Leser auffordern, es in Erinnerung zu behalten. Die Möglichkeit soll offen bleiben, sodass Bewusstsein und Gesellschaft sie früher oder später einholen könnten.

„Ich werde alles erzählen und nichts verschweigen, soweit es meinen Feind und mich betrifft" (376) – dies ist der einzige Pakt, den der Erzähler mit dem Leser zu schließen geneigt ist. Doch was er tatsächlich in Szene setzt, sind partout Paradoxien, die das aus Polaritäten bestehende Romansystem zunächst in Fluss halten. Zugleich halten sie die Zeit an und bündeln sie zum dichten Augenblick, denn „die Paradoxie stellt die Beobachtung, die sich auf sie beziehen, sie bezeichnen will, in der Form einer Kurzzeitoszillation still" (Luhmann 1997, 73). Die Funktion des treibenden ‚Korns' ist dabei dem Pol der Negation bzw. der Differenzierung zugedacht, im Sinne von Hannah Arendts (1998, 267,170) Deutung der sokratischen Vorgehensweise. Sokrates „befreite die Menschen von ihren ‚Meinungen', das heißt von jenen nicht untersuchten Vorurteilen, die das Denken verhindern", wobei keines der Argumente je stehen bleibt. Pol und Gegenpol „bewegen sich [...] im Kreis" und werfen folglich immer neue pulsierende Fragen auf. In Keilsons *Tod des Widersachers* kreisen diese Fragen namentlich um das *Wie* des paradoxen Bandes zwischen den immer neuen der Feindschaft verschriebenen Widersachern und den vielen Ichs, die Leben wollen und das Leben verteidigen.

Als Meister der Kunst der Selbstfindung riet bekanntlich schon Sokrates davon ab, sich auf fremde Zeugenschaft zu verlassen (*Gorgias* 472 b-c). Einer „Bremse" (*Apologie* 30 e) gleich, versuchte er sich und dem Gegenüber zunächst das eigene Nichtwissen bewusst zu machen, das auf Vor-Urteilen beruht (Hadot 1999, 39–57). Seine Mäeutik wendet er auch gegenüber seinem Gastgeber, dem Dichter Agathon, am Anfang des *Symposions* (174d–175d) an, der meinte, von Sokrates' Weisheit ‚automatisch' etwas abzubekommen, indem er sich neben ihn platzierte: „Das wäre vortrefflich, Agathon, wenn es mit der Weisheit so wäre: dass sie, wenn wir einander nahten, aus dem Volleren in den Leereren überflösse." Das Vollere fließt nicht in das Leerere, da eigentliche Fragen nicht das, wovon man spricht, sondern den Sprecher selbst zum Gegenstand haben. So kommt es, dass am Ende des *Symposions* „zum ersten Mal in der Geschichte die Vorstellung vom Individuum als einzigartiger und nicht klassifizierbarer Persönlichkeit auf[taucht]", und zwar mit Sokrates, einem „atopos: seltsam, extravagant, absurd, nicht klassifizierbar und irritierend" (Hadot, ebd., 47). Die Erfahrung der Kommunikation bzw. die gemeinsame Sorge um die Bedingungen, unter denen Personen sich einander nähern und einander achten oder missachten (Luhmann 1991, 121), hebt die Individualität schon in Sokrates über sich hinaus.

Die großen Werke, hat George Steiner einmal bemerkt, lesen uns, ihren Leser, mehr als wir sie lesen, und zwar dadurch, dass sie, indem sie die Aufmerksamkeit auf sich selbst lenken, „eine möglichst vollkommene Voraussetzungslosigkeit des Bewusstseins" herbeiführen (Jung, GW 11, 593f.). Als „Antwort der Natur, der es gelungen ist, ihre Reaktion dem Bewusstsein unmittelbar zuzuführen" (ebd.) ist diese Form von Autopoiesis potentiell ganzheitlich angelegt. Jung selbst sprach ihr die Würde einer möglichen mittelbaren Selbstanalyse zu. In Keilsons *Der Tod des Widersachers* ist dieses Ringen um Selbsterkenntnis Voraussetzung gelingender Mitmenschlichkeit, zumal die „Kraft der Negativität im Kunstwerk" den „Abgrund zwischen der Praxis und dem Glück" (Adorno, GW 7, 26) einfängt, zwischen Möglichkeit und Wirklichkeit, Feindschaft und Friedfertigkeit, namentlich nach der Erfahrung von B.s Herrschaft.

Dementsprechend sind in unserer offenen Welt die privilegierten Empfänger dieses Romans nicht nur die deutschsprachigen Leser, sondern jedes Individuum, das von innen her die „sozialen und psychologischen Dimensionen und Verzahnungen" untersucht, „um auch in präventiver Hinsicht Einsicht in Mechanismen zu erhalten, die dazu führten, daß geschehen konnte, was geschehen ist" (2.317), wie Keilson schreibt.

Der experimentelle Erzähler und sein Anti-Roman

Der Ich-Erzähler vermittelt nicht nur die Wirkungspoetik des Autors, sondern auch seine Reflexionen zur Gattung der Aufzeichnungen. Als solcher verwehrt er sich gleich zu Anfang mittels eines selbstreferentiellen Hinweises: „Ich möchte nicht in den Verdacht geraten, hier zu sitzen und mich zu bemühen, einen Roman zu schreiben." (355) Was er schreibt, ist nämlich als Anti-Roman konzipiert und eine solche Ästhetik und Poetik legt er vor. Das Unikum des Romans, der selbstgesetzten Vorgaben folgt, findet darin eine vorläufige Einheit; sie findet ihre Stimmigkeit in sich selbst, erlaubt jedoch mit ihrem Verweisungszusammenhang, Differenzen auszumachen.

Das Abenteuer des Schreibens, der Reise an den „Rand des Möglichen" (381), welches die Entscheidungen betreffs des *Wie* und also von Form und Medium zeitigt, beginnt zunächst mit einer *mise en abyme* in der Folge André Gides (1893): „Es gefällt mir sehr, wenn der Gegenstand eines Kunstwerks im Spektrum seiner Charaktere ein weiteres Mal umgesetzt ist – ähnlich dem Verfahren, ein Wappen in seinem Feld wiederum abzubilden (*mettre en abyme*)." Außer dem ‚Charakter' des Protagonisten ist das immer wieder umgesetzte Bild allemal das der Dunkelkammern – als bewegte-bewegende Bilder, *imagines agentes*, Selbstfindungs- und Erinnerungsräume –, welche das zündendende Erlebnis der Widersprüchlichkeit der Erscheinungen vermittelt: „Es ist kein Licht, das leuchtet, es macht die Dunkelheit nur tiefer, sichtbarer, und du greifst sie mit dem Dunkel in deinen Augen und trägst sie herum in deinem Körper und deinen Händen" (352–353).

Dies erschließt, warum der interne Erzähler die „Prozedur" des routinierten Romanautors (356) zurückweist, welche den Erscheinungen Eindeutigkeit zu verleihen trachtet. Insbesondere der Unterhaltungsroman macht es sich „künstlich zunutze", dass die meisten Menschen, wie schon Ulrich, Robert Musils „Mann ohne Eigenschaften" (1978, 650), bemerkte, „das ordentliche Nacheinander von Tatsachen [lieben], weil es einer Notwendigkeit gleichsieht, und [sie] sich durch den Eindruck, daß ihr Leben, einen ‚Lauf' habe, irgendwie im Chaos geborgen [fühlen]". Auch die des stellvertretenden Autors ist keine ‚Regelkunst', die Geborgenheit verspricht. Sie setzt vielmehr den Leser der Paradoxie der Erfahrungen aus und überlässt ihn der Bande zu B. und deren Formgebung. Als Spiegelung eines vollen Lebens, das „ungebrochen verläuft", kennt sie keine eindeutigen Aufschlüsselungen und keine ausschließlichen, Gewalt zeitigenden Deutungsdiskurse. Der Anti-Roman besteht nicht wie „der Film aus einzelnen aus der Zeiteinheit gebrochenen fotografischen Aufnahmen, die zusammengeführt den Eindruck einer sich unablässig durch die Zeit bewegenden Handlung erwecken sollen" (356). Entgegen der Meinung „gewichtiger Fachleute, die sich Psychologen nennen", dass „unser menschlicher Geist diese Taschenspielerkünste" benötige (wie der Vater des Protagonisten in seiner Rolle als Fotograf bestätigt hat), ist der interne Erzähler bestrebt (anders als problemorientierte konformistische ‚Seelentechniker', die versuchen, das Bestehende zu vereinnahmen und zu bestätigen), ein Verhältnis zur dargestellten Wirklichkeit herzustellen, das insofern „ein richtiges Verhältnis" ist, als es den eigenen unangepassten reflexiven Wahrnehmungen entspricht.

Als Erzähler kommt ihm daher seine Beobachtungsgabe zugute, doch vielmehr der Fakt, dass er (wie sein Autor) „auch Sportlehrer" (356) gewesen ist:

> Die einzige Bewegung, die auf Erden ungebrochen verläuft und mich interessiert, ist die Bewegung eines beseelten Körpers. Alles andere ist denaturierte Wirklichkeit. Begriffe sind ihr Prunksarg. Ich tue nichts anderes, als daß ich niederschreibe, was mir einfällt und was mich bewegt. (356)

Die „evolutionäre, genetische und funktionelle Priorität des Wahrnehmens gegenüber dem Denken" als Basis für Selbst-, Außenweltreferenz und Kommunikation (Luhmann 1997, 13) wird in der Beschreibung der eigenen Poetik ausgewiesen. Sein Schreiben ist demnach *embodied*, aber auch *embedded* (eingebettet), *enactive* (enaktiv oder hervorbringend) und (*extended* (ausgedehnt) (vgl. Newen, De Bruin, Gallagher 2020), d.h. ungebrochene Bewegung, „Atem", „Regelmaß des Herzens", „Gefühle", aber auch „Gedanken", die einander widersprechende Verhältnisbegriffe in Beziehung setzen. Jeder im Vorhinein festgelegte Grundsatz ist ausgeschlossen:

> Ich schreibe, weil die Bewegung, mit der die Feder über das Papier läuft, eine Spannung in mir löst und zugleich eine andere erweckt, die mir Ver-

> gnügen bereitet. […] Das Schreiben ist eine Art Zimmergymnastik en miniature.

Hier ist der ungebrochene Wirbel ins Bild gefasst, die gegensätzliche Spannung des veränderlichen vielschichtigen Ganzen, „die ewige Systole und Diastole, die ewige Synkrisis und Diakrisis, das Ein- und Ausatmen der Welt, in der wir leben, weben und sind", so Goethe in seiner *Farbenlehre*. (Das Gegenmodell, das B. darstellt, aber auch die paradoxe ‚Neinjafantasie' des Protagonisten leuchten ein.) In seinem Zimmer zieht der Protagonist die über das Papier fließende Feder, mit der er zu sich selbst und zu dem Anderen findet, den der Feindschaft verpflichteten Waffen vor. Seine Entscheidung zugunsten des ‚rechten Lebens' will keinen einzigen „Tropfen" seines Stromes verschütten (Büchner 1999, 1, 88).

Ausdruck der beseelten Leiblichkeit und der ihr entsprechenden fließenden Sprachgeste sind ferner die weiteren Gleichnisse hinsichtlich anderer, sich kreuzender Medien und Formen: angefangen vom „Ideal [des] Zehnerkampf[s]", der mit seinen vielen Sportarten die Königsdisziplin des Protagonisten ist. Außerdem vergleicht er die Schrift mit einer musikalischen Partitur – wo doch Keilson Geige und Trompete spielte –, und zwar nicht nur, weil sie Gleichzeitigkeit ermöglicht, u.a. durch synchrone Polarisierungen und Depolarisierungen. Auch die Spannung zwischen den Tönen in der Vertikalen und in der Horizontalen, die, wenngleich ausgefeilt, improvisiert wirken, wird beim Schreiben prägnant, etwa in den vier Variationen zum Thema von Leben und Tod im sechsten Streifzug. Zudem bevorzugt der Erzähler den Querstand oder die falsche Relation zwischen zwei Stimmen (A. – B.). Wie im Madrigal *Dolcissima mia vita* (1611) von Carlo Gesualdo ist der Querstand ein Hauptmerkmal von *Der Tod des Widersachers*. In der Harmonielehre des Mittelalters war er verboten, in der Renaissance drückte er starke Trauer oder Schmerz aus – und noch heute ist sein Missklang unüberhörbar, nebst dem ‚Reinigungseffekt', den die Durchdringung von Disharmonien und Dissonanzen anregt.

Jedes Element des Romans wird wieder aufgenommen, variiert, überlagert, entgegengesetzt, amplifiziert und verdichtet, sodass es mit den literarischen Konventionen des Romans bricht, die das „ordentliche Nacheinander von Tatsachen" aufwerten, bis dass es seine eigene ‚Ordnung' findet. Bezüglich der Sprache seines Manuskripts erklärt der Protagonist etwa, „daß Worte gleich einem Koffer mit doppeltem Boden sind und daß man, selbst von den besten Vorsätzen beseelt, nicht verhindern kann, daß man von der vorgeschriebenen Linie, die Wahrheit und allgemeinmenschlicher Anstand vorzeichnen, abweicht" (405). Mit den eigenen Engführungen löst die Sprache zugleich die der Person, an die sie sich wendet, sodass im Spiegel des Textes „Überraschung und Wiedererkennen aneinander steigerbar sind“ (Luhmann 1997, 228). Umgekehrt rät etwa der Hauptmann dem armen Woyzeck in dem gleichnamigen Drama des seelenverwandten Georg Büchner: „Teil Er sich ein“ (1999, 1, 154), womit er das Kontinuum der Erfahrung in dichotomische Kategorien zerlegt und Woyzeck als bloßes Werkzeug betrachtet. Am anderen Ende dieser Gegenentwicklung steht Primo Levi (1993, 94), der in *Die Untergegangenen und die Geretteten* bezüglich der Eindeutigkeit der Lager-Sprache vom Gummiknüppel als dem Dolmetscher, „der, den alle verstanden“, sprechen kann.

Aus einer ganz anderen Tradition heraus schreibt Robert Musil (1978, 1211): „Man kann deutlich einen Unterschied machen zwischen einem Gedanken, der nur Denken ist, und einem, der den ganzen Menschen bewegt. Dazwischen gibt es alle Arten Übergänge.“ Nicht zufällig hatte Musil 1908 in Berlin mit einer erkenntnistheoretischen Arbeit über Ernst Mach (2008, 30) promoviert, der seinerseits erklärt hatte: „Das Ich ist unrettbar“, wobei die Furcht vor dieser Erkenntnis u.a. „zu den absonderlichsten pessimistischen und optimistischen, religiösen und philosophischen Verkehrtheiten“ führe (so unter B. und seinesgleichen). Descartes’ Dualismus Geist-Körper wurde demnach zugunsten der Einheit zwischen Empfindungsleben des Körpers und Vorstellungsleben des Geistes, von Ich und Welt aufgegeben. Vor diesem Hintergrund ist es nachzuvollziehen, dass die Hauptgestalt von Musils großem Roman nicht nur ein „Mann ohne Eigenschaften“, d.h. ein veränderliches vielschichtiges lebendiges und nicht entfremdetes Ich ist, sondern dass er versucht, die Polarität von „Genauigkeit und Seele“ bzw. Wirklichkeit und Möglichkeit in spielender Bewegung zu halten, „denn Gott macht die Welt und denkt dabei, es könnte ebensogut anders sein“.

Keilsons *Der Tod des Widersachers* trägt diese Erfahrung in den Lesevorgang hinein, indem der Roman die Wahrnehmungen, die kritische Reflexion und ferner das Vergnügen begünstigt, der mit der Lektüre dunkler, unsere Sinne belebender Werke einhergeht. Auch der Leser ist aufgefordert, „Atem“, „Regelmaß des Herzens“, „Gefühl“, „Gedanken“ und Leiblichkeit wahrzunehmen, wie etwa Kafka für sich beanspruchte: „Ich muß warten, bis ich einmal harmlos lesen werde, und dann bei den richtigen Stellen mich anhalten“, so in seinen *Tagebüchern* (2002, 153). Die Dichte des Sprachgeflechts, die dem Bewusstsein der gelebten Gegenwart entspricht, lenkt die Aufmerksamkeit auf den Text und damit auf das Leseerlebnis, zumal Keilson den Pakt mit dem Leser einhält, der bis zum Herzen des Konflikts vorzudringen begehrt: „Aber dort, wo du selbst mit dir haderst, dort in diesem Urgrund will ich dich fassen und von dir ergriffen werden, dort stehe ich dir bei.“ (516) Das „erkenne dich selbst", und zwar „im anderen" (2.272) ist konstitutiv für Keilsons Hinterfragung der Bedingungen des Wahrnehmens, sowie sich seine Manipulierbarkeit und seine blinden Flecke in B. und den von seinesgleichen verursachten Katastrophen verdichten. In unserem Falle kommt die Fragestellung hinsichtlich eines Romans zur Anwendung, der die Differenz von Erscheinungen und Wahrnehmungen zu experimentieren gestattet, ja, der „alle Fragen nach Einheit auf die Letztform der Paradoxie zurück[führt]" (Luhmann 1997, 158).

Die offene Zeit und der große Augenblick

Auch der linear-progressiven Zeit nimmt der Erzähler den Druck und weigert sich, deren Knecht zu sein. Er ist kein Schriftsteller, für den „Korrektur [...] alles" (472) ist. Risse und Brüche können sich ihm „aufdrängen", Erlebnisse und Reflexion können „ohne die Zensur passieren", ohne Selektion nach „wichtig oder unwichtig, interessant oder langweilig" (471). Der Zeit belässt er ihren mäandernden Lauf, zumal er weder Raffung noch Dehnung fürchtet: „Ich verkehre in der angenehmen Lage, unabhängig zu sein von den Ansprüchen des Amüsements und den Vorwürfen der Langeweile." (472) Der Leser ist kein Konsument, dessen Verhalten auf Reflexen beruhen kann.

Die Offenheit der Handlung ist zugleich Offenheit der Zeit, ein Spiel mit ihren Grenzen bzw. Zeitunabhängigkeit, da nichts mehr es selbst ist. B. stellt den Tod dar, doch für den Protagonisten wird er auch zum „Korn". Die Handlung wechselt jederzeit zwischen dem Damals des Geschehens und dem Jetzt der Reflexion, aber auch zwischen Rahmen- und Binnenhandlung, während der Erzähler die Zukunft vorwegnimmt, indem er sich an „de[n] oder jene[n], dem später meine Aufzeichnungen in die Hände geraten" (404) werden, wendet. Ein ‚unzuverlässiger Erzähler' ist der Protagonist jedoch nicht. Er löst vielmehr die Zusammenhänge des Geschehens und die dem Leser zugewiesene Rolle aus den „vorgeschriebenen Linie[n]" sozialer und literarischer Skripte und Übereinkünfte, gerade betreffs Figuren wie der des Widersachers, und setzt sie sozusagen für die Rezeption auf freien Fuß.

Vor allem aber öffnet der Erzähler den Roman der vollen Gegenwart durch die Paradoxien, die die Zeit anhalten. Die radikale Zeitlichkeit großer Literatur vermittelt synchrone Augenblicke, die innerhalb der unendlich vorwärtsfließenden teilbaren Zeit eine zeitbindende ganzheitliche Funktion entwickeln. Eminente Werke benötigen Zeit:

> Die Operationsweise hat es immer mit der Auflösung einer Zeitparadoxie zu tun: mit der Realisation eines Zugleich im Nacheinander oder, umgekehrt gesehen, mit der Kontrolle einer Operationsfolge durch ein Beobachten, das selber nur als Operation, also nur gegenwärtig, also nur im Zugleich der Seiten seiner Unterscheidung realisiert werden kann. (Luhmann 1997, 122)

In *Das Prinzip Hoffnung* (1954, 11) nannte Ernst Bloch diesen Augenblick zeitlicher Widerstandsfähigkeit den „gelebten Augenblick", Robert Musil in *Der Mann ohne Eigenschaften* (1930–1943) bezeichnete ihn den „anderen Zustand", Franz Kafka (Nachgelassene Schriften 2, 34) den „entscheidende[n] Augenblick", der „immerwährend" ist, Arthur Koestler (1964) den „*göttlichen Funken*" und Adorno (GW 7, 17) vermerkte in der *Ästhetischen Theorie*: „Jedes Kunstwerk ist ein Augenblick". Henri Bergson (1949, 77) sprach von *pure dureé*, „worin unsere Bewusstseinsvorgänge sich aufreihen, sich nebeneinander ordnen wie im Raume und schließlich dahin gelangen, eine wohl unterschiedene Mannigfaltigkeit zu bilden". Auch an einen experimentellen Schriftsteller wie Reinhard Jirgl (2002, 822) wäre zu denken, dessen Schrift Wort für Wort auffächert und vervielfacht, um „die Durchdringung der Mauer alles Gegenwärtigen durch das Verlangsamen von Zeit" anzustreben, denn „nur so ist Erfahrung möglich, das einzig wirkliche Eigentum des Menschen". In *Der Tod des Widersachers* fällt dieser ‚große' Augenblick mit dem ‚kleinen' der Entscheidung zusammen. Die Lektüre, verstanden als „eine Art Zimmergymnastik en miniature" (356), animiert den Leser, in der Jetztzeit zu verweilen, die weniger aus der Aufhebung der Zeit als vielmehr aus ihrer Verräumlichung im Raum des Romans resultiert (vgl. Sanna 2017, 253–288).

In H.G. Adlers Roman *Panorama* (1988, 577–578) erlebt die Hauptgestalt diesen Augenblick der „höchsten Spannungen" nicht als „erhöhte Genugtuung" oder „Triumph", sondern indem er sich freut „über alles, was wach in ihm ist, und er ist wach und so wach", sodass er sich zugleich „in das allgemeine Geschehen verwoben" fühlt:

> [D]ieses Ausdehnen des Augenblicks in die Zeitlosigkeit seiner tiefsten Empfindung, daß alles in höchste Spannung gerät, halte dich Mensch, kippe nicht um, stürze nicht, rufe dich in die Stille zurück, daß sich alles in dir verdichte, was du hast und nicht hast, und nun sieh an, wie der endende Augenblick dich öffnet und schließt.

Das damit einhergehende Wahrnehmungs- und Verstehensreservoir will auch den Leser von *Der Tod des Widersachers* erst einmal vor dem blinden Procedere, vom Schreien, Marschieren und Schießen bewahren, bis er in der sich verdichtenden „Stille“ – eine Erfahrung, die Jirgl in seinem Roman *Die Stille* variiert – etwas Neues, Anderes und Friedfertigeres zu sagen und zu tun gewahrt, das ihm und den Lebens- oder Überlebensinteressen alles Lebenden besser entspricht. Darüber hinaus, was hinsichtlich des *Wie* maßgeblich ist, lässt ihn die reflexiv erlebte Zeit des entscheidenden Augenblicks innewerden, der jederzeit an jedem Ort im ganz Kleinen als einzig mögliche Zielumsetzung stattfindet. Gleich am Anfang ihrer *Pensées sans ordre* schreibt Simone Weil (2013), dass die Zukunft aus der gleichen Substanz wie die Gegenwart besteht, sodass jeder Neubeginn im jetzigen Augenblick enthalten sein muss. Beispiele dafür enthält Keilsons Roman zur Genüge. Im Jetzt gilt es zu entscheiden, ob es für uns wichtiger ist, um jeden Preis recht zu haben oder mehr oder weniger starke Bande miteinander zu wahren.

Die doppelte ästhetische Kontingenz

Im Laufe der Handlung – vom Abstieg in die Dunkelkammer und dem Einbruch B.s in die elterliche Küche bis zur dritten Begegnung und dem Entschluss: „Ich habe ihn in mir erschossen“ (552) – konstituiert sich der keilsonsche Protagonist zugleich als Unikum und als ein Jedermann, d.h. als ein Aleph, das sich mit dem Beth innerhalb und außerhalb von sich auseinandersetzt. Da sich jedoch B., die Antonomasie des Widersachers, der Widersacher par excellence, grundsätzlich der Kommunikation entzieht, bleibt dem jungen Juden nur der Widerstreit mit dem inneren Beth. Das Selbst- und Weltverständnis, das ihm auf diesem Wege zuteilwird, ist so differenziert und einzig, dass es als solches von „de[m] oder jene[m], dem später [s]eine Aufzeichnungen in die Hände geraten“ (404), übernommen werden kann. Das heißt, es kann von jedweder Jederfrau und von jedwedem Jedermann in der jeweiligen Raum- und Zeitverortung auf die je eigene Weise hinterfragt und gehandhabt werden. Folglich erfassen seine Verallgemeinerungen die Sinnhypothesen einzig als Problembegriffe (Luhmann 1991, 33), woraus ihr je verschiedener Informations- und Anschlusswert resultiert. Anders gesagt, haben die Leser zu „entscheiden [...], ob ihr Auge ihnen die Dinge zeigt, wie sie sind, oder ob es nicht etwas zu ihnen hinzutut, was nicht ihnen, sondern dem Auge gehört“, um es mit den aufgewühlten Worten zu sagen, mit denen der Wahrheitssucher Heinrich von Kleist (1978, 200) auf die Lektüre von Kant, besser: auf seine „kopernikanische Wende“, antwortete. Dem Leser als Unikum stehen die ,operativen Schließungen' der immer vorläufigen Beobachtung des Romans zu, wobei sie dazu bestimmt sind, sich in der Zeit mit ihm zu wandeln.

Die Bande, dessen „Korn" (558) den Tod des Widersachers überlebt, zeugen von dem Versuch des jungen Juden, der starren Selbstfestlegung zu entgehen und offen zu bleiben für „Gegebenes (Erfahrenes, Erwartetes, Gedachtes, Phantasiertes) im Hinblick auf mögliches Anderssein" (Luhmann 1991, 152). Seine sinnlich-körperlichen Wahrnehmungen und Reflexionen gehören dem Subjekt und weisen auf ihn zurück. Subjektivistisch ist diese Perspektive indes nicht, da „es überhaupt kein Erkennen und darum für uns keine Welt gibt, wo nicht einer sagt: ,Ich erkenne'" (Jung 1960, 406f.), wobei dies für das Ich wie für das Du gilt. Divergenz ist von vorherein eingeplant, selbst in der nacherzählten Episode seines Todes. Die sich schrittweise herauskristallisierende Entscheidung zugunsten des Kommunikationszusammenhangs mit dem Du – die doppelte Kontingenz, die reflexive „doppelte Perspektive" (2.463) – macht aus dem Protagonisten ein Unikum und aus diesem einen Typ, einen möglichen Repräsentanten des offenen Aleph-Systems gegenüber dem geschlossenen Beths. Sowohl als „Mann der Tat" (540) als auch als ,Mann der Reflexion' verleiht die zentrale Bezugsfigur dem Schmerz und der Trauer infolge der Shoah Ausdruck, dem zentralen Bezugsereignis des Romans.

Die Chiffre des Ich-Erzählers bleibt indes die des Unikums und seiner doppelten Kontingenz bezüglich von Mensch und sozialer Welt. Diese andere Spannung hat zur Folge, dass das Bild der dargestellten inneren und äußeren Wirklichkeit im Roman seine Deutungsmacht nicht aus der Zeitzeugenschaft des Autors bezieht, sondern aus der entschlossenen Zurückweisung künftiger tödlicher Feindschaftsverhältnisse: „Die Realität dieser Welt ist also im Kontingenzbegriff als erste und unauswechselbare Bedingung des Möglichseins vorausgesetzt" (Luhmann 1991, 152). Demnach hält der Erzähler als Gegner von B. an seiner Überzeugung fest, die Gegebenheiten seien nur eines der möglichen denkbaren Vorkommnisse und ihrer Interaktionen. Dasselbe unerschöpfliche Verknüpfungsgefüge verweist auf die Schwierigkeit, Bewusstseins- und soziale Systeme zu verändern, aber zugleich auf die Notwendigkeit ihrer Veränderung hin, vornehmlich durch das Skandalon des Leids in seiner Erdenschwere.

Der junge Jude wird im Kampf gegen B. handeln und zu den Waffen greifen; in seiner Funktion als Erzähler ist es ihm indes möglich, angesichts der „neue[n] Widersacher", die „auferstehen und in die Arena treten" (423) werden, „den Trojanischen Krieg nicht [immer wieder] von Neuem [zu beginnen]" (S. Weil), denn einer muss ja wohl damit anfangen. Als ‚Mann der Kunst' entzieht er sich maßgebend der „Totschlägerreihe", die durch den ewigen Widerspruch zwischen Mittel und Ziel in der kleinen und also in der großen Geschichte mitunter bedingt ist. Stattdessen verteidigt er die eindeutig-uneindeutige Alternative einer ‚höheren Art' ästhetischer Beobachtung, die unmittelbar den eigenen lebenszugewandten und paradoxalen „Gesetzen der Bewegung" folgt, wie sie Kafka in seinen *Tagebüchern* (2002, 892) beschrieben hat:

> Merkwürdiger, geheimnisvoller, vielleicht gefährlicher, vielleicht erlösender Trost des Schreibens: das Hinausspringen aus der Totschlägerreihe, Tat-Beobachtung. Tat-Beobachtung, indem eine höhere Art der Beobachtung geschaffen wird, eine höhere, keine schärfere, und je höher sie ist, je unerreichbarer von der „Reihe" aus, desto unabhängiger wird sie, desto mehr eigenen Gesetzen der Bewegung folgend, desto unberechenbarer, freudiger, steigender ihr Weg.

Von dieser Beobachtungsperspektive aus schließt das Gelingen des „Hinausspringen[s] aus der Totschlägerreihe" beim Schreiben alle sozialen, ethischen und politischen Sorgen des fiktiven Erzählers und seines Autors mit ein: Zu einem Faktor der gesellschaftlichen Entwicklungen kann sie gerade dadurch werden, dass sie den Leser dank ihrer „Darstellungen der Welt in der Form der Selbstblockierung des Beobachtens" (Luhmann 1997, 191) festhält. Beim Lesen geht es Keilsons Stellvertreter-Figur speziell darum, dem Empfänger seiner Aufzeichnungen die Möglichkeit zu geben, sich den „eigenen Gesetzen der Bewegung folgend" im Aushaltenkönnen der Gegensätze zu üben, namentlich derer, mit denen „man doch nicht zu Rande" (514) kommt: „Und, dachte ich weiter, solange du und ich diesen Haß, der aus einem guten und vollen Herzen kommt, das dem Leben zugetan ist, nicht gelernt haben und einen Tropfen Liebe in ihm mit hinüberretten, sind wir schlechte Widersacher auf dieser Erde und nicht wert, daß wir uns begegnen" (516), wir alle. In der Zwischenzeit, unter der Bedingung laufender reflexiver Wahrnehmung, stellt *Der Tod des Widersachers* der Feindschaft und dem Hass die eigene Freund-Feindschaft, die eigene Hass-Liebe entgegen und hält dabei gleichzeitig Ausschau nach dem Dritten in der geschichtlichen Welt des Lesers, über den markierten Zeitraum des Romans hinaus.

Zur Vertiefung

Phänomenologie

Phänomenologie, aus Metzlers Lexikon der Philosophie (https://www.spektrum.de/-lexikon/-philosophie): (griech. phainomenon: das Erscheinende). „Phänomen“ ist ein Grundbegriff der Erkenntnistheorie. Ursprünglich diente er zur Bezeichnung der Erscheinungen der Wirklichkeit, wie sie in Raum und Zeit, in ihrer Mannigfaltigkeit und Veränderlichkeit dem menschlichen Bewusstsein gegeben sind, in Abgrenzung zur eigentlichen Wirklichkeit, wie sie in den hinter diesen Erscheinungen waltenden Ideen, der eigentlichen und unveränderlichen Wesenheit, begründet liegt (Platon). Die Philosophie Kants bringt eine grundlegend veränderte Sichtweise des bewusstseinsmäßigen Bezugs zur Wirklichkeit: Die Wirklichkeit besteht in nichts anderem als der Erscheinung, dem Gegenstand der Erfahrung, wie er sich dem wahrnehmenden Bewusstsein zeigt. Aussagen über eine darüber hinaus bestehende eigentliche Wirklichkeit überschreiten demnach den Bereich des sinnvoll Aussagbaren. – Für das 20. Jh. verbindet sich der Begriff der Ph. mit der Philosophie E. Husserls. Ausgangspunkt seiner Philosophie ist die Annahme der Korrelation von Bewusstsein und Welt. Der grundlegende Begriff der Intentionalität des Bewusstseins zeigt an, dass Bewusstsein immer Bewusstsein von etwas ist. So ist alles raum-zeitliche Sein der Wirklichkeit nur insofern, als es auf ein erfahrendes, wahrnehmendes, denkendes, sich erinnerndes Bewusstsein bezogen ist. Die Welt ist das Korrelat von Bewusstseinsleistungen. Die Sinnstiftungen des Bewusstseins ermöglichen erst das Verstehen der Welt [...] Aufgabe der Ph. ist es, die allgemeinen Strukturen jener Bewusstseinsleistungen namhaft zu machen, die die Konstitution einer möglichen Welt begründen. [...] Husserl unterscheidet zwischen einer statischen und einer genetischen Ph.: Die statische folgt in ihren Analysen den regionalen Gliederungen der Welt, die genetische zeigt den zeitlichen Verlauf der Selbst- und Weltkonstitution der transzendentalen Subjektivität auf. [...] Merleau-Ponty wendet sich gegen die intellektualistisch-kartesische Form der phänomenologischen Reduktion, in der die Welt als Korrelat transzendental-subjektiver Vollzüge betrachtet wird. Für ihn bedeutet die phänomenologische Reduktion, dass der Leib als Bedingung der Möglichkeit aller Wahrnehmung als notwendige Grundlage unseres Zur-Welt-Seins bestimmt wird.

Elias Canetti: Leserbild-Variation

Aus *Die Blendung* (1980, 41): „Richtig, er hatte ihr ein Buch versprochen. Für sie kam bloß ein Roman in Betracht. Nur wird von Romanen kein Geist fett. Den Genuß, den sie vielleicht bereiten, überzahlt man sehr. Sie zersetzen den besten Charakter. Man lernt sich in allerlei Menschen einfühlen. Am vielen Hin und Her gewinnt man Geschmack. Man löst sich in die Figuren auf, die einem gefallen. Jeder Standpunkt wird begreiflich. Willig überlässt man sich fremden Zielen und verliert für länger die eigenen aus dem Auge. Romane sind Keile, die ein schreibender Schauspieler in die geschlossene Person seiner Leser treibt. Je besser er Keil und Widerstand berechnet, umso gespaltener läßt er die Person zurück. Romane müßten von Staats wegen verboten sein." – So der Protest von Canettis Antihelden, dem größten lebenden Sinologen und Büchersammler, gegen seine romanlesende Frau.

Franz Kafka: Variation zum entscheidenden Augenblick

1917 erläuterte Kafka: „Der entscheidende Augenblick der menschlichen Entwicklung ist, wenn wir unsern Zeitbegriff fallen lassen immerwährend" (Nachgelassene Schriften 2, 34). Seiner Verlobten Felice Bauer teilte er schon zur Zeit der *Verwandlung* mit, dass die „innere Wahrheit" eines jeden Werks „sich niemals allgemein feststellen läßt, sondern immer wieder von jedem Leser oder Hörer von neuem zugegeben oder geleugnet werden muß" (Briefe 1, 299). 1922 schrieb er hinsichtlich seiner Lebenserfahrung: „Standfestigkeit. Ich will mich nicht auf bestimmte Weise entwickeln, ich will auf einen andern Platz, das ist in Wahrheit jenes ‚Nach-einem-andern-Stern-Wollen', es würde mir genügen, knapp neben mir zu stehn, es würde mir genügen, den Platz, auf dem ich stehe, als einen andern erfassen zu können." (Tagebücher, 889) Die drei Stellen umreißen den erfüllten Zeitpunkt in Leben und Kunst, der aus der Spannung von Ewigkeit und Augenblick, Alles und Nichts heraus lebt. Diese kurze Spanne ermöglicht, das Unmögliche zu versuchen bzw. auch nur „den Platz, auf dem [er] steh[t], als einen andern zu erfassen", wodurch er Entscheidendes auslöst.

Kafka scheint diesen Moment, den seine Wortbilder dem Zeitfluss entziehen, zum einen in räumliche Vorgaben zu übersetzen: zum Beispiel in der Ausdehnung des Raums, die unmerklich vonstattengeht, wie in seiner Erzählung *Das nächste Dorf*, das nie erreicht werden kann; ähnlich in *Eine kaiserliche Botschaft*, in der der Bote nicht über „die Gemächer des innersten Palastes“ hinauskommt; zugespitzt in *Vor dem Gesetz*, vor dessen Tür der Mann vom Lande sein ganzes Leben zubringt; ferner in der zuletzt zitierten Parallelstelle, wo das „knapp neben mir zu stehen“ auf das „Nach-einem-andern-Stern-Wollen“ zurückweist, das Bleiben aber, aus der Distanz des eigenen Bewusstseins, weiterführende Gesellschafts- und Umwelt-Reflexion in Gang setzt. Andere Male, beispielsweise im *Prozess*, setzt Kafka auf die Erweiterung der räumlichen Dimension mittels Häufung, konkret auf das vervielfachte Mitwirken von räumlichen Elementen wie Türen, Fenstern, Korridoren, Dachböden und Kellerräumen, aber auch von Figuren und Gegenständen, etwa die zwei Bälle, die den älteren Junggesellen Blumenfeld in der gleichnamigen Erzählung verfolgen. Die ästhetische Funktion dieses raum-zeitlichen Kontinuums besteht in jedem Fall in der Fokussierung des Zeitlichen auf einzelne räumliche Momente, die dazu bestimmt sind, den Leser im labyrinthischen Sprachraum zurückzuhalten und ihn sich selbst gegenüberzustellen. In diesem Sinne entwirft Kafkas Erzählwerk keine Nicht-Orte (Augé 1994), in denen Individuen ihre Spezifik verlieren bzw. wechselseitig austauschbar werden, sondern bietet entscheidende Orte der Welt, die jeder Leser auf seine Weise ausgehend von den eigenen Vorstellungen neu erfinden kann.

Literaturhinweise

Zum Zitat aus Lévinas vgl. *Die Spur des Anderen* (1983, 156).

Zum „schwarzen Kunstwerk" vgl. Bohrer (2002 u. 2004), Alt (2010), Menninghaus u. a. (2017).

Zum *embodiment* und zur primären körperlichen Dimension Belting (2001); zur Funktion der Empfindungen insb. Anz (2008), Schiewer (2014); vgl. auch Fónagys (1983) Recherchen zum Phonosymbolismus und die von Rizzolatti u. Sinigaglia (2008) zu den Spiegelneuronen, den Interaktionen des Körpers und dessen Bewegungszentren, wonach unsere Empfindungsfähigkeit uns ermöglicht, die Gefühle und Empfindungen anderer Menschen nachzuvollziehen. In Luhmann (1997, 28) ist nachzulesen: „[D]er eigene Körper muß mitwahrgenommen werden, wenn das Bewußtsein in der Lage sein soll, Selbstreferenz und Fremdreferenz zu unterscheiden." Vgl. auch die neuen interdisziplinären Forschungen zur *4E cognition* (embodied, embedded, enactive, extended) und dazu (Newen u.a., 2020).

Lyotard (1971) behauptet, dass ästhetische Bilder nicht dazu beitragen, das Fehlen einer Einheit zu überbrücken, sondern diesem Fehlen Ausdruck verleihen.

Zu den psychologischen Axiomen der zwischenmenschlichen Kommunikationsabläufe vgl. Watzlawick, Beavin u. Jackson (2011).

Die Auffassung Werner Bests (vgl. Herbert 1996) – Heydrichs Stellvertreter als Leiter des Hauptamtes Sicherheitspolizei, dem der Begriff des „seriösen Antisemitismus" zu schulden ist –, man müsse den Gegner vernichten, ohne ihn zu hassen, entspräche demnach einer Form radikaler Spaltung, zumal sich ohne Zugang zum eigenen Hass die Vernichtung des Fremden umso reibungsloser ausführen lässt.

Notizen zur Tradition des Übungsbuches

Erst im Nachhinein ist mir bewusst geworden, dass die Streifzüge durch Keilsons *Der Tod des Widersachers* – die von Anbeginn als Trainingsbuch anlegt waren, doch beim Schreiben auch eigene Wege gegangen sind – einer Tradition angehören, zu der ich also eine nachträgliche Vertiefung liefere. Praktiken der Erziehung, der Gesittung und der Sozialisierung begleiten von alters her die Menschheitsgeschichte. Zu einer spezifischen Tradition hat vor allem der französische Philosoph und Historiker Pierre Hadot recherchiert und dabei die Vorstellung der Exerzitien in Stoiker, Epikureer, Platoniker, in Ignatius von Loyola, Montaigne, Goethe und Autoren der Moderne zur Sprache gebracht. Über den Meditationsdiskurs bzw. den philosophischen Dialog wurde die Liebe zur Weisheit gepflegt, sei es durch die Beweisführung und die Kraft der Evidenz, durch die Form der Befragung und Untersuchung und endlich durch „freiwillige und persönliche Praktiken, die eine Transformation des Ich bewirken sollen“ (Hadot 1999, 209). Was den Philosophen besonders interessierte, ist nach Hadot (ebd., 313) „die Antwort auf die Frage: ‚Wie leben?‘ –, und dem, was er durch Nachdenken herauszufinden und aufzuklären versucht“. Folgerichtig beabsichtigt diese Art Übungsbuch nicht „zu ‚informieren‘“, sondern den Individuen „die Erfordernisse der Vernunft und schließlich die Norm des Guten erfahrbar zu machen“ (ebd., 94).

In der Perspektive der Literatur wäre an die seit der Antike prägenden Ansätze zu erinnern, an Platons Verdikt gegen die Kunst und ihrer Macht über die Seele in *Der Staat* (III 398a u. X 607a-c) oder an Aristoteles' *Poetik* (6.2) und den Begriff der Katharsis, die Reinigung oder Läuterung der Affekte durch Furcht und Mitleid; in neuerer Zeit wäre auf die Beiträge Baumgartens und Kants, die der Romantik und Nietzsches bis zu den ästhetischen Reflexionen unserer Tage zu verweisen. Ferner wäre an die Werke zu denken, welche diese Praxis umgesetzt haben, angefangen bei Loyolas *Exercitia spiritualia* (1548) bis zu negativen Thematisierungen etwa in Franz Kafkas Erzählung *Ein Bericht für eine Akademie* (1917), in der ein Affe durch Dressur zum Menschen wird und somit dessen bestürzende Verarmung erfährt, oder in Emil Ciorans paradoxe *Précis de décomposition* (1949), die ursprünglich *Exercises négatifs* heißen sollten und als Anti-Übungen konzipiert waren.

Anders als fachgerechte Forschungen wollen unsere Streifzüge durch Keilsons Roman nicht „informieren“, obgleich sie es im Wechsel von Beobachtung und Reflexion mitunter tun. Vielmehr geht es in diesem Übungsbuch um Autopoiesis, d.h. um Eigenerfahrungen und Wandlung infolge eines „selbstformenden und selbststeigernden Verhaltens“, wie es

Sloterdijk (2009, 14) bezeichnet. Übung fordert insbesondere der Versuch, der Wiederholung abträglicher individueller und sozialer Praktiken zu entgehen, deren derzeitige Borderline-Symptome sich „als Labilität des Wertbewußtseins und als Ungewißheit hinsichtlich der Belastbarkeit unserer Solidaritäten" äußern (ebd., 710). Zwar sprach schon Luhmann (1991, 488ff.) von einer „immunologischen Logik", die „nicht nur metaphorisch [...], sondern funktional [gemeint]" war, wobei Paradoxe und Widersprüche dem „Immunsystem im System" dienten. Peter Sloterdijks Annäherungen an das Thema (ebd., 173) beabsichtigen jedoch grundsätzlich, die Notwendigkeit einer „allgemeinen Immunologie" als „die legitime Nachfolgerin der Metaphysik und die reale Theorie der ‚Religionen'" (ebd., 712) herauszuarbeiten. Ihre Immundispositive, die angeborenes „Vorauswissen" reaktivieren, dienen dazu, „Verletzungserwartungen" mit entsprechenden „Schutz- und Reparaturprogrammen" zu begegnen. Effiziente Vorrichtungen ermöglichen dem Lebewesen, sich „mit seinen potentiellen Todbringern aktiv auseinander[zusetzen]" und „ihnen sein körpereigenes Vermögen zur Überwindung des Tödlichen entgegen[zustellen]" (ebd., 20). Das derzeit mehr denn je verbreitete „Ausweichen in die Betäubung" erscheint angesichts des hohen Kollisionsniveaus, der sozialen Desintegration, der blinden Überausbeutung endlicher Naturressourcen usw. gänzlich unangemessen. Die einzig mögliche Antwort wäre eine „Ökologie der Weltgesellschaft" (ebd., 709), die – ganz im Sinne Keilsons – „über sämtlichen bisherigen Unterscheidungen von Eigenem und Fremdem", „von Freund und Feind" hinauszugehen hätte (ebd., 713).

Bereits Edmund Husserl wies auf die Erfordernis einer „Vorerinnerung", die „einer Selbstgebung von Künftigen als einer für mich jetzt in der jeweiligen Gegenwart erreichbaren bzw. *idealiter* erreichbaren Wirklichkeit" (1976, 92) entspräche, hin. Luhmann (1997, 100) verband diese Fähigkeit mit der zur Beobachtung, die „durch rekursive Vernetzungen motiviert ist, und zwar teils durch vorherige Beobachtungen, also durch Gedächtnis, und teils durch Anschlußfähigkeit, das heißt durch einen Vorausblick auf das, was man damit anfangen kann oder wohin man von da aus kommen kann". Dass es sich dabei um mehr als um abstrakte Hypothesen handelt, bezeugt der Neurowissenschaftler und Bewusstseinsforscher Antonio R. Damasio (2005), der unsere Fähigkeit, Vergangenheit und Gegenwart zu vergleichen und sich dabei vorwärtsgewandt zu erinnern, um Zukunft antizipieren und vorteilhaft gestalten zu können, als eines der wichtigsten Merkmale zivilisierten menschlichen Verhaltens erachtet, das zum Erhalt der Überlebenschancen unserer Spezies notwendig sei. Die Gründe für die Wandlung seiner Lebenshaltung muss jeder für sich selbst ausmachen, doch unter neuen aufgeschlossen

„Ordnungsregeln [...] leben zu wollen würde den Entschluß bedeuten: in täglichen Übungen die guten Gewohnheiten gemeinsamen Überlebens anzunehmen" (Sloterdijk 2009, 714). In Keilsons *Tod des Widersachers*, das Werk eines mit Introspektion vertrauten Psychoanalytikers, sind diese „guten Gewohnheiten" der springende Punkt.

Unser Übungsbuch geht dem analytisch nach. Dabei entspricht die Intention, der Feindschaft Feind zu sein, die es Keilsons Roman zuschreibt, keinem bestimmten ethisch-sozialen Programm, sondern ergibt sich gleichsam aus der Betrachtung eines Kunstwerks, dem an sich keine direkte erzieherische Aufgabe zukommt. Literatur fördert nicht kognitive Erkenntnis (noeta), sondern ästhetische Wahrnehmung (aistheta), sodass ihr Formenspiel den Menschen zu ‚ästhetisieren', nicht zu anästhetisieren trachtet. Kunst lenkt die Aufmerksamkeit auf das *Wie*, womit sie jedes *Was* seinem unmittelbaren Zweck entfremdet. Insofern geht es hier um die Vermittlung dieser Art von primärer Kommunikation, und also namentlich um Ermutigung der individuellen ästhetischen Anschauung. Gegen Kants „interesselose Anschauung" wandte Nietzsche (5, 364) einerseits ein, es gäbe „nur ein perspektivisches Sehen, nur ein perspektivisches ‚Erkennen'; und je mehr Affekte wir über eine Sache zu Worte kommen lassen, je mehr Augen, verschiedene Augen wir uns für dieselbe Sache einzusetzen wissen, um so vollständiger wird unser ‚Begriff' dieser Sache, unsre ‚Objektivität'" (5, 365); andererseits sah er sich gezwungen, die Macht der Kunst über die Seele, der Platons Verdikt galt, einzuschränken: „Hätten wir selbst die Kunst, – wo haben wir den Einfluss, i r g e n d e i n e n Einfluss der Kunst?" (2, 174) Um die individuelle Entscheidung, sich diesem ‚Einfluss' auszusetzen, geht es in unserem Übungsbuch.

Gemeinhin geht die auf schnellen und leichten Gebrauch bedachte Konsumliteratur dieses Risiko der friedfertigen Konfliktvermittlung, angefangen bei sich selbst, nicht ein: Sie stellt weder uns noch unser Weltbild infrage und mitunter bestätigt sie sogar unsere Vorurteile. Indes, als eminentes literarisches Werk, das aufgeschlagen vor dem Leser liegt, encouragiert *Der Tod des Widersachers* die Imagination und die Leiblichkeit, das wahrnehmende Sehen, Hören, Riechen, Tasten und Schmecken, die, wie wir heute wissen, auch durch Sprache aktiviert werden können (Rizzolati, Sinigaglia 2008). Es regt dazu an, sich emotional einzulassen. Als Wahrnehmungsfeld tendiert das Erzählwerk unsere alltäglichen Erfahrungen, die Subjektivität und die Empfindungen zu befremden, hauptsächlich durch die imaginierte Identifikation mit den Figuren, ihren Überlegungen und Taten. Form, Stil, Anlage, Figurenensemble und das Netzwerk der Entsprechungen entwickeln dabei bestimmte Arten des Zugänglichwerdens, die phänomenologisch der inneren Bewegung des wahrnehmenden Lesers anvertraut sind (Geninasca 1997, Brumer 1997). Das erklärt mitunter, weshalb Bachelard (1961, 135) darauf bestand, dass sich der imaginierte und erfahrene Gegenstand „von einer rêverie zur nächsten" ändere, da es sich mit dem Leser erneuere. Auch Bion (1963) sprach von „Reverie" (der Mütter in ihrer „Containments"-Funktion), welche die in roher Form geäußerten Gefühle einer eindringlichen Erfahrung zuführt, die tendenziell zum „Lernen aus Erfahrung" befähigt.

Dass diese Prägung auf die ihr eigene andersgeartete Weise für alle große Literatur gilt, soll mit einer kurzen Abschweifung zu Kafkas Parabel „Vor dem Gesetz" in *Der Prozess* angedeutet werden. Anders als der Schüler in Goethes *Faust* (1962, 64), für den man das, „was man schwarz auf weiß besitzt, [...] getrost nach Hause tragen" kann, gestaltet der Geistliche geradezu beispielgebend die Durchdringung von Schreiben, Lesen und Welt, die zum „Mühlrad im Kopf" (ebd., 63) wird. Zunächst ermutigt die Gestalt den Protagonisten Josef K. zum Selbstdenken: „Die Schrift ist unveränderlich und die Meinungen sind oft nur ein Ausdruck der Verzweiflung darüber." (298) Die Verzweiflung entspräche dem Ringen, dem ‚Gesetz' im eigenen Innern auf die Spur zu kommen, indem man einmalige ‚Schrift' und neue *eigentümliche* ‚Meinung' zusammen ‚bearbeitet', etwa als „Liberalisierung des Urteils bei festgehaltenem Dingbezug" (Luhmann 1997, 124). Die Schrift, das konventionelle Lautbild, das Bezeichnende (Saussures *signifiant*), die Teile und ihre Summe verändern sich dabei nicht; und doch legt die Schrift dem Leser die Mühe auf und hoffentlich die Lust, den eigenen stets wandelnden Zugang zum Bezeichneten (*signifié*), den unerschöpflichen, widerspruchsvollen ästhetischen Vorstellungsbildern in ihrer „ineinander verflochtenen Beziehungsganzheit" (Lausberg 1963, 33) aufzufinden: „Du mußt nicht zuviel auf Meinungen achten", lautet die Ermunterung des Geistlichen für die Reise. Jedes einmalige Werk wartet darauf, vom Leser auf die je andere, eigene einmalige Art wahrgenommen zu werden. Keine vorgefasste Meinung ist die einzig ‚richtige', indes die Schrift dazu animiert, eine hinterfragbare, sich mit der Zeit wandelnde Leseart auszumachen, in der sich jeweils alle Erfahrungen sammeln. Offenkundig gilt für türenöffnende Werke: „Hier konnte niemand sonst Einlaß erhalten, denn dieser Eingang war nur für dich bestimmt." (294–295)

Die theoretische Erklärung der Lektüreerfahrung als wahrnehmend-selbstreflexive Beobachtung wäre hier folgende. Gerade weil ein Kunstwerk keine „denaturierte Wirklichkeit" präsentiert, welche die Erfahrung in „Begriffe" wie in einen „Prunksarg" (356) zwängt, vermag es den Widerstand gegen die Wiederkunft des Verdrängten abzuschwächen. Gegen sein eigenes ‚besseres Wissen' verhilft es dem Leser zur Aufdeckung ‚ungewöhnlicher' Zusammenhänge, gerade hinsichtlich der ins Unbewusste abgerückten Selbst-Reste. Dieser Selbstfindungsprozess wird einzig durch die kunstgerechte Form ausgelöst, die keine andere unmittelbare Sinnbestimmung hat, als die, die Aufmerksamkeit auf sich selbst zu lenken. Gewöhnlich mobilisieren unsere „anstößigen und unakzeptablen Eigenschaften, die verdrängten Bilder und Gedanken, die verleugneten Triebe, die unterentwickelten Funktionen und im Allgemeinen alle Aspekte der Psyche, die nicht bewusst erlebt und auf den anderen übertragen werden" (Trevi, Romano 1990, 35), unser robustes strapazierbares Abwehrsystem. Ein ‚prälogischer', wahrnehmungsaktiv beobachtender und zugleich entspannter passiv-selbstvergessener Leseakt, der in unserer privaten ‚Dunkelkammer', in *A Room of One's Own* (V. Woolf) stattfindet, löst jedoch keinen Alarm aus und ‚fährt' eher unsere Widerstände und Vorurteile ‚herunter', gegenüber dem Eigenen und also dem Fremden. Diese interne ‚Wahrheitskomission' – in der sich nicht Opfer und Täter begegnen, sondern die gleichsam „das Ganze der Ichpersönlichkeit herausfordert" (Jung, GW 9.2, 17) – macht zunächst unbewusste Prozesse der Selbstregulierung möglich.

Während die Abwehrmechanismen des Ich also mehr oder weniger nachlassen, werden Übertragungsmechanismen angeregt, vor allem in der Phase der Lektüre. Auf diesem Wege kann ein dichter ästhetischer Text, welcher die Aufmerksamkeit durch die Formambiguität und die Dichte des Sprachgeflechts auf sich selbst lenkt, eine ‚natürliche' und potentiell „vollkommene Voraussetzungslosigkeit des Bewusstseins" erzeugen (Jung, GW 11, 593f.). Unter der Bedingung ausreichender Aufgeschlossenheit kann insbesondere in Keilsons Roman die Durchdringung der Gegensätze, die Feindschaft und Hass schüren, im Akt der Lektüre erfolgen, als handle es sich um einen körperlich-sinnlichen naturgegebenen Faktor. In der Folge, auch in der nachträglichen Auseinandersetzung mit dem Werk (Sanna 2017, 253–288), vermittelt die reflexive Wahrnehmung unseren Ängsten, Zweifeln und Unsicherheiten einen Zugang zum Bewusstsein, um dergestalt durch Form- und Sinnentscheidungen unser Ich- und Weltverständnis zu erweitern.

Trost versprechen eminente literarische Werke indes nicht. Sie erlauben vielmehr zu erfahren, dass der Weg durch die Welt, die innere und äußere, schwieriger zu finden ist als der, der sie übersteigt (W. Stevens). *Der Tod des Widersachers* hält für den aufmerksamen Leser genügend Übungsmaterial bereit. Die offene Frage, *was* und vor allem *wie* wir lesen – das Buch, uns selbst, den anderen, die Gesellschaft, die Umwelt –, ist der Entscheidung eines jeden anheimgestellt. Vom „Explosivstoff Selbstreferenz" ist jedenfalls bei Luhmann (1991, 656) nachzulesen, weshalb auch umgekehrt gilt, dass große Literatur ein Gradmesser unserer inneren und äußeren Versteifung bzw. unserer Aufgeschlossenheit ist.

Zur Autorin

Meine Berliner Kindheit verdanke ich dem Zufall. Das Studium in Pisa und der Beruf, in dem ich als Ordentliche Professorin für deutsche Literatur und zeitweilig als Präsidentin der Italienischen Vereinigung der Hochschulgermanisten wirkte, und vor allem die Reflexion zur deutschen Literatur – von welcher die Publikationen zu Lessing, Büchner, Kleist, Döblin, Kafka und zeitgenössischen Autoren zeugen – ermöglichten es mir ununterbrochen, die Nähe zur deutschen Kultur und Geschichte zu pflegen. Gleichwohl erlaubten das persönliche Interesse an der Psychologie und die doppelte Zugehörigkeit jeden Identitätsdiskurs aus einer kritischen Distanz heraus zu betrachten bzw. jene Nähe in der Distanz zu kultivieren, der auch dieses Buch verpflichtet ist.

Zeittafel

Hans Keilson wurde am 12. Dezember 1909 in Bad Freienwalde an der Oder geboren. Seine Eltern, Max und Else Keilson, deren drittes Kind er war, gehörten dem liberalen jüdischen Bürgertum an und waren Inhaber eines Textilwarengeschäfts. Der Vater, Frontkämpfer im Ersten Weltkrieg, wurde mit dem Eisernen Kreuz ausgezeichnet.

1925–1926 wurde Keilson im Gymnasium von seinen Mitschülern aufgrund eines Schulaufsatzes zu Heinrich Heines *Die Weber* ausgegrenzt. In den zwei Jahren bis zum Schulabgang sprach keiner von ihnen mehr mit dem „Nestbeschmutzer".

Als Siebzehnjähriger errang Keilson den dritten Preis des Börsenvereins des deutschen Buchhandels mit einem Aufsatz zum Thema „Kannst du ein Buch empfehlen?", in dem er Hermann Hesses *Demian* besprach. Mit dem Preisgeld von dreißig Reichsmark erwarb er Stefan Zweigs *Novellen*, Karl Plättners *Eros im Zuchthaus* und die Taschenausgabe der *Vorlesungen* von Sigmund Freud, in denen zu lesen war, „dass man mit seinen eigenen Problemen, mit dem, was man nicht akzeptieren kann, ins Reine kommen muss und sie nicht auf andere projizieren darf", so Keilson als Hundertjähriger in *All das Schöne, nicht den Abgrund* (L 151).

Von 1928 bis 1934 studierte er Medizin in Berlin dank der finanziellen Unterstützung eines Onkels, dessen Praxis er in Hamburg übernehmen sollte. Gleichzeitig erwarb er an der Preußischen Hochschule für Leibesübungen in Spandau das Turn-, Sport- und Schwimmlehrer-Diplom. Seinen Lebensunterhalt verdiente er sich u.a. als Musiker, indem er Trompete und Geige in einer Jazz-Band spielte, die in Cafés und Varietés auftrat.

1932 übersiedelte seine Familie nach Berlin.

1933 erschien bei Samuel Fischer Keilsons erster Roman, *Das Leben geht weiter*, das letzte Debüt eines jüdischen Autors. Sein Lektor Oskar Loerke beschwor ihn, Deutschland möglichst bald zu verlassen.

Am 10. November 1933 sah er Hitler, der in die Berliner Siemenswerke fuhr, erstmals aus der Nähe: Keilson kam aus dem Hygieneinstitut der Friedrich-Wilhelms-Universität, überquerte Unter den Linden und bog in die Wilhelmstraße ein, wo eine große Menge auf Hitler wartete, um ihn zu bejubeln. Während dieser Begegnung hört er den Führer ausrufen: „Die Kinder, die Kinder".

1934 legte er das Staatsexamen ab, doch als Jude war ihm die Ausübung des Arztberufs untersagt. Er arbeitete als Erzieher und Sportlehrer an verschiedenen jüdischen Schulen, so im Waisenhaus Weißensee, an der Theodor-Herzl-Schule und im Landschulheim Caputh, das in der zwischen 1929 und 1932 von Einstein bewohnten Villa untergebracht war. Er publizierte Gedichte und Essays u.a. in *Der Morgen. Monatsschrift der Juden in Deutschland.* Das Publikationsverbot folgte dem Arztpraxisverbot.

1936 emigrierte er auf Drängen seiner künftigen Frau, Gertrud Manz, nach Holland. Bald folgte sie ihm nach. Als sie zum ersten Mal Hitlers Handschrift sah, legte die Graphologin und Max-Pulver-Schülerin klar: „Der zündet die Welt an!" Einer liberal-katholischen Familie entstammend, war sie „empört über Papst Pius XII., für den offensichtlich Stalin wichtiger war als Hitler", so Keilson 2010 in *Eine koschere Antwort.*

In den Niederlanden wohnte Keilson zunächst in Amsterdam, ab September 1936 in Narden bei Bussum. Da sein Abschluss nicht anerkannt werden konnte, nahm er erneut das Studium auf, doch eröffnete er zwischenzeitlich eine pädagogische Beratungspraxis für Kinder und nahm Kontakt mit Institutionen wie der *Pro Juventute*, mit Eltern und Schulleitungen auf. Seine ältere Schwester Hildegard Keilson-Robinsohn (1907–1996), später erfolgreiche Anwältin in Wiedergutmachungsprozessen, emigrierte nach Palästina, während seine Eltern allein in Berlin zurückblieben.

1938–1939 veröffentlichte er unter dem Pseudonym Alexander Kailand deutschsprachige Gedichte in der liberal-katholischen Zeitschrift *De Gemeenschap*, darunter das 1937–1939 entstandene *Bildnis eines Feindes.* Unter dem Namen Benjamin Cooper gab er mit dem Emigranten Gert Klaas einige Anthologien in Niederländisch heraus.

Nach der Progromnacht vom 9. auf den 10. November 1938 erhielt er dank seiner Publikation vom niederländischen Justizministerium ein Einreisevisum für seine Eltern, die sich 1939 in seiner Nähe niederließen. Sie teilten seine Trauer um den frühen Tod ihres ersten Enkels Tom und die Freude über die Geburt seiner Tochter Barbara.

1940 überfiel die Wehrmacht die Niederlande. Keilson tauchte zunächst im Haus von Henk Fontein, dem Direktor der „Rekken'schen Inrichtungen" in Bussum, unter. In seiner täglichen Arbeit mit verwahrlosten Jugendlichen, Kindern und Erwachsenen erwarb er tiefe psychologische Kenntnisse.

1941 kam Barbara zur Welt, die seine Frau als die Tochter eines deutschen Soldaten ausgab. Keilsons Schwester erhielt das Visum für die Einreise der Eltern nach Palästina. Im April 1943 wurden diese jedoch mit einem Auto abgeholt, auch weil der Reichskommissar Arthur Seyss-Inquart, der nach dem Krieg in Nürnberg zum Tode verurteilt wurde, skrupellos und geschickt vorging, um das Land „judenrein" zu machen. Die Eltern wurden im Transitlager Westerbork inhaftiert. Im November desselben Jahres fanden sie in Auschwitz-Birkenau den Tod. Der Sohn wird erst nach dem Krieg davon erfahren. Es waren die Jahre, in denen er seinen Roman *Der Tod des Widersachers* entwarf und die ersten vierzig Seiten schrieb.

1943–1944 lebte er in Delft, Wallerstraat 3, versteckt im Haus von Suus und Leo Rientsma, dem Direktor des Forschungslabors eines großen Chemiewerkes, deren Töchter er betreute. Er besaß einen falschen Pass auf den Namen des im holländischen Indien geborenen Dr. Johannes Gerrit van der Linden. In der Widerstandsgruppe *Vrije Groepen Amsterdam*, für die Leo falsche Pässe produzierte, wurde Keilson vor allem als Arzt und Vermittler eingesetzt. Er bemühte sich, untergetauchten Juden, vorwiegend Kindern und Jugendlichen, in Stresssituation pädagogisch-psychiatrische Hilfe zu bieten und die Spannungen und Konflikte mit den Pflegefamilien zu mildern. Es gelang ihm zum Beispiel, einen sechzehnjährigen jüdischen Jungen, der antisemitische Reden hielt und alle anzuzeigen drohte, in ein Sanatorium einzuliefern und ihm so das Leben zu retten.

Zwischen März und Oktober 1944 registrierte er in Delft in seinem Tagebuch seine Unentschiedenheit zwischen zwei Berufen, dem des Arztes und dem des Schriftstellers, aber auch zwischen zwei Frauen: Gertrud und der jungen Jüdin Hanna Sanders, der er sechsundvierzig Sonette widmete und die seine Erzählung *Komödie in Moll* ins Holländische übersetzte.

Im Dezember 1944 kehrte er nach Hause zurück: Er hatte sich entschieden, an Gertruds Seite zu leben; sie heirateten gleich nach dem Krieg. Seine kleine Tochter, die ihn seit Jahren nicht gesehen hatte, erkannte ihn nicht wieder und fragte nach dem Vater von früher, dessen Bild sie sich bewahrt hatte. Im Mai 1945 konnten sie zum ersten Mal auf die Straße gehen, um gemeinsam den Sieg zu feiern. Die Nachbarn wussten, wer sie waren, doch keiner hatte sie denunziert.

1945 war Keilson Mitbegründer der Kriegswaisenorganisation *Le Ezrat HaJeled* (Zum Wohl des Kindes), die sich im Laufe der Jahre der Pflege von mehr als zweitausendzweihundertvierzig jüdischen Waisenkindern widmete. Bis 1970 leitete er die psychosoziale Abteilung der Organisation. Er glaubte nicht nur *eine* Arbeit, sondern *seine* Arbeit gefunden zu haben.

1947 veröffentlichte der Querido Verlag Amsterdam seine *Komödie in Moll.* Im gleichen Jahr holte er das niederländische Staatsexamen nach, 1951 folgte die Ausbildung als Psychiater und Psychoanalytiker. Als Therapeut arbeitete Keilson in der *Child guidance clinic Prinsengracht*, die den Lehren Anna Freuds folgte. Die Direktorin E.C. Frijling-Schreuder unterstützte seine erste wissenschaftliche Studie, *Sexuelle Aufklärung als Trauma*.

1959 erschien *Der Tod des Widersachers* im Verlag Westermann, Braunschweig; 1961 folgte die Londoner Ausgabe und 1962 die in New York. Im Jahr 1963 zählte das *Time Magazine* den Roman zu den zehn wichtigsten *Fiction Books* des Jahres, neben Werken von Faulkner, Nabokov, Borges u.a.

Von 1967 bis 1975 wirkte Keilson als Wissenschaftlicher Mitarbeiter in der Abteilung für Kinderpsychiatrie der Universität Amsterdam.

1968 wurde seine Erzählung *Dissonanzen-Quartett* in der von Peter Härtling bei Fischer herausgegebenen Anthologie *Die Väter* veröffentlicht.

1969 starb seine Frau Gertrud Manz, die auf dem jüdischen Friedhof von Hoofdorp, zwischen Amsterdam und Haarlem, beigesetzt wurde.

1970 heiratete Keilson die Literaturwissenschaftlerin Marita Keilson-Lauritz.

Die Tochter Bloeme wurde 1974 geboren.

Im Alter von 70 Jahren promovierte Keilson mit einer Studie, deren Material er in den Nachkriegsjahren gesammelt und an der er elf Jahre lang gearbeitet hatte. Esra – ein zwölfjähriger Junge, der in Bergen-Belsen seine Eltern und vier Geschwister verloren hatte und von dort zurückgekehrt war – war der erste der von Keilson betreuten Waisen, der ihn zwang, eine neue Bildersprache zu lernen, da alle Worte „inhaltslos, leer, fremd, falsch" klangen, so Keilson, um den Erfahrungen des Jungen im Lager Ausdruck zu geben. Dem Band stellte er den Satz voran: „An Stelle eines Kaddisch." Die Studie wurde 1979 vom Psychosozial-Verlag Gießen mit dem Titel *Sequentielle Traumatisierung bei Kindern. Deskriptiv-klinische und quantifizierend-statistische follow-up Untersuchung zum Schicksal der jüdischen Kriegswaisen in den Niederlanden* publiziert. Den statistischen Teil erarbeitete er in Zusammenarbeit mit dem befreundeten Mathematiker Herman R. Sarphatie. Keilson entwickelt darin ein neues Verständnis des Traumas als Abfolge dreier unterschiedlicher Sequenzen, die Resultat eines andauernden individuellen, politischen und sozialen Prozesses sind, der auch die nachfolgenden Generationen erfassen kann. Die Studie fand nicht nur in der internationalen Fachwelt Anerkennung, sondern die Phasen wurden auch von der Jurisprudenz rezipiert. Keilsons an den Katastrophen des 20. Jahrhunderts geschulte Theorie unterstützte auch Helfer in Chile, Angola und Mozambique bei ihren Anstrengungen, das Leid von Kindern zu lindern.

Von 1985 bis 1988 war Keilson Präsident des PEN-Zentrums deutschsprachiger Autoren im Ausland.

1986 erschien *Sprachwurzellos. Gedichte* in der von Gideon Schüler besorgten Edition in der J. Ricker'schen Universitätsbuchhandlung, Edition Literarischer Salon, Gießen.

1991 erhielt er das Bundesverdienstkreuz 1. Klasse.

1992 folgte die Ehrendoktorwürde der Universität Bremen.

1995 wurde er zum Ehrenbürger von Bad Freienwalde ernannt.

1996 wurde Keilson zum Gastprofessor auf den Franz-Rosenzweig-Lehrstuhl der Universität Kassel berufen.

1998 wurde *Wohin die Sprache nicht reicht. Vorträge und Essays aus den Jahren 1936–1997* mit einem Nachwort von Wolfdietrich Schmied-Kowarzik in der J. Ricker'schen Universitätsbuchhandlung, Edition Literarischer Salon, Gießen herausgegeben.

1999 wurde er als korrespondierendes Mitglied in die Deutsche Akademie für Sprache und Dichtung aufgenommen und erhielt den Elise M. Haymann-Preis der *International Psychoanalytical Association*.

2003 erschien sein Buch *Sieben Sterne. Reden, Gedichte und eine Geschichte*, Nachwort von Gerhard Kurz, in der J. Ricker'schen Universitätsbuchhandlung, Edition Literarischer Salon, Gießen.

2005 publizierten Heinrich Detering und Gerhard Kurz die *Werke in zwei Bänden* für den S. Fischer-Verlag, Frankfurt a.M. Keilson wurde mit dem Johann-Heinrich-Merck-Preis für literarische Kritik und Essay der Deutschen Akademie für Sprache und Dichtung ausgezeichnet.

2006 wurde er Ehrenmitglied des PEN-Zentrums deutschsprachiger Autoren im Ausland.

2007 folgte die Medaille des Moses-Mendelssohn-Zentrums Potsdam.

2008 erhielt er in Berlin den Literaturpreis der Tageszeitung *Die Welt*.

2009 feierte er in Bussum seinen hundertsten Geburtstag. Er wurde zum *Officier in de Orde van Oranje-Nassau* ernannt.

2010 wurden *The Death of the Adversary* und *Comedy in a Minor Key* in den USA in der Presse als Meisterwerke gefeiert. Es folgten Interviews und Ausgaben in vielen Sprachen.

2011 besorgte Heinrich Detering die autobiografischen Prosabände *Da steht mein Haus* und *Kein Plädoyer für eine Luftschaukel. Essays, Reden, Gespräche* für den S. Fischer-Verlag, Frankfurt a.M.

Am 31. Mai 2011 starb Hans Keilson in Hilversum im Alter von hundertundein Jahren.

2014 wurde sein *Tagebuch 1944* von Marita Keilson-Lauritz im S. Fischer-Verlag, Frankfurt a.M., publiziert.

Bibliografie der angeführten Werke

Siglen: Die Werke von Adorno, Bloch, Freud und Jung werden mit dem Kürzel GW, Band und Seitenzahl zitiert.

Adler, H.G., *Theresienstadt 1941 bis 1945. Das Antlitz einer Zwangsgemeinschaft*. Tübingen: Mohr 1955.

Adler, H.G., *Der verwaltete Mensch. Studien zur Deportation der Juden aus Deutschland*. Tübingen: Mohr 1974.

Adler, H.G., *Panorama*. München, Zürich: Piper 1988.

Adler, H.G., *Die unsichtbare Wand*. Wien, Darmstadt: Zsolnay 1989.

Adler, Jeremy, „Nachwort" zu H.G. Adler, *Theresienstadt 1941–1945*, zit., S. 895–926.

Adorno, Theodor W., *Minima moralia. Reflexionen aus dem beschädigten Leben*. Frankfurt a.M.: Suhrkamp 1951.

Adorno, Theodor W., *Stichworte. Kritische Modelle 2*. Frankfurt a.M.: Suhrkamp 1969.

Adorno, Theodor W., *Negative Dialektik. Jargon der Eigentlichkeit*, in *Gesammelte Schriften*, hrsg. v. Rolf Tiedemann unter Mitwirkung v. Gretel Adorno, Susan Buck-Morss u. Klaus Schultz, Bd. 6. Frankfurt a.M.: Suhrkamp 1997.

Adorno, Theodor W., *Ästhetische Theorie*, ebd., Bd. 7.

Adorno, Theodor W., „Theorie der Halbbildung", ebd., Bd. 8, S. 93–121.

Adorno, Theodor W., „Was bedeutet: Aufarbeitung der Vergangenheit", ebd., Bd. 10.2, S. 555–572.

Adorno, Theodor W., „Meinung Wahn Gesellschaft", ebd., S. 573–594.

Adorno, Theodor W., *Studien zum autoritären Charakter*. Frankfurt a.M.: Suhrkamp 1999.

Adorno, Theodor W., *Aspekte des neuen Rechtsradikalismus. Ein Vortrag*. Frankfurt a.M.: Suhrkamp 2019.

Adorno, Theodor W. u. Walter Benjamin, *Briefwechsel 1928–1940*, hrsg. v. Henri Lonitz. Frankfurt a.M.: Suhrkamp 1994.

Agamben, Giorgio, *Homo sacer. Die souveräne Macht und das nackte Leben*. Frankfurt a.M.: Suhrkamp 2002.

Ahren, Yizhak, Stig Hornshøj-Møller u. Christoph B. Melchers (Hrsg.), *Der ewige Jude. Wie Goebbels hetzte. Untersuchungen zum nationalsozialistischen Propagandafilm*. Aachen: Alano 1990.

Alt, Peter-André, *Ästhetik des Bösen*. München: Beck 2010.

Aly, Götz, *Hitlers Volksstaat. Raub, Rassenkrieg und nationaler Sozialismus*. Frankfurt a.M.: Fischer 2005.

Aly, Götz, *Warum die Deutschen? Warum die Juden? Gleichheit, Neid und Rassenhass 1800–1933*. Frankfurt a.M.: Fischer 2011.

Amery, Carl, *Hitler als Vorläufer. Auschwitz – der Beginn des 21. Jahrhunderts?* München: Luchterhand 1998.

Améry, Jean, *Jenseits von Schuld und Sühne. Bewältigungsversuche eines Überwältigten*. München: Szczesny 1966.

Amigorena, Horatio u. Marcelo Vignar, „Zwischen Außen und Innen: die tyrannische Instanz", in *Psyche* (1979) 33, S. 610–619.

Anders, Günther, *Die Antiquiertheit des Menschen*. München: Beck 1961.

Anders, Günther, *Die atomare Drohung. Radikale Überlegungen*. München: Beck 1981.

Anders, Günther, *Besuch im Hades. Auschwitz und Breslau 1966 – Nach ‚Holocaust' 1979*. München: Beck 1997.

Antonovsky, Aaron, *Salutogenese. Zur Entmystifizierung der Gesundheit*. Tübingen: dgvt-Verlag 1997.

Anz, Thomas, „Literaturwissenschaftliche Text- und Emotionsanalyse. Beobachtungen und Vorschläge zur Gefühlsforschung", in Julia Scholl (Hrsg.), *Literatur und Ästhetik: Texte von und für Heinz Gockel*. Würzburg: Königshausen & Neumann 2008, S. 39–66.

Arendt, Hannah, *Elemente und Ursprünge totaler Herrschaft*. Frankfurt a.M.: Europäische Verlagsanstalt 1955.

Arendt, Hannah, *Von der Menschlichkeit in finsteren Zeiten. Rede über Lessing*. München: Piper 1960.

Arendt, Hannah, „Organisierte Schuld" (1946), in Dies., *Die verborgene Tradition. Acht Essays*. Frankfurt a.M.: Suhrkamp 1976, S. 32–45.

Arendt, Hannah, *Eichmann in Jerusalem. Ein Bericht von der Banalität des Bösen*. München: Piper 1986.

Arendt, Hannah, *Nach Auschwitz. Essays und Kommentare 1*, hrsg. v. Eike Geisel u. Klaus Bittermann. Berlin: Tiamat 1989.

Arendt, Hannah, *Zwischen Vergangenheit und Zukunft. Übungen im politischen Denken* I, hrsg. v. Ursula Ludz. München: Piper 1994.

Arendt, Hannah, *Ich will verstehen. Selbstauskünfte zu Leben und Werk*. München: Piper 1996.

Arendt, Hannah, *Vom Leben des Geistes. Das Denken. Das Wollen*, Bd. 1–2. München: Piper 1998.

Arendt, Hannah u. Karl Jaspers, *Briefwechsel 1926–1969*, hrsg. v. Lotte Köhler u. Hans Saner. München: Piper 2001.

Asch, Solomon E., „Effects of group pressure upon the modification and distortion of judgment", in Harold Guetzkow (Hrsg.), *Groups, leadership and men*. Pittsburgh: Carnegie Press 1951, S. 177–190.

Asch, Solomon E., „Studies of independence and conformity: I. A minority of one against a unanimous majority", in *Psychological Monographs* 70.9 (1956), S. 1–70.

Assmann, Aleida, *Das neue Unbehagen an der Erinnerungskultur. Eine Intervention*. München: Beck 2013.

Assmann, Aleida u. Jan, „Schrift, Tradition und Kultur", in Wolfgang Raible (Hrsg.), *Zwischen Festtag und Alltag. Zehn Beiträge zum Thema „Mündlichkeit und Schriftlichkeit"*. Tübingen: Narr 1988, S. 25–48.

Assmann, Jan, *Das kulturelle Gedächtnis. Schrift, Erinnerung und politische Identität in frühen Hochkulturen*. München: Beck 1992.

Assmann, Jan, „Re-Membering – Konnektives Gedächtnis und jüdisches Erinnerungsgebot", in Michael Wermke (Hrsg.), *Die Gegenwart des Holocaust – „Erinnerung" als religionspädagogische Herausforderung*. Münster: LIT-Verlag 1997, S. 23–46.

Assmann, Jan, *Moses der Ägypter. Entzifferung einer Gedächtnisspur*. München: Hanser 1998.

Augé, Marc, *Orte und Nicht-Orte. Vorüberlegungen zu einer Ethnologie der Einsamkeit*. Frankfurt a.M.: Fischer 1994.

Bachelard, Gaston, *La poétique de la rêverie*. Paris: PUF 1961.

Bartov, Omer, „Der Holocaust. Von Geschehen und Erfahrung zu Erinnerung und Darstellung", in Rosemarie Beier-de Haan (Hrsg.), *Geschichtskultur in der Zweiten Moderne*. Frankfurt a.M.: Campus 2000, S. 95–119.

Bauman, Zygmunt, *Dialektik der Ordnung. Die Moderne und der Holocaust*. Hamburg: Europäische Verlagsanstalt 1994.

Beland, Hermann, „Kollektive Trauer – Wer oder was befreit ein Kollektiv aus der Trauer?" in Franz Wellendorf u. Thomas Wesle (Hrsg.), Über die (Un)Möglichkeit zu trauern. Stuttgart: Klett-Cotta 2009, S. 243–263.

Belting, Hans, *Bild-Anthropologie. Entwürfe für eine Bildwissenschaft*. München: Fink 2001.

Benjamin, Jessica, *Der Schatten des Anderen. Intersubjektivität, Gender, Psychoanalyse*. Frankfurt a.M.: Stroemfeld 2002.

Benjamin, Walter, „Über den Begriff der Geschichte", in *Gesammelte Schriften*, hrsg. v. Rolf Tiedemann u. Hermann Schweppenhäuser, Bd. 1.2. Frankfurt a.M.: Suhrkamp 1991, S. 691–704.

Benjamin, Walter, „Kleine Geschichte der Photographie", ebd., Bd. 2.1, S. 368–385.

Benjamin, Walter, *Das Passagen-Werk*, ebd., B. 5.1.

Benjamin, Walter, „Zur Erfahrung (Fragment 59)", ebd., Bd. 6, S. 88.

Bensoussan, Georges, *Auschwitz en héritage? D'un bon usage de la mémoire*. Paris: Mille et une nuits 1998.

Beradt, Charlotte, *Das Dritte Reich des Traums*, hrsg. von Barbara Hahn. Berlin: Suhrkamp 2016.

Berek, Mathias u. Anna-Dorothea Ludewig, „Symbiose oder Holocaust – Zwischenstand einer schwelenden Debatte", in *MEDAON, Magazin für jüdisches Leben in Forschung und Bildung* 6.11(2012) S. 1–4 (http://www.medaon.de/pdf/MEDAON_11_Berek_Ludewig. pdf).

Bergson, Henri, *Zeit und Freiheit*. Meisenheim am Glan: Westkulturverlag 1949.

Berliner, Bernhard, „Einige religiöse Motive des Antisemitismus", in Ernst Simmel, *Antisemitismus*. Frankfurt a.M.: Fischer 1993, S. 101–107.

Bettauer, Maximilian Hugo, *Die Stadt ohne Juden: Ein Roman von übermorgen*. Wien: Gloriette-Verlag 1922.

Binswanger, Ludwig, *Drei Formen mißglückten Daseins. Verstiegenheit, Verschrobenheit, Manieriertheit*. Tübingen: Niemeyer 1956.

Bion, Wilfred R., „Eine Theorie des Denkens", in *Psyche – Zeitschrift für Psychoanalyse* 17.7 (1963), S. 426–435.

Bion, Wilfred R., *Lernen durch Erfahrung*. Frankfurt a.M.: Suhrkamp 1992.

Bloch, Ernst, *Erbschaft dieser Zeit*, in *Gesamtausgabe*, Bd. 4. Frankfurt a.M.: Suhrkamp 1962.

Bloch, Ernst, *Das Prinzip Hoffnung*, ebd., Bd. 5.

Bloch, Ernst, *Politische Messungen, Pestzeit, Vormärz*, ebd., Bd. 11.

Bloch, Marc, *Apologie der Geschichtswissenschaft oder Der Beruf des Historikers*, hrsg. v. Peter Schöttler. Stuttgart: Klett-Cotta 2002.

Blumenberg, Hans, *Arbeit am Mythos*. Frankfurt a.M.: Suhrkamp 1979.

Blumenberg, Hans, „Ausblick auf eine Theorie der Unbegrifflichkeit", in Ders., *Schiffbruch mit Zuschauer*. Frankfurt a.M.: Suhrkamp 1997, S. 85–106.

Bock, Gisela, *Zwangssterilisation im Nationalsozialismus: Studien zur Rassenpolitik und Geschlechterpolitik*. Münster: Monsenstein und Vannerdat 2010.

Bodemann, Y. Michal, *Gedächtnistheater. Die jüdische Gemeinschaft und ihre deutsche Erfindung*. Hamburg: Rotbuch 1996.

Boethius, Anicius M.S., *Trost der Philosophie*, hrsg. von Ernst Gegenschatz u. Olof Gigon. München: dtv 1981.

Böhm, Gotthard, „Meine patriotische Tat", in Gerhard Fuchs u. Günther A. Höfler (Hrsg.), *Hans Lebert*. Graz, Wien: Droschl 1997, S. 237–241.

Bohrer, Karl Heinz, *Ästhetik des Schreckens*. München, Wien: Hanser 1978.

Bohrer, Karl Heinz, *Ästhetische Negativität*. München: Hanser 2002.

Bohrer, Karl Heinz, *Imaginationen des Bösen. Für eine ästhetische Kategorie*. München: Hanser 2004.

Boia, Lucien, *Pour une histoire de l'imaginaire*. Paris: Les belles Lettres 1998.

Boni, Livio u. Sophie Mendelsohn, *La vie psychique du racisme*. Paris: La Découverte 2021.

Boschwitz, Ulrich Alexander, *Der Reisende*. Stuttgart: Klett-Cotta 2018.

Bourdieu, Pierre, *Die Männliche Herrschaft*. Frankfurt a.M.: Suhrkamp 2005.

Brandi, Cesare, *Celso o della Poesia*. Torino: Einaudi 1957.

Breithaupt, Fritz, *Die dunklen Seiten der Empathie*. Frankfurt a.M.: Suhrkamp 2017.

Breitman, Richard, *The Architect of Genocide: Himmler and the Final Solution*. London: Bodley Head 1991.

Broszat, Martin (Hrsg.), *Kommandant in Auschwitz. Autobiographische Aufzeichnungen des Rudolf Höß*. München: dtv 1963.

Broszat, Martin, *Die Machtergreifung. Der Aufstieg der NSDAP und die Zerstörung der Weimarer Republik*. München: dtv 1984.

Broszat, Martin, *Der Staat Hitlers. Grundlegung und Entwicklung seiner inneren Verfassung*. München: dtv 1989.

Browning, Christopher R., *Ganz normale Männer. Das Reserve-Polizeibataillon 101 und die „Endlösung" in Polen*. Reinbek bei Hamburg: Rowohlt 1996.

Brückner, Peter, *Ungehorsam als Tugend. Zivilcourage, Vorurteil, Mitläufer*. Berlin: Wagenbach 2008.

Bruhns, Wibke, *Meines Vaters Land. Geschichte einer deutschen Familie*. München: Ullstein 2005.

Brumlik, Micha, *Die Gnostiker. Der Traum von der Selbsterlösung des Menschen*. Frankfurt a.M.: Vito von Eichborn 1992.

Brumlik, Micha, „Gedenken in Deutschland", in Kristin Platt u. Mihran Dabag (Hrsg.), *Generation und Gedächtnis: Erinnerungen und kollektive Identitäten*. Opladen: Leske + Budrich 1995, S. 115–130.

Brüning, Heinrich, *Memoiren 1918–1934*. Stuttgart: DVA 1970.

Buber, Martin, *Ich und Du.* Stuttgart: Reclam 1995.

Büchner, Georg, *Sämtliche Werke, Briefe und Dokumente*, Bd. 1–2, hrsg. v. Henri Poschmann unter Mitarbeit v. Rosemarie Poschmann. Frankfurt a.M.: Deutscher Klassiker Verlag 1999.

Bundeszentrale für politische Bildung (Hrsg.), *Dossier – Geschichte und Erinnerung* (erstellt am 16.12.2020).

Burg, Avraham, *Hitler besiegen. Warum Israel sich endlich vom Holocaust lösen muss.* Frankfurt a.M., New York: Campus 2009.

Busch, Charlotte, Martin Gehrlein u. Tom David Uhlig (Hrsg.), *Schiefheilungen. Zeitgenössische Betrachtungen über Antisemitismus.* Wiesbaden: Springer 2016.

Busch, Kathrin, Iris Därmann u. Antje Kapust (Hrsg.), *Philosophie der Responsivität. Festschrift für Bernhard Waldenfels zum 70. Geburtstag.* München: Fink 2007.

Camus, Albert, *Kleine Prosa*. Reinbek bei Hamburg: Rowohlt 1995.

Canetti, Elias, *Die Blendung*. Frankfurt a.M.: Fischer 1980.

Carus, Carl Gustav, *Psyche. Zur Entwicklungsgeschichte der Seele*. Pforzheim: Flammer und Hoffmann 1846.

Casadei, Alberto, *Biologia della letteratura. Corpo, stile, storia.* Milano: Saggiatore 2018.

Cassirer, Ernst, *Der Mythus des Staates. Philosophische Grundlagen politischen Verhaltens.* Frankfurt a.M.: Fischer 1994.

Cassirer, Ernst, *Philosophie der symbolischen Formen. Dritter Teil. Phänomenologie der Erkenntnis*. Darmstadt. Wissenschaftliche Buchgesellschaft 2002.

Castoriadis, Cornelius, *Gesellschaft als imaginäre Institution. Entwurf einer politischen Philosophie.* Frankfurt a.M.: Suhrkamp 1984.

Celan, Paul, „Der Meridian. Rede anläßlich der Verleihung des Georg-Büchner-Preises, Darmstadt am 22. Oktober 1960", in *Der Meridian und andere Prosa*. Frankfurt a.M.: Suhrkamp 1988, S. 40–62.

Chakrabarty, Dipesh, *Europa als Provinz. Perspektiven postkolonialer Geschichtsschreibung*. Frankfurt a.M., New York: campus 2010.

Clarke, Steve, „Conspiracy Theories and Conspiracy Theorizing", in *Philosophy of the Social Sciences* 32.2 (2002), S. 144–147.

Claussen, Detlev, „Umgekehrte Psychoanalyse. Leo Löwenthals Beitrag zu einer analytischen Sozialpsychologie", in *Mitteilungen des Instituts für Sozialforschung* 3 (1993), S. 30–39.

Claussen, Detlev, *Grenzen der Aufklärung. Die gesellschaftliche Genese des modernen Antisemitismus*. Frankfurt a.M.: Fischer 2005.

Cohn, Willy, *Kein Recht, nirgends. Breslauer Tagebücher 1933–1941*, hrsg. v. Norbert Conrads. Köln, Weimar, Wien: Böhlau 2008.

Coplan, Amy u. Peter Goldie, *Empathy. Philosophical and Psychological Perspectives*. Oxford: Oxford University Press 2011.

Dahl, Gerhard, „Nachträglichkeit, Symbolisierung, Wiederholungszwang", in *Psyche* 64 (2010), S. 385–407.

Dahrendorf, Ralf, „Das Zerbrechen der Ligaturen und die Utopie der Weltbürgergesellschaft", in Ulrich Beck u. Elisabeth Beck-Gernsheim (Hrsg.), *Riskante Freiheiten: Individualisierung in modernen Gesellschaften.* Frankfurt a.M.: Suhrkamp 1994, S. 421–436.

Dalle Luche, Riccardo u. Luca Petrini, *Adolf Hitler: analisi di una mente criminale. Psicologia e psicopatologia del nazismo.* Milano: Mimesis 2020.

Damasio, Antonio R., *Ich fühle, also bin ich. Die Entschlüsselung des Bewusstseins.* München: List 2002.

Damasio, Antonio R., *Descartes' Irrtum. Fühlen, Denken und das menschliche Gehirn.* München: List 2004.

Damasio, Antonio R., *Der Spinoza-Effekt. Wie Gefühle unser Leben bestimmen.* München: List 2005.

Damasio, Antonio R., *Im Anfang war das Gefühl. Der biologische Ursprung menschlicher Kultur.* München. Siedler 2017.

Deleuze, Gilles u. Félix Guattari, *Anti-Ödipus: Kapitalismus und Schizophrenie I.* Frankfurt a.M.: Suhrkamp 1977.

Derrida, Jacques, „Die différance", in Ders., *Randgänge der Philosophie.* Wien: Passagen 1988, 29–52.

Derrida, Jacques, *Politik der Freundschaft.* Frankfurt a.M.: Suhrkamp 2000.

Derrida, Jacques u. Hans-Georg Gadamer, *Der ununterbrochene Dialog.* Frankfurt a. M.: Suhrkamp 2004.

Détienne, Marcel, *Tracés de fondation.* Louvain-Paris: Peeters 1990.

Diamond, Jared, *Arm und Reich. Die Schicksale menschlicher Gesellschaften.* Frankfurt a.M.: Fischer 1999.

Diamond, Jared, *Kollaps. Warum Gesellschaften überleben oder untergehen.* Frankfurt a.M.: Fischer 2005.

Diehl, Paula u. Felix Steilen, *Politische Repräsentation und das Symbolische.* Wiesbaden: Springer 2016.

Diehl, Paula, „Repräsentation im Spannungsfeld von Symbolizität, Performativität und politischem Imaginären", in Paula Diehl u. Felix Steilen (Hrsg.), *Politische Repräsentation und das Symbolische*, zit., S. 7–22.

Diner, Dan, „Negative Symbiose. Deutsche und Juden nach Auschwitz", in *Babylon. Beiträge zur jüdischen Gegenwart* 1 (1986), S. 9-20.

Diner, Dan, *Das Jahrhundert verstehen. Eine universalhistorische Deutung.* München: Luchterhand 1999.

Diner, Dan, *Gegenläufige Gedächtnisse. Über Geltung und Wirkung des Holocaust.* Göttingen: Vandenhoeck & Ruprecht 2007.

Doerry, Martin, *Mein verwundetes Herz. Das Leben der Lilli Jahn 1900–1944.* Stuttgart, München: DVA 2002.

Domarus, Max, *Hitler. Reden und Proklamationen 1932–1945.* Leonberg: Pamminger & Partner 1988.

Dostojewskij, Fjodor Michailowitsch, *Die Brüder Karamasow.* München: Piper 1986.

Dufrenne, Mikel, *La Notion d'a priori.* Paris: PUF 1959.

Dufrenne, Mikel, *Phénoménologie de l'expérience esthétique.* Paris: PUF 1967.

Eco, Umberto, „Die ästhetische Botschaft", in Dieter Henrich u. Wolfgang Iser (Hrsg.), *Theorien der Kunst.* Frankfurt a.M.: Suhrkamp 1982, S. 404–428.

Eger, Edith Eva, *Ich bin hier, und alles ist jetzt: Warum wir uns jederzeit für die Freiheit entscheiden können.* München: btb 2018.

Eliade, Mircea, *Das Heilige und das Profane. Vom Wesen des Religiösen.* Frankfurt a.M., Leipzig: Insel 1998.

Elias, Norbert, *Conditio humana. Beobachtungen zur Entwicklung der Menschheit am 40. Jahrestag eines Kriegsendes (8. Mai 1985).* Frankfurt a.M.: Suhrkamp 1985.

Elias, Norbert, *Studien über die Deutschen. Machtkämpfe und Habitusentwicklung im 19. und 20. Jahrhundert.* Frankfurt a.M.: Suhrkamp 1992.

Elias, Norbert, *Über den Prozess der Zivilisation. Soziogenetische und psychogenetische Untersuchungen.* Bd. 1 u. 2. Frankfurt a.M.: Suhrkamp 1997.

Engel, Peter, „Nachwort", zu Ernst Weiß, *Der Augenzeuge.* Frankfurt a.M.: Suhrkamp 2000, S. 291–297.

Enzensberger, Hans Magnus, „Gemeinplätze die Neueste Literatur betreffend", in *Kursbuch* 15 (1968), S. 187–197.

Epikur, *Von der Überwindung der Furcht. Katechismus, Lehrbriefe, Spruchsammlung, Fragmente,* hrsg. v. Olof Gigon. München: dtv 1983.

Erll, Astrid, *Kollektives Gedächtnis und Erinnerungskulturen. Eine Einführung.* Stuttgart: Metzler 2017.

Fallada, Hans, *Bauern, Bonzen und Bomben.* Berlin: Rowohlt 1931.

Federn, Ernst, *Witnessing Psychoanalysis. From Vienna back to Vienna via Buchenwald and the USA.* London: Karnac Books 1990.

Feindt, Gregor, Félix Krawatzek, Daniela Mehler, Friedemann Pestel u. Rieke Trimçev, „Europäische Erinnerung? Erinnerungsforschung jenseits der Nation", in Dies. (Hrsg.), *Europäische Erinnerung als verflochtene Erinnerung. Vielstimmige und vielschichtige Vergangenheitsdeutung jenseits der Nation.* Göttingen: Vandenhoeck & Ruprecht 2014, S. 11–39.

Fenichel, Otto, „Elemente einer psychoanalytischen Theorie des Antisemitismus", in Ernst Simmel (Hrsg.), *Antisemitismus und Massen-Psychopathologie.* Frankfurt a.M.: Fischer 1993, S. 35–57.

Fest, Joachim, *Hitler. Eine Biographie.* Frankfurt a.M., Berlin, Wien: Ullstein, Propyläen 1973.

Festinger, Leon, *Theorie der kognitiven Dissonanz.* Bern: Huber 1978.

Fischer, Ernst, *Von der Notwendigkeit der Kunst.* Frankfurt a.M.: Sendler 1985.

Fónagy, Ivan, *La Vive voix. Essai de psycho-phonétique.* Paris: Payot 1983.

Forbes, Jack D., *Die Wétiko-Seuche. Eine indianische Philosophie von Aggression und Gewalt.* Wuppertal: Peter Hammer 1981.

Forster, Edward Morgan, *Aspects of the Novel and Related Writings.* London: Edward Arnold 1974.

Forsthoff, Ernst, *Der totale Staat.* Hamburg: Hanseatische Verlagsanstalt 1933.

Foucault, Michel, Überwachen und Strafen. Die Geburt des Gefängnisses. Frankfurt a.M.: Suhrkamp 1976.

Foucault, Michel, *Sexualität und Wahrheit.* Bd. 1: *Der Wille zum Wissen.* Frankfurt a.M.: Suhrkamp 1983.

Frank, Anne, *Das Tagebuch der Anne Frank.* Frankfurt a.M.: Fischer 1955.

Frankl, Viktor E., *... trotzdem Ja zum Leben sagen: ein Psychologe erlebt das Konzentrationslager.* München: dtv 1982.

Franzini, Elio, *Fenomenologia dell'invisibile. Al di là dell'immagine.* Milano: Cortina 2001.

Frei, Norbert, *Der Führerstaat. Nationalsozialistische Herrschaft 1933 bis 1945*. München: dtv 2001.

Freud, Sigmund, *Vorlesungen zur Einführung in die Psychoanalyse*, in *Studienausgabe*, hrsg. v. Alexander Mitscherlich, James Strachey u. Angela Richards, Bd. 1. Frankfurt a.M.: Fischer 1979.

Freud, Sigmund, *Traumdeutung*, ebd., Bd. 2.

Freud, Sigmund, „Die Verneinung“, ebd., Bd. 3, S. 371–377.

Freud, Sigmund, „Das Unheimliche“, ebd., Bd. 4, S. 241–274.

Freud, Sigmund, „Zeitgemäßes über Krieg und Tod“, ebd., Bd. 9, S. 33–60.

Freud, Sigmund, „Massenpsychologie und Ich-Analyse“, ebd., S. 61–134.

Freud, Sigmund, „Das Unbehagen in der Kultur“, ebd., S. 191–270.

Freud, Sigmund, „Warum Krieg“, ebd., S. 271–286.

Freud, Sigmund, „Totem und Tabu“, ebd., S. 287–444.

Freud, Sigmund, „Erinnern, Wiederholen und Durcharbeiten“, ebd., Ergänzungsband, S. 205–215.

Freud, Sigmund, *Der Mann Moses und die monotheistische Religion: Drei Abhandlungen*, ebd., S. 455–581.

Freud, Sigmund, *Briefe an Wilhelm Fließ. Abhandlungen und Notizen aus den Jahren 1887–1902*. Frankfurt a.M.: Fischer 1986.

Freud, Sigmund/Stefan Zweig, *Briefwechsel*. Frankfurt a.M.: Fischer 1968.

Fried, Erich, *Ein Soldat und ein Mädchen*. Hamburg: Claassen 1960.

Friedländer, Saul, *Das Dritte Reich und die Juden. Die Jahre der Verfolgung 1933–1939. Die Jahre der Vernichtung 1939–1945*. München: Beck 1998, 2006.

Friedrich, Jörg, *Die kalte Amnestie. NS-Täter in der Bundesrepublik*. Frankfurt a.M.: Fischer 1984.

Fromm, Bella, *... und war doch umsonst*. Würzburg: Zettner 1960.

Fromm, Bella, *Als Hitler mir die Hand küsste*. Berlin: Rowohlt 1993.

Fromm, Erich, *Die Furcht vor der Freiheit*. München: dtv 1993.

Fromm, Erich, „Der kreative Mensch“, in Ders., *Gesamtausgabe in zehn Bänden*, hrsg. v. Rainer Funk, Bd. 9. Stuttgart: dtv 1999, S. 399–407.

Fromm, Erich, *Die Anatomie der menschlichen Destruktivität*. Reinbek bei Hamburg: Rowohlt 2015.

Galtung, Johan, *Frieden mit friedlichen Mitteln. Friede und Konflikt, Entwicklung und Kultur*. Opladen: Leske + Budrich 1998.

Geisel, Eike, *Im Scheunenviertel. Bilder, Texte und Dokumente*. Berlin: Severin und Siedler 1981.

Geisel, Eike, *Die Banalität der Guten. Deutsche Seelenwanderungen*. Berlin: Tiamat 1992.

Geisel, Eike, *Die Wiedergutwerdung der Deutschen: Essays und Polemiken*. Berlin: Tiamat 2015.

Geninasca, Jacques, *La Parole littéraire*. Paris: PUF 1997.

Giesecke, Dana u. Harald Welzer, *Das Menschenmögliche. Zur Renovierung der deutschen Erinnerungskultur*. Hamburg: Körber-Stiftung 2012.

Gilbert, Gustave M., *Nürnberger Tagebuch. Gespräche der Angeklagten mit dem Gerichtspsychologen*. Frankfurt a.M.: Fischer 1962.

Giordano, Ralph, *Die zweite Schuld oder Von der Last, Deutscher zu sein.* Köln: Kiepenheuer & Witsch 1987.

Girard, René, *Der Sündenbock*. Zürich: Benziger 1988.

Girard, René, *Das Heilige und die Gewalt*. Frankfurt a.M.: Fischer 1994.

Girard, René, *Figuren des Begehrens. Das Selbst und der Andere in der fiktionalen Realität.* Münster: LIT Verlag 1999.

Goebbels, Joseph, *Tagebücher. Sämtliche Fragmente,* Teil I: *Aufzeichnungen 1923–1941,* hrsg. von Elke Fröhlich, Bd. 7. München: Saur 1998–2005.

Goethe, Johann Wolfgang v., *Faust*, in *Goethes Werke*, Bd. 3. Hamburg: Wegner 1962.

Goffman, Erving, *Stigma. Über die Techniken der Bewältigung beschädigter Identität.* Frankfurt a.M.: Suhrkamp 1967.

Goffman, Erving, *Wir alle spielen Theater. Die Selbstdarstellung im Alltag.* München: Piper 2003.

Goldhagen, Daniel, *Hitlers willige Vollstrecker. Ganz normale Deutsche und der Holocaust.* Berlin: Goldmann 1996.

Green, André, *Narcissisme de vie, narcissisme de mort*. Paris: Éditions de Minuit 1983.

Grieger, Manfred, „Die bundesdeutsche Erinnerung an die NS-Massenverbrechen zwischen Säkularreligion und Universalisierung – Vermutungen eines Unternehmenshistorikers", in Manfred Grieger, Ulrike Gutzmann u. Dirk Schlinkert (Hrsg.), *Die Zukunft der Erinnerung. Eine Wolfsburger Tagung*. Wolfsburg: Volkswagenwerk 2008, S. 111–121.

Grillparzer, Franz, *Sämtliche Werke*, Bd. 1. München: Hanser 1960.

Groeben, Norbert, *Kreativität. Originalität diesseits des Genialen*. Darmstadt: Primus 2013.

Gross, Raphael, „Zum Fortwirken der NS-Moral. Adolf Eichmann und die deutsche Gesellschaft", in Raphael Gross u. Yfaat Weiss (Hrsg.), *Jüdische Geschichte als Allgemeine Geschichte*. Göttingen: Vandenhoeck & Ruprecht 2006, S. 212–231.

Gruen, Arno, *Der Fremde in uns. Was uns abhanden kam und wofür wir uns heimlich hassen.* Stuttgart: Klett-Cotta 2000.

Gruen, Arno, *Wider den Gehorsam*. Stuttgart: Klett-Cotta 2014.

Grünbein, Dürs, „Deutsche Erinnerung. Für Shlomo Venezia", in *Süddeutsche Zeitung*, 12. Februar 2021.

Guggenbühl-Craig, Adolf, *Vom Guten des Bösen*. Zürich: Schweizer-Spiegel 1992.

Habermas, Jürgen, *Der philosophische Diskurs der Moderne. Zwölf Vorlesungen*. Frankfurt a.M.: Suhrkamp 1985.

Habermas, Jürgen, *Eine Art Schadensabwicklung*. Frankfurt a.M.: Suhrkamp 1987.

Habermas, Jürgen, *Erkenntnis und Interesse*. Frankfurt a.M.: Suhrkamp 1992.

Habermas, Jürgen, *Zeitdiagnosen. Zwölf Essays 1980–2001*. Frankfurt a.M.: Suhrkamp 2003.

Hadot, Pierre, *Wege zur Weisheit oder Was lehrt uns die antike Philosophie?* Frankfurt a.M.: Eichborn 1999.

Haffner, Sebastian, *Germany: Jekyll & Hyde. 1939 – Deutschland von innen betrachtet.* Berlin: 1900 Berlin 1998.

Haffner, Sebastian, *Geschichte eines Deutschen. Erinnerungen 1914–1933*. Stuttgart, München: DVA 2000.

Halbwachs, Maurice, *Das Gedächtnis und seine sozialen Bedingungen.* Frankfurt a.M.: Suhrkamp 1985.

Hamann, Brigitte, *Hitlers Wien. Lehrjahre eines Diktators.* München, Zürich: Piper 1996.

Hammer, Almuth, „*Vergessen oder Gerechtigkeit?* Sakralitätskonzepte im Umgang mit der Shoah", in Bettina Banasch u. Almuth Hammer (Hrsg.), *Verbot der Bilder – Gebot der Erinnerung. Mediale Repräsentationen der Shoa*. Frankfurt a.M.: Campus 2004, S. 397–409.

Hanfstaengl, Ernst, *Zwischen Weißem und Braunem Haus. Erinnerungen eines politischen Außenseiters*. München: Piper 1970.

Harrower, Molly, „Rorschach Records of the Nazi War Criminals: An Experimental Study after Thirty Years", in *Journal of Personality Assessment* 40.4 (1976), S. 341–351.

Haug, Wolfgang Fritz, *Der hilflose Antifaschismus.* Frankfurt a.M.: Suhrkamp 1967.

Heidegger, Martin, *Sein und Zeit.* Tübingen: Niemeyer 1960.

Heine, Heinrich, *Säkularausgabe. Werke, Briefwechsel, Lebenszeugnisse*, Briefe 1831–1841, bearbeitet v. Fritz H. Eisner, Bd. 21. Berlin u.a.: Akademie-Verlag 1970ff.

Herbert, Ulrich, *Best. Biographische Studien über Radikalismus, Weltanschauung und Vernunft. 1903-1989.* Bonn: Dietz 1996.

Herf, Jeffrey, *Reactionary modernism. Technology, culture, and politics in Weimar and the Third Reich*. Cambridge: Cambridge University Press 1984.

Hilberg, Raul, *Die Vernichtung der europäischen Juden*, Bd. 1–3. Frankfurt a.M.: Fischer 1990.

Hillesum, Etty, *Das denkende Herz. Die Tagebücher von Etty Hillesum 1941–1943*. Reinbek bei Hamburg: Rowohlt 1985.

Hilsenrath, Edgar, *Der Nazi & der Friseur*. Köln: Braun 1977.

Himmler, Heinrich, *Geheimreden 1933 bis 1945 und andere Ansprachen*, hrsg. v. Bradley F. Smith u. Agnes F. Peterson. Berlin: Propyläen 1974.

Hitler, Adolf, *Reden, Schriften, Anordnungen*, hrsg. v. Bärbel Dusik. München: Saur 1996.

Hitler, Adolf, *Mein Kampf. Eine kritische Edition*, hrsg. v. Christian Hartmann, Thomas Vordermayer, Othmar Plöckinger u. Roman Töppel, unter Mitarbeit v. Pascal Trees, Angelika Reizle u. Martina Seewald-Mooser, Bd. 1. München, Berlin: Institut für Zeitgeschichte 2016.

Hobsbawm, Eric, *Das Zeitalter der Extreme. Weltgeschichte des 20. Jahrhunderts*. München: Hanser 1995.

Hofer, Walther (Hrsg.), *Der Nationalsozialismus. Dokumente 1933–1945*. Frankfurt a.M.: Fischer 1982.

Hoff, Dagmar v., „Nationalismus und die Zerstörung der narrativen Tradition des Humanen. Artur Dinters Zeitroman *Die Sünde wider das Blut* – eine Vorlage für Adolf Hitlers *Mein Kampf*", in Marco Thomas Bosshard u. Iulia-Karin Patrut (Hrsg.), *Globalisierte Erinnerungskultur. Darstellungen von Nationalsozialismus, Holocaust und Exil in peripheren Literaturen*. Bielefeld: transcript 2020, S. 37–52.

Horkheimer, Max u. Theodor W. Adorno, *Dialektik der Aufklärung*. Frankfurt a.M.: Fischer 1988.

Horkheimer, Max, *Briefwechsel 1941-1948*, in Ders., *Gesammelte Schriften*, Bd. 17. Frankfurt a.M.: Fischer 1995.

Huber, Florian, *Kind, versprich mir, dass du dich erschießt. Der Untergang der kleinen Leute 1945*. München: Piper 2016.

Husserl, Edmund, *Die Krisis der europäischen Wissenschaften und die transzendentale Phänomenologie*, in *Husserliana, Gesammelte Werke*, hrsg. v. Walter Biemel, Bd. 6. Den Haag: Martinus Nijhoff 1976.

Ingarden, Roman, *Das literarische Kunstwerk*. Tübingen: Niemeyer 1972.

Jäckel, Eberhard, *Hitlers Weltanschauung. Entwurf einer Herrschaft*. Stuttgart: DVA 1981.

Jäckel, Eberhard u. Axel Kuhn (Hrsg.), *Hitler. Sämtliche Aufzeichnungen 1905–1924*. Stuttgart: Deutsche Verlags-Anstalt 1980.

James, William, *The Principles of Psychology*. 2 Bde. New York, London: Holt and Macmillan 1890.

Jaspers, Karl, *Allgemeine Psychopathologie*. Berlin: Springer 1965.

Jaspers, Karl, *Wohin treibt die Bundesrepublik?* München: Piper 1966.

Jaspers, Karl, *Die Schuldfrage*. München: Piper 2012.

Jirgl, Reinhard, *Genealogie des Tötens. Trilogie*. München, Wien: Hanser 2002.

Jirgl, Reinhard, *Die Stille*. München, Wien: Hanser 2009.

Jonas, Hans, *Der Gottesbegriff nach Auschwitz. Eine jüdische Stimme. Philosophische Untersuchungen und metaphysische Vermutungen*. Frankfurt a.M.: Insel 1992.

Jones, Edward u. Keith Davis, „A theory of correspondent inferences. From acts to dispositions“, in Leonard Berkowitz (Hrsg.), *Advances in experimental social psychology*, Bd. 2. New York: Academic Press 1965, S. 219–266.

Jung, Carl Gustav, *Gesammelte Werke*, Bd. 1–20. Olten: Walter 1995.

Jung, Carl Gustav, *Psychologische Typen*. Zürich, Stuttgart: Rascher 1960.

Jureit, Ulrike u. Christian Schneider, *Gefühlte Opfer. Illusionen der Vergangenheitsbewältigung*. Stuttgart: Klett-Cotta 2010.

Kafka, Franz, *Briefe 1900–1912*, hrsg. v. Hans-Gerd Koch, Bd. 1–3. Frankfurt a.M.: Fischer 1999.

Kafka, Franz, *Der Prozeß*, in *Kritische Kafka Ausgabe*, hrsg. v. Jürgen Born, Gerhard Neumann, Malcolm Pasley u. Jost Schillemeit. Frankfurt a.M.: Fischer 2002.

Kafka, Franz, *Nachgelassene Schriften und Fragmente II*, ebd.

Kafka, Franz, *Tagebücher*, ebd.

Kant, Immanuel, „Träume eines Geistersehers, erläutert durch Träume der Metaphysik“, in Ders., *Werke in 10 Bänden*, hrsg. v. Wilhelm Weischedel. Darmstadt: Wissenschaftliche Buchgesellschaft 1983, Bd. 2, S. 923–989.

Kant, Immanuel, *Kritik der praktischen Vernunft*, ebd., Bd. 6, S. 103–302.

Kant, Immanuel, „Beantwortung der Frage: Was ist Aufklärung?“, ebd., Bd. 9, S. 51–61.

Kant, Immanuel, „Zum ewigen Frieden. Ein philosophischer Entwurf“, ebd., Bd. 9, S. 195–251.

Kant, Immanuel, „Über das Mißlingen aller philosophischen Versuche in der Theodizee“, ebd., Bd. 9, S. 481–494.

Keilson, Hans, *Der Tod des Widersachers*, in Ders., *Werke in zwei Bänden*, hrsg. v. Heinrich Detering u. Gerhard Kurz, Bd. 1. Frankfurt a.M.: Fischer 2005, S. 337–563.

Keilson, Hans, *Da steht mein Haus: Erinnerungen*, hrsg. v. Heinrich Detering. Frankfurt a.M.: Fischer 2011 (Sigle H).

Keilson, Hans, *Kein Plädoyer für eine Luftschaukel*, hrsg. v. Heinrich Detering. Frankfurt a.M.: Fischer 2011 (Sigle L).

Keilson, Hans, *Tagebuch 1944*, hrsg. v. Marita Keilson-Lauritz, Frankfurt a.M.: Fischer 2014 (Sigle T).

Kermani, Navid, „Vergottung der Seele? Von Ibn Arabi zu C.G. Jung", in *Analytische Psychologie. Zeitschrift für Psychotherapie und Psychoanalyse* 195.1 (2021), S. 27–49.

Kershaw, Ian, *Der Hitler-Mythos. Führerkult und Volksmeinung*. Stuttgart: DVA 1987.

Kershaw, Ian, *Der NS-Staat. Geschichtsinterpretationen und Kontroversen im Überblick*. Reinbek bei Hamburg: Rowohlt 1999.

Kershaw, Ian, *Hitler, 1880–1936, 1936–1945*, Bd. 1–2. Stuttgart: DVA 1998–2000.

Khosravi, Shahram, *‚Illegal' Traveller: An Auto-Ethnography of Borders*. Basingstoke, New York: Palgrave Macmillan 2010.

Kierkegaard, Sören, „Unwissenschaftliche Nachschrift", in Ders., *Philosophische Brosamen und Unwissenschaftliche Nachschriften*, hrsg. v. Hermann Diem u. Walter Rest. München: dtv 1976.

Kissinger, Henry, „Henry Kissinger on why America failed in Afghanistan", in *The Economist*, 25.8.2021.

Kizilhan, Ilhan, „Begutachtung von Flüchtlingen bei PTSD – Ansätze und Schnittpunkte zwischen Recht und Medizin", 02.11.01–03.11.01, Hannover (http://www.michael-balint-klinik.de/pdf/ptsd_begutachtung.pdf).

Klein, Melanie, „Bemerkungen über einige schizoide Mechanismen", in *Gesammelte Schriften*, Bd. 3. Stuttgart-Bad Cannstatt: frommann-holzboog 2000, S. 1–42.

Kleist, Heinrich v., *Briefe*, in *Werke und Briefe*, hrsg. v. Siegfried Streller in Zusammenarbeit mit Peter Goldhammer, Wolfgang Barthel, Anita Golz u. Rudolf Loch, Bd. 4. Weimar: Aufbau 1978.

Klemperer, Victor, *LTI. Notizbuch eines Philologen*. Berlin: Aufbau 1947.

Klüger, Ruth, *Weiter leben: eine Jugend*. Göttingen: Wallstein 1992.

Knigge, Volkhard, „Europäische Erinnerungskultur. Identitätspolitik oder kritisch-kommunikative historische Selbstvergewisserung?", in Kulturpolitische Gesellschaft (Hrsg.), *kultur.macht.europa–kultur.macht.europa. Begründungen und Perspektiven europäischer Kulturpolitik*. Bonn: Klartext 2008., S. 150–161.

Knigge, Volkhard, „Zur Zukunft der Erinnerung", in *Aus Politik und Zeitgeschichte* 25–26 (2020), S. 10–16.

Kogon, Eugen, *Der SS-Staat. Das System der deutschen Konzentrationslager*. München: Karl Alber 1946.

Koselleck, Reinhart, „Formen und Traditionen des negativen Gedächtnisses", in Volkhard Knigge u. Norbert Frei (Hrsg.), *Verbrechen erinnern. Die Auseinandersetzung mit Holocaust und Völkermord*. München: Beck 2002, S. 21–32.

Kraus, Karl, *Die dritte Walpurgisnacht*. Frankfurt a.M.: Suhrkamp 1989.

Krauss, Werner, *PLN. Die Passionen der halykonischen Seele*. Berlin: Rütten und Loening 1980.

Krebs, Albert, *Tendenzen und Gestalten der NSDAP.* Stuttgart: DVA 1959.

Krockow, Christian Graf v., *Hitler und seine Deutschen*. München: List 2001.

Krockow, Christian Graf v., *Scheiterhaufen. Größe und Elend des deutschen Geistes*. Reinbek bei Hamburg: Rowohlt 2019.

Kubizek, August, *Adolf Hitler, mein Jugendfreund*. Graz, Stuttgart: Stocker 2002.

Kühner, Angela, *Trauma und kollektives Gedächtnis*. Gießen: Psychosozial Verlag 2008.

Lacan, Jacques, *Das Seminar, Buch X, Die Angst*. Wien, Berlin: Turia + Kann 2010.

Lacan, Jacques, *Das Begehren und seine Deutung. Das Seminar, Buch VI (1958–1959)*. Wien, Berlin: Turia + Kant 2020.

Lania, Leo, *Die Totengräber Deutschlands*. Berlin: Neuer Deutscher Verlag 1924.

Lania, Leo, *Der Hitler-Ludendorff-Prozess*. Berlin: Die Schmiede 1925.

Laplanche, Jean u. Jean-Baptiste Pontalis, *Das Vokabular der Psychoanalyse*. Frankfurt a.M.: Suhrkamp 1972.

Lausberg, Heinrich, *Elemente der literarischen Rhetorik*. München: Hueber 1963.

Lebert, Hans, *Der Feuerkreis*. Frankfurt a.M.: Fischer 1992.

Lefort, Claude, „Die Frage der Demokratie", in Ulrich Rödel (Hrsg.), *Autonome Gesellschaft und libertäre Demokratie*. Frankfurt a.M.: Suhrkamp 1990, S. 281–297.

Leggewie, Claus, „Ein Schlachtfeld wird besichtigt. Sieben Kreise transnationaler Erinnerung Europas", in Manfred Grieger, Ulrike Gutzmann u. Dirk Schlinkert (Hrsg.), *Die Zukunft der Erinnerung. Eine Wolfsburger Tagung*. Wolfsburg: Volkswagenwerk 2008, S. 21–34.

Leibniz, Gottfried Wilhelm, *Die philosophischen Schriften von Leibniz*, hrsg. v. Carl Immanuel Gerhardt (1875–90), Bd. 7. Hildesheim, New York: Olms 1965.

Lepsius, Mario Rainer, „Das Modell der charismatischen Herrschaft und die Anwendbarkeit auf den ‚Führerstaat' Adolf Hitlers", in Ders., *Demokratie in Deutschland. Soziologisch-historische Konstellationsanalysen. Ausgewählte Aufsätze*. Göttingen: Vandenhoeck & Ruprecht 1993, S. 95–118.

Lessing, Gotthold Ephraim, *Emilia Galotti*, in *Gesammelte Werke*, hrsg. v. Paul Rilla, Bd. 2. Berlin: Aufbau 1954, S. 237–318.

Lessing, Gotthold Ephraim, „D. Faust", ebd., S. 553–559.

Lessing, Gotthold Ephraim, „Daß mehr als fünf Sinne für den Menschen sein können", ebd., Bd. 7, S. 576–579.

Levi, Primo, *Se questo è un uomo*. Torino: Einaudi 1976.

Levi, Primo, „Vorwort" zu Rudolf Höß, *Comandante ad Auschwitz. Memoriale autobiografico*. Torino: Einaudi 1985.

Levi, Primo, *Ist das ein Mensch? / Die Atempause*. München, Wien: Hanser 1988.

Levi, Primo, *Die Untergegangenen und die Geretteten*. München: dtv 1993.

Lévinas, Emmanuel, *Die Spur des Anderen. Untersuchungen zur Phänomenologie und Sozialphilosophie*. Freiburg, München: Alber 1983.

Lévinas, Emmanuel, *Gott, der Tod und die Zeit*. Wien: Passagen 1996.

Lévinas, Emmanuel, *Die Zeit und der Andere*. Hamburg: Meiner, 2003.

Lévinas, Emmanuel, „Einige Betrachtungen zur Philosophie des Hitlerismus", in Ders., *Verletzlichkeit und Frieden. Schriften über die Politik und das Politische*. Zürich, Berlin: diaphanes 2007, S. 73–86.

Lévi-Strauss, Claude, „Rasse und Geschichte" in Ders., *Strukturale Anthropologie II*. Frankfurt a.M.: Suhrkamp 1975.

Lévi-Strauss, Claude, *Traurige Tropen*. Frankfurt a.M.: Suhrkamp 1978.

Levy, Daniel u. Natan Sznaider, *Erinnerung im globalen Zeitalter. Der Holocaust*. Frankfurt a.M.: Suhrkamp 2001.

Lifton, Robert Jay, *Ärzte im Dritten Reich*. Stuttgart: Klett-Cotta 1988.

Loewenthal, Elena, *Contro il Giorno della memoria*. Torino: Add 2014.

Lothar, Ernst, *Die Rückkehr*. Salzburg: Das Silberboot 1949.

Löwenthal, Leo, „Adorno und seine Kritiker", in *Judaica, Vorträge, Briefe. Vorträge, Briefe*, hrsg. v. Helmut Dubiel. Frankfurt a.M.: Suhrkamp 1984, S. 59–73.

Löwenthal, Leo, *Falsche Propheten. Studien zur faschistischen Agitation*. Frankfurt a.M.: Suhrkamp 2021.

Luhmann, Niklas, *Soziale Systeme. Grundriß einer allgemeinen Theorie*. Frankfurt a.M.: Suhrkamp 1991.

Luhmann, Niklas, *Soziologische Aufklärung 6. Die Soziologie und der Mensch*. Opladen: Westdeutscher Verlag 1995.

Luhmann, Niklas, *Die Kunst der Gesellschaft*. Frankfurt a.M.: Suhrkamp 1997.

Lukács, Georg, *Die Zerstörung der Vernunft*. Berlin: Aufbau 1954.

Lyotard, Jean-François, *Discours, figure*. Paris: Klincksieck 1971.

Lyotard, Jean-François, *Der Widerstreit*. München: Fink 1989.

Lyotard, Jean-François, „L'Europe, les juifs et le livre", in *Esprit* 162 (1990), S. 113–116.

Lyotard, Jean-François u. Eberhard Gruber, *Ein Bindestrich: Zwischen ‚Jüdischem' und ‚Christlichem'*. Düsseldorf, Bonn: Parerga 1995.

Lyotard, Jean-François, „Streitgespräche, oder: Sätze bilden ‚nach Auschwitz'", in *Das Vergessen(e). Anamnesen des Undarstellbaren*, hrsg. v. Elisabeth Weber u. Georg Christoph Tholen. Wien: Turia + Kant 1997, S. 18–50.

Lyotard, Jean-François, *Das Inhumane: Plaudereien über die Zeit*. Wien: Passagen 2019.

Mach, Ernst, *Die Analyse der Empfindungen und das Verhältnis des Psychischen zum Physischen*. Berlin: Xenomoi 2008.

Maier, Charles S., *The Unmasterable Past: History, Holocaust and German National Identity*. Cambridge: Harvard UP 1988.

Maier, Hans, *Politische Religionen*. München: Beck 2007.

Maletta, Rosalba, „Durs Grünbein l'ostinato, l'inoblioso. Su Dresda, il nazionalsocialismo, la memoria della shoah", in *Frontiere della psicoanalisi* 2 (2020), S. 341–358.

Mann, Klaus, *Tagebücher 1931 bis 1933*, hrsg. v. Joachim Heimannsberg, Peter Laemmle u. Winfried F. Schoeller. München: Spangenberg 1989.

Mann, Thomas, „Freud und die Zukunft", in Ders., *Gesammelte Werke in zwölf Bänden*, Bd. 9.1. Frankfurt a.M.: Fischer 1960, S. 654–669.

Mann, Thomas, „Bruder Hitler", ebd., Bd. 12, S. 845–852.

Mann, Thomas, *Betrachtungen eines Unpolitischen*. Frankfurt a.M.: Fischer 1974.

Marcus Aurelius Antoninus, *Selbstbetrachtungen*, hrsg. v. Albert Wittstock. Stuttgart: Reclam 1986.

Matussek, Paul, Peter Matussek u. Jan Marbach, *Hitler. Karriere eines Wahns*. München: Herbig 2000.

Meier, Christian, „Zum deutschen Gedenkwesen", in Norbert Lammert (Hrsg.), *Erinnerungskultur*. Sankt Augustin: Konrad-Adenauer-Stiftung 2004, S. 21–42.

Menninghaus, Winfried et al., „The Distancing-Embracing model of the enjoyment of negative emotions in art reception", in *Behavioral And Brain Sciences* (2017), S. 1–63 (doi: 10.1017).

Merle, Robert, *Der Tod ist mein Beruf*. Berlin: Aufbau 1957.

Merleau-Ponty, Maurice, *Phänomenologie der Wahrnehmung*. Frankfurt a.M.: Suhrkamp 1974.

Milgram, Stanley, *Das Milgram-Experiment. Zur Gehorsamsbereitschaft gegenüber Autorität.* Reinbek bei Hamburg: Rowohlt 1997.

Miller, Alice, *Am Anfang war Erziehung*. Frankfurt a.M.: Suhrkamp 1983.

Mitscherlich, Alexander u. Margarete, *Die Unfähigkeit zu trauern. Grundlagen kollektiven Verhaltens*. München: Piper 1967.

Mitscherlich, Margarete, *Eine Liebe zu sich selbst, die glücklich macht.* Frankfurt a.M.: Fischer 2014.

Mohler, Armin, *Vergangenheitsbewältigung. Oder wie man den Krieg nochmals verliert.* Krefeld: Sinus 1980.

Moller, Sabine, „Erinnerung und Gedächtnis", in *Docupedia-Zeitgeschichte*. 12.4.2010 (http://docupedia.de/zg/ Erinnerung_und_Gedächtnis).

Mommsen, Wolfgang J., „Nationalsozialismus als politische Religion", in Hans Maier u. Michael Schäfer (Hrsg.), *Totalitarismus und Politische Religionen. Konzepte des Diktaturvergleichs*, Bd. 2. Paderborn u.a.: Schöningh 1997, S. 173–181.

Montaigne, Michel de, *Essais*. Frankfurt a.M.: Eichborn 1998.

Montesquieu, Charles Louis, *Vom Geist der Gesetze: Eine Auswahl*. Berlin: De Gruyter 1950.

Morin, Edgar, *Die Methode. Die Natur der Natur.* Wien, Berlin: Tura + Kant 2010.

Morris, David B., *Geschichte des Schmerzes*. Frankfurt a.M., Leipzig: Insel 1994.

Moses, A. Dirk, „Der Katechismus der Deutschen" (https://geschichtedergegenwart.ch/der-katechismus-der-deutschen/23. Mai 2021).

Moses, A. Dirk, *The Problems of Genocide: Permanent Security and the Language of Transgression*. Cambridge: Cambridge University Press 2021.

Müller, Herta, *Hunger und Seide. Essays.* Reinbek bei Hamburg: Rowohlt 1995.

Müller, Herta, *Der König verneigt sich und tötet.* Frankfurt a.M.: Fischer 2009.

Musil, Robert, *Der Mann ohne Eigenschaften*, in *Gesammelte Werke*, hrsg. v. Adolf Frisé, Bd. 1–5. Reinbek bei Hamburg: Rowohlt 1978.

Musil, Robert, *Essays und Reden*, ebd., Bd. 8.

Nathan, Otto u. Heinz Norden (Hrsg.), *Albert Einstein. Über den Frieden*. Neu Isenburg: Melzer 2004.

Neiman, Susan, *Das Böse denken: Eine andere Geschichte der Philosophie*. Frankfurt a.M.: Suhrkamp 2004.

Neiman, Susan, *Von den Deutschen lernen. Wie Gesellschaften mit dem Bösen in ihrer Geschichte umgehen können.* Berlin: Hanser 2020.

Neumann, Erich, *Tiefenpsychologie und neue Ethik.* Frankfurt a.M.: Fischer 1990.

Neumann, Erich, *Zur Psychologie des Weiblichen*. Frankfurt a.M.: Fischer 1993.

Newen, Albert, Leon De Bruin u. Shaun Gallagher (Hrsg.), *The Oxford Handbook of 4E Cognition.*Oxford: Oxford University Press 2020.

Niethammer, Lutz, „*Normalisierung* im Westen. Erinnerungsspuren in die 50er Jahre", in Dan Diner (Hrsg.), *Ist der Nationalsozialismus Geschichte?* Frankfurt a.M.: Fischer 1987, S. 153–184.

Nietzel, Benno, „Die Vernichtung der wirtschaftlichen Existenz der Juden 1933–1945.

Ein Literatur- und Forschungsbericht“, in *Archiv für Sozialgeschichte* 49 (2009), S. 561–613.

Nietzsche, Friedrich, *Unzeitgemäße Betrachtungen I-IV*, in *Kritische Studienausgabe.*, hrsg. v. Giorgio Colli u. Mazzino Montinari, Bd. 1. München, New York: De Gruyter, dtv 1988, S.157–510.

Nietzsche, Friedrich, *Menschliches, Allzumenschliches*, ebd., Bd. 2.

Nietzsche, Friedrich, *Fröhliche Wissenschaft*, ebd., Bd. 3, S. 343–651.

Nietzsche, Friedrich, *Jenseits von Gut und Böse*, ebd., Bd. 5, S. 9–243.

Nietzsche, Friedrich, *Zur Genealogie der Moral*, ebd., S. 245–412.

Nolte, Ernst, *Der Faschismus in seiner Epoche. Action française, italienischer Faschismus, Nationalsozialismus.* München: Piper 1963.

Novicow, Jacques, *Der Krieg und seine angeblichen Wohltaten*. Zürich: Füßli 1915.

Nussbaum, Martha C., *Gerechtigkeit oder Das gute Leben*. Frankfurt a.M.: Suhrkamp 1998.

Nussbaum, Martha C., *Vom Nutzen der Moraltheorie für das Leben.* Wien: Passagen 2000.

Otto, Rudolf, *Das Heilige. Über das Irrationale in der Idee des Göttlichen und sein Verhältnis zum Rationalen.* München: Beck 2014.

Ovid, *Metamorphosen*, Übersetzung v. Michael von Albrecht. Stuttgart: Reclam 2015.

Paracelsus, *Vom Licht der Natur und des Geistes. Eine Auswahl*, hrsg. v. Kurt Goldammer. Stuttgart: Reclam 1984.

Pätzold, Kurt (Hrsg.), *Verfolgung, Vertreibung, Vernichtung. Dokumente des faschistischen Antisemitismus 1933 bis 1942*. Leipzig: Reclam 1987.

Peham, Andreas, Christine Schindler u. Karin Stögner, *Jahrbuch 2008, Dokumentationsarchiv des österreichischen Widerstandes. Schwerpunkt Antisemitismus*, Wien: LIT Verlag 2008.

Perl, Otto, *Krüppeltum und Gesellschaft im Wandel der Zeit*. Gotha: Klotz 1926.

Pettigrew, Thomas F., „The ultimate attribution error: Extending Allport's cognitive analysis of prejudice", in *Personality and Social Psychology Bulletin* 5 (1979), S. 461–476.

Pfestroff, Christina, *Der Name des Anderen. Das ‚jüdische' Grundmotiv bei Jean-François Lyotard.* Paderborn, München: Schöningh 2004.

Pilgrim, Volker Elis, *Muttersöhne*. Reinbek bei Hamburg: Rowohlt 1989.

Postone, Moishe, „Nationalsozialismus und Antisemitismus. Ein theoretischer Versuch“, in *Kritik & Krise* (1991) 4/5, S. 6–10.

Precht, Richard David, *Wer bin ich – und wenn ja, wie viele? Eine philosophische Reise.* München: Goldmann 2007.

Rank, Otto, *Der Doppelgänger. Eine psychoanalytische Studie*. Leipzig: Internationaler Psychoanalytischer Verlag 1925.

Rasche, Jörg, *Franziskus und der Sultan. Erzählung.* Stuttgart: opus magnum 2021.

Rash, Felicity, *The Language of Violence. Adolf Hitler's „Mein Kampf“*. Frankfurt a.M.: Lang 2006.

Rawls, John, *Eine Theorie der Gerechtigkeit*. Frankfurt a.M.: Suhrkamp 1979.

Reichel, Peter, *Der schöne Schein des Dritten Reiches. Faszination und Gewalt des Faschismus*. München: Hanser 1991.

Reichel, Peter, „*Onkel Hitler und Familie Speer* – die NS-Führung privat", in Bundeszentrale für politische Bildung (Hrsg.), *Dossier – Geschichte und Erinnerung*, S. 92–101 (erstellt am 16.12.2020).

Reinke, Ellen, „Verbindungslinien und Brüche: Nachgedanken zu den Szenen und Texten von Anne-Lise Stern", in Anne-Lise Stern, *Früher mal ein deutsches Kind* (2020), S. 309–360.

Reuss, Vasco, „Zivilcourage als Strafzweck der globalen Zivilgesellschaft. Oder: was bedeutet Positive Generalprävention im Völkerstrafrecht?", in *Normative Orders Working Paper* 3 (2010), S. 1–79.

Richter, Horst-Eberhard, *Der Gotteskomplex. Die Geburt und die Krise des Glaubens an die Allmacht des Menschen*. Reinbek bei Hamburg: Rowohlt 1979.

Richter, Horst-Eberhard, *Wer nicht leiden will muss hassen. Zur Epidemie der Gewalt*. Hamburg: Hoffmann und Campe 1993.

Ricœur, Paul, *Die Fehlbarkeit des Menschen. Phänomenologie der Schuld*. Freiburg, München: Alber 2002.

Ricœur, Paul, *Gedächtnis, Geschichte, Vergessen*. München: Fink 2004.

Rifkin, Jeremy, *Die empathische Zivilisation. Wege zu einem globalen Bewusstsein*. Frankfurt a.M., New York: Campus 2010.

Rilke, Rainer Maria, *Die Aufzeichnungen des Malte Laurids Brigge*. Frankfurt a.M.: Insel 1982.

Ritzler, Barry A., „The Nuremberg Mind Revisited: A Quantitative Approach to Nazi Rorschachs", in *Journal of Personality Assessment*, 42.4 (1978), S. 344–353.

Rizzolatti, Giacomo u. Corrado Sinigaglia, *Empathie und Spiegelneurone: Die biologische Basis des Mitgefühls*. Frankfurt a.M.: Suhrkamp 2008.

Rokahr, Sandra, „Verblümter Antisemitismus. Israelkritik als Ticketmentalität", in Samuel Salzborn (Hrsg.), *Antisemitismus seit 9/11. Ereignisse, Debatten, Kontroversen*. Baden-Baden: Nomos 2020, S. 89–107.

Rosenberg, Kurt F., *„Einer, der nicht mehr dazugehört". Tagebücher 1933 – 1937*, hrsg. v. Beate Meyer u. Björn Siegel. Göttingen: Wallstein 2012.

Rousso, Henry, „Das Dilemma eines europäischen Gedächtnisses", in *Zeithistorische Forschungen/Studies in Contemporary History* 1 (2004), S. 363–378.

Ruben, Margot, „Karl Wolfskehl. Gespräche und Aufzeichnungen 1934–1938", in *Castrum Peregrini* 1 (1960), S. 91–133.

Rubinowicz, Dawid, *Das Tagebuch des Dawid Rubinowicz*. Frankfurt a.M.: Fischer 1960.

Safouan, Moustapha, *La civilisation post-œdipienne*. Paris: Hermann 2018.

Sanna, Simonetta, *Von der ratio zur Weisheit. Drei Studien zu Lessing*. Bielefeld: Aisthesis Verlag 1999.

Sanna, Simonetta, *Die andere Revolution. Dantons Tod von Georg Büchner und die Suche nach friedlicheren Alternativen*. München: Fink 2010.

Sanna, Simonetta, *Franz Kafka*. Roma: Istituto di Studi Germanici 2013.

Sanna, Simonetta, „Die romantisch-satirische Komödie *Leonce und Lena* und die Übung des Möglichkeitssinns", in Gernot Wimmer (Hrsg.), *Georg Büchner und die Aufklärung*. Wien, Köln, Weimar: Böhlau 2015, S. 77–115.

Sanna, Simonetta, *Nazi-Täterinnen in der deutschen Literatur. Die Herausforderung des Bösen*. Frankfurt a.M.: Lang 2017.

Sanna, Simonetta, „Hans Keilson e Georg Büchner: ricezione creativa sub specie utopiae“, in *Altre Modernità* 9 (2019), S. 256–270 (http:// riviste. unimi.it/index.php/-AMonline/index).

Sanna, Simonetta, „Jung und der Antisemitismus“, in *Analytische Psychologie. Zeitschrift für Psychotherapie und Psychoanalyse* 195.1 (2021), S. 111–132.

Sanna, Simonetta, „H.G. Adlers *Panorama*. Zehn Bilder ‚an der Grenze des Erlaubten‘“, in *Zeitschrift für Genozidforschung* 1 (2022).

Sartre, Jean-Paul, „Überlegungen zur Judenfrage“, in *Gesammelte Werke*, Bd. 2. Reinbek bei Hamburg: Rowohlt 1994, S. 9–91.

Scarry, Elaine, *Der Körper im Schmerz: Die Chiffren der Verletzlichkeit und die Erfindung der Kultur*. Frankfurt a.M.: Fischer 1992.

Scheler, Max, „Von zwei deutschen Krankheiten“, in Ders., *Schriften zur Soziologie und Weltanschauungslehre, Gesammelte Werke*, Bd. 6. Bern, München: Francke 1963, S. 204–219.

Schiewer, Gesine Lenore, *Studienbuch Emotionsforschung. Theorien, Anwendungsfelder, Perspektiven.* Darmstadt: Wissenschaftliche Buchgesellschaft 2014.

Schlegel, Friedrich, „Über das Studium der griechischen Poesie“, in *Kritische Friedrich-Schlegel-Ausgabe*, Bd. 1. München, Paderborn, Wien: Schöningh 1979, S. 217–367.

Schmidt, Jochen, *Hölderlins geschichtsphilosophische Hymnen: „Friedensfeier“ – „Der Einzige“ – „Patmos“*. Darmstadt: Wissenschaftliche Buchgesellschaft 1990.

Schmitt, Carl, *Staat, Bewegung, Volk*. Hamburg: Hanseatische Verlagsanstalt 1933.

Schmitt, Carl, „Der Führer schützt das Recht“, in *Deutsche Juristen-Zeitung* (1934), S. 945–950.

Schmitt, Carl, *Politische Theologie. Vier Kapitel zur Lehre von der Souveränität.* Berlin: Duncker & Humblot 1934.

Schmitt, Carl, *Theorie des Partisanen. Zwischenbemerkung zum Begriff des Politischen*. Berlin: Duncker & Humblot 1963.

Schmitt, Carl, *Glossarium. Aufzeichnungen der Jahre 1947–1951*. Berlin: Duncker & Humblot 1991.

Schmitz-Berning, Cornelia, *Vokabular des Nationalsozialismus*. Berlin, New York: de Gruyter 2007.

Schnell, Ralf, *Geschichte der deutschsprachigen Literatur seit 1945*. Stuttgart: Metzler 2003.

Scholem, Gershom, „Gut und Böse in der Kabbala“, in *Eranos Jahrbuch* 30 (1961), S. 29–67.

Scholem, Gershom, *Die jüdische Mystik in ihren Hauptströmungen.* Frankfurt a.M.: Suhrkamp 1980.

Scholem, Gershom, *Zur Kabbala und ihrer Symbolik*. Frankfurt a.M.: Suhrkamp 1973.

Schulze, Ingo, *Unsere schönen neuen Kleider: Gegen die marktkonforme Demokratie – für demokratiekonforme Märkte*. Berlin: Hanser 2012.

Schütz, Alfred, *Das Problem der sozialen Wirklichkeit.* Den Haag: Nijhoff 1971.

Schwaabe, Christian, *Die deutsche Modernitätskrise. Politische Kultur und Mentalität von der Reichsgründung bis zur Wiedervereinigung*. München: Fink 2005.

Sereny, Gitta, *Am Abgrund. Eine Gewissensforschung. Gespräche mit Franz Stangl, Kommandant von Treblinka*. Frankfurt a.M., Berlin, Wien: Ullstein 1979.

Simmel, Ernst, „Antisemitismus und Massen-Psychopathologie“, in Ders. (Hrsg.), *Anti-*

semitismus. Mit Beiträgen von Theodor W. Adorno, Bernhard Berliner u. a. Frankfurt a.M.: Fischer 1993, S. 58–100.

Simmel, Georg, *Philosophie des Geldes*. Leipzig: Duncker & Humblot 1900.

Simmel, Georg, „Exkurs über den Fremden", in Ders., *Soziologie. Untersuchungen über die Formen der Vergesellschaftung*. Berlin: Duncker & Humblot 1908, S 509–512.

Simmel, Georg, „Das Abenteuer", in Ders., *Philosophische Kultur*. Leipzig: Kröner 1919, S. 7–24.

Simmel, Georg, *Brücke und Tür. Essays des Philosophen zur Geschichte, Religion, Kunst und Gesellschaft*, hrsg. v. Michael Landmann u. Margarete Susman. Stuttgart: Köhler 1957.

Sloterdijk, Peter, *Versprechen auf Deutsch. Rede über das eigene Land*. Frankfurt a.M.: Suhrkamp 1990.

Sloterdijk, Peter, *Du mußt dein Leben ändern. Über Anthropotechnik*. Frankfurt a.M.: Suhrkamp 2009.

Sloterdijk, Peter, *Der ästhetische Imperativ. Schriften zur Kunst*. Frankfurt a.M.: Suhrkamp 2014.

Smelser, J. Neil, „Psychological and cultural trauma", in Jeffrey C. Alexander, Ron Eyerman, Bernard Giesen Neil J. Smelser, Piotr Sztompka (Hrsg.), *Cultural trauma and collective identity*. Berkeley: University of California Press 2004, S. 31–60.

Snyder, Timothy, *Black Earth: Der Holocaust und warum er sich wiederholen kann*. München: Beck 2015.

Sogyal Rinpoche, *Das tibetische Buch vom Leben und vom Sterben. Ein Schlüssel zum tieferen Verständnis von Leben und Tod*. Frankfurt a.M.: Fischer 2004.

Sombart, Werner, *Die Juden und das Wirtschaftsleben*. Leipzig: Duncker & Humblot 1911.

Sontag, Susan, „Literatur ist Freiheit", in *F.A.Z.*, 13. Oktober 2003, S. 9.

Speer, Albert, *Erinnerungen*. Berlin: Propyläen 1969.

Stern, Anne-Lise, *Früher mal ein deutsches Kind. Auschwitz, Geschichte, Psychoanalyse*. Gießen: Psychosozial-Verlag 2020.

Stern, Henri, „Observation sur la psychologie collective dans les camps de *personnes déplacées*", in *Psyché* 21–22 (1948), S. 891-907.

Tergit, Gabriele, *Effingers. Roman*. Frankfurt a.M.: Schöffling und Co. 2019.

Thomsen, Christian W. u. Hans Holländer (Hrsg.), *Augenblick und Zeitpunkt. Studien zur Zeitstruktur und Zeitmetaphorik in Kunst und Wissenschaft*. Darmstadt: Wissenschaftliche Buchgesellschaft 1984.

Todorov, Tzvetan, *Angesichts des Äußersten*. München: Fink 1993.

Tönnies, Ferdinand, *Gemeinschaft und Gesellschaft. Grundbegriffe der reinen Soziologie*. Darmstadt: Wissenschaftliche Buchgesellschaft 1991.

Touraine, Alain, „From understanding society to discovering the subject", in *Anthropological Theory* 2.4 (2002), S. 387–398.

Trevi, Mario u. Augusto Romano, *Studi sull'Ombra*. Venezia: Marsilio 1990.

Tuwim, Julian, *My, Żydzi Polscy*. Warszawa: Shalom 1993.

Ullrich, Volker, *Adolf Hitler. Die Jahre des Aufstiegs 1889–1939. Biographie*. Frankfurt a.M.: Fischer 2013.

Ulrich, Bernd, „Der deutsche Offizier stirbt", in Ursula Breymayer, Bernd Ulrich u. Karin Wieland (Hrsg.), *Willensmenschen: Über deutsche Offiziere*. Frankfurt a.M.: Fischer 1999.

Vico, Giambattista, *Opere filosofiche*, hrsg. von Paolo Cristofolini. Firenze: Sansoni 1971.

Voit, Friedrich, *Karl Wolfskehl. Leben und Werk im Exil.* Göttingen: Wallstein 2005.

Vondung, Klaus, „Gläubigkeit im Nationalsozialismus“, in Hans Maier u. Michael Schäfer (Hrsg.), *Totalitarismus und Politische Religionen. Konzepte des Diktaturvergleichs*, Bd. 2. Paderborn: Schöningh 1997, S. 15–28.

Wachsmann, Nikolaus, *KL – Die Geschichte der nationalsozialistischen Konzentrationslager*. München: Siedler 2016.

Wagner, Thomas, *Der Dichter und der Neonazi. Erich Fried und Michael Kühnen – eine deutsche Freundschaft.* Stuttgart: Klett-Cotta 2021.

Waldenfels, Bernhard, *Einführung in die Phänomenologie*. München: Fink 1992.

Waldenfels, Bernhard, *Topographie des Fremden*. Frankfurt a.M.: Suhrkamp 1997.

Waldenfels, Bernhard, „Antwort auf das Fremde. Grundzüge einer responsiven Phänomenologie“, in Bernhard Waldenfels u. Iris Därmann (Hrsg.), *Der Anspruch des Anderen. Perspektiven phänomenologischer Ethik*. München: Fink 1998, S. 35–49.

Waldenfels, Bernhard, *Grundmotive einer Phänomenologie des Fremden*. Frankfurt a.M.: Suhrkamp 2006.

Waldenfels, Bernhard, „An Stelle von ...“, in Kathrin Busch u. Iris Därmann (Hrsg.), *Pathos. Konturen eines kulturwissenschaftlichen Grundbegriffs*. Bielefeld: transcript 2007, S. 33–49.

Waldenfels, Bernhard, *Erfahrung, die zur Sprache drängt. Studien zur Psychoanalyse und Psychotherapie aus phänomenologischer Sicht.* Berlin: Suhrkamp 2019.

Warburg, Aby, „Mnemosyne Einleitung“, in Ders., *Werke in einem Band*, hrsg. v. Martin Treml, Sigrid Weigel u. Perdita Ladwig. Frankfurt a.M.: Suhrkamp 2010, S. 629–639.

Watzlawick, Paul, Janet H. Beavin u. Don D. Jackson, *Menschliche Kommunikation – Formen, Störungen, Paradoxien*. Bern: Huber 2011.

Weber, Max, *Wirtschaft und Gesellschaft*. Tübingen: Mohr 1956.

Weil, Simone, *Zeugnis für das Gute, Traktate, Briefe, Aufzeichnungen.* München: dtv 1990.

Weil, Simone, *Die Verwurzelung. Vorspiel zu einer Erklärung der Pflichten dem Menschen gegenüber*. Zürich: diaphanes 2003.

Weil, Simone, *Anmerkung zur generellen Abschaffung der politischen Parteien*. Zürich: diaphanes 2009.

Weil, Simone, „Beginnen wir den Trojanischen Krieg nicht von Neuem“, in Dies., *Krieg und Gewalt, Essays und Aufzeichnungen*. Zürich: diaphanes 2011, S. 37–57.

Weil, Simone, Die Ilias: Dichtung der Gewalt“, ebd., S. 161–191.

Weil, Simone, *Pensées sans ordre concernant l'amour de Dieu*. Paris. Gallimard 2013.

Weininger, Otto, *Geschlecht und Charakter. Eine prinzipielle Untersuchung.* Wien: Wilhelm Braumüller 1947.

Weinrich, Harald, „Für eine Literaturgeschichte des Lesers“, in *Merkur* 21 (1967), S. 1026–1038.

Weiss, Peter, *Die Ermittlung. Oratorium in 11 Gesängen.* Frankfurt a.M.: Suhrkamp 1965.

Weiß, Ernst, *Der Augenzeuge.* Frankfurt a.M.: Suhrkamp 2000.

Weizsäcker, Carl Friedrich v., „Friedlosigkeit als seelische Krankheit“, in Ders., *Der ungesicherte Friede.* Göttingen: Vandenhoeck & Ruprecht 1969, S. 32–56.

Welzer, Harald, unter Mitarbeit v. Michaela Christ, *Täter. Wie aus ganz normalen Menschen Massenmörder werden*. Frankfurt a.M.: Fischer 2005.

Welzer, Harald, „Erinnerung und Gedächtnis. Desiderate und Perspektiven", in Christian Gudehus, Ariane Eichenberg u. Harald Welzer (Hrsg.), *Gedächtnis und Erinnerung. Ein interdisziplinäres Handbuch*. Stuttgart, Weimar: Metzler 2010, S. 1–10.

Welzer, Harald. *Selbstdenken. Eine Anleitung zum Widerstand*. Frankfurt a.M.: Fischer 2014.

Welzer, Harald, *Wir sind die Mehrheit: Für eine Offene Gesellschaft*. Frankfurt a.M.: Fischer 2017.

Weymann, Ulrike, „Erinnerung und Wirklichkeitsverlust in *Der Tod des Widersachers*", in Simone Schröder, Ulrike Weymann u. Andreas Martin Widmann (Hrsg.), *„Die vergangene Zeit bleibt die erlittene Zeit". Untersuchungen zum Werk von Hans Keilson*. Würzburg. Königshausen & Neumann 2013, S. 71–89.

Wiesel, Elie, *Le Procès de Shamgorod, tel qu'il se déroula le 25 février 1649*. Paris: Seuil 1979.

Wiesel, Elie, *Die Nacht zu begraben, Elischa*. München, Esslingen: Bechtle 1980.

Wilson, Edward O., *Consilience: The Unity of Knowledge*. New York: Vintage 1999.

Winkler, Heinrich August, *Weimar 1918–1933. Die Geschichte der ersten deutschen Demokratie*. München: Beck 1993.

Winkler, Heinrich August, *Der lange Weg nach Westen. Deutsche Geschichte*, Bd. 1–2. München: Beck 2014.

Winnicott, Donald W., „Übergangsobjekt und Übergangsphänomene", in *Psyche* 23.9 (1969), S. 666–682.

Winnicott, Donald W., *Reifungsprozesse und fördernde Umwelt. Studien zur Theorie der emotionalen Entwicklung*. Gießen: Psychosozial Verlag 2002.

Winnicott, Donald W., *Vom Spiel zur Kreativität*. Stuttgart: Klett-Cotta 2006.

Witzel, Frank, *Die Erfindung der Roten Armee Fraktion durch einen manisch-depressiven Teenager im Sommer 1969*. München: btb 2016.

Witzel, Frank, *Uneigentliche Verzweiflung. Metaphysischem Tagebuch I*. Berlin: Matthes & Seitz 2019.

Wolf, Christa, *Kassandra. Erzählung*. Darmstadt Neuwied: Luchterhand 1983.

Wolff, Toni, *Studien zu C. G. Jungs Psychologie*. Zürich: Rhein-Verlag 1959.

Wurmser, Léon, *Die Maske der Scham. Die Psychoanalyse von Schamaffekten und Schamkonflikten*. Berlin u.a.: Springer 1993.

Würtz, Hans, *Zerbrecht die Krücken. Krüppel-Probleme der Menschheit. Schicksalsstiefkinder aller Zeiten in Wort und Bild*. Leipzig: Voss 1932.

Žižek, Slavoj, *Liebe Dein Symptom wie Dich selbst! Jacques Lacans Psychoanalyse und die Medien*. Berlin: Merve 1991.

Zoja, Luigi, *Ethics & Analysis: Philosophical Perspectives and Their Application in Therapy*. College Station: Texas A & M University Press 2007.

Zoja, Luigi, *Paranoia. La follia che fa la storia*. Torino: Bollati Boringhieri 2011.

Zweig, Arnold, *Bilanz der deutschen Judenheit. Ein Versuch*. Leipzig: Reclam 1991.

Namenregister

A

B

C

H

I

J

K

L

M

N

O

P

R

S

T

U

V

W

Z